Smart Regulation:
Theorie- und evidenzbasierte Politik

Smart Regulation: Theorie- und evidenzbasierte Politik

herausgegeben von

Matthias Wendland, Iris Eisenberger und Rainer Niemann

Mohr Siebeck

Matthias Wendland, ist Professor für Bürgerliches Recht, Wirtschaftsrecht sowie Informations- und Datenrecht am Institut für Unternehmensrecht und Internationales Wirtschaftsrecht der Universität Graz.
orcid.org/0000-0002-1834-9361

Iris Eisenberger, ist Professorin für Innovation und Öffentliches Recht am Institut für Innovation und Digitalisierung im Recht an der Universität Wien.
orcid.org/0000-0001-9685-426X

Rainer Niemann, ist Professor für Unternehmensrechnung und Steuerlehre und stellvertretender Sprecher des Profilbereichs Smart Regulation der Universität Graz
orcid.org/0000-0001-9168-1144

ISBN 978-3-16-161263-3 / eISBN 978-3-16-161264-0
DOI 10.1628/978-3-16-161264-0

Die Deutsche Nationalbibliothek verzeichnet diese Publikation in der Deutschen Nationalbibliographie; detaillierte bibliographische Daten sind über *http://dnb.dnb.de* abrufbar.

Das Buch wurde von Gulde Druck in Tübingen auf alterungsbeständiges Werkdruckpapier gedruckt und dort gebunden.

Printed in Germany.

Vorwort

Im vorliegenden Sammelband finden sich die Beiträge zum Symposium „Theorie- und evidenzbasierte Politik“, des Profilbereichs Smart Regulation, das am 8. Oktober 2021 an der Karl-Franzens-Universität Graz stattgefunden hat. Smart Regulation vereint Wissenschaftler*innen aus der Rechtswissenschaftlichen, Sozial- und Wirtschaftswissenschaftlichen, Katholisch-Theologischen und Naturwissenschaftlichen Fakultät. Der Bereich wird seit 2022 von den Sprechern Johannes Zollner und Rainer Niemann geleitet. Das Symposium bildete nach zahlreichen vorangegangenen gemeinsamen Aktivitäten die zweite große interdisziplinäre Konferenz des Profilbereichs.

Das Mission Statement von Smart Regulation lautet: „Wir generieren theorie- und evidenzbasiert Wissen für Wissenschaft, Praxis und Regulierungsinstitutionen aus interdisziplinärer Perspektive, um das Regulierungsziel unter Beachtung ethischer Grundsätze möglichst effizient zu erreichen“ und liefert damit den Ausgangspunkt für das Generalthema des Symposiums. Die Covid-19-Pandemie bildet seit ihrem Beginn im März 2020 einen zentralen Anknüpfungspunkt, um die vielfach geforderte Evidenzbasierung der Politik auf allen Gebieten zu überprüfen. Bei neuartigen Herausforderungen fehlt jedoch regelmäßig Evidenz, an der sich die Politik orientieren könnte. Darüber hinaus darf wissenschaftliche Regulierungsberatung nicht nur evidenzbasiert agieren, sondern sie bedarf einer soliden theoretischen Grundlage, um nicht „Data Mining“ zu betreiben oder Scheinkorrelationen aufzusitzen. Theoriebasierung ist daher der Evidenzbasierung zeitlich vorgeschaltet.

Das Symposium wurde in diesem Sinne von den Herausgeber*innen dieses Sammelbandes Iris Eisenberger, Rainer Niemann und Matthias Wendland gemeinsam entwickelt. Obwohl die Pandemie den Anlassfall für das Generalthema lieferte, wurde das Symposium bewusst nicht als Covid-19-Konferenz, sondern grundlegender unter dem Aspekt der Theorie- und Evidenzbasierung konzipiert. Die hier abgedruckten Beiträge sind in fünf thematische Blöcke unterteilt: (1) Theorie- und evidenzbasierte Gesundheitspolitik in Bezug auf sozio-technische Systeme?, (2) Theorie- und evidenzbasierte Steuerpolitik 2020/21?, (3) Smart Regulation, Big Tech und Kartellrecht, (4) Smart Corporate Governance sowie (5) CSR-Berichterstattung: Was kann die Wissenschaft beitragen? Die zu diesen Fragenkreisen erstatteten Haupt- und Koreferate aus Wissenschaft und Praxis bilden das Spektrum der am Profilbereich beteiligten Disziplinen ab. Zusammen bieten sie eine inhaltliche und methodische Grundlage für die weitere interdisziplinäre Diskussion von Smart Regulation.

Die Herausgeber*innen danken Birgit Tschandl, Karl-Franzens-Universität Graz, für ihren unermüdlichen Einsatz bei der Organisation des Symposiums. Für die Unterstützung bei der Erstellung des Sammelbands danken wir dem Redaktionsteam Mag. iur. Julia Mandl, Stefanie Pendl, M.Sc. und Mag. iur. Lukas Soritz von der Karl-Franzens-Universität Graz sowie Mag. iur. Magdalena Nemeth von der Universität Wien. Die für den interdisziplinären Austausch wichtige Veröffentlichung des Sammelbands sowohl als Print- als auch als Open-Access-Medium hat ein Druckkostenzuschuss der Karl-Franzens-Universität Graz ermöglicht.

Graz/Wien, im August 2022

Iris Eisenberger
Rainer Niemann
Matthias Wendland

Inhalt

III. Smart Regulation, Big Tech und Kartellrecht

IV. Smart Corporate Governance

V. CSR-Berichterstattung: Was kann die Wissenschaft beitragen?

I. Theorie- und evidenzbasierte Gesundheitspolitik in Bezug auf sozio-technische Systeme?

Theorie- und evidenzbasierte Gesundheitspolitik in Zeiten der Digitalisierung und Künstlicher Intelligenz

Ethische und rechtliche Überlegungen

Tanja Henking

I. Digitalisierung und Künstliche Intelligenz

Digitalisierung und Künstliche Intelligenz (KI) sind die Schlagworte unserer Zeit. Das Versprechen einer verbesserten medizinischen Versorgung müssen sie aber weitgehend erst noch einlösen. Da ihr Einsatz bereits erfolgt oder unmittelbar bevorsteht, sind differenzierte Überlegungen im Hinblick auf ethische und rechtliche Implikationen vorzunehmen. Dieser Beitrag nimmt zwei Bereiche im Sinne eines soziotechnischen Systems als Beispiel: die ärztliche Praxis, also das ambulante Setting, sowie die Klinik. Als beispielhafte Anwendungen für den ambulanten Bereich wie der Hausarztpraxis sollen digitale Tools verortet werden, innerhalb der Klinik sollen Klinische Unterscheidungsunterstützungssysteme (engl. Clinical Decision Support System, abgekürzt als CDSS) betrachtet werden. Als Matrix für die weiteren Überlegungen dient die Prinzipienethik,[1] an deren vier Prinzipen (Autonomie, Fürsorge, Nicht-Schaden, Gerechtigkeit/Fairness) sich die weiteren Überlegungen zu messen haben.

Damit ist im ersten Beispiel ein Bereich ausgewählt, in dem wir gerade eine Steuerung durch den (deutschen) Gesetzgeber erleben, und im zweiten Beispiel

---

[1] *Beauchamp/Childress* (2019); vgl. auch den Vortrag von *Woopen*, Digitalisierung im Gesundheitswesen, gehalten am 24.5.2017 auf dem Deutschen Ärztetag.

ein Bereich, der bisher auf der gesetzgeberischen Ebene noch wenig Beachtung gefunden hat und bei dem sich zudem die Frage stellt, ob die Medizin sich selbst hier Regeln im Rahmen von medizinischen Standards setzt. Ein Fokus kann für die weiteren Überlegungen auf der Beziehung von Mensch und Technik (Mensch-Computer-Interaktion) und der sich dabei möglicherweise verändernden Rollen liegen.

II. Digitalisierung und KI im Gesundheitswesen

Mit Digitalisierung und KI im Gesundheitswesen werden sowohl Hoffnung auf Fortschritt und Verbesserung der Gesundheitsversorgung wie auch Sorgen vor einer Entmenschlichung verbunden.

Dem Ideal einer guten Versorgung entsprechend sollte das Versorgungssystem erreichbar sein, eine Versorgung auf hohen wissenschaftlich-gesicherten Standards bei Reduktion von Sterblichkeit und Erhalt von selbstbestimmtem Leben und Lebensqualität bieten.[2] Aber auch andere Komponenten sind wichtig, wie ausreichend Zeit für die Anamnese, die Untersuchung, das Gespräch, das zudem von Empathie geprägt sein sollte und in dem Behandlungsabläufe gut und fachkundig vermittelt werden. Die gestellten Diagnosen sollten korrekt und die Therapie gut gesteuert sein. Dies ließe sich noch um einiges mehr erweitern. Dass der Alltag anders aussieht, bedarf kaum einer Erwähnung. Ebenso inzwischen wohl auch, dass sich die Versorgung allein aufgrund des zunehmenden Ärztemangels verschlechtern könnte.

Einige erste Überlegungen sollen holzschnittartig skizziert werden:

– Kann bzw. wie kann ein Mehr an Digitalisierung im Gesundheitswesen hierbei eine Unterstützung sein? Wie definiert sich z.B. Erreichbarkeit, wenn ein*e Arzt*Ärztin zwar grundsätzlich erreichbar ist, aufgrund der eigenen körperlichen Verfassung oder Behinderung des*der Patienten*in der Weg aber eine große Herausforderung bedeutet? Hier liegen die Vorteile, die mit digitalen Tools einhergehen, auf der Hand. Wie stellt man aber sicher, dass der Zugang zu den digitalen Anwendungen für alle gesichert wird und nicht zu einer Vernachlässigung von ganzen Gruppen ohne digitale Kompetenzen führt? Das unter dem Stichwort Digital Divide diskutierte Problem muss somit auch im Zusammenhang mit Gesundheitsversorgung und Gesundheitskompetenz[3] gedacht werden.

---

[2] Siehe hierzu die Auflistung im verschriftlichten Vortrag von *Woopen*, Digitalisierung im Gesundheitswesen, gehalten auf dem Deutschen Ärztetag 2017.

[3] *Cornejo Müller/Wachtler/Lampert* (2020), S. 185 ff.; vgl. auch *Marckmann* (2020), S. 199 ff.

- Das führt zur Überlegung, ob Digitalisierung überdies eine Lösung dafür anbieten kann, Menschen zu erreichen, die z.B. für Gesundheitsprävention schlechter erreichbar sind? Bieten also die vielleicht eher spielerisch eingesetzten Fitness-, Ernährungs-, Schlafanalyseapps eine Chance, Menschen für ein verbessertes Wissen oder für ein gesünderes Verhalten zu erreichen? Doch wie will man dieses messen? Können Smartphones und Co vielleicht auch eingesetzt werden, damit z.B. die Krankenkasse direkt eine Aufforderung für eine Terminvereinbarung zur nächsten Darmkrebsvorsorgeuntersuchung versendet? Entstünde dadurch ein nützliches oder gar ein übergriffiges Tool?
- Kann durch eine stärkere Digitalisierung ein Mehr an Patientensicherheit erreicht werden?[4] Der Begriff „Patientensicherheit" kann vielfältig verwendet werden und erfasst nicht nur die korrekte Diagnose, das korrekt verordnete Medikament oder die Sicherheit des Medikaments selbst.

III. Zugang zum medizinischen Versorgungssystem

Wenn die Rede von medizinischer Versorgung ist, dann ist die gesamte Spanne von Prävention, Diagnostik, Therapie und Rehabilitation in den Blick zu nehmen. Aber man kann auch bereits einen Schritt vorher ansetzen und prüfen, ob und wie überhaupt der Zugang zum medizinischen Versorgungssystem erfolgt. Kurz gesagt: Geht die Person überhaupt in die Arztpraxis (oder in die Notfallaufnahme eines Krankenhauses)?

Mittels sog. Symptom-Checker-Apps[5] können Nutzende ihre Symptome selbst eingeben. Hierzu stellt die App einige Fragen im Sinne einer Anamnese. Die in der Regel frei zugänglichen Apps versprechen zum Teil mittels KI zu arbeiten. Am Ende der Nutzung steht keine Diagnose, sondern Wahrscheinlichkeiten für eine Erkrankung, und schließlich der Rat zum*zur Arzt*Ärztin zu gehen oder nicht.[6]

---

[4] Laut WHO sterben weltweit jede Minute 5 Menschen an den Folgen eines Behandlungsfehlers; siehe auch *OECD* (2018), Health Working Papers Nr. 106, The economics of patient safety in primary and ambulatory care.

[5] In dem von BMBF (Bundesministerium für Bildung und Forschung) geförderten Projekt Check.App sollen u.a. die Auswirkungen der Nutzung solcher auf das Versorgungssystem, dem Arzt-Patientenverhältnis, u.a. untersucht werden. Die Autorin ist Mitglied dieser Forschungsgruppe. Siehe: https://www.gesundheitsforschung-bmbf.de/de/check-app-symptom-checker-auf-basis-kunstlicher-intelligenz-11197.php (abgerufen am 21.9.2022).

[6] Beispielhaft *Kahl* (2018). Neben ADA sind auf dem Markt einige weitere, ähnliche arbeitende Apps zu finden.

Welcher Nutzen wird mit einer solchen App neben der ständigen Erreichbarkeit, weil sie jederzeit auf dem eigenen Smartphone verfügbar ist, verbunden? Neben der zeitlichen Komponente der Erreichbarkeit sind es auch ersparte Wege, wenn man wahrscheinlich eher etwas Harmloses hat, das man zu Hause auskurieren kann. Insb. dann, wenn der*die Hausarzt*Hausärztin in der Nähe fehlt. Aber es ist eben auch die Entlastung des Gesundheitssystems, wenn Personen, die keine ärztliche Versorgung benötigen, dieses gar nicht erst aufsuchen (oder andersherum es umgehend aufsuchen, wenn eine Versorgung dringend indiziert ist). Es kann außerdem die Sicherung einer Diagnose im Sinne einer Zweitmeinung sein. Oder aber gar das Stellen der *„richtigen"* Diagnose, wobei dieses den Fokus weg vom Symptom-Checker auf Diagnose-Apps richtet. Aus rechtswissenschaftlicher Perspektive mag einzuwenden sein, dass nach (deutschem) Arzthaftungsrecht Fehldiagnosen nicht grundsätzlich gleichzusetzen sind mit einem haftungsrechtlich relevanten Fehler. Berücksichtigt wird die Komplexität des menschlichen Körpers und seiner Erkrankungen, was sich auch daran zeigt, dass sich Symptome nicht stets klar zeigen oder vom Betroffenen eindeutig beschrieben werden können. Diese „Schwäche" ist auch bei solchen Diagnose-Apps zu berücksichtigen. Im Übrigen lagen laut einer 2015 veröffentlichten Studie gerade mal 34% der Anwendungen richtig, eingeschlossen waren 23 Apps.[7] Unter dem Stichwort Diagnostik wird man allerdings die Auswertung bildgebender Verfahren noch einmal gesondert einordnen müssen.

Aber grundsätzlich betrachtet: Was macht es mit dem Arzt-Patienten-Verhältnis und der fachlichen Kompetenz des*der Arztes*Ärztin, wenn der*die Patient*in zukünftig mit einer bereits „gestellten Diagnose" die Arztpraxis betritt *(oder auch nicht betritt – obwohl er sollte)*? Ist dies das Ideal eines Arzt-Patienten-Verhältnisses auf Augenhöhe? Und wie verhält sich der Patient eigentlich? Befolgt er die Empfehlungen der App und geht zum*zur Arzt*Ärztin? Nimmt die App eine ähnliche „Autorität" für sich in Anspruch wie der Rat des*der Arztes*Ärztin? Und: Die ärztliche Intuition, das Erfahrungswissen, in der Diagnostik scheint an Bedeutung zu verlieren.

Das Ideal eines Arzt-Patienten-Verhältnisses könnte im Übrigen noch auf einem anderen digitalen Weg angestrebt werden. Nehmen wir an, der*die Patient*in hat zukünftig über seine*ihre elektronische Patientenakte direkten, unmittelbaren Zugang zu all seinen*ihren Gesundheitsdaten.[8] Er*Sie kann vielleicht sogar in Echtzeit den eingehenden Befund einsehen. Diese Transparenz der Informationen scheint ein Gleichgewicht herzustellen und die Person zu befähigen als mündige*r Patient*in für seine*ihre eigene Gesundheit zu sorgen. Doch wäre nicht wenigstens eines zu bedenken: Stellen wir uns vor, es

---

[7] *Semigran/Linder/Gidengil/Mehrotra* (2015); *Lupton/Jutel* (2015).

[8] Beispielhaft *Esch/Walker/Delbanco* (2016); siehe hierzu die Überlegungen *Bertelsmann Stiftung* (2017) S. 74 ff.

gehen in diese Akte besorgniserregende Befunde, Diagnosen einer ersthaften, gar lebensbedrohlichen Erkrankung mit schlechter Prognose ein. Benötigt der*die Patient*in dann nicht doch einen Filter und müsste dieser Filter nicht ein*eine empathische*r Arzt*Ärztin sein, der ihm*ihr die Diagnose so schonend wie möglich, wenngleich natürlich ehrlich, mitteilt, ihm*ihr eine Einordnung gibt und Optionen aufzeigt? Nicht umsonst wird schließlich seit Jahren inzwischen bereits an den Universitäten das Überbringen schlechter Nachrichten trainiert.[9] Anders gesprochen, die reinen Daten sind für die medizinische Versorgung nicht alles, sie benötigen eine Einordnung und eine Erklärung und dazu ist die ärztliche Expertise (sowie Empathie) nötig. Erst recht dann, wenn lediglich Wahrscheinlichkeiten ausgewiesen werden.[10] Es wäre also zu überlegen, bei solchen Ideen, auch mögliche Sperren bis zur Informationsübermittlung durch eine*n Ärztin*Arzt vorzusehen. Oder wäre diese Forderung etwa zu paternalistisch? Das Selbstbestimmungsrecht (über die Gesundheitsdaten) und Fürsorge sowie Schutz des*der Patienten*in geraten jedenfalls in Spannung.

1. Ansprüche auf Digitale Gesundheitsanwendungen

Noch einmal zurück zu digitalen Tools. Das deutsche Sozialgesetzbuch V sieht in § 33a inzwischen einen Anspruch des Versicherten auf Digitale Gesundheitsanwendungen vor, sog. DiGAs. Ein Versorgungsanspruch besteht bei Versorgung mit Medizinprodukten niedriger Risikoklasse, deren Hauptfunktion wesentlich auf digitalen Technologien beruht und die dazu bestimmt sind, bei Versicherten die Erkennung, Überwachung, Behandlung oder Linderung von Krankheiten zu unterstützen (digitale Gesundheitsanwendungen), §§ 33a SGB V, 139b SGB V.

Voraussetzung für eine Verordnung zu Lasten der GKV ist, dass die DiGA vom Bundesinstitut für Arzneimittel und Medizinprodukte in das Verzeichnis für digitale Gesundheitsanwendungen nach § 139e SGB V aufgenommen wurde. Interessant ist dabei nun vor allem die gesetzgeberische Entscheidung, wie es zur Aufnahme in das Verzeichnis kommt. Um der Digitalisierung hier

[9] *Richter-Kuhlmann/Schmitt-Sausen* (2015). Dass das Ideal des hier beschriebenen Arztes nicht überall anzutreffen ist, kann nicht übersehen werden. Aber der Mensch bringt die Fähigkeit mit, dieses Ideal anzustreben. Die Digitalisierung kann sich zudem als Ansporn erweisen, die menschlichen Fähigkeiten stärker herauszustellen. Der*Die Patient*in könnte in einem Zukunftsszenario aber auch lernen, die Patientenakte zu lesen, verstehen und zu bewerten.

[10] Vgl. *Wegwarth/Gigerenzer* (2011).

einen Schub oder vielleicht einen „Schubser" zu geben, sind ein FastTrack Verfahren und die Möglichkeit einer vorläufigen Zulassung vorgesehen.[11] Von den inzwischen 30 gelisteten Anwendungen sind 10 endgültig zugelassen.[12] Für die vorläufige Zulassung muss es sich bei der Anwendung um ein zertifiziertes Medizinprodukt handeln. Nachgewiesen werden muss ein positiver Versorgungseffekt.[13] Dabei wird zwischen medizinischem Nutzen und patientenrelevanten Struktur- und Verfahrensverbesserungen unterschieden (§ 8 DIGAV).[14] Durch vorzulegende Studien muss der Nutzen der DiGA gegenüber ihrer Nichtanwendung nachgewiesen werden. Vereinfacht gesagt, ob sich ein Effekt bei Nutzung der DiGA zeigt. Man wird hier einige Kritik am Nutzennachweis ausmachen dürfen: die Kritik setzt beim eher geringeren Evidenznachweis an, was kleinere Studiengruppen, fehlende RCTs, etc. inkludiert.[15] Der Nutzennachweis, der aus der Arzneimittelzulassung bekannt ist, wird hier nicht als Maßstab angelegt und dies ist wohl auch nicht notwendig, wenn es sich um eine Anwendung mit geringem Risikopotential handelt.[16] Doch welches Evidenzlevel bzw. welcher Nutzennachweis eingefordert wird, ist letztlich eine normative Frage, die es zu beantworten gilt.

---

[11] In der Begründung zum Digitale-Versorgung-Gesetz findet sich die Formulierung „innovative Lösungen schneller Eingang in die Versorgung", siehe BT-Drs. 19/13438, 34; *Becker/Kingreen/Kircher*, § 139e SGB V, Rn. 1; Kasseler Kommentar/*Altmiks*, § 139e SGB V, Rn. 28. Siehe auch den Leitfaden des BfArM: BfArM, Das Fast-Track-Verfahren für digitale Gesundheitsanwendungen (DiGA) nach § 139e SGB V – Ein Leitfaden für Hersteller, Leistungserbringer und Anwender 2020. Verfügbar unter: https://www.bfarm.de/SharedDocs/Downloads/DE/Medizinprodukte/diga_leitfaden.html?nn=597198 (abgerufen am 21.9. 2022).

[12] Siehe https://diga.bfarm.de/de/verzeichnis?type=%5B%22active%22%5D (abgerufen am 21.9.2022).

[13] Der Begriff ist eigenständig auszulegen, vgl. *Becker/Kingreen/Kircher*, § 139e SGB V, Rn. 7 ff.; Kasseler Kommentar/*Altmiks* § 139e SGB V, Rn. 24 ff. Dieser neue Begriff wird bereits als wegweisend für das gesamte Regelungsgefüge bezeichnet, *Münkler* (2021), S. 41.

[14] § 8 Abs. 2 DIGAV listet die Merkmale einer struktur- und patientenrelevanten Verfahrensverbesserung auf: Koordination der Behandlungsabläufe, Ausrichtung der Behandlung an Leitlinien und anerkannten Standards, Adhärenz, Erleichterung des Zugangs zur Versorgung, Patientensicherheit, Gesundheitskompetenz, Patientensouveränität, Bewältigung krankheitsbedingter Schwierigkeiten im Alltag, Reduzierung der therapiebedingten Aufwände und Belastungen des*der Patienten*in und ihrer Angehörigen. Siehe hierzu auch *Münkler* (2021), S. 41, 46 f., die die Erweiterung des Blickwinkels auf die Gesamtversorgungsstruktur und Versorgungsbedingungen positiv bewertet.

[15] Zwar müssen Studien vorgelegt werden, die retrospektiv sind oder prospektiv vergleichend, aber der Bezugspunkt ist die Nichtanwendung.

[16] Das Gesetz äußert sich zum Evidenzlevel nicht, enthält allerdings im Rahmen der Ermächtigung nach § 139e Abs. 9 S. 2 SGB V den Hinweis, dass die „Grundsätze der evidenzbasierten Medizin" zu berücksichtigen seien. Zu beachten ist sodann § 10 DIGA-Verordnung. In der Gesetzesbegründung wird ausdrücklich erklärt, dass nicht das Evidenzlevel aus

In der Abwägung stehen erwartete Effekte, schnellere, erleichterte Einführung auf der einen Seite und auf der anderen Seite der*die Patient*in, der auch bei einer digital angewendeten Intervention einen Nutzen und damit einen Wirksamkeitsnachweis erwarten darf. Die Frage nach der erforderlichen Evidenz wurde diskutiert; bei Annahme eines eher geringeren Risikos und eher niedrig eingeschätzter Kosten der Anwendungen wollte man keine zu hohen Evidenzanforderungen. Diese Diskussion sollte sich jedoch nicht auf Fachkreise beschränken, sondern sie sollte um die Perspektive der Nutzer*innen erweitert werden, insb. um deren Erwartungen an solche Anwendungen. Zudem wird eine Frage für die Zukunft sein, wie stark der*die verordnende Arzt*Ärztin in Anwendung, Auswertung, Überwachung und Evaluation der konkreten Anwendung involviert sein wird.[17]

2. Klinische Entscheidungsunterstützungssysteme

Nun sollen noch stärker KI im Gesundheitswesen und im Speziellen klinische Entscheidungsunterstützungssysteme[18] betrachtet werden. In den Blick genommen werden dabei vor allem die, die auch Therapieempfehlungen geben oder Prognosen ausgeben. An dieser Stelle wird der schillernde Begriff der KI verwendet, wenngleich Machine Learning der korrekte(re) Begriff sein dürfte. Das System lernt aus Beispielen; mit möglichst vielen Trainingsdaten. Hieraus wird ein Modell aufgebaut, das System erkennt Muster und Gesetzmäßigkeiten und kann diese Muster, die es aus den Trainingsdaten gewonnen hat, auf neue Beispiele anwenden. Und noch weitergedacht: Es kann diese Erkenntnisse dann auch wieder einfließen lassen und lernt so weiter.[19]

Die Trainingsdaten und deren Qualität sind nun also entscheidend. Diese Trainingsdaten können bspw. aus einer elektronischen Patientenakte – automatisch – gezogen werden. Allerdings ist eines bereits zu bedenken: Es deutet sich an, dass der Informationsgehalt bei elektronisch geführten Patientenakten gegenüber handgeschriebenen abnimmt, indem bspw. größere Teile der Eintragungen durch Übertragung wiederholt werden oder fertige Textbausteine die

---

der Arzneimittelzulassung anzusetzen sei, BT-Drs. 19/13438, 59, vgl. hierzu auch *Becker/Kingreen/Kircher,* SGB V, § 139e, Rn. 7 f.; Kasseler Kommentar/*Altmiks* § 139e SGB V, Rn. 24 ff.

Angelescu/Sauerland (2019), S. 116; *Fischer* (2020) S. 674 ff.; siehe auch (für UK) NICE, Evidence Standards Framework for Digital Health Technologies, 2019, https://www.nice.org.uk/Media/Default/About/what-we-do/our-programmes/evidence-standards-framework/digital-evidence-standards-framework.pdf (abgerufen am 21.9.2022).

[17] Nach den DiGAs kommen nun auch die DiPAs auf den Gesundheitsmarkt, also digitale Pflegeanwendungen. Dass der Markt für DiGAs ein begehrter ist, bedarf wohl keiner weiteren Erwähnung.

[18] Siehe *ZEKO* (Zentrale Ethikkommission der Bundesärztekammer) (2021).

[19] Siehe *Plattform Lernende Systeme* (Hrsg.) (2019), Lernende Systeme im Gesundheitswesen.

Akte um Individualitäten ärmer machen könnten. Aktuell orientieren wir uns bei den Dokumentationspflichten schließlich an der Patientensicherheit; also welche Informationen muss eine Akte enthalten, damit eine Behandlung des Patienten gesichert ist und z.B. der Weiterbehandelnde weiß, was gemacht oder nicht gemacht wurde.[20] Wir könnten dieses unter dem KI-Blickwinkel noch einmal anpassen.

Das vielfach diskutierte Black-Box[21] (oder teilweise auch Grey Box) genannte Problem von KI soll hier nur eine kurze Erwähnung gefunden haben. Während konstatiert wird, die Black Box sei der KI immanent, suchen andere nach Lösungen, um die KI-Anwendung transparenter werden zu lassen.[22] Zu den an eine KI-Anwendung gestellten Anforderungen gehören u.a. Richtigkeit, Genauigkeit (Accuracy) und Fairness. Die Schwächen auf dem Weg zu einer fairen KI sind inzwischen gut herausgearbeitet, wenngleich nicht gelöst. Die KI arbeitet auf Basis des zur Verfügung gestellten Datensatzes, und enthält dieser einen Bias, dann schreibt er sich fort.[23]

Teilweise wird auch als Problem benannt, dass der Datensatz stets nur die Vergangenheit abbilden könnte.[24] Allerdings beruhen auch medizinische Leitlinien auf in der Vergangenheit erstellten Studien. Daher stellen sie u.a. aus diesem Grund einen Handlungskorridor dar, der im Einzelfall zu reflektieren ist. Wenn Machine Learning nun aber Erfahrungswissen, neue Daten, wieder ins System einfließen lässt, dann entsteht hier letztlich eine neue Art Wissen, eine neue Form von Evidenz, die sich nicht so einfach in unser bisheriges Verständnis einer evidence-based medicine einfügen lässt. Es ist nun aber auch so, dass es verschiedene medizinische Bereiche bzw. Disziplinen gibt, in denen kaum RCTs vorhanden oder auch aus ethischen Gründen nicht durchführbar sind.[25] Zu überlegen ist, wie wir mit dieser neuen Art Evidenz umgehen,[26] welche Gefahren hierin liegen, wie wir diesen Gefahren begegnen können und entscheiden, welche Risiken wir akzeptieren – auch dies ist eine *normative* Frage.

Kommen nun KI-basierte Entscheidungsunterstützungssysteme zur Anwendung stellen sich nicht die Fragen, die sich auf die KI selbst konzentrieren, sondern zu welchen Rollenverschiebungen und auch nur Veränderungen im

---

[20] Vgl. *Spickhoff/Spickhoff*, § 630f BGB, Rn. 1.

[21] Vgl. *Martini* (2019).

[22] Zum Thema XAI auch *Amann et al.* (2020); *Hänold/Schlee/Antweiler/Beckh* (2021), S. 561 ff.

[23] *Cirillo et al.* (2020).

[24] Vgl. *Starke/De Clercq/Elger* (2021), S. 341; *Cirillo et al.* (2020).

[25] Das populärste Beispiel für eine fehlende randomisierte Studie zum Nachweis der Wirksamkeit von Fallschirmen ist wohl die Empfehlung, aus einem Flugzeug nicht ohne Fallschirm zu springen, *Smith/Pell/BMJ* (2013), S. 327 und zur Durchführung der RCT: *Yeh et al. BMJ* (2018), S. 363.

[26] Im Hinblick auf das Medizinprodukterecht und das Konformitätsbewertungsverfahren *Helle* (2020), S. 993, 995.

Verhalten oder im Verantwortungsbewusstsein es in diesem Gefüge von Mensch und KI/Machine Learning kommen kann. *Eric Topol* vergleicht in seinem Buch Deep Medicine KI-Anwendungen mit den verschiedenen Stufen des autonomen Fahrens:[27] Seine Idee lässt sich gut nutzen, um daran einige weiterführende Überlegungen anzuschließen: Neufahrzeuge „greifen“ bereits in das „autonome“ Fahren ein. Fährt das Auto über eine durchgezogene Linie, bremst es ab, das Lenkrad vibriert. Ist dies nicht bereits mehr als ein bloßes Warnsystem? Übertragen auf ein Entscheidungsunterstützungssystem im klinischen Einsatz: Übernimmt das System auch hier mehr als eine Warnungfunktion, sondern greift in Therapiegeschehen ein und stoppt bspw. eine Infusion?

Die Frage ist, was dieses bei dem*der behandelnden Arzt*Ärztin auslöst. Sieht er sich als lediglich gewarnt oder hat er den Impuls an der Therapie etwas zu ändern? Bleibt es bei der reinen Unterstützung wird man ein solches System aus ethischer Perspektive eher als unproblematisch ansehen (Das Problem des Trainingsdatensatzes und der Intransparenz einmal ausgeklammert.). Wenn das System nun aber auch Vorschläge einer Therapie unterbreitet, stellt sich die Frage, ob hier in die originäre Domäne ärztlichen Entscheidens und Handelns eingegriffen wird. Um im Bild zu bleiben, kann der*die Arzt*Ärztin eine Stufe weitergedacht, das System machen lassen, und zurückgelehnt zuschauen und nur eingreifen, wenn er mit Entscheidungen des Systems nicht einverstanden ist? Im Weißbuch der Europäischen Kommission (2020) findet sich mehrfach die Betonung der menschlichen Aufsicht oder Kontrolle.[28]

Doch wie überprüft der*die Arzt*Ärztin, dass er mit der Entscheidung nicht einverstanden ist? Wie kann er den Entscheidungsvorgang nachvollziehen, ohne ihn gedanklich selbst zu durchlaufen? Gibt er dann nicht im Zweifel seine Entscheidungskompetenz ab, weil er ein Andersentscheiden „rechtfertigen“ müsste?[29] Und worauf fußt dann seine Entscheidung – gegen das System?[30] Diese wenigen Überlegungen zeigen das Problem auf. Wollen und können wir die Entscheidung an ein System abgeben? Selbst wenn dies mit Nein beantwortet wird, muss die Überlegung erfolgen, wie Entscheidungsprozesse beeinflusst werden und wie dem begegnet werden kann. Nach einer eigenen Umfrage[31] zeigt sich eine Präferenz für eine Kombination von Arzt*Ärztin und KI;

---

[27] *Topol* (2019), S. 85 ff.

[28] Weißbuch zur Künstlichen Intelligenz – ein europäisches Konzept für Exzellenz und Vertrauen (2020).

[29] Siehe hierzu *Katzenmeier* (2019), S. 259, 268, der bereits einen Rechtfertigungsdruck prognostiziert: „Nicht mehr ihre Heranziehung bedarf der Begründung, vielmehr wird es auch im Rahmen ärztlicher Entscheidungsfindung immer schwieriger, den Verzicht auf den Einsatz verfügbarer KI zu rechtfertigen.“; siehe auch *Dettling/Krüger* (2018), S. 513, 515.

[30] Mitgedacht werden muss hier aber auch, dass die Ressource Mensch falsche Entscheidungen in der Interaktion Mensch-Maschine treffen kann und damit das System Maschine schwächt.

[31] *Weber/Henking* (2022), (in der Begutachtung).

aber: eine „Kontrolle durch den*die Arzt*Ärztin“ wird gewünscht. Die Umfrage beschränkte sich auf ein eher einfaches Beispiel wie CT-Aufnahmen, interessant ist aber, dass manche Befragte bereits von einer „Übergangszeit“ sprechen.[32]

Es sollte unbedingt ebenso bedacht werden, dass ärztliches Handeln, die Indikationsstellung und die Therapieempfehlung Wertevorstellungen beinhalten, die zu reflektieren sind.[33] Dieses kann und soll nicht abgegeben werden. Jetzt könnte man sich überlegen, Wertevorstellungen auch in die KI einzuspeisen. Aber würden wir uns nicht an dieser Stelle des Aushandelns, Reflektierens, des Bekenntnisses zum Wertepluralismus und dessen Wandel berauben?

Diese holzschnittartigen, auf unterschiedlichen Ebenen anzusiedelnden Überlegungen belegen eine Notwendigkeit, die Rahmen von KI-basierten Entscheidungsunterstützungssystemen weiter abzustecken und auch das Maß an Unterstützungen vom Warnen, Eingreifen bis zum Übernehmen unter Kontrolle zu bedenken. Dieses bedeutet nicht zwingend ein gesetzgeberisches Handeln, sondern es wäre zu überdenken, was über den medizinischen Standard selbst lösbar ist,[34] um den technischen Fortschritt nutzbar zu machen. Dazu gehört auch eine Klärung der Haftungsfragen.[35] Zudem ist zu überlegen, ob Patientenrechte in Bezug auf KI-Anwendung z.B. durch eine KI-bezogene Aufklärung eine Stärkung erfahren sollten und wie diese auszusehen hätte.

IV. Fazit und Ausblick

Abschließend sollen einige Thesen zugleich einen Ausblick bieten:

Es ist eine normative Frage, welche Evidenz wir wollen. Dabei sollten wir anhand des Einsatzes der digitalen Tools eine Risiko-Chancen-Bewertung vornehmen, die unterscheidet zwischen Gesundheitsförderung, Diagnostik und Therapie.

Die Anwendung von KI/Machine Learning liefert eine neue Art von Evidenz, in der eine Chance zur verbesserten Versorgung liegt.

---

[32] 92.9% der Befragten bevorzugten eine gemeinsame Behandlung durch KI und Mensch, im Vergleich zu allein Mensch (3.8%) und allein KI (3.2%), als Grund wurde hier von einigen Befragten die Kombination aus objektiver KI und empathischen Menschen genannt; KI wurden vor allem die Eigenschaften zuverlässig, sachkundig, leistungsfähig und faktenbasiert (jeweils über 90% Zustimmung) zugeschrieben, hingegen wurden Emotion und Empathie nicht mit KI verbunden (über 95% Ablehnung).

[33] Besonders deutlich wird dies bei Unterstützungssystemen am Lebensende, siehe hierzu *Duttge* (2019), S. 771 ff.

[34] Vgl. hierzu *Katzenmeier* (2019), S. 259, 261.

[35] *Katzenmeier* (2019), S. 259 ff.; *Hart* (2016), S. 669, 671, 675; *Duttge* (2019), S. 771, 776; *Hart* (2016), S. 669, 671, 675.

Die Rolle des*der Arztes*Ärztin sollte sich durch den Einsatz von Entscheidungsunterstützungssystemen nicht verändern; seine*ihre Rolle ist gegenüber einer faktischen Entscheidungsmacht der Systeme zu verteidigen.

Freiräume, die durch den Einsatz digitaler Anwendungen und KI entstehen können, müssen verteidigt und im Gesundheitssystem für das Gespräch zwischen Ärzt*in und Patient*in genutzt werden. Das Gespräch erfährt in seiner Bedeutung für das Arzt-Patienten-Verhältnis somit eine Aufwertung, KI bedeutet ein Mehr an Information und Erklärung; insb. auch für die Einordnung von Wahrscheinlichkeiten.

Bei der Diskussion um Evidenz sollte ärztliches Erfahrungswissen nicht in den Hintergrund gedrängt werden, sondern dessen Stellenwert bei Entscheidungsprozessen berücksichtigt werden.

Literaturverzeichnis

Amann, Julia/Blasimme, Alessandro/Vayena, Effi/Frey, Dietmar/Madai, Vince I. (2020), Explainability for artificial intelligence in healthcare: a multidisciplinary perspective, BMC Medical Informatics and Decision Making (20), S. 310.

Angelescu, Konstanze/Sauerland, Stefan (2019), Mobile Gesundheitsanwendungen: Welche Evidenz ist nötig?, Deutsches Ärzteblatt (21), S. 116.

Becker, Ulrich/Kingreen, Thorsten (Hrsg.) (2020), SGB V. Gesetzliche Krankenversicherung. Kommentar. 7. Aufl., C.H. Beck, München.

Bertelsmann Stiftung (Hrsg.) (2017), Elektronische Patientenakten, abrufbar unter: https://www.bertelsmann-stiftung.de/de/publikationen/publikation/did/elektronische-patientenakten/ (abgerufen am 21.9.2022).

Beauchamp, Tom L. /Childress James F. (2019), Principles of Biomedical Ethics, 8. Aufl., Oxford University Press, Oxford.

Cirillo, Davide et al. (2020), Sex and gender differences and biases in artificial intelligence for biomedicine and healthcare, NPJ Digital Medicine, S. 1.

Cornejo Müller, Alejandro/Wachtler, Benjamin/Lampert, Thomas (2020), Digital Divide – Soziale Unterschiede in der Nutzung digitaler Gesundheitsangebote, Bundesgesundheitsblatt, S. 185.

Dettling, Heinz-Uwe/Krüger, Stefan (2018), Digitalisierung, Algorithmisierung und Künstliche Intelligenz im Pharmarecht, Pharmarecht, S. 513.

Duttge, Gunnar (2019), „Decision-Support-System" für Therapieentscheidungen am Lebensende? Medizinrecht, S. 771.

Esch, Tobias/Walker, Jan/Delbanco, Tom (2016), Open Notes: Transparenz in der Arzt-Patienten-Kommunikation, Deutsches Ärzteblatt (39), S. 113, https://www.aerzte-blatt.de/archiv/182622/Open-Notes-Transparenz-in-der-Arzt-Patienten-Kommunikation (abgerufen am 21.9.2022).

Europäische Kommission (2020), Weißbuch zur Künstlichen Intelligenz – ein europäisches Konzept für Exzellenz und Vertrauen, https://ec.europa.eu/info/sites/default/files/commission-white-paper-artificial-intelligence-feb2020_de.pdf (abgerufen am 21.9.2022).

Fischer, Florian (2020), Digitale Interventionen in Prävention und Gesundheitsförderung: Welche Form der Evidenz haben wir und welche wird benötigt? Bundesgesundheitsblatt, S. 674.

Hänold, Stefanie/Schlee, Nelli/Antweiler, Dario/Beckh, Katharina (2021), Die Nachvollziehbarkeit von KI-Anwendungen in der Medizin. Eine Betrachtung aus juristischer Perspektive mit Beispielszenarien, Medizinrecht, S. 516.

Hart, Dieter (2016), Haftungsrecht und Standardbildung in der modernen Medizin, e:med und Probleme der Definition des Standards, Eine Skizze, Medizinrecht, S. 669.

Helle, Katrin (2020), Intelligente Medizinprodukte: Ist der geltende Rechtsrahmen noch aktuell? Medizinrecht, S. 993.

Kahl, Kristin (2018), Ada: Künstliche Intelligenz als Diagnosehilfe, Deutsches Ärzteblatt (45), S. 115, https://www.aerzteblatt.de/archiv/202426/Ada-Kuenstliche-Intelligenz-als-Diagnosehilfe (abgerufen am 21.9.2022).

Katzenmeier, Christian (2019), Big Data, E-Health, M-Health, KI und Robotik in der Medizin. Digitalisierung des Gesundheitswesens – Herausforderung des Rechts, Medizinrecht, S. 259.

Körner, Anna/Leither, Stephan/Mutschler, Bernd/Rolfs Christian (Hrsg) Kasseler Kommentar Sozialversicherungsrecht (2021), SGB V. EL 115, C.H. Beck, München.

Lupton, Deborah/Jutel, Annemarie (2015), ‚It's like having a physician in your pocket!' A critical analysis of self-diagnosis smartphone apps. Social science & medicine (35), S. 128.

Marckmann, Georg (2020), Ethische Fragen von Digital Public Health, Bundesgesundheitsblatt, S. 199.

Martini, Mario (2019), Black Box Algorithmus – Grundfragen einer rechtlichen Regulierung Künstlicher Intelligenz, Springer Verlag, Berlin/Heidelberg.

Münkler, Laura (2021), Health-Apps im gesundheitsrechtlichen Regulierungsgefüge. Neue Zeitschrift für Verkehrsrecht, S. 41.

NICE (2019), Evidence Standards Framework for Digital Health Technologies, https://www.nice.org.uk/Media/Default/About/what-we-do/our-programmes/evidence-standards-framework/digital-evidence-standards-framework.pdf (abgerufen am 21.9. 2022).

OECD (2018), Health Working Papers Nr. 106, The economics of patient safety in primary and ambulatory care.

Plattform Lernende Systeme (Hrsg.) (2019), Lernende Systeme im Gesundheitswesen – Bericht der Arbeitsgruppe Gesundheit, Medizintechnik Pflege, https://www.plattform-lernende-systeme.de/publikationen-details/lernende-systeme-im-gesundheitswesen.html?file=files/Downloads/Publikationen/AG6_Lernende_Systeme_im_Gesundheitswesen_web_final.pdf (abgerufen am 21.9.2022).

Richter-Kuhlmann, Eva/Schmitt-Sausen, Nora (2015), Ärztliche Kommunikation: Wie sag' ich es?, Medizin studieren (2), S. 16, https://www.aerzteblatt.de/archiv/171107/Aerztliche-Kommunikation-Wie-sag-ich-es (abgerufen am 21.9.2022).

Semigran, Hannah L./Linder, Jeffrey A./Gidengil, Courtney/Mehrotra, Ateev (2015), Evaluation of symptom checkers for self diagnosis and triage: audit study, BMJ, S. 351.

Spickhoff, Andreas (2019), Medizinrecht. 3. Aufl., C.H. Beck, München.

Starke, Georg/De Clercq, Eva/Elger, Bernice S. (2021), Towards a pragmatist dealing with algorithmic bias in medical machine learning Medicine, Health Care and Philosophy (24), S. 341.

Topol, Eric (2019), Deep Medicine, Basic Books, New York.

Wegwarth, Odette/Gigerenzer, Gerd (2011), Risikokommunikation: Risiken und Unsicherheiten richtig verstehen lernen, Deutsches Ärzteblatt (9), S. 108.
Woopen, Christiane (2017), Digitalisierung im Gesundheitswesen. Vortrag auf dem 120. Deutschen Ärztetag.
Zentrale Ethikkommission der Bundesärztekammer (2021), Entscheidungsunterstützung ärztlicher Tätigkeit durch Künstliche Intelligenz, Stellungnahme.

Theorie- und evidenzbasierte Gesundheitspolitik in Bezug auf sozio-technische Systeme

Herausforderung der Telemedizin aus Public-Health-Perspektive

Herwig Ostermann, Alexander Degelsegger-Márquez, Katharina Habimana

I. Einleitung

Der technologische Wandel und insb. die Digitalisierung bergen wie in anderen Gesellschaftsbereichen auch im Gesundheitswesen die Möglichkeit, die Dienstleistungserstellung maßgeblich zu verändern – mit dem Ziel, Gesundheitsleistungen unmittelbarer, zielgerichteter und auch niederschwelliger erstellen zu können. Neben den Big-Data-Anwendungen und Analysemöglichkeiten auf Grund von Machine Learning (deren Herausforderungen neben der reinen Machbarkeit auch noch weitere Überlegungen etwa in Hinblick auf das Selbstverständnis der Gesellschaft im Umgang mit personenbezogenen Daten anzuschließen wären und die deshalb im folgenden Beitrag nicht weiter vertieft werden) verspricht die Telemedizin aus Sicht der Gesundheitssystemgestaltung, aber auch aus Perspektive der Patient*innen und Leistungserbringer*innen den größten Nutzen.

Gemäß der gängigen Definition bezeichnet Telemedizin die *„Bereitstellung oder Unterstützung von Leistungen des Gesundheitswesens mit Hilfe von Informations- und Kommunikationstechnologien“.*[1] Als maßgebliche Anwendungen der Telemedizin sind das Telemonitoring (im Sinne der technologiegestützten Überwachung und Übermittlung von Vitalparametern), die Telekonsultation oder -therapie (im Sinne einer technologiegestützten Interaktion zwischen Gesundheitsdienstleister*innen und Patient*innen) oder das Telekonsil oder die Telekonferenz (im Sinne einer technologiegestützten Interaktion zwischen zwei oder mehreren Gesundheitsdienstleister*innen) von Relevanz.[2]

Telemedizin stellt damit durch die Verbindung von technologischen und sozialen Komponenten ein sozio-technisches System dar, das auf Grund der Wechselwirkungen zwischen diesen beiden Subsystemen sowohl in Hinblick auf die Frage der Wirksamkeitsbewertung (siehe Schnittstelle „Assessment“-„Appraisal“) als auch in Hinblick auf deren weiterreichenden Beurteilung eines Einsatzes im gesellschaftlichen Kontext (siehe Schnittstelle „Appraisal“-„Decision“) besondere Herausforderungen an einen theorie- und evidenzbasierten Einsatz mit sich bringt. Insgesamt gilt es – gemäß der eingangs postulierten Zielsetzung eines Beitrags zur Verbesserung der Gesundheitsversorgung durch Technologieeinsatz – durch die Anwendung von Instrumenten der (so weit möglich) evidenzbasierten Technikfolgenabschätzung sowie der theoriegeleiteten Nutzenabwägungen rationale Entscheidungen in der (gesundheits-)politischen Ressourcenallokation zu treffen.

Der folgende Beitrag stellt hierzu maßgebliche Konzepte vor und diskutiert die besonderen Herausforderungen im Zusammenhang mit der Bewertung des möglichen Nutzens von telemedizinischen Verfahren.

II. Health Technology Assessment als Bezugsrahmen

Einhergehend mit der zunehmenden Generierung und Verfügbarkeit von (qualitativ hochwertigen) empirischen Studien im Bereich der medizinischen Forschung und Praxis setzte sich gegen Beginn der 1990er-Jahre das Paradigma der Evidenzbasierten Medizin durch,[3] mit welchem in weiterer Folge die Grundlage geschaffen wurde, die bereits in der allgemeinen Technologiefolgenabschätzung entwickelten Verfahren nunmehr auch auf den Bereich der

---

[1] https://www.sozialministerium.at/Themen/Gesundheit/eHealth/Telemedizin.html (abgerufen am 21.9.2022).

[2] https://www.sozialministerium.at/site/Gesundheit/Gesundheitssystem/E_Health_ELGA/Telemedizin/Telemedizin (abgerufen am 21.9.2022).

[3] Vgl. hierzu etwa *Timmermanns/Berg* (2003).

„Gesundheitstechnologien“ anzuwenden (wobei als „Gesundheitstechnologien“ hierbei sowohl neue Techniken im Sinne von Verfahren aber auch Therapien, Methoden und sogar Versorgungsformen zu verstehen sind).

Im Laufe der 2000er-Jahre bedienten sich immer mehr Gesundheitssysteme der Technik des Health Technology Assessment (HTA), um informierte Entscheidungen über die Erstattung von neuen Therapien oder Verfahren in öffentlichen Gesundheitssystemen zu unterstützen, wobei der im deutschen Sozialgesetzbuch V in den §§ 135 ff. beschriebene Ansatz vielfach als die konsequenteste Umsetzung erachtet wird (die im Jahr 2019 auch im Zuge des Digitale-Versorgung-Gesetz um digitale Gesundheitsanwendungen ergänzt wurde).[4]

Um eine Koordination dieser Ansätze auf Ebene der Europäischen Union zu gewährleisten, wurde nach Vorarbeiten ab Mitte der 2000er-Jahre im Jahr 2010 eine Joint Action unter der Bezeichnung „EunetHTA“ (European Network for Health Technology Assessment) gestartet, die insgesamt in drei Phasen bis 2021 verlängert wurde. Das Ziel war die Entwicklung eines allgemein akzeptierten Regulativs und von Standards, die etwa eine gegenseitige Akzeptanz von Wirksamkeitsbewertungen zwischen den Mitgliedsstaaten ermöglichen sollten.[5] Als Schlüsselelement wurde das HTA-Kernmodell[6] entwickelt, das im Wesentlichen HTA als einen dreistufigen Prozess beschreibt, der mit einer Bewertung der Wirksamkeit („Assessment“) aufbauend auf den Prinzipien der evidenzbasierten Medizin beginnt und an die eine Prüfung der möglichen Anwendung („Appraisal“) aus ökonomischen, ethischen, organisationalen, sozialen und rechtlichen Gesichtspunkten folgt.

Während die Bewertung der Wirksamkeit in europäischen Staaten bereits auf Basis eines europäisch abgestimmten Vorgehens (im Sinne einer gegenseitigen Akzeptanz) weitgehend standardisiert ist, findet das „Appraisal“ stets kontext-sensitiv (und daher je nach Land unterschiedlich) und interdisziplinär statt und stellt die Grundlage für eine mögliche politische (Ressourcen-)Entscheidung („Decision“) dar. Letztere erfolgt dann durch legitimierte Vertreter*innen der „Zahler*innen“ (des öffentlichen Gesundheitssystems) unter Abwägung weiterer Alternativen (auch zwischen konkurrierenden Politikfeldern) und legt in der Regel die weitere Vorgehensweise in Hinblick auf Implementierung, Erstattung oder Preisgestaltung fest. In die Ressourcenentscheidung fließen zudem die Bedarfe anderer Politikfelder mit ein („Konkurrenz“ um ein öffentliches Gesamtbudget zwischen den Ressorts). Abbildung 1 stellt diese Logik schematisch dar.

---

[4] https://www.bfarm.de/DE/Medizinprodukte/Aufgaben/DiGA-und-DiPA/DiGA/_node.html (abgerufen am 21.9.2022).

[5] https://www.eunethta.eu/about-eunethta/ (abgerufen am 21.9.2022).

[6] https://www.eunethta.eu/hta-core-model (abgerufen am 21.9.2022).

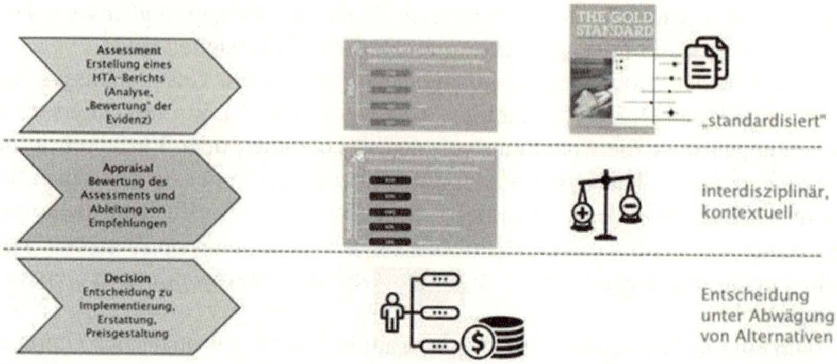

Abb. 1: Grundlagen eines HTA-gestützten Entscheidungsprozesses
(Quelle: EUnetHTA-Kernmodell und eigene Darstellung)

III. Value Based Healthcare als Bezugsrahmen

Spätestens mit der Durchsetzung des Prinzips der Evidenzbasierten Medizin, aber auch bereits zuvor durch das Konzept der „kritischen Medizin" theoretisch unterlegt, wurde offenkundig (und allgemein akzeptiert), dass Gesundheitsleistungen nicht immer nur einen (abnehmenden) positiven Grenznutzen aufweisen, sondern dass sich (bei entsprechender Überversorgung) sogar ein negativer Grenznutzen (im Sinne von Schaden) einstellen kann.

Damit wurde das vielfach im Zusammenhang mit neuen Therapien und Verfahren diskutierte Konzept der Unterversorgung und deren komparativer Nutzen zur Unterstützung einer Allokationsentscheidung (also die Vermeidung von Fehlversorgung), welche in der Regel durch Health Technology Assessment sichergestellt wird, durch das Problemfeld der Überversorgung ergänzt, das sowohl auf Ebene der medizinischen Praxis als auch auf Ebene der Gesundheitssystemsteuerung von Relevanz ist.

Dabei stellen auf die klinische Praxis insb. Initiativen wie „choosing wisely" ab,[7] deren Ziel es etwa ist, je medizinischer Spezialisierung jene Verfahren zu identifizieren, die keinen Nutzen stiften oder sogar potenziell Gefahr für einzelne Patient*innen bzw. die Gesellschaft darstellen können, sei es durch das Risiko des Verfahrens (wie etwa Nebenwirkungen oder das Risiko eines Eingriffs) an sich oder weil etwa negative externe Effekte eintreten (etwa durch den übermäßigen Einsatz von Antibiotika).

[7] https://gemeinsam-gut-entscheiden.at/ (abgerufen am 21.9.2022) und https://www.choosingwisely.org (abgerufen am 21.9.2022).

Das Konzept Value Based Health Care[8] trägt diese Anforderung des Nutzens einer jeden medizinischen Leistung (oder anders formuliert: die Anforderung, keinen Schaden zu produzieren: „primum nihil nocere") nun auf systemischer Ebene weiter, so dass damit nicht nur ein höherer Nutzen für individuelle Patient*innen erzielt wird, sondern generell die Outcomes des Gesundheitssystems im Sinne der öffentlichen Gesundheit bei reduzierten Kosten gesteigert werden können. Aus gesundheitssystemischer Sicht stellt Value Based Health Care damit ein Schlüsselkonzept dar, um der dreifachen Zielsetzung von Gesundheitsreformen („Triple Aim") hin zu besserer Versorgungsqualität, besserer Gesundheitsergebnisse und reduzierten Kosten zielkongruent gerecht zu werden.[9]

IV. Besondere Herausforderungen von Telemedizin an der Schnittstelle „Assessment-Appraisal" (Herausforderungen 1. Ordnung)

Der Grundlogik des HTA-Kernmodells folgend baut die Beurteilung der zu prüfenden Technologie und die Ableitung von Handlungsempfehlungen („Appraisal") auf der vorangegangen Evidenzanalyse („Assessment") auf. Maßgeblich für dieses Assessment ist das Vorhandensein einer hinreichenden Studienlage, die gemäß den Standards der evidenzbasierten Medizin möglichst dann sichergestellt werden kann, wenn zumindest mehrere große randomisierte Studien von hoher Qualität vorliegen.

Für letztere haben sich insb. im Bereich der klinischen Forschung etwa zu neuen Therapieverfahren entsprechende Standards entwickelt, wobei sich immer wieder die Frage der Transferierbarkeit der in klinischen Studien beobachteten Evidenz in tatsächliche Anwendungskontexte stellt.

Letzterer Umstand spiegelt sich etwa auch in der Diskussion rund um die Kosten-Effektivität von telemedizinischen Anwendungen (konkret: für chronische Erkrankungen) wider, als etwa Hendersen et al. (2013) an Hand einer cluster-randomisierten Studie feststellten, dass der Qualitätsgewinn in der Versorgung von chronisch Erkrankten durch den Einsatz von Telemedizin einerseits sehr gering ausfiel und andererseits auf Grund des höheren Ressourceneinsatzes (vor allem für Technologie) die telemedizinische Anwendung aus gesundheitsökonomischen Gesichtspunkten keine vorteilhafte Alternative darstellte.[10]

---

[8] Vgl. hierzu etwa *Porter/Teisberg* (2006) oder *Teisberg et al.* (2020).
[9] Vgl. hierzu etwa *Berwick et al.* (2008) oder *Smith et al.* (2020).
[10] *Hendersen et al.* (2013).

Die Studie widersprach damit der Zuschreibung eines großen Nutzens von Telemedizin aus theoretisch-konzeptiver Sicht und auch aus Sicht der Gesundheitssystemgestaltung (siehe Einleitung). Die Resultate von Hendersen et al. lösten eine Debatte über die methodische Stringenz und insbesondere die Reproduzierbarkeit von Evaluationsuntersuchungen aus. Als vorrangige Kritik an der Studie wurde die starke Orientierung an den Standards klar abgrenzbarer klinischer Studien im engeren Sinne vorgebracht. So sei (1) der Qualitätsgewinn nur im Rahmen von Befragungen erhoben worden, (2) beruhten die Befragungen auf Selbsteinschätzungen und nicht auf klinischen Parametern, (3) sei es zu keiner systematischen Analyse der Drop-Outs im Langzeit-Follow-Up nach 12 Monaten (in beiden Studienarmen) gekommen, und (4) sei das Follow-Up nach 12 Monaten zu kurz gewesen und hätten sich längerfristige Änderungen in der Lebensqualität erst später oder auch etwa nach längerfristiger Anwendung einstellen können.[11]

Unabhängig von der Schwierigkeit der Bewertung der Evidenz unterstreicht dieses Beispiel die Wichtigkeit der Einigung und Weiterentwicklung sowie der Anwendung von Standards im Bereich der Durchführung von empirischen Untersuchungen im Bereich der Telemedizin, die in der Regel in einen sozio-technischen Kontext aus Prozessen und Infrastrukturen eingebettet sind. [12] Vielfach kommt hierfür heute das „Model for Assessment of Telemedicine (MAST)“ zum Einsatz, das im Wesentlichen die Prinzipien des „EUnetHTA“-Kernmodells in Hinblick auf telemedizinische Anwendungen etwa durch die Ergänzung der Perspektive der Patient*innenwahrnehmungen weiterführt und auch für verschiedene Initiativen der Europäischen Union als Standard empfohlen wurde.

Insgesamt legen damit die oben schemenhaft skizzierten Herausforderungen der Integration von telemedizinischen Anwendungen in eine gesundheitspolitische Entscheidungslogik zwei abstraktere Herausforderungen im Übergang von „Assessment“ und „Appraisal“ offen:

(1) Die Evidenzbewertung folgt – zwangsläufig – klaren und rigiden Standards, nicht zuletzt um Nachvollziehbarkeit und Reproduzierbarkeit (zu einem gegebenen Zeitpunkt) sicherzustellen. Dies bedeutet aber nicht zwangsläufig, dass sich die bis dato ermittelte Evidenz auch in der tatsächlichen Anwendung überall und im vermuteten Umfang einstellen muss. Limitierte Nutzenerwartungen nach standardisierter Evidenzbewertung bedeuten aber ebenso wenig, dass nicht doch Nutzen vorhanden ist, der in rigiden Studiendesigns oder gemäß der angelegten Standards noch nicht hinreichend festgestellt werden kann (vgl. hier etwa

[11] Vgl. hierzu etwa die Kritik des NHS England, https://www.nicswell.co.uk/health-news/are-benefits-of-telehealth-care-worth-the-cost (abgerufen am 21.9.2022).

[12] *Kidholm et al.* (2017).

die aktuelle Diskussion zum Umgang mit unzureichender Evidenz)[13]. In beiden Fällen kommt der Bewertung von außerhalb kontrollierter Studiensettings im Anwendungskontext gewonnenen „Real-World Data“ (bzw. der daraus abgeleiteten „Real-World Evidence“) besondere Bedeutung zu. Evidenzanalysen stellen demnach immer Momentaufnahmen dar, die – spätestens sobald Bedarf angemeldet wird – einer Aktualisierung zu unterziehen sind.

(2) Der Prozess des „Appraisal“ im Sinne einer interdisziplinären Technologiebeurteilung hängt auch davon ab, welchen Nutzendimensionen in der Evidenzbewertung Bedeutung zugemessen wird und wie die Beurteilung und auch Abwägung der kontextuellen Gesichtspunkte erfolgt (etwa das Spannungsfeld zwischen der Sicherstellung des gleichen Zugangs und der Maßgabe einer ethisch gerechtfertigten Verteilung bei knappen Ressourcen). Darüber hinaus könnten jene Verfahren, die für den Bereich der wissenschaftlichen Konsensbildung[14] für medizinische Leitlinien entwickelt wurden, auch hier wichtige Impulse für eine bessere Nachvollziehbarkeit darstellen.

V. Besondere Herausforderungen von Telemedizin an der Schnittstelle „Appraisal-Decision“ (Herausforderungen 2. Ordnung)

Sofern eine hinreichende Evidenzbeurteilung („Assessment“) sowie deren Ableitung von Handlungsempfehlungen („Appraisal“) möglich war und vorliegt, ist es Aufgabe von legitimierten Institutionen bzw. Gremien, eine Entscheidung etwa über Zulassung oder Widerruf bestimmter Verfahren, aber etwa auch über Einsatz und Erstattung zu treffen. Dabei erscheint es nicht nur maßgeblich, die Standards auf hinreichende Transparenz von Verfahren und Entscheidung sicherzustellen, ebenso wichtig ist es, personell/institutionell die Rolle zwischen (wissenschaftlichem) „Appraisal“ und politischer Entscheidung unter Abwägung anderer Alternativen zu unterscheiden, verbunden mit der Konsequenz, dass es unter hinreichender Begründung ein Abgehen von dem Handlungsempfehlungen geben kann.

Letztlich geht es bei der (politischen) Entscheidung auch darum, Interessenabwägungen in einem breiteren Kontext zu treffen, der neben den wissenschaftlich/expert*innenbasierten Handlungsempfehlungen des „Appraisal“ mitunter auch pragmatische Elemente umfasst. Im Vordergrund stehen dabei

[13] *Murad et al.* (2021).

[14] Vgl. https://www.awmf.org/leitlinien/awmf-regelwerk/ll-entwicklung/awmf-regelwerk-01-planung-und-organisation/po-stufenklassifikation.html (abgerufen am 21.9.2022).

häufig neben der Technologieentscheidung selbst flankierende Fragen zu Finanzierung (die ja definitionsgemäß immer zu Opportunitätskosten erfolgt und damit zumindest implizit alternative Ressourcenverwendungen mitberücksichtigt), Implementierung und letztlich damit häufig eine Priorisierung.

Im oben skizzierten Ablauf umfassen diese Schritte damit auch die Elemente der Entscheidungslogik einer (gesundheits-)politischen Innovationsstrategie, die mit der Technologiebewertung beginnt und über die Definition von Verfahren und Leitlinien zur Implementierung in einer Priorisierungsentscheidung durch legitimierte Institutionen mündet.[15]

Zugleich ergeben sich aber auch im Zusammenspiel mit expert*innenbasierter Beurteilung Fragestellungen, die im Wesentlichen mit der Frage der Bindungswirkung der Empfehlung (in der Regel aus Sicht der Wissenschaft) und der Entscheidungsautonomie (aus Sicht der befugten Gremien) zu tun hat:

(1) Der Zweck der Evidenzanalyse („Assessment“) und der darauffolgenden interdisziplinären Ableitung von Empfehlungen („Appraisal“) liegt in der Entscheidungsunterstützung. Weder das Vorliegen noch so eindeutiger und starker Evidenz noch deren expert*innenbasierte Beurteilung und Übersetzung in einen Handlungsrahmen sind eine ausreichende Legitimation für eine Allokationsentscheidung. Dieser Umstand wird umso problematischer, je weniger Evidenz vorliegt und je mehr die expert*innenbasierte Beurteilung einer reinen (kollektiven oder individuellen) Einschätzung unterliegt. Im Extremfall (also ohne Evidenz) unterscheidet sich diese in der Informationsqualität nicht von der Meinungsäußerung anderer (Interessen-)Gruppen.

(2) Selbst wenn eine – entsprechend evidenzbasierte – Handlungsempfehlung noch keine Bindungswirkung für die (politische) Entscheidungsfindung aufweist, so gibt diese doch einen gewissen Rahmen vor, über den sich die entscheidenden Gremien selbst nur mit einer nachvollziehbaren Argumentation hinwegsetzen können. Bei Fragestellungen im Zusammenhang mit dem Einsatz neuer Gesundheitstechnologien scheinen hier (zumindest für den Fall, dass es sich um gesundheitspolitische Entscheidungsgremien handelt) die oben skizzierten Konzepte einer (Gesundheits-)Nutzen-maximierenden Strategie aus gesamtgesellschaftlicher Sicht von Bedeutung. In diesem Sinne haben dann neue Technologien (quasi als conditio sine qua non) einen entsprechenden „Public-Health“ Nutzen aufzuweisen, der – bei kontinuierlicher (Neu-)Bewertung – auch

[15] Vgl. hierzu etwa die Innovationsstrategie für das Gesundheitswesen in Norwegen, https://www.oecd.org/norway/research-and-innovation-in-heath-and-care-in-norway.pdf (abgerufen am 21.9.2022).

die Nachhaltigkeit des Technologieeinsatzes sicherstellt und den Ressourceneinsatz rechtfertigt.[16]
Aus Prozess- und Governance-Sicht stellt sich dabei die Frage, welche zusätzlichen, für die politische Entscheidungsfindung relevanten Dimensionen man als weitere Kriterien für Assessment und Appraisal an die Expert*innen-Gremien delegiert (z.B. Innovativität der Lösung, Relevanz für die gegebene Infrastruktur, etc.) und welche man Entscheidungsträger*innen überlässt.

VI. Ausblick

Maßgeblich für einen zielorientierten Mitteleinsatz im Gesundheitswesen ist nicht nur das Prinzip, keinen Schaden zu verursachen („primum nihil nocere“), sondern auch vor dem Hintergrund des Opportunitätskostenprinzips die Sicherstellung, dass eine alternative Verwendung nicht zu einem höheren Nutzen führen könnte. Im Falle der alternativen Abwägungen von digitalen Gesundheitsanwendungen bedeutet das, dass diese (1) kein Selbstzweck sind, sie (2) immer neben dem medizinischen Nutzen für (einzelne) Anwender*innen auch hinsichtlich ihres Public-Health-Nutzens zu bewerten sind und (3) eine Abwägung des Nutzens unterschiedlicher möglicher Interventionen vorzunehmen ist. Dies ist insbesondere für deren Evaluierung maßgeblich.

Die oben besprochenen Limitationen der Evidenz aus kontrollierten Studiensettings und die mangelnde oder oft auch fehlende Real-World-Evidenz aus Daten der Anwendungsbeobachtung erfordert mitunter „vorläufige“ Entscheidungen auf der Basis gut begründeter Vermutungen, die erst in einem nächsten Schritt durch höhere Evidenzgrade bestätigt oder widerlegt werden. Hierfür sind besonders transparente und strukturierte Verfahren erforderlich, um Beliebigkeit oder Interessengetriebenheit in der Entscheidungsfindung auszuschließen.

Ein sich rasch entwickelndes Umfeld wie etwa im Bereich der Telemedizin oder auch akute Krisensituationen erfordern häufig Entscheidungen unter Unsicherheit. Zwischenzeitlich sind dafür im Gesundheitsbereich in verschiedenen europäischen Ländern Verfahren etabliert, die zusätzlich zum Entscheidungspfad auf der Grundlage eindeutiger Evidenz auch alternative Pfade umfassen, die die Möglichkeit der Erprobung (insb. zur Schaffung weiterer Evidenz/Pilotierung) oder auch die vorläufige Zulassung (zur Schaffung von Real-World-Evidenz) vorsehen. Solche Pfade eröffnen aus regulatorischer Sicht

---

[16] Vgl. hierzu etwa das AMNOG-Verfahren in Deutschland, https://www.iqwig.de/presse/im-fokus/neue-arzneimittel-zulassung-nutzenbewertung-erstattung/3-das-amnog-verfahren-mehr-als-nur-kostenkontrolle/ (abgerufen am 21.9.2022).

strukturierte Eintrittspforten für neue und insbesondere auch digitale Gesundheitsanwendungen und stellen damit eine maßgebliche soziale Innovation dar. Die Verfügbarkeit und der Umgang mit Real-World-Evidenz ist wiederum selbst als eine Systeminnovation im regulatorischen Umfeld des Gesundheitswesens zu betrachten.

Für jede öffentlich finanzierte Versorgungsinnovation muss der praktische Nutzennachweis (medizinisch, public health, etc.) sowie der Nachweis der Zweckmäßigkeit der Mittelverwendung (vis-à-vis anderer Optionen die Mittel einzusetzen) möglich sein. Dies ist sowohl in Hinblick auf die Förderung und Finanzierung von Versorgungsinnovationen als auch in Hinblick auf die abschlägige Entscheidung oder den Marktausschluss als Folge nicht erbrachter Evidenz entscheidend. Eine innovative Gesundheitspolitik braucht effektive Evaluierungsmechanismen.

Literaturverzeichnis

Berwick, Donald M./Nolan, Thomas W./Whittington, John (2008), The triple aim: care, health, and cost, Health affairs (Project Hope), 27 (3), S. 759. https://doi.org/10.1377/hlthaff.27.3.759 (abgerufen am 21.9.2022).

Henderson, Catherine/Knapp, Martin/Fernandez, Jose-Luis/Beecham, Jennifer/Hirani, Shashivadan P./Cartwright, Martin et al. (2013), Cost effectiveness of telehealth for patients with long term conditions (Whole Systems Demonstrator telehealth questionnaire study): nested economic evaluation in a pragmatic, cluster randomised controlled trial, BMJ, 346:f1035. https://doi.org/10.1136/bmj.f1035 (abgerufen am 21.9.2022).

Kidholm, Kristian/Clemensen, Jane/Caffery, Liam J./Smith, Anthony C. (2017), The Model for Assessment of Telemedicine (MAST): A scoping review of empirical studies, Journal of telemedicine and telecare, 23 (9), S. 803. https://doi.org/10.1177/1357633X17721815 (abgerufen am 21.9.2022).

Murad, M. Hassan/Chang, Stephanie M./Fiordalisi, Celia/Lin, Jennifer S./Wilt, Timothy J./Tsou, Amy et al. (2021), Improving the Utility of Evidence Synthesis for Decision Makers in the Face of Insufficient Evidence. Methods White Paper. AHRQ Publication No. 21-EHC007, Agency for Healthcare Research and Quality, Rockwell, MD.

Porter, Michael E./Teisberg, Elizabeth Olmsted (2006), Redefining Health Care: Creating Value-Based Competition on Results, Harvard Business Review Press, Brighton, MA.

Smith, Peter C./Sagan, Anna/Siciliani, Luigi/Panteli, Dimitra/McKee, Martin/Soucat, Agnès/Figueras, Josep (2020), Building on value-based health care: Towards a health system perspective. Policy Brief 37. European Observatory on Health Systems and Policies, WHO Regional Office for Europe, Copenhagen.

Teisberg, Elizabeth/Wallace, Scott/O'Hara, Sarah (2020), Defining and Implementing Value-Based Health Care: A Strategic Framework, Academic medicine: Journal of the Association of American Medical Colleges, 95 (5), S. 682. https://doi.org/10.1097/ACM.0000000000003122 (abgerufen am 21.9.2022).

Timmermanns, Stefan/Berg, Marc (2003), The Gold Standard: The Challenge of Evidence-Based Medicine and Standardization in Health Care, Temple University Press, Philadelphia.

Ethische Überlegungen im Hinblick auf sozio-technische Systeme bei älteren Menschen mit kognitiven und körperlichen Einschränkungen am Beispiel von Smart Home

Martina Schmidhuber

I. Einleitung

Üblicherweise wird auf den kognitiv gesunden Menschen geschaut, wenn es darum geht, Systeme Künstlicher Intelligenz (KI) gesundheitspolitisch zu beurteilen und die damit verbundenen Herausforderungen zu betrachten. Wie aber ist die theorie- und evidenzbasierte Gesundheitspolitik im Hinblick auf ältere Menschen in vulnerablen Situationen zu sehen, nämlich insb. jener Menschen, die kognitiv und körperlich beeinträchtigt sind? Der Fokus auf die Situation dieser Menschen scheint unabdingbar, weil sie es häufig sind, die etwa Smart Home nutzen. Es gilt deshalb, unter ethischer Perspektive ältere Menschen mit kognitiven und körperlichen Beeinträchtigungen im Hinblick auf KI-Systeme zu betrachten und daraus gesundheitspolitische Überlegungen abzuleiten.
Für dieses Vorhaben wird im Folgenden anhand der vier medizinethischen Prinzipien Autonomie, Wohltun, Nicht-Schaden und Gerechtigkeit nach Beauchamp und Childress[1] gezeigt, welche Herausforderungen sich im Hin-

[1] *Beauchamp/Childress* (2013).

blick auf sozio-technische Systeme bei Menschen mit kognitiven und körperlichen Einschränkungen ergeben, allerdings ohne Anspruch auf Vollständigkeit. Als Beispiel wird aufgrund ihrer Aktualität die Smart Home-Technologie in der folgenden ethischen Analyse betrachtet.

II. Vier medizinethische Prinzipien

Seit den 1970er-Jahren haben sich die vier medizinethischen Prinzipien nach Beauchamp und Childress etabliert. Sie gelten als Richtwert für medizinische Behandlungen:[2] Autonomie, Fürsorge/Wohltun, Nicht-Schaden und Gerechtigkeit. Diese vier Prinzipien sind gleichwertig und müssen in schwierigen Konfliktfällen gegeneinander abgewogen werden. So kann sich etwa die Frage stellen, ob die Autonomie eines*einer Patienten*in noch vorhanden ist und wenn ja, in welchem Ausmaß und in weiterer Folge, ob er*sie damit noch medizinische Behandlungsentscheidungen (mit)bestimmen kann. Konkret könnte ein solcher Fall bei Menschen mit Demenz, aber auch bei Menschen mit Essstörungen auftreten. Steht die Autonomie in Frage, muss geprüft werden, was für den*die Patienten*in noch fürsorglich für ihn*sie getan werden kann. Ist auch diese Frage schwer zu beantworten, gilt es, sie so zu behandeln, dass ihr zumindest kein Schaden widerfährt. Bei einer jungen Frau mit Anorexia nervosa etwa, bei der die Autonomie aufgrund ihrer Essstörung strittig ist, muss deshalb eine Zwangsernährung diskutiert werden. Das entspricht einerseits dem Prinzip der Fürsorge, weil sie aufgrund ihrer Erkrankung nicht mehr für sich selbst sorgen kann, andererseits dem Prinzip des Nicht-Schadens, weil sie mit einer Zwangsernährung, mit der sie zwar aktuell nicht einverstanden sein wird, später im besten Fall wieder ein gesundes Leben führen kann.

Das Prinzip der Gerechtigkeit ist etwas anders gelagert, hier geht es vor allem um die Verteilung von Ressourcen und knappen Gütern (z.B. Organe) im Gesundheitssystem und die Frage der Leistbarkeit für alle (Stichwort: Zwei-Klassen-Medizin).

Am oben erwähnten Beispiel wird deutlich, dass die Gefahr besteht, bei den Prinzipien der Fürsorge und des Nicht-Schadens in eine Form des Paternalismus abzugleiten. Die Bestimmung, wann ein*eine Patient*in nicht mehr autonom ist und wann über ihn oder sie zu seinem*ihrem Besten entschieden werden soll, ist ethisch heikel und eine verantwortungsvolle Entscheidung. Denn einerseits geht es darum, Autonomie nicht vorschnell abzusprechen, andererseits darum, Schaden zu vermeiden, die sich die Person selbst zufügen könnte, wenn man sie noch als autonom erachtet. Es wird deshalb zwischen starkem und schwachem Paternalismus unterschieden.[3] Als stark gilt paternalistisches

---

[2] *Schöne-Seifert* (2007).

[3] *Schöne-Seifert* (2007).

Eingreifen dann, wenn der Patient/die Patienten noch fähig wäre, selbst autonom zu entscheiden, die*der Ärztin*Arzt aber trotzdem der*dem Patient*in die Autonomie abspricht und für sie*ihn entscheidet. Schwacher Paternalismus hingegen ist dann gegeben, wenn die*der Patient*in selbst nicht mehr entscheidungsfähig ist, weil sie*er sich in einer pathologischen Situation befindet, in der die Autonomie nicht mehr ausreichend vorhanden ist. Das trifft beispielsweise suizidale Menschen, Menschen mit Essstörungen oder Menschen mit Demenz. In diesen Fällen ist es erforderlich, für die betroffene Person zu entscheiden, auch wenn sie noch denkt, für sich selbst entscheiden zu können.

Die Beurteilung, wann ein Mensch nicht mehr autonom ist, ist aber insb. auch bei Menschen mit psychischen Erkrankungen schwierig. So wird etwa diskutiert, warum ein Mensch mit einer Depression in einer nicht-depressiven Phase nicht entscheiden können soll, dass er sterben will, obwohl er ja weiß, wie schlecht es ihm in den depressiven Phasen geht. Dies führt in eine andere Debatte, in der sich Fragen zum Krankheitsbegriff stellen und dazu, wer beurteilen darf, soll und kann, was als krank gilt.[4]

Für die folgenden Überlegungen geht es darum, anhand dieser Prinzipien näher zu betrachten, was es aus ethischer Sicht beim Einsatz von Smart Home bei älteren Menschen mit kognitiven und körperlichen Beeinträchtigungen zu berücksichtigen gilt.

III. Smart Home – Unterstützung durch Überwachung

Smart Home-Einrichtungen ermöglichen älteren Menschen länger zu Hause leben zu können, weil sie mittels Überwachungselementen in ihrem Alltag unterstützt werden. Diese Elemente funktionieren mit KI, Daten werden gesammelt, ausgewertet und können Auskunft über Verhaltensänderungen geben.

Zu Smart Home-Einrichtungen, die individuell konfiguriert werden können, zählen bspw. Kameras, Geräte (z.B. Infrarot), die Stürze registrieren, eine Funktion, die das Licht automatisch an- und abdreht, sowie ein akustisches Signal bei einem nicht geschlossenen Kühlschrank. Dem Wunsch vieler älterer Menschen, möglichst lange zu Hause leben zu können, kann auf diese Weise trotz gewisser kognitiver, aber auch physischer Einschränkungen Rechnung getragen werden. Den Angehörigen, die nicht in der Nähe des älteren Menschen leben, könnte diese Form des Wohnens ein Sicherheitsgefühl geben und sie in der Betreuung entlasten. Es lassen sich dank KI verschiedene Verhaltensmuster erheben:[5] In der Wohnung zurückgelegte Wege zeigen, wie mobil die Person noch ist, auch die Bewegungsgeschwindigkeit sagt etwas über ihren

---

[4] *Schmidhuber* (2016).

[5] *Mortensen et al.* (2016).

körperlichen Zustand aus. Darüber hinaus sind auch Wasser- und Stromverbrauch Indizien dafür, wie viel sich die Person in der Wohnung bewegt und was sie macht: Geht sie regelmäßig zur Toilette (Wasserverbrauch)? Wird nachts häufig das Licht eingeschaltet (Stromverbrauch)? Wenn nur selten die Toilettenspülung betätigt wird, kann davon ausgegangen werden, dass die*der Bewohner*in zu wenig trinkt oder dass das Spülen vergessen wird. Wird das Licht nachts häufig eingeschaltet, kann dies eine Folge von Schlafstörungen oder einer Umkehr des Tag-Nacht-Rhythmus sein, was auf eine Demenz hinweisen könnte. Telefon- und Internetkommunikation sind weitere Hinweise, ob die Person nach wie vor kognitiv gesund ist oder ob sich ihr Zustand verschlechtert. Denn auch wenn sich eine Person in sozialer Hinsicht immer mehr zurückzieht, kann das ein Hinweis auf eine Demenz sein. Kann der soziale Rückzug über einen längeren Zeitraum beobachtet werden, obwohl die betroffene Person früher sehr kommunikativ war, ist der Ursache nachzugehen und ein Arztbesuch angezeigt.[6]

An diesen Beispielen wird deutlich, dass die Beobachtung einer Veränderung des Verhaltens auf Basis der gesammelten Daten in einem Smart Home durchaus hilfreich sein kann, um beginnende Krankheitsmuster zu erkennen. KI kann im häuslichen Umfeld einerseits für den älteren Menschen unterstützend wirken, indem sie überwacht und einen offenen Kühlschrank ad hoc meldet, bei einem nicht abgeschalteten Licht mit einem Signal reagiert oder das Licht ab einer gewissen Uhrzeit automatisch abgedreht wird. Andererseits lernt Smart Home-KI, Abweichungen einzuordnen und auffällige Verhaltensmuster zu identifizieren, die dann z.B. Angehörigen übermittelt werden. Die Konsultierung eines Arztes ist nach dem Feststellen von Abweichungen jedoch unerlässlich, denn die KI kann zwar Verhaltensänderungen und abweichende Muster feststellen, aber keine Diagnose anhand der Symptome stellen. So weisen etwa Demenzen und Depressionen in ihren Anfangsstadien häufig ähnliche Symptome auf, etwa Vergesslichkeit und Traurigkeit.[7] Diese Symptome richtig zu deuten, kann eine KI nicht leisten. Aber das Erkennen der Symptome aufgrund der Überwachung des Verhaltens im häuslichen Bereich kann helfen, die Veränderungen möglichst rasch zu erkennen, eine frühe Diagnose zu stellen und auf diese Weise auch früh medikamentös und vor allem auch nicht-medikamentös zu intervenieren.

Die Vorteile von Smart Home sind also nicht von der Hand zu weisen. Allerdings gilt es nun auch zu prüfen, wie es Menschen mit kognitiven und körperlichen Beeinträchtigungen, die im höheren Alter nicht ungewöhnlich sind, damit geht und was sie über die Möglichkeiten eines Smart Homes wissen (können). Für diese nähere Betrachtung werden im Folgenden die vier bereits in ihrer Grundidee erläuterten medizinethischen Prinzipien herangezogen.

---

[6] *Legal/Preuß* (2015).

[7] *Diehl et al.* (2005).

IV. Respekt vor der Autonomie/Selbstbestimmung des*der Patienten*in

Das Prinzip der Autonomie des*der Patienten*in äußert sich in der informierten Einwilligung, des sogenannten Informed Consent (IC). Im Kontext einer medizinischen Behandlung muss im Arzt-Patienten-Gespräch eine Aufklärung stattfinden. Auf diesem Wege muss zur weiteren Behandlung ein IC der Patientin oder des Patienten erreicht werden. Diese gilt vor allem zur rechtlichen Absicherung des*der Arztes*Ärztin. Denn wenn er*sie davon ausgehen kann, dass die*der Patient*in alles verstanden hat, sich über die Risiken und Nebenwirkungen der Behandlung bewusst war und deshalb die Einwilligungserklärung zur weiteren Behandlung unterschrieben hat, ist der*die Arzt*Ärztin rechtlich auf der sicheren Seite. In verschiedenen empirischen Untersuchungen wird aber immer wieder deutlich, dass Patient*innen die Einwilligungserklärung unterschreiben, obwohl sie nicht alles verstanden haben oder glauben, sie hätten alles verstanden, was aber bei genauerem Hinsehen nicht der Fall ist.[8] Dabei handelt es sich um ein kommunikatives und in weiterer Folge ethisches Problem, aber nicht um ein rechtliches.

Üblicherweise wird eine Entscheidung eines Patienten als IC verstanden, wenn (1) die*der Patient*in die kognitive Fähigkeit hat, eine Entscheidung zu treffen, (2) die*der Patient*in alle notwendigen Informationen erhalten hat, um eine Entscheidung treffen zu können, (3) die*der Patient*in in der Entscheidung nicht von anderen beeinflusst wird, z.B. von klinischem Personal oder von Angehörigen.

Allein diese drei Bedingungen sind schon schwer zu erreichen, dennoch wollen einige Autor*innen diese drei Grundbedingungen noch erweitert wissen. So betonen beispielsweise Emanuel et al. die Notwendigkeit der Berücksichtigung der Kultur und des Kontextes der Patientin oder des Patienten.[9] Dies ist nicht unberechtigt, denn wird auch der kulturelle Hintergrund berücksichtigt, zeigt sich schnell, dass die Bedingungen des IC sehr westlich geprägt sind und in manchen Kulturen das gemeinsame Entscheiden in der Familie üblich ist.[10]

Bei Menschen mit kognitiven Einschränkungen steht man genau vor der oben erwähnten Herausforderung: Sind sie noch autonom genug, um eine Einwilligungserklärung zu geben? Unterschrieben ist schnell – aber wurde tatsächlich alles verstanden? Traute sich die*der Patient*in nachzufragen, wenn er*sie etwa nicht alles im Aufklärungsgespräch verstanden hat? Gab der*die

[8] *Schütz* (2016).
[9] *Emanuel* (2008).
[10] *Bruchhausen* (2017).

Arzt*Ärztin überhaupt die Möglichkeit nachzufragen?[11] Diese Herausforderung besteht schon bei kognitiv gesunden Menschen, bei Menschen mit kognitiven Einschränkungen spitzt sie sich noch deutlich zu.

Betrachtet man nun den IC im Kontext eines Smart Home, stellen sich diese Fragen: Ist dem älteren Menschen bewusst, dass Smart Home bedeutet, permanent überwacht zu werden, mittels Infrarot-Kameras und Sensoren? Wenn ja, ist er sich dessen bewusst, dass er manche technischen Elemente auch abschalten kann, etwa wenn er sich allzu sehr in seiner Privatsphäre gestört fühlt? Wenn kognitive Beeinträchtigungen zunehmen, ist ihm bewusst, dass er die technischen Elemente in seinem Wohnumfeld als bedrohend wahrnehmen könnte, z.B. im frühen Stadium der Demenz?

Empirische Studien zeigen, dass ältere Menschen zum Teil ein durchaus ambivalentes Verhältnis zu Smart Home-Elementen haben. So zeigt eine Interviewstudie von Mortenson und Kollegen[12] mit älteren Menschen, die zu ihrer Einstellung zu Überwachung im häuslichen Bereich befragt wurden einerseits, dass sie das Gefühl der Sicherheit schätzen, weil dadurch z.B. ein Sturz bemerkt wird, aber andererseits die Dauerüberwachung als Eingriff in die Intimsphäre erachten. Von einigen wird die Autonomie, die sie dadurch länger erhalten, betont: „I feel free and…I am still able to do the things [that] need to be done and the things I want to do.“[13] Eine 72 Jahre alte Dame macht diese Ambivalenz sehr deutlich:

> „I'm not sure I'd like my family to know when I take a bath or if I take a bath, it's something of an invasion of privacy, but I can see how…if you were unconscious, and [you needed help], I could see how it's a good thing.“[14]

Wie dieses Beispiel zeigt, geht es älteren Menschen, die Smart Home nutzen, vor allem um ihre Sicherheit. Einerseits der Wunsch, alleine respektive noch möglichst autonom in den eigenen vier Wänden zu leben, andererseits das Bewusstsein, dass man sehr schnell auf Hilfe anderer angewiesen sein könnte, lässt sie die Überwachung in Kauf nehmen. Im Sinne des Prinzips der Autonomie gilt es nach erfolgter, verständlicher Aufklärung mit jedem Menschen individuell abzuklären, ob für ihn Vor- oder Nachteile überwiegen. Es darf nicht über alle älteren Menschen ein Konzept gestülpt werden, das von außen als gut erachtet wird, indem ältere Menschen „homogenisiert“ werden.[15]

---

[11] *Kutscher* (2013).
[12] *Mortensen et al.* (2016).
[13] Ebd., S. 8.
[14] Ebd., S. 11.
[15] *Kainradl/Kriebernegg* (2021).

V. Fürsorge/Wohltun

Das im Original als *beneficence* bezeichnete Prinzip wird im Deutschen häufig mit Fürsorge übersetzt, aber immer wieder auch als Wohltun, weil hier der Hang zum Paternalismus nicht so stark scheint. Unabhängig von den begrifflichen Feinheiten ist aber tatsächlich zu fragen, was ein Mensch mit kognitiven Einschränkungen noch verstehen und dementsprechend auch entscheiden kann. Gerade im Kontext der KI fällt es auch gesunden Menschen schwer, nachzuvollziehen, wie das System funktioniert, welche Daten gesammelt, gespeichert und auch missbräuchlich verwendet werden können. Auch der Deutsche Ethikrat thematisiert diese Frage und bezweifelt, „dass Datengeber insb. die Verwendungszwecke und die damit verbundenen Implikationen tatsächlich verstehen.“[16]

Deshalb stellt sich die Frage bei Menschen mit kognitiven Einschränkungen umso mehr. Ab wann ist der Zeitpunkt, an dem die Angehörigen für den Betroffenen entscheiden müssen?

Ethisch heikel ist die Tatsache, dass Angehörige den älteren Menschen mit kognitiven und körperlichen Einschränkungen möglicherweise vorsichtig überreden oder überzeugen könnten, Smart Home zu nutzen, obwohl sie mehr ihr eigenes Wohl, als das des*der Betroffenen im Blick haben. Denn wie oben erläutert, hat Smart Home zweifelsohne große Vorteile für Angehörige: Sie haben dank der verfügbaren Daten stets den Überblick über den Zustand des älteren Menschen, müssen aber nicht vor Ort sein, um nach seinem Befinden zu schauen. Dass auch das Verlassen auf die Technik problematisch ist, wird noch beim Prinzip des Nicht-Schadens thematisiert.

Wenn Angehörige im Sinne der relationalen Autonomie im besten Interesse des älteren Menschen mit Einschränkungen (mit)entscheiden, stellt sich stets die Frage, wie gut sie wirklich wissen (können), was die*der Betroffene selbst entscheiden würde. Häufig glauben Familienmitglieder einander gut zu kennen, würden aber die falsche Entscheidung treffen, wie Beispiele zeigen: So hätte Elisabeth Gedge geglaubt, ihr Vater würde lieber sterben als sich ein Bein amputieren zu lassen. Sie kam schließlich nicht in die Situation tatsächlich diese Stellvertreterentscheidung treffen zu müssen, weil ihr Vater wieder ansprechbar wurde. Als sie über diese Situation sprachen, sagte er ihr, dass er lieber mit nur einem Bein leben wollen würde als zu sterben.[17] Sie hätte die Situation also vollkommen falsch eingeschätzt.

Betrachtet man diese Tatsache im Hinblick auf Smart Home von Menschen, die noch zustimmen oder ablehnen können, ist es deshalb für Vertrauenspersonen, die in die Entscheidung für ein Smart Home involviert sind (z.B. Haus-

---

[16] *Deutscher Ethikrat* (2017), S. 23.

[17] *Gedge* (2004).

ärztin*Hausarzt) umso wesentlicher, sie ernst zu nehmen, mit ihnen zu sprechen und nicht nur mit den Angehörigen, weil diese möglicherweise eine ganz andere Position des Wohltuns vertreten, als die*der Betroffene selbst. Die Entscheidungsfindung kann und soll durchaus mit den Angehörigen gemeinsam gefunden werden, dennoch ist genau darauf zu achten, dass dem Prinzip des Wohltuns für den Menschen, der noch länger zu Hause leben will, Rechnung getragen wird.

VI. Nicht-Schaden

Da der Verarbeitungsprozess der Daten mittels KI in Smart Homes auch für kognitiv gesunde Menschen relativ unbekannt und nicht immer nachvollziehbar ist, muss aus ethischer Sicht die Frage gestellt werden, ob dieses Nicht-Verstehen-Können Menschen mit leichten kognitiven Einschränkungen nicht auch schaden könnte. Das wäre etwa der Fall, wenn sie ihre Kleidung ausziehen, sexuell aktiv sind oder wie im Beispiel oben ein Bad nehmen. Ist ihnen dabei bewusst, dass sie gesehen werden? Wie wirkt sich dies auf ihre Privatsphäre aus? Hier geht es um ein Gefühl, das unangenehm sein und deshalb der Psyche schaden kann. Äußert eine Person gegenüber Angehörigen oder Vertrauenspersonen, dass sie sich unwohl fühlt, weil ihr erst später das Eindringen in die Privatsphäre bewusst wird, sind die als störend empfundenen Smart Home-Elemente wieder zu entfernen.

Noch greifbarer wird die Frage des Nicht-Schadens dann, wenn das System im häuslichen Bereich technisch nicht einwandfrei funktioniert. Meldet etwa das Infrarot-System regelmäßig einen Sturz, der keiner ist (z.B. weil die Sonneneinstrahlung als Sturz wahrgenommen wird), bestünde die Gefahr, dass diese Meldungen irgendwann nicht mehr ernst genommen werden. Umgekehrt wäre es auch verheerend, wenn Stürze nicht gemeldet werden, weil sie vom System nicht erkannt werden. Das Gefühl der Sicherheit, das bei den Interviews von Mortenson und Kollegen eine große Rolle spielt, muss deshalb auch mit tatsächlicher Sicherheit und Verlässlichkeit des Systems korrespondieren,[18] weil sonst mehr Schaden entstehen kann. Dieses Beispiel zeigt jedoch auch, wie wesentlich es ist, dass regelmäßig menschlicher Kontakt vorhanden ist. Angehörige sollten sich nicht in falscher Sicherheit wägen, weil sie denken, dass die Technik einwandfrei funktioniert und deshalb Kontakte zu dem älteren Menschen stark reduzieren.

In diesem Zusammenhang stellt sich auch die Frage der Haftung: Wer haftet, wenn das Gerät nicht funktioniert? Die Hersteller*innen oder die Nutzer*innen, weil sie nicht regelmäßig die Funktionstüchtigkeit überprüft haben? Aus ethischer Sicht ist hier die Verantwortungsfrage in den Blick zu nehmen: Wer

[18] *Legal/Preuß* (2015).

ist verantwortlich, wenn Elemente im Smart Home nicht funktionieren? Expert*innen der Technikfolgenabschätzung wie Armin Grunwald sehen eine große Verantwortung bei den Programmierer*innen. Denn sie sind es, die entscheiden, was das Gerät kann und was nicht.[19] Es geht also in diesem Zusammenhang nicht zuletzt auch darum, die Grenzen zwischen erwünschten und unerwünschten Funktionen bei der Programmierung auszuloten, um selbstlernender KI auch ihre Grenzen zu setzen, sodass sie für den Menschen möglichst verstehbar und nachvollziehbar ist. Die Frage ist, ob diese Grenze nicht schon überschritten wurde.

VII. Gerechtigkeit

Die Frage nach der Gerechtigkeit, dem viertgenannten Prinzip nach Beauchamp und Childress, stellt sich hinsichtlich der Leistbarkeit. Smart Home-Elemente können individuell konfiguriert werden und entsprechend ergeben sich die Kosten dafür. Ist es gerecht, dass sich nicht jede Person, die im Alter mit leichten kognitiven und körperlichen Einschränkungen, etwa nach einem Sturz möglichst selbstständig zu Hause leben möchte, Smart Home leisten kann? Aufgrund der noch mangelnden Evidenz, welche Vorteile – auch in finanzieller Hinsicht – Smart Homes haben, gibt es keine Kostenübernahme der ÖGK. Vielleicht ist es eines Tages denkbar, dass die Kosten einer menschlichen Betreuung gegen die Kosten eines Smart Homes aus volkwirtschaftlicher Sicht gegenübergestellt werden. Sollten Smart Homes die kostengünstigere Variante sein, ist davon auszugehen, dass die ÖGK die Kosten aufgrund dieser Evidenz übernimmt. Das führt aber vor neue Herausforderungen, z.B. dass ältere Menschen grundsätzlich weniger Kontakt zu ihren Angehörigen haben könnten, weil sie ohnehin Smart Home haben. Oder ältere Menschen werden vor die Wahl gestellt in ein Heim zu müssen, wenn sie sich gegen Smart Home entscheiden, weil Angehörige nicht die Zeit haben oder sich diese nicht nehmen können oder wollen, um sich persönlich regelmäßig um die ältere Person zu kümmern.

Unabhängig von der Leistbarkeit eines Smart Home stellt sich das Gerechtigkeitsthema in diesem Kontext auch hinsichtlich der sogenannten digitalen Kluft. Zwar darf nicht per se davon ausgegangen werden, dass ältere Menschen mit Technik und Digitalisierung nichts zu tun haben wollen oder diese nicht verstehen, denn Studien zeigen, dass die Nutzung bei älteren Menschen sehr unterschiedlich ist.[20] Dennoch ist davon auszugehen, dass Technik, KI und Datenschutz für die ältere Generation eine Herausforderung darstellen. Nicht zuletzt deshalb, weil diese auch für jüngere Menschen eine Herausforderung sind

---

[19] *Grundwald* (2020).

[20] *Bieber* (2014).

und – wie bereits oben konstatiert – nicht alles versteh- und nachvollziehbar ist. Die Frage der Gerechtigkeit kommt dann ins Spiel, wenn jene älteren Menschen, deren Angehörige sich mit Smart Home näher befassen, die Technik soweit wie möglich verstehen und auch erklären können, diese dann auch einen leichteren Zugang zu Smart Home haben. Sie werden sich eher über Details erkundigen und Unterstützung ihrer Angehörigen erhalten, als jene, denen die Technik fremd ist.

Finanzieller Ungerechtigkeit könnte mit staatlicher Unterstützung entgegengewirkt werden, die digitale Kluft kann durch mehr Aufklärungsarbeit in der Öffentlichkeit möglicherweise reduziert werden.

VIII. Schlussüberlegungen

Aus den hier angeführten ethischen Überlegungen sollte deutlich geworden sein: Die individuelle Beurteilung muss bei aller Evidenzbasiertheit gewährleistet sein. Wie am Beispiel der qualitativen Studien von Mortenson et al. gezeigt wurde, haben auch ältere Menschen selbst sehr unterschiedliche Zugänge zu diesem Thema. Der Aspekt der Sicherheit wird von älteren Menschen gegenüber jenem der Überwachung nicht immer auf dieselbe Art gut geheißen.

Wesentlich ist, dass der Autonomie des älteren Menschen auch mit kognitiven Einschränkungen Rechnung getragen wird und er selbst entscheiden darf, ob er mit Smart Home leben möchte. Eine wesentliche Voraussetzung für diese Entscheidungsfähigkeit ist, dass er ausreichend und seinen kognitiven Kapazitäten entsprechend verständlich aufgeklärt wird, welche Vor- und Nachteile ein Smart Home mit sich bringt. Ein geduldiges Auseinandersetzen mit dem älteren Menschen mit kognitiven Einschränkungen und seinen Bedürfnissen entspricht dem geforderten Prinzip der Fürsorge. Dabei gilt es zu berücksichtigen, dass nicht in erster Linie den Bedürfnissen der Angehörigen mit einem Smart Home entsprochen werden soll, sondern jenen des älteren Menschen, den Smart Home in seinem Alltag in den eigenen vier Wänden betrifft. Das Prinzip des Nicht-Schadens ist vor allem aus technischer Sicht zu begegnen: Das System darf nicht nur Sicherheit simulieren, sondern muss technisch einwandfrei sein und tatsächlich sicher und richtig reagieren (dies wurde oben am Beispiel des Sturzes erläutert). Das Prinzip der Gerechtigkeit tangiert einerseits den finanziellen Aspekt – wer kann sich Smart Home leisten? – und andererseits die digitale Kluft – wer hat überhaupt Zugang zu Smart Home? Diese Ungerechtigkeitsaspekte können schwer aufgelöst werden, jedoch staatliche Förderung und Aufklärungsarbeit wären wichtige Schritte, um dem zu entgegnen.

Diese Wechselwirkung zwischen dem, was möglich ist, dem, was verstehbar ist und den ethischen Prinzipien zeigt, wie wesentlich die interdisziplinäre Zusammenarbeit in diesem Bereich ist. In der technischen Entwicklung werden

Ethiker*innen gebraucht, die auf Fragen, wie die oben behandelten aufmerksam machen. Ebenso sind Jurist*innen in der technischen Entwicklung unabkömmlich, weil sie auf die rechtlichen Grenzen hinweisen. Denn nicht alles was möglich ist, ist auch erlaubt, erwünscht oder geboten. Deshalb gilt es stets, alle Perspektiven zu berücksichtigen. Dazu zählt neben den wissenschaftlichen Perspektiven auch jene der potenziellen Nutzer*innen. Bereits in der Forschung und Entwicklung ist es erforderlich, jene Menschen einzubeziehen, die Smart Home nutzen werden. Dabei muss eruiert werden, wann eine Einbeziehung sinnvoll ist. In welchem Stadium der Entwicklung einer Smart Home-Funktion sollen die Nutzer*innen einbezogen werden und in welcher Phase ihres Lebens macht die partizipative Forschung mit Nutzer*innen Sinn?[21]

Literaturverzeichnis

Beauchamp, Tom/Childress, James (2013), Principles of biomedical ethics, 7. Aufl., Oxford University Press, New York.

Bieber, Christoph (2014), Die digitale Kluft: Summe digitaler Spaltungen? Technische und ethische Aspekte netzpolitischer Debatten, in Wolf, Judith/Dabrowski, Martin/Abmeier, Karlies (Hrsg.), Ethische Herausforderungen im Web 2.0, Brill Verlag, Paderborn, S. 87.

Bruchhausen, Walter (2017), Kulturelle Differenz und Diversität im Krankenhaus. Ethik zwischen Anpassung und Beharren, in: Frewer, Andreas/Bergeman, Lutz/Hack, Caroline/Ulrich, Hans G. (Hrsg.), Jahrbuch Ethik in der Klinik, Bd. 10, Königshausen & Neumann, Würzburg, S. 25.

Diehl, Janina/Förstl, Hans/Kurz, Alexander (2005), Alzheimer-Krankheit. Symptomatik, Diagnose und Therapie, Zeitschrift für medizinische Ethik (51), S. 3.

Deutscher Ethikrat (2017), Big Data und Gesundheit – Datensouveränität als informationelle Freiheitsgestaltung. Stellungnahme.

ders. (2020), Robotik für gute Pflege. Stellungnahme.

Gedge, Elisabeth (2004), Collective Moral Imagination: Making Decisions for Persons with Dementia, Journal of Medicine and Philosophy (29), S. 435.

Grunwald, Armin (2020), Verantwortung und Technik: zum Wandel des Verantwortungsbegriffs in der Technikethik, in Seibert-Fohr, Anja (Hrsg.), Entgrenzte Verantwortung. Zur Reichweite und Regulierung von Verantwortung in Wirtschaft, Medien, Technik und Umwelt, Springer Verlag, Berlin, S. 265.

Kainradl, Anna-Christina/Kriebernegg, Ulla (2021), „Schau auf dich, schau auf mich“: Repräsentationen des Alter(n)s in der Coronakrise, in *Schaupp, Walter/Ruckenbauer, Hans-Walter/Platzer, Johann/Kröll, Wolfgang* (Hrsg.) Die Corona-Pandemie II. Leben lernen mit dem Virus, Nomos, Baden-Baden, S. 61.

Kutscher, Patric P. (2013), Die Arzt-Patienten-Beziehung. Sieben Tipps, wie Sie die Kommunikation mit dem Patienten verbessern., Deutsches Ärzteblatt (29), S. 2.

[21] *Schmidhuber et al.* (2016); *Deutscher Ethikrat* (2020).

Legal, Friederike/Preuß, Dirk (2015), Künstliche Intelligenz zur Überwachung von Verhalten? Ethische Erwägungen zu Detektionssystemen für demenzbedingte Veränderungsprozesse, in Frewer, Andreas/Bergeman, Lutz/Schmidhuber, Martina (Hrsg.), Jahrbuch Ethik in der Klinik, Bd. 8, Königshausen & Neumann, Würzburg, S. 23.

Mortenson, Ben W./Sixsmith, Andrew/Beringer, Robert (2016), No place like home? Surveillance and what home means in old age, Canadian Journal on Aging 25, S. 103.

Schmidhuber, Martina (2016), Ambivalenzen der Medikalisierung. Ein Plädoyer für das Ernstnehmen der subjektiven Perspektive im Umgang mit Gesundheit und Krankheit, in Frewer, Alexander/Bielefeldt, Heiner (Hrsg.), Das Menschenrecht auf Gesundheit. Normative Grundlagen und aktuelle Diskurse, Transcript Verlag, Bielefeld, S. 195.

dies./Schweda, Mark/Spindler Mone (2016), Zwischen Überwachung und Fürsorge – Perspektiven der ethischen Debatte um Monitoringtechniken im häuslichen Umfeld älterer Menschen, Zeitschrift für medizinische Ethik 62, S. 43.

Schöne-Seifert, Bettina (2007), Grundlagen der Medizinethik, Kröner, Stuttgart.

Schütz, Holger/Heinrichs, Bert/Fuchs, Michael/Bauer, Andreas (2016), Informierte Einwilligung in der Demenzforschung. Eine qualitative Studie zum Informationsverständnis von Probanden, Ethik in der Medizin 28, S. 91

Evidenzbasierter Einsatz von KI in der Medizin

Der Beitrag des Rechts

Sebastian Scholz[1]

I. Einleitung

Künstliche Intelligenz (KI) wird in der Medizin immer bedeutsamer.[2] Das zeigt sich nicht zuletzt in der gegenwärtigen COVID-19-Pandemie.[3] Die Begriffe KI bzw. KI-Systeme werden sehr uneinheitlich verwendet. Daher ist zunächst eine Begriffsbestimmung zweckmäßig. Der vorliegende Beitrag orientiert sich an der von der *High-Level Expert Group on Artificial Intelligence* ausgearbeiteten Definition:

„Artificial intelligence (AI) systems are software (and possibly also hardware) systems designed by humans that, given a complex goal, act in the physical or digital dimension by

---

[1] Der Beitrag wurde am 31.1.2022 abgeschlossen. Sehr wertvoll waren für mich Diskussionen im Rahmen des vom Bayerischen Forschungsinstitut für Digitale Transformation (bidt) der Bayerischen Akademie der Wissenschaften geförderten Projekts „Responsible Robotics". Für die Durchsicht des Manuskripts und wertvolle Anmerkungen danke ich Frau Univ.-Prof.[in] Dr.[in] *Iris Eisenberger*, M.Sc. (LSE) und Herrn Mag. *Johannes Frizberg* herzlich.

[2] Eingehend etwa *Topol* (2019b).

[3] Siehe den ausführlichen Überblick über den Einsatz von KI zur Bekämpfung der COVID-19-Pandemie bei *Khan et al.* (2021).

perceiving their environment through data acquisition, interpreting the collected structured or unstructured data, reasoning on the knowledge, or processing the information, derived from this data and deciding the best action(s) to take to achieve the given goal. AI systems can either use symbolic rules or learn a numeric model, and they can also adapt their behaviour by analysing how the environment is affected by their previous actions.

As a scientific discipline, AI includes several approaches and techniques, such as machine learning (of which deep learning and reinforcement learning are specific examples), machine reasoning (which includes planning, scheduling, knowledge representation and reasoning, search, and optimization), and robotics (which includes control, perception, sensors and actuators, as well as the integration of all other techniques into cyber-physical systems)“.[4]

So definierte KI wird im Gesundheitssektor vielfältig eingesetzt.[5] Ein kurzer Überblick möge das verdeutlichen: Große Bedeutung haben KI-basierte Systeme zur Unterstützung der Entscheidungsfindung von Vertreter*innen der Gesundheitsberufe („Clinical Decision Support Systems“ – CDSS).[6] Besonders vielversprechend ist der Einsatz im diagnostischen Bereich. Diagnostische KI (insb. Systeme des „Deep Learning“ – DL)[7] wird vorranging im Kontext bildgebender Verfahren verwendet,[8] etwa in der Onkologie,[9] der Neurologie[10] oder der Ophthalmologie.[11] Ferner sind KI-Anwendungen im therapeutischen Bereich zu finden, bspw. in der Operationsplanung[12] und der Operationsunterstützung.[13] Zudem werden sie in der Überprüfung des Gesundheitszustandes von Patient*innen eingesetzt, insb. bei telemedizinischen Anwendungen.[14] Weitere Anwendungsfelder finden sich in der Prävention,[15] Prädiktion[16] und Prognose[17] von Erkrankungen.

Das Einsatzspektrum von KI in der Medizin geht jedoch über CDSS hinaus. So ist KI auch in der Pharmazie relevant, vor allem bei der Entdeckung und

---

[4] High-Level Expert Group on Artificial Intelligence (2019); dieser Definition folgend bspw. auch *Klaushofer* (2019), S. 399, 405; ferner Kommission zur Wahrung ethischer Grundsätze in der Medizin und ihren Grenzgebieten (ZEKO) bei der Bundesärztekammer (2021); zu weiteren Begriffsbildungen siehe z.B. *Thalmann et al.* (2021), S. 111, 113–114.

[5] Ein umfassender Überblick findet sich bei *Gómez-González/Gómez* (2020), S. 30–43.

[6] Siehe etwa *Sutton et al.* (2020).

[7] Siehe grundlegend *Esteva et al.* (2019); näher zum DL z.B. *Gruber/Eisenberger* (2017), S. 57–62.

[8] Siehe für einen bereichsübergreifenden Überblick *Topol* (2019b), S. 74–77.

[9] Siehe etwa *Kehl et al.* (2019); speziell zum Einsatz von KI in der Diagnose von Hautkrebs siehe z.B. *Tschandl et al.* (2020).

[10] Siehe etwa *Titano et al.* (2018).

[11] Siehe etwa *Nuzzi et al.* (2021).

[12]Siehe etwa *Knoops et al.* (2019).

[13] Siehe etwa *Navarrete-Welton/Hashimoto* (2020).

[14] Siehe etwa *Krittanawong et al.* (2021).

[15] Siehe etwa *Fitzpatrick et al.* (2020).

[16] Siehe etwa *Yaşar/Çolak/Yoloğlu* (2021).

[17] Siehe etwa *Loureiro et al.* (2021).

Entwicklung von Medikamenten.[18] Ferner werden zusehends KI-unterstützte „social“ bzw. „companion robots“ – insb. für Kinder, ältere und pflegebedürftige Personen – entwickelt.[19]

Der vorliegende Beitrag konzentriert sich auf einen Teilbereich des weiten Anwendungsspektrums von medizinischer KI. Untersuchungsgegenstand sind KI-basierte CDSS, die im Rahmen der ärztlichen Entscheidungsfindung[20] eingesetzt werden. Dem Thema des Panels entsprechend[21] behandelt der Beitrag[22] Rechtsfragen des evidenzbasierten Einsatzes von KI durch Ärzt*innen.

Dazu sind zunächst einige Ausführungen zum Verhältnis von KI und „Evidenzbasierter Medizin“ (EbM) zweckmäßig. Die Literatur betont auf der einen Seite das große Potential der Unterstützung von medizinischem Personal durch KI (insb. durch DL).[23] Auf der anderen Seite werden (noch) bestehende Defizite KI-basierter CDSS sowie mit ihnen verbundene Risiken hervorgehoben.[24] Betont wird insb. die Fähigkeit von KI, riesige Datenmengen („Big Data“) in kurzer Zeit zu analysieren.[25] Dadurch kann KI (insb. DL) schon jetzt und erst recht in Zukunft im Zusammenwirken mit Ärzt*innen die Qualität der medizinischen Betreuung von Patient*innen entscheidend verbessern.[26] Als kritischer Punkt wird neben den klassischen KI-Problemfeldern „Blackbox“,[27] Datenqualität und -sicherheit[28] sowie „Bias“[29] die fehlende bzw. unzureichende klinische Evidenz genannt.[30]

Die Methodik medizinischer KI steht in einem Spannungsverhältnis zu den Grundsätzen der EbM.[31] Das gilt insbesondere, wenn man die Funktionsweise

---

[18] Siehe etwa jüngst *Paul et al.* (2021).

[19] Vgl. etwa *Egger et al.* (2021).

[20] Ausgeklammert bleibt demnach der Einsatz von CDSS durch Angehörige anderer Gesundheitsberufe (etwa durch Pflegepersonal).

[21] Das Ko-Referat, dessen Schriftfassung der vorliegende Beitrag darstellt, war Teil des Panels „Theorie- und evidenzbasierte Gesundheitspolitik in Bezug auf sozio-technische Systeme?“.

[22] Siehe weiter unten im Text.

[23] Siehe m.w.N. *Topol* (2019b).

[24] Auch hierzu m.w.N. *Topol* (2019b).

[25] Siehe nur *Scott et al.* (2021), S. 290.

[26] Siehe insb. die Überschrift des Beitrags bei *Topol* (2019b), S. 44: „*High-performance medicine*: the *convergence of human and artificial intelligence*“; siehe ferner etwa *Tschandl et al.* (2020).

[27] Allgemein zur „Blackbox“-Problematik etwa *Castelvecchi* (2016); spezifisch mit Blick auf DL in der Medizin m.w.N. *Topol* (2019b), S. 94–97.

[28] Allgemein zum Thema Datenqualität bei ML etwa *Ding et al.* (2021); mit Blick auf den Gesundheitssektor etwa *Stöger et al.* (2021a).

[29] Zur „Bias“-Problematik bei KI allgemein etwa *Zou/Schiebinger* (2018); spezifisch im medizinischen Kontext siehe etwa *Esteva et al.* (2017), S. 116.

[30] Siehe dazu etwa *Nagendran et al.* (2019).

[31] Vgl etwa *Scott et al.* 2021; *Ganzger/Vock* (2019), S. 155 ff.

von Systemen des „Machine Learning“ (ML) mit der Evidenzgenerierung durch sogenannte „Randomized Controlled Trials“ (RCTs) vergleicht:

RCTs sind prospektive Studien, die auf die Ermittlung von Kausalzusammenhängen abzielen und bei denen vorab Hypothesen und randomisierte Vergleichsgruppen gebildet werden;[32] sie stellen nach verbreiteter Auffassung den „Goldstandard“ der EbM dar.[33] Demgegenüber sind Methoden des ML nach derzeitigem Stand der Technik grundsätzlich retrospektiv ausgerichtet. Es werden im Vorhinein keine Hypothesen und randomisierte Vergleichsgruppen gebildet und es wird auf die Ermittlung von Korrelationen (und nicht von Kausalitäten) abgezielt.[34]

Die Evaluierung von KI-Systemen erfolgt oftmals ausschließlich Computer-basiert in Form von „Testläufen“,[35] während eine prospektive Überprüfung in einem „realen klinischen Umfeld“ unterbleibt.[36] Eine derartige „in silico-Validierung“[37] ist nicht mit der klinischen Evidenzgewinnung (insb. durch RCTs) gleichzusetzen.[38] Eine unausgewogene statistische Verteilung im Datensatz kann etwa dazu führen, dass sich eine sehr hohe Treffergenauigkeit der „in silico-Validierung“ nicht in den Ergebnissen einer prospektiven Studie unter realen klinischen Begebenheiten widerspiegelt.[39] In diesem Sinne haben prospektive klinische Studien gezeigt, dass KI-Anwendungen unter „realen Bedingungen“ eine geringere „Erfolgsquote“ aufweisen können als unter „in silico-Bedingungen“.[40]

In der medizinwissenschaftlichen Literatur wird daher eine „rigorous evidence base“[41] gefordert, bevor KI-Systeme (insb. komplexe DL-Systeme) im klinischen Alltag eingesetzt werden.[42] Aktuell wird die Studienlage jedoch weitgehend als unzureichend angesehen.[43] Prospektive klinische Studien sind relativ selten;[44] das gilt insb. für RCTs.[45] Zudem wird die Qualität bestehender

---

[32] Siehe *Ganzger/Vock* (2019), S. 155 f.

[33] Zum Status von RCts als „Goldstandard“ siehe etwa *Zhou et al.* (2021); zur unterschiedlichen Funktionsweise von RCTs und Systemen des ML siehe etwa *Scott et al.* (2021).

[34] Siehe *Ganzger/Vock* (2019), S. 156.

[35] Dazu näher *Schneeberger* (2021), S. 142.

[36] Siehe insb. Topol (2019a), S. 14: „This is an important distinction because analyzing an existing dataset is quite different from collecting data in a real clinical environment“.

[37] Siehe *Topol* (2019a), S. 14: „*…in silico, or computer-based, validation…*“; von „*In-silico*-Evidenz“ sprechend *Schneeberger* (2021), S. 142.

[38] Siehe z.B. *Topol* (2019a), S. 14; *Topol* (2020), S. 1318; *Schneeberger* (2021), S. 142.

[39] Vgl. etwa *Schneeberger* (2021), S. 142–143; *Meskó/Görög* (2020); *Sutton et al.* (2020).

[40] Siehe – mit Hinweisen auf mehrere Studien – *Topol* (2019b), S. 44–52; siehe ferner *Nagendran et al.* (2019).

[41] *Nagendran et al.* (2019) – mit Blick auf den Einsatz von DL-Systemen in der Medizin.

[42] Siehe etwa *Topol* (2019b), S. 52.

[43] Siehe z.B. *McIntosh et al.* (2021), S. 999.

[44] Siehe etwa *Hong et al.* (2020), S. 3652–3653; *Topol* (2020), S. 1318.

[45] Siehe etwa *Zhou et al.* (2021).

Studien teilweise bezweifelt.[46] Dennoch sind Bestrebungen in der Medizinwissenschaft, die klinische Evidenz eines KI-Einsatzes (insb. ML/DL) zu verbessern, nicht zu übersehen.[47]

Auch die WHO betont in einer jüngsten Publikation mit dem Titel „Generating evidence for artificial intelligence-based medical devices: a framework for training, validation and evaluation"[48] die große Bedeutung der Generierung von klinischer Evidenz zu KI. Nur auf Basis robuster und transparenter Evidenz können demnach medizinische KI-Anwendungen die weltweite Gesundheitsversorgung tatsächlich verbessern.[49]

Die vorstehenden Ausführungen haben gezeigt, dass die Bildung von Evidenzen über die Wirkungen von KI-CDSS möglich und aus medizinwissenschaftlicher Sicht geboten ist. Zugleich wurde dargelegt, dass ausreichende klinische Evidenz in Bezug auf medizinische KI relativ selten ist.

Im Folgenden wird untersucht, welchen Beitrag das EU-Recht und das österreichische Recht zu einem evidenzbasierten Einsatz von KI-CDSS durch Ärzt*innen leisten kann. Mit anderen Worten geht es um die Frage, inwieweit ein evidenzbasierter Einsatz von KI-CDSS rechtlich geboten ist, wobei nur auf einige wichtige Rechtsfragen eingegangen wird:

Zunächst wird die Frage behandelt, ob und inwieweit der Staat aufgrund sog. grundrechtlicher Schutzpflichten verpflichtet ist, einen evidenzbasierten Einsatz von KI-CDSS durch Ärzt*innen sicherzustellen (II.). Sodann werden zwei verwaltungsrechtliche Regelungsbereiche[50] näher betrachtet, in denen der Staat seine Schutzpflichten effektuiert: Zunächst wird untersucht, inwieweit das Medizinprodukterecht verlangt, dass KI-basierte CDSS nur bei entsprechender klinischer Evidenz in Verkehr gebracht werden, und welche diesbezügliche Sicherungen es für die Zeit nach dem Inverkehrbringen bereithält (III.). Danach wird der Beitrag des ärztlichen Berufsrechts sowie des Krankenanstaltenrechts zur Gewährleistung eines evidenzbasierten Einsatzes von KI in der ärztlichen Entscheidungsfindung analysiert (IV.). Den Schluss bilden eine Zusammenfassung sowie eine rechtspolitische Bewertung der untersuchten Regelungen im Medizinprodukterecht sowie im Ärzte- und Krankenanstaltenrecht (V.).

---

[46] Vgl etwa Nagendran et al. (2019); *Zhou* et al. (2021).

[47] Siehe etwa die Studien von *Hong et al.* (2020); *McIntosh et al.* (2021).

[48] *WHO* (2021).

[49] Siehe insb. *WHO* (2021), foreword.

[50] Demgegenüber bleiben andere rechtliche Instrumentarien, mit denen der Gesetzgeber staatliche Schutzpflichten im Hinblick auf den Einsatz von medizinischer KI umsetzt, wie insb. zivil- und strafrechtliche Haftungsbestimmungen, ausgeklammert.

II. Grundrechtliche Schutzpflichten

Die Grundrechte gewährleisten bestimmte subjektive Rechtssphären und verpflichten den Staat zu deren „umfassende[r] Achtung".[51] In erster Linie schützen sie vor (ungerechtfertigten) staatlichen Eingriffen in die geschützten Individualrechtspositionen und damit in ihrer abwehrrechtlichen Funktion „vor staatlicher Gewalt".[52] Aus manchen Grundrechten lassen sich aber darüber hinaus positive Handlungspflichten – grundrechtliche Gewährleistungspflichten[53] – ableiten; der Europäische Gerichtshof für Menschenrechte (EGMR) spricht von *„positive obligations*".[54] Eine zentrale Unterkategorie der Gewährleistungspflichten stellen die staatlichen Schutzpflichten dar.[55] Sie verpflichten den Staat dazu, Grundrechtsberechtigte vor Beeinträchtigungen ihrer Grundrechte durch Private zu schützen.[56]

Gerade im Gesundheitswesen spielen nach der Rechtsprechung des EGMR staatliche Schutzpflichten eine wichtige Rolle.[57] Demnach folgt aus dem Recht auf Leben gemäß Art. 2 EMRK und dem aus dem Recht auf Privatleben gemäß Art. 8 EMRK abzuleitenden Recht auf körperliche Integrität[58] die staatliche Verpflichtung, geeignete Schritte zu unternehmen, um das Leben der Bevölkerung zu schützen.[59] Die staatlichen Schutzpflichten richten sich dabei an alle drei Staatsgewalten – Gesetzgebung, Verwaltung und Gerichtsbarkeit.[60] Bei der Erfüllung seiner Schutzpflichten kommt dem Staat zwar grundsätzlich ein weiter Spielraum zu.[61] So sind die Vertragsstaaten der EMRK nicht verpflichtet, für den Fall eines durch fahrlässige ärztliche Fehlleistung verursachten Todesfalls eine strafrechtliche Sanktion vorzusehen; vielmehr ist der konventionsrechtlichen Verpflichtung grundsätzlich Genüge getan, wenn zivilrechtliche Rechtsbehelfe vorgesehen sind.[62] Aus der Rechtsprechung des EGMR geht

---

[51] *Berka* (2021), S. 427.

[52] *Eisenberger* (2017), S. 101.

[53] Grundlegend dazu *Holoubek* (1997); ferner etwa *Holoubek* (2019); *Berka et al.* (2019), S. 158.

[54] Siehe z.B. EGMR v. 29.4.2002 – Bsw2346/02 (Pretty v. United Kingdom) – Rn. 38; eingehend zur Rechtsprechung des EGMR zu *„positive obligations*" *Klatt* (2011).

[55] Zur Einordnung der Schutzpflichten als Unterkategorie der Gewährleistungspflichten siehe etwa *Holoubek* (1997), S. 385; *Grabenwarter/Pabel* (2021a), Rn. 2; *Berka* (2021), S. 428–429.; vgl. aber auch *Lehne* (1985), S. 129–137 und 216–224.

[56] Siehe etwa *Holoubek* (2019).

[57] Vgl. etwa *Schübel-Pfister* (2021), Rn. 39b.

[58] Siehe etwa *Grabenwarte/Pabel* (2021b), Rn. 7.

[59] Siehe zusammenfassend und m.w.N. EGMR v. 8.4.2021 – Bws47621/13 (Vavřička and Others v. Czech Republic) – Rn. 282.

[60] Siehe nur *Stöger* (2020), S. 100.

[61] Siehe etwa *Kneihs* (2014), Rn. 14 und 34 m.w.N.

[62] Siehe z.B. EGMR v.17.1.2002 – Bsw32967/96 (Calvelli and Ciglio v. Italy) – Rn. 51; dazu etwa *Grabenwarter/Krauskopf* (2020), S. 22.

aber hervor, dass sich die staatlichen Schutzpflichten nicht in einer prozeduralen Komponente[63] erschöpfen.[64] Der Staat ist etwa dazu verpflichtet, hohe Anforderungen an die Kompetenz des medizinischen Personals zu stellen[65] und Vorkehrungen gegen schwere Gesundheitsschädigungen durch mangelhaft erbrachte Gesundheitsleistungen zu treffen.[66] Das impliziert, dass der Staat Erbringer*innen von Gesundheitsleistungen grundsätzlich zur Einhaltung des medizinischen Standes der Wissenschaft zu verpflichten hat.[67]

Daraus kann man m.E. auch ableiten, dass der Staat die Erbringer*innen von Gesundheitsleistungen grundsätzlich zu einem evidenzbasierten Einsatz von KI-basierten CDSS zu verpflichten hat. Dafür spricht insb. die Rechtsprechung des EGMR, wonach die Erbringung von Gesundheitsleistungen staatlich so zu regulieren ist, dass schwere Gesundheitsschädigungen möglichst verhindert werden.[68] KI kann (etwa im Bereich der Diagnostik oder der Chirurgie) Fehler verursachen, die ganz erhebliche Gefahren für Leib und Leben der Patient*innen nach sich ziehen. Angesichts dessen erscheint ein evidenzbasierter Einsatz von KI prinzipiell als grundrechtlich geboten.

Allerdings lassen sich aus den Grundrechten keine exakten Vorgaben dafür ableiten, welches „Evidenzlevel" im Einzelfall geboten ist. Da grundrechtlich prinzipiell eine Behandlung nach dem aktuellen Stand der Wissenschaft geboten ist,[69] bedarf es zur Beantwortung dieser Frage im Einzelfall medizinischen Sachverstandes.[70]

---

[63] Die prozedurale Schutzpflicht schließt insb. auch die Pflicht der Vertragsstaaten ein, ungeklärte Todesfälle zu untersuchen. Siehe z.B. *Kneihs* (2014), Rn. 14; *Stöger* (2008), S. 364.

[64] Vgl. auch *Berka* (2019), S. 231–232.

[65] Siehe dazu *Berka* (2019), S. 231.

[66] Siehe EGMR v. 2.6.2009 – Bsw31675/04 (Codarcea v Rumänien) – Rn. 103–104.; siehe zu dieser Rechtsprechung auch *Stöger* (2019), S. 16.

[67] Siehe *Schneeberger* et al. (2020), S. 210.

[68] Allgemein zur Bedeutung dieser vom EGMR judizierten staatlichen Schutzblick in Bezug auf medizinische KI *Schneeberger et al.* (2020), S. 210; *Stöger et al.* (2021b), S. 34–35; *Schneeberger* (2021), S. 143–144.

[69] Ausgehend von dieser Prämisse wird in der Literatur überzeugend die Auffassung vertreten, dass der Staat aufgrund der grundrechtlichen Schutzpflichten sogar dazu verpflichtet sein kann, den Einsatz KI-basierter CDSS vorzuschreiben, wenn alleine die KI-unterstützte ärztliche Behandlung dem Stand der Wissenschaft entspricht. Siehe *Stöger et al.* (2020), S. 211; *Stöger et al.* (2021b), S. 35; *Paar* (2020), S. 283; mit Blick auf den Bereich der Pflege *Stöger* (2020), S. 106; vgl. auch *Eisenberger* (2017), S. 106.

[70] Das ändert nichts daran, dass es sich beim grundrechtlich gebotenen Behandlungsstandard letztlich um eine Rechtsfrage handelt. Vgl. – mit Blick auf „künstliche" Betreuungsumfelder im Bereich der Pflege und m.w.N. – *Stöger* (2020), S. 105–106 mit Fn. 60; siehe zur Ermittlung des Standes der medizinischen Wissenschaft – aus einfachgesetzlicher Perspektive – auch noch unten IV.

Es ist auch zu beachten, dass die Grundrechte nicht in jedem Fall eine Behandlung nach dem Stand der Wissenschaft verlangen. Gibt es für eine bestimmte Behandlung keinen Stand der Wissenschaft oder hilft die sog. Schulmedizin nicht weiter, so verwehren die Grundrechte – bei entsprechender Aufklärung der Patient*innen[71] – auch nicht die Anwendung von „Außenseitermethoden“;[72] vielmehr werden sie diesfalls eine solche sogar verlangen.

Mit den erläuterten Vorgaben der EMRK übereinstimmende Schutzpflichten lassen sich aus dem Recht auf Leben gemäß Art. 2 und dem Recht auf Privatleben gemäß Art. 7 der Europäischen Grundrechtecharta (EGRC) ableiten; diese Rechte entsprechen gemäß Art. 52 Abs. 3 EGRC insoweit den Parallelgewährleistungen der Art. 2 und 8 EMRK.[73] Die EGRC bindet die Mitgliedstaaten im Hinblick auf KI-basierte CDSS gemäß ihrem Art. 51 Abs. 1, soweit diese von der Medizinprodukteverordnung (MPVO)[74] oder einem anderen Sekundärrechtsakt der Union erfasst sind,[75] oder die Mitgliedstaaten Grundfreiheiten[76] beschränken.[77]

Dem Staat ist zur Erfüllung der Schutzpflicht – wie sich bereits aus den obigen allgemeinen Ausführungen ergibt – nicht „die eine“ Lösung grundrechtlich vorgegeben. Im Folgenden wird anhand der Beispiele des Medizinprodukterechts sowie des Ärzt*innen- und Krankenanstaltenrechts gezeigt, wie der europäische[78] bzw. österreichische Gesetzgeber einen evidenzbasierten Einsatz von KI-basierten CDSS sicherstellt und dadurch die staatlichen Schutzpflichten effektuiert.

---

[71] Vgl. *Stöger et al.* (2020b), S. 35.

[72] Vgl. dazu *Wallner* (2020), Rn. 222–225a.

[73] Teile der Lehre leiten aus Grundrechten der EGRC weitergehende Schutzpflichten ab. So folge aus dem Recht auf Menschenwürde gemäß Art. 1 EGRC, dass der Einsatz von KI in der Medizin nur unter einer menschlichen Aufsicht („*human oversight*“ oder „*a human in the loop*“) zulässig sei, und aus dem Recht auf Unversehrtheit gemäß Art. 3 Abs. 2 1. Spiegelstrich EGRC, dass nur „*explainable AI*“ in der Medizin eingesetzt werden dürfe. Siehe *Stöger et al.* (2021b), S. 35.

[74] Verordnung (EU) 2017/745 des Europäischen Parlaments und des Rates vom 5. April 2017 über Medizinprodukte, zur Änderung der Richtlinie 2001/83/EG, der Verordnung (EG) 178/2002 und der VO (EG) 1223/2009 und zur Aufhebung der Richtlinien 90/385/EWG und 93/42/EWG des Rates, ABl. EU L 117, S. 1; siehe zur MPVO noch eingehend unten III.

[75] Etwas andere dogmatische Begründung bei *Stöger et al.* (2020), S. 210 sowie *Stöger et al.* (2021b), S. 34–35, wonach die EGRC stets auf den Einsatz von KI in der Medizin anwendbar sei, weil die Erbringung medizinischer Dienstleistungen von der Dienstleistungsfreiheit der Union umfasst sei.

[76] Zu denken ist insb. an die Dienstleistungsfreiheit; vgl. *Stöger et al.* (2021b), S. 35.

[77] Zur Rechtsprechung des EuGH, wonach eine „*Durchführung*“ von Unionsrecht durch die Mitgliedstaaten gemäß Art. 51 Abs. 1 EGRC insb. dann vorliegt, wenn die Mitgliedstaaten Sekundärrecht durchführen und anwenden sowie, wenn sie Grundfreiheiten einschränken, eingehend *Holoubek/Oswald* (2019), Rn. 18–38.

[78] Bei der MPVO handelt es sich um eine EU-Verordnung gemäß Art. 288 Abs. 1 AEUV. Siehe dazu – und zu deren teilweiser Umsetzungsbedürftigkeit – sogleich V.1.

III. Medizinprodukterecht

1. Grundsätzliches

Ein evidenzbasierter Einsatz[79] von KI-CDSS wird zunächst in gewissem Umfang durch das Medizinprodukterecht sichergestellt. Dies erfolgt zum einen dadurch, dass Hersteller*innen ihre Medizinprodukte erst nach einer positiven klinischen Bewertung in Verkehr bringen dürfen, im Zuge derer klinische Daten vorzulegen und in bestimmten Fällen klinische Prüfungen durchzuführen sind.[80] Zum anderen stellen verschiedene Bestimmungen der MPVO sicher, dass Sicherheit und Leistung von Medizinprodukten auch nach deren Inverkehrbringen zu kontrollieren und überwachen sind.[81]

Zentrale Rechtsgrundlage des Medizinprodukterechts ist die vom Europäischen Parlament und dem Rat erlassene MPVO, die seit 26.5.2021 in Geltung steht.[82] Verordnungen sind gemäß Art. 288 Abs. 1 AEUV Rechtsakte der EU, die Art. 288 Abs. 2 AEUV zufolge „in allen ihren Teilen verbindlich" sind, und „unmittelbar in jedem Mitgliedstaat" gelten. Allerdings enthält die MPVO zahlreiche an die Mitgliedstaaten adressierte Umsetzungsverpflichtungen und Ermächtigungsnormen[83] und stellt insoweit eine „hinkende" Verordnung dar.[84] Die österreichischen Umsetzungs- bzw. Durchführungsbestimmungen zur MPVO finden sich im Medizinproduktegesetz 2021 (MPG 2021).[85]

Die MPVO enthält für KI keine eigenen Regelungen;[86] KI-basierte CDSS erfüllen aber in der Regel die Legaldefinition von Medizinprodukten gemäß Art. 2 Nr. 1 MPVO und unterliegen dann dem Anwendungsbereich der MPVO.[87] Konkret können sie regelmäßig als Software qualifiziert werden, die dem*der Hersteller*in zufolge für Menschen bestimmt ist und entweder alleine („*stand alone software*") oder in Kombination mit Apparaten oder Geräten („*embedded software*") einen oder mehrere der in Art. 2 Nr. 1 MPVO aufgezählten spezifischen medizinischen Zwecke wie bspw. die Diagnose oder Behandlung von Krankheiten erfüllen soll.[88]

---

[79] Zwar betreffen die nachfolgend dargestellten medizinproduktrechtlichen Bestimmungen vorwiegend die Pflichten von Hersteller*innen vor und nach dem Inverkehrbringen von Medizinprodukten; allerdings wird durch sie mittelbar auch gewährleistet, dass die Anwendung der Produkte durch Ärzt*innen evidenzbasiert erfolgt.

[80] Siehe dazu unten III.2.

[81] Siehe dazu unten III.3.

[82] Siehe Art. 123 Abs. 2 MPVO.

[83] Siehe m.w.N. *Larcher/Beiglböck* (2021), S. 131–132.

[84] Zum Begriff etwa *Öhlinger/Potacs* (2020), S. 74 und 155.

[85] BGBl. I 122/2021 in der Fassung BGBl. I 192/2021.

[86] Dazu *Schneeberger* (2021), S. 142 m.w.N.

[87] Siehe etwa *Schneeberger* (2021), S. 142; *Paar/Stöger* (2021), S. 90.

[88] Siehe Art. 1 Nr. 2 MPVO; dazu *Paar/Stöger* (2021), S. 90; *Stöger et al.* (2021a), S. 3.

Gemäß Art. 5 Abs. 1 MPVO dürfen Medizinprodukte nur in Verkehr gebracht oder in Betrieb genommen werden, wenn sie bei sachgemäßer Lieferung, korrekter Installation und Instandhaltung sowie einer ihrer Zweckbestimmung entsprechenden Verwendung mit den Vorgaben der MPVO vereinbar sind. Gemäß Art. 5 Abs. 2 MPVO muss ein Medizinprodukt unter Berücksichtigung seiner Zweckbestimmung den für das betreffende Medizinprodukt geltenden grundlegenden Sicherheits- und Leistungsanforderungen entsprechen.[89] Gemäß Art. 5 Abs. 3 MPVO umfasst der Nachweis, dass die grundlegenden Sicherheits- und Leistungsanforderungen eingehalten wurden, auch die klinische Bewertung gemäß Art. 61 MPVO; auf diese ist noch zurückzukommen.[90]

Hersteller*innen dürfen ein Medizinprodukt erst in Verkehr bringen, wenn sie eine Konformitätsbewertung des betreffenden Produkts gemäß Art. 52 Abs. 1 MPVO durchgeführt haben;[91] Vorgaben zu den Konformitätsverfahren Konformitätsbewertungsverfahren finden sich in den Anhängen IX bis XI. Welches Konformitätsbewertungsverfahren anzuwenden ist, richtet sich nach der Risikoklasse des jeweiligen Medizinprodukts. Gemäß Art. 51 Abs. 1 MPVO werden die Produkte unter Berücksichtigung ihrer Zweckbestimmung und den damit einhergehenden Risiken in die Klassen I, IIa, IIb und III eingestuft; die Klassifizierung erfolgt nach Maßgabe des Anhangs VIII MPVO.

In Bezug auf Software nimmt Anhang VIII Kapitel II Abschnitt 6.3. Regel 11 MPVO folgende Klassifizierung vor:[92] Software, die zur Lieferung von Informationen bestimmt ist, die zu Entscheidungen für diagnostische oder therapeutische Zwecke herangezogen werden, gehört grundsätzlich zur Klasse IIa. Allerdings gibt es von dieser Regel Ausnahmen, die in Bezug auf KI-basierte CDSS häufig greifen werden:[93]

Liefert die Software Informationen für diagnostische oder therapeutische Entscheidungen, die den Tod oder eine irreversible Verschlechterung des Gesundheitszustandes zur Folge haben können, so fällt sie unter Klasse III. Können die Entscheidungen eine schwerwiegende Verschlechterung des Gesundheitszustandes oder einen chirurgischen Eingriff nach sich ziehen, fällt die Software unter die Klasse IIb. Auch Software, die zur Überwachung von physiologischen Prozessen bestimmt ist, gehört prinzipiell zur Klasse IIa. Anderes gilt, wenn sie der Kontrolle von vitalen physiologischen Parametern dient und die Art der Änderung dieser Parameter zu einer unmittelbaren Gefahr für die

---

[89] Maßgeblich sind dabei die Vorgaben des Anhangs I MPVO.

[90] Siehe dazu unten III.2.

[91] Gleiches gilt gemäß Art. 52 Abs. 2 MPVO für den Fall, dass Hersteller*innen ein nicht in Verkehr gebrachtes Medizinprodukt in Betrieb nehmen.

[92] Siehe *Schneeberger* (2021), S. 142.

[93] Vgl. *Schneeberger* (2021), S. 142.

Patient*innen führen kann; diesfalls ist sie der Klasse IIb zuzuordnen. Software, die keine der geschilderten Zweckbestimmungen aufweist, fällt unter Klasse I.[94]

Unter Klasse III fallen bspw. KI-basierte CDSS, die im Rahmen onkologischer Behandlungen eingesetzt werden; Fehlentscheidungen in diesem Bereich können jedenfalls potentiell den Tod oder eine irreversible Verschlechterung des Gesundheitszustandes von Menschen zur Folge haben.[95] Ein weiteres Beispiel sind KI-basierte diagnostische CDSS im bildgebenden Bereich – etwa im Bereich der Dermatologie, der Ophthalmologie oder der Neurologie;[96] diese sind m.E. in aller Regel der Klasse III zuzuordnen. Es kann nämlich kaum generell ausgeschlossen werden, dass auf KI im bildgebenden Bereich zurückzuführende medizinische Fehlentscheidungen Todesfolgen oder irreversible Gesundheitsschädigungen nach sich ziehen.

Angesichts ihres Risikopotentials sind KI-basierte CDSS in der Regel zumindest der Klasse IIa zuzuordnen.[97] Die Konformitätsbewertung hat dann gemäß Art. 52 Abs. 1 MPVO in Verbindung mit Art. 53 MPVO durch den*die Hersteller*in des Medizinprodukts im Zusammenwirken mit einer Benannten Stelle[98] zu erfolgen.[99]

Wurde die Einhaltung der MPVO im Konformitätsbewertungsverfahren nachgewiesen, haben die Hersteller*innen gemäß Art. 10 Abs. 6 MPVO eine EU-Konformitätserklärung i.S.d. Art. 19 MPVO zu erstellen. Die betreffenden Produkte sind gemäß Art. 20 MPVO mit einer sogenannten „CE-Kennzeichnung" zu versehen.[100] Vor ihrem Inverkehrbringen sind Produkte zudem gemäß Art. 29 MPVO zu registrieren.

2. Vor Inverkehrbringen

Zur Sicherstellung klinischer Evidenz vor dem Inverkehrbringen ist die *klinische Bewertung* gemäß Art. 61 MPVO von besonderer Bedeutung; sie stellt einen zentralen Bestandteil des Konformitätsbewertungsverfahrens dar.[101] Gemäß Art. 61 Abs. 1 MPVO hat die klinische Bewertung (als Teil des Nachweises der Einhaltungen der grundlegenden Sicherheits- und Leistungsanforderungen)[102] auf Basis von klinischen Daten[103] zu erfolgen, die einen *„ausreichenden*

---

[94] Siehe zu alldem Anhang VIII Abschnitt 6.3. Regel 11.
[95] Vgl. *Schneeberger* (2021), S. 143.
[96] Siehe zu diesen Anwendungsfeldern diagnostischer KI-basierter CDSS oben I.
[97] Vgl. *Dettling* (2019), S. 638; *Gerke* (2020), S. 312; *Schneeberger* (2021), S. 143.
[98] Siehe Art. 2 Nr. 42 MPVO.
[99] Siehe *Schneeberger* (2021), S. 143.
[100] Siehe *Schneeberger* (2021), S. 143.
[101] Siehe *Schneeberger* (2021), S. 143.
[102] Siehe Art. 5 Abs. 3 MPVO; dazu bereits oben III.1.
[103] Siehe zur Legaldefinition von „klinische[n] Daten" in Art. 2 Z. 48 MPVO.

klinischen Nachweis" bieten; es geht also um die Generierung ausreichender *klinischer Evidenz.*[104]

Art. 2 Nr. 51 MPO definiert den klinischen Nachweis als „die klinischen Daten und die Ergebnisse der klinischen Bewertung zu einem Produkt, die in quantitativer und qualitativer Hinsicht ausreichend sind, um qualifiziert beurteilen zu können, ob das Produkt sicher ist und den angestrebten klinischen Nutzen bei bestimmungsgemäßer Verwendung nach Angabe des Herstellers erreicht".

Gemäß Art. 61 Abs. 3 MPVO muss eine klinische Bewertung *„nach einem genau definierten und methodisch fundierten Verfahren"* ablaufen.

Dabei hat sie sich auf die folgenden Grundlagen zu stützen:

- eine kritische Bewertung der aktuell verfügbaren wissenschaftlichen Fachliteratur zu Sicherheit, Leistung, Auslegungsmerkmalen sowie Zweckbestimmung des betreffenden Produkts (lit. a);
- eine kritische Bewertung der Ergebnisse sämtlicher verfügbarer klinischer Prüfungen (lit. b)[105] sowie
- eine Berücksichtigung von gegebenenfalls derzeit zur Verfügung stehenden anderen Behandlungsoptionen für diesen Zweck (lit. c).

Art. 2 Z. 45 MPVO definiert *klinische Prüfungen* als systematische Untersuchungen, bei denen eine oder mehrere Prüfungsteilnehmer*innen einbezogen sind und zur Bewertung von Sicherheit oder Leistung eines Medizinprodukts durchgeführt werden. Medizinprodukte der Klasse III sind gemäß Art. 61 Abs. 4 MPVO grundsätzlich[106] verpflichtend einer klinischen Prüfung zu unterziehen. Zu anderen Klassen gehörende Medizinprodukte können klinischen Prüfungen unterzogen werden;[107] deren Ergebnisse fließen gemäß Art. 61 Abs. 3 lit. b MPVO in die klinische Bewertung ein.

Bei klinischen Prüfungen müssen die in Art. 62 Abs. 1 MPVO genannten Vorgaben[108] eingehalten werden, wenn die Prüfungen als Teil einer klinischen Bewertung zu einem oder mehreren der in Art. 62 Abs. 1 lit. a–c angeführten

---

[104] In der englischen Fassung von Art. 61 Abs. 1 MPVO ist von *„sufficient clinical evidence"* die Rede.

[105] Gemäß Art. 61 Abs. 3 lit. b MPVO ist dabei gebührend zu berücksichtigen, ob die klinischen Prüfungen gemäß den Art. 60–80 MPVO, gemäß auf Basis von Art. 81 MPVO erlassenen Durchführungsrechtsakten der Europäischen Kommission und entsprechend den Vorgaben des Anhangs XV MPVO durchgeführt wurden.

[106] Siehe jedoch die Ausnahmen gemäß Art. 61 Abs. 4–7 MPVO.

[107] Vgl. etwa Art. 70 Abs. 7 lit. a MPVO.

[108] Gemäß Art. 62 Abs. 1 MPVO müssen Konzeption, Genehmigung, Durchführung, Aufzeichnung und Berichterstattung den Vorgaben der Art. 62, 63 bis 80 MPVO, den auf Basis des Art. 81 MPVO erlassenen Durchführungsrechtsakten der Kommission sowie Anhang XV MPVO entsprechen.

Zwecke durchgeführt werden.[109] Solche klinischen Studien sind gemäß Art. 70 und 71 MPVO zu genehmigen. Gemäß § 23 MPG 2021 haben die Sponsor*innen[110] dem Bundesamt für Sicherheit im Gesundheitswesen (BASG) mit dem Antrag auf Genehmigung der klinischen Prüfung[111] eine Stellungnahme einer zuständigen Ethikkommission vorzulegen, wonach die Durchführung der klinischen Prüfung vertretbar ist. Wird eine klinische Prüfung ohne Genehmigung durchgeführt, dürfen die gewonnen Daten gemäß § 34 MPG 2021 nicht publiziert werden. Zudem dürfen sie diesfalls nicht entgeltlich oder unentgeltlich an Dritte weitergegeben und nicht im Rahmen eines Konformitätsbewertungsverfahrens oder eines Zulassungsverfahrens verwendet werden.[112]

Gemäß Anhang XV Kapitel I. Abschnitt 2.1. MPVO müssen klinische Prüfungen nach einem angemessenen Prüfplan durchgeführt werden, der dem Stand von Wissenschaft und Technik entspricht und so ausgelegt ist, dass sich die Angaben der Hersteller*innen zu Sicherheit, Leistung und dem Nutzen-Risiko-Verhältnis der Produkte gemäß Art. 62 Abs. 1 MPVO bestätigen oder widerlegen lassen. Die klinischen Prüfungen haben jedenfalls eine angemessene Zahl von Beobachtungen zu umfassen, sodass wissenschaftliche Schlussfolgerungen gezogen werden können.[113]

Die MPVO normiert kein bestimmtes „Evidenzlevel", das klinische Prüfungen erfüllen müssen. Allerdings muss mit dem Antrag auf Genehmigung einer klinischen Prüfung eine Zusammenfassung des klinischen Prüfplans einschließlich der Konzeption der Prüfung vorgelegt werden; bspw. ist darzulegen, ob es sich um eine kontrollierte und/oder randomisierte Studie handelt.[114] Zudem hat der Prüfplan „*Einzelheiten der Maßnahmen wie Randomisierung, mit denen Verzerrungen so gering wie möglich gehalten werden sollen*", zu enthalten.[115] Es ist daher davon auszugehen, dass das Design bzw. die Qualität der durchgeführten Studie im Rahmen der klinischen Bewertung zu berücksichtigen ist; ausdrückliche Regelungen dazu lässt die MPVO aber vermissen.[116]

Art. 61 Abs. 10 MPVO regelt den Fall, dass der Nachweis der Übereinstimmung mit grundlegenden Sicherheits- und Leistungsanforderungen auf Basis klinischer Daten als ungeeignet erachtet wird. Jede solche Ausnahme ist auf

---

[109] Die Anforderungen für klinische Prüfungen, die nicht zu einem der Zwecke gemäß Art. 62 Abs. 1 MPVO durchgeführt werden („*sonstige klinische Studien*"), sind in Art. 82 MPVO geregelt.

[110] Zum Begriff des „*Sponsors*" siehe Art. 2 Z. 49 MPVO.

[111] Gemäß § 24 MPG 2021 gilt das auch für wesentliche Änderungen von klinischen Prüfungen gemäß Art. 75 MPVO.

[112] Siehe § 34 MPG 2021.

[113] Siehe Anhang XV Kapitel I. Abschnitt. 2.1. MPVO.

[114] Anhang XV Kapitel II. Abschnitt 1.11. MPVO

[115] Anhang XV Kapitel II. Abschnitt 3.6.4. MPVO.

[116] Siehe kritisch dazu noch unten VI.

Grundlage des Risikomanagements der*die Hersteller*in angemessen zu begründen.[117] Diesfalls hat der*die Hersteller*in in ihrer technischen Dokumentation gemäß Anhang II MPVO gebührend zu begründen, weshalb sie *„den Nachweis der Übereinstimmung mit grundlegenden Sicherheits- und Leistungsanforderungen allein auf der Grundlage der Ergebnisse nichtklinischer Testmethoden, einschließlich Leistungsbewertung, technischer Prüfung (‚bench testing') und vorklinischer Bewertung, für geeignet hält*".

Medizinprodukte der Risikoklasse III sind davon ausdrücklich ausgenommen.[118] Aber auch soweit KI-basierte CDSS einer anderen Risikoklasse zuzuordnen sind, ist m.E. eine Bewertung ausschließlich auf Basis der Ergebnisse nichtklinischer Testmethoden unzulässig, weil in der medizinwissenschaftlichen Literatur in Bezug auf KI Testungen in einer „realen" klinischen Umgebung als unverzichtbar angesehen werden.[119] Die Ausnahmemöglichkeit des Art. 61 Abs. 10 MPVO ist daher m.E. auf KI-basierte CDSS generell nicht anwendbar.

3. Nach Inverkehrbringen

Die MPVO trifft auch an verschiedener Stelle Vorkehrungen dafür, den Einsatz von Medizinprodukten nach ihrem Inverkehrbringen zu überwachen und ihre klinische Wirksamkeit zu evaluieren; darauf kann im vorliegenden Zusammenhang nur kursorisch hingewiesen werden:

Zentral ist zunächst, dass die klinische Bewertung gemäß Art. 10 Abs. 3 MPVO auch eine *klinische Nachbeobachtung nach dem Inverkehrbringen* umfasst. Damit korrespondierend normiert Art. 10 Abs. 9 lit. f MPVO, dass das von den Hersteller*innen eines Medizinprodukts verpflichtend einzurichtende Qualitätsmanagementsystem die klinische Bewertung einschließlich der klinischen Nachbeobachtung nach dem Inverkehrbringen enthalten muss.

Gemäß § 83 Abs. 1 MPVO müssen die Hersteller*innen für jedes Produkt in einer Weise, die der Risikoklasse sowie der Produktart angemessen ist, *„ein System zur Überwachung nach dem Inverkehrbringen planen, einrichten, dokumentieren, anwenden, instand halten und auf den neuesten Stand bringen*".[120] Wenn sich im Zuge der Überwachung nach dem Inverkehrbringen zeigt, dass Präventiv- und/oder Korrekturmaßnahmen erforderlich sind, so hat der*die Hersteller*in gemäß Art. 83 Abs. 4 MPVO die geeigneten Maßnahmen

---

[117] Zudem hat die angemessene Begründung „unter Berücksichtigung der besonderen Merkmale des Zusammenspiels zwischen dem Produkt und dem menschlichen Körper, der bezweckten klinischen Leistung und der Angaben des Herstellers" zu erfolgen.

[118] Siehe Art. 61 Abs. 10 MPVO.

[119] Siehe oben I.

[120] Dieses System ist gemäß Art. 83 Abs. 2 2. und letzter Satz MPVO *„integraler Bestandteil des Qualitätsmanagementsystems*" der Hersteller*innen gemäß Art. 10 Abs. 9 MPVO

zu ergreifen und gegebenenfalls die Benannte Stelle zu unterrichten. Das System der Überwachung nach dem Inverkehrbringen hat sich gemäß Art. 84 MPVO auf einen Plan zur Überwachung nach dem Inverkehrbringen zu stützen.[121]

Gemäß Art. 61 Abs. 11 MPVO sind die klinische Bewertung und die dazugehörigen Unterlagen während des gesamten Lebenszyklus des Produkts zu aktualisieren. Die Aktualisierung hat anhand jener klinischen Daten zu erfolgen, die sich aus der Durchführung des Plans für die klinische Nachbeobachtung nach dem Inverkehrbringen des*der Herstellers*in[122] sowie dem Plan zur Überwachung nach dem Inverkehrbringen[123] ergeben.[124]

Hinsichtlich KI-basierter CDSS ist ferner bedeutsam, dass Hersteller*innen von Produkten der Risikoklassen IIa–III gemäß Art. 86 MPVO während der gesamten Lebensdauer des betreffenden Produkts einen regelmäßig zu aktualisierenden Bericht über die Sicherheit des Produkts zu erstellen haben. Diese Sicherheitsberichte sind der Benannten Stelle sowie der zuständigen Behörde (in Österreich dem BASG) vorzulegen.[125]

Schließlich ist darauf hinzuweisen, dass die Systeme der Vigilanz (Art. 87 ff. MPVO), der Überwachung der Wirtschaftsakteuer*innen[126] (Marktüberwachung – Art. 93 ff. MPVO) sowie der Überwachung von Betrieben, Gesundheitseinrichtungen und Einzelpersonen (§ 38 MPG 2021)[127] zu einer Evaluierung der Sicherheit und Leistungsfähigkeit von Medizinprodukten und damit auch von KI-basierten CDSS beitragen.

---

[121] Vorgaben für die Gestaltung dieses Plans sind in Anhang III Abschnitt 1 MPVO normiert. Siehe Art. 84 MPVO.

[122] Siehe dazu Anhang XIV Teil B.

[123] Siehe Art. 84 MPVO.

[124] Siehe Art. 61 Abs. 11 MPVO; zu den Anforderungen an den Plan zur Überwachung nach dem Inverkehrbringen siehe Anhang III Abschnitt 1 MPVO.

[125] Siehe zu den diesbezüglich differenzierten Regelungen zwischen Produkten der Klasse III und jenen der Klassen IIa und IIb Art. 86 Abs. 2 und 3 MPVO.

[126] Art. 2. Nr. 35 MPVO definiert *„Wirtschaftsakteur"* als *„Hersteller, einen bevollmächtigten Vertreter, einen Importeur, einen Händler und die in Artikel 22 Absätze 1 und 3 genannte Person"*. In Art. 22 Abs. 1 bzw. 3 genannte Personen, sind (verkürzt gesagt) bestimmte Personen, die Medizinprodukte in Verkehr bringen bzw. an dem Inverkehrbringen beteiligt sind.

[127] Gemäß § 38 Abs. 1 MPG 2021 unterliegen ungeachtet der Marktüberwachung gemäß Art. 93 MPVO *„Betriebe, Gesundheitseinrichtungen oder Personen, die berufs- oder gewerbsmäßig Medizinprodukte anwenden, betreiben, herstellen, prüfen, lagern, befördern, verpacken, instandhalten, als neu aufbereiten, montieren, anpassen, aufbereiten, reinigen, desinfizieren oder sterilisieren, im Hinblick auf diese Tätigkeiten der Überwachung"*; die Überwachung obliegt gemäß § 38 Abs. 2 MPG 2021 dem BASG.

IV. Ärzte- und Krankenanstaltenrecht

Auf Anwendungsebene verlangen das Ärzterecht und das Krankenanstaltenrecht, dass der Einsatz KI-basierter CDSS auf Grundlage klinischer Evidenz erfolgt.[128] Zwar finden sich weder im ÄrzteG 1998[129] noch im KAKuG[130] ausdrücklichen Vorschriften zum Einsatz von KI-basierten CDSS im Rahmen der ärztlichen Entscheidungsfindung; allerdings lassen sich den allgemeinen ärzte- und krankenanstaltenrechtlichen Bestimmungen diesbezügliche Vorgaben entnehmen:

Besonders bedeutsam sind § 49 Abs. 1 ÄrzteG 1998 sowie § 8 Abs. 2 KAKuG, die trotz terminologischer Unterschiede im Detail beide grundsätzlich eine Behandlung nach dem anerkannten Stand der medizinischen Wissenschaft verlangen.[131]

§ 49 Abs. 1 ÄrzteG 1998 verpflichtet Ärzt*innen zur unterschiedslosen und gewissenhaften Betreuung der von ihnen in Beratung oder Behandlung übernommenen Personen und zur Wahrung des Wohls der Kranken und des Schutzes der Gesunden. Dies hat *„nach Maßgabe der ärztlichen Wissenschaft und Erfahrung sowie unter Einhaltung der bestehenden Vorschriften und der fachspezifischen Qualitätsstandards“*[132] zu erfolgen. § 49 Abs. 1 ÄrzteG 1998 normiert einen Vorrang der sog. Schulmedizin,[133] unter bestimmten Voraussetzungen sind von dieser abweichende Behandlungen zulässig.[134] Hervorzuheben sind die sog. *„Außenseitermethoden“*,[135] also Behandlungsmethoden, die

[128] Vgl. auch *Schneeberger* (2021), S. 142–143.

[129] Bundesgesetz über die Ausübung des ärztlichen Berufes und die Standesvertretung der Ärzte, BGBl. 169/1998 in der Fassung BGBl. I 172/2021.

[130] Bundesgesetz über Krankenanstalten und Kuranstalten, BGBl. 27/1958 in der Fassung BGBl. I 192/2021; beim KAKuG handelt es sich – abgesehen von einzelnen, unmittelbar anwendbaren Bundesbestimmungen – um ein Bundesgrundsatzgesetz gemäß Art. 12 Abs. 1 B-VG. Die Grundsatzbestimmungen des KAKuG bedürfen daher einer Ausführung durch die Landesgesetzgebung, erst diese Bestimmungen sind unmittelbar anwendbar. Im vorliegenden Beitrag wird aus Platzgründen nur auf die Vorschriften des KAKuG eingegangen, es ist aber stets zu bedenken, dass es zu den betreffenden Bestimmungen des KAKuG Ausführungsbestimmungen der Länder gibt.

[131] Siehe *Mayrhofer* (2019), S. 9–10; vgl allgemein zur uneinheitlichen Terminologie in Bezug auf den wissenschaftlichen „Standard“ im Medizinrecht *Kopetzki* (2010), S. 10–11.

[132] § 49 Abs. 1 1. Satz ÄrzteG 1998 verweist in diesem Zusammenhang *„insbesondere“* auf das Gesundheitsqualitätsgesetzes (GQG), BGBl. I 179/2004.

[133] Siehe etwa *Wallner* (2016), Rn. 6; *Wallner* (2019), Rn. 213; *Mayrhofer* (2019), S. 10; vgl. auch VwGH 24.4.2019, Ra 2015/11/0113.

[134] Siehe zu den Anwendungsfällen Neulandmedizin im Rahmen der medizinischen Forschung, Heilversuchen sowie Komplementär- bzw. Außenseitermedizin eingehend *Wallner* (2019), Rn. 215–225a; *Wallner* (2016), Rn. 6.

[135] Siehe dazu mit Blick auf CDSS noch weiter unten im Text.

(noch) nicht oder nicht mehr dem Stand der medizinischen Wissenschaft entsprechen.[136] Diese sind – wie eingangs geschildert – (nur) dann zulässig, wenn schulmedizinische Methoden erfolglos waren, solche gar nicht zur Verfügung stehen oder die Außenseitermethode nur komplementär zu einer schulmedizinischen Behandlungsmethode angewendet wird.[137] Zudem erfordert die Anwendung von Außenseitermethoden, dass die Patient*innen über die mangelnde wissenschaftlichen Evidenz für die Behandlungsmethode aufgeklärt werden.[138]

Gemäß § 8 Abs. 2 KAKuG dürfen die Pfleglinge von Krankenanstalten „*nur nach den Grundsätzen und anerkannten Methoden der medizinischen bzw. zahnmedizinischen Wissenschaft ärztlich bzw. zahnärztlich behandelt werden*". § 8 Abs. 2 KAKuG enthält demnach eine Einschränkung auf Methoden der Schulmedizin, die aber nicht absolut ist, weil sich aus § 8c Abs. 1 Z. 2 und 3 KAKuG die prinzipielle Zulässigkeit von neuen medizinischen Methoden und angewandter medizinischer Forschung (unter Abweichung von der Schulmedizin) ergibt.[139] Die Anwendung von Außenseitermethoden ist daher unter engen Voraussetzungen ebenfalls zulässig.[140]

Damit eine Behandlungsmethode dem anerkannten Stand der medizinischen Wissenschaft entspricht, muss sie hinreichend klinisch belegt und damit evidenzbasiert sein.[141] Das gilt folglich auch für eine ärztliche Behandlung unter Verwendung von KI-basierten CDSS.[142] Es sind dabei nicht ausschließlich rechtliche Fragen, welche Form und welcher Grad der klinischen Evidenz erforderlich sind. Zwar handelt es sich um Rechtsfragen, ob eine Behandlung die Anforderungen des § 49 Abs. 1 ÄrzteG oder des § 8 Abs. 2 KAKuG erfüllt; allerdings ist die Bestimmung des Standes der medizinischen Wissenschaft maßgeblich auf medizinwissenschaftlichen Sachverstand angewiesen[143] und erfolgt insofern „*auf Tatsachenebene*".[144] Die Hilfsmittel für die Ermittlung

---

[136] Siehe *Kallab* (2013), S. 133; vgl. auch *Wallner* (2020), Rn. 223.

[137] Siehe *Wallner* (2020), Rn. 224.

[138] Siehe *Wallner* (2020), Rn. 224; eingehend zu den Aufklärungspflichten bei Außenseitermethoden *Kallab* (2013).

[139] Siehe dazu *Stöger* (2016), Rn. 2; *Kopetzki* (2019), S. 524.

[140] Vgl. *Kopetzki* (2019), S. 524.

[141] Vgl. z.B. OGH v. 20.2.2018, 4 Ob 136/17d; OGH v. 27.9.2017, 7 Ob 88/17t; VwGH v. 28.3.2017, Ro 2016/09/0001; *Wallner* (2020), Rn. 225.

[142] Vgl. *Schneeberger* (2021), S. 142–143.

[143] Grundlegend zur Erforderlichkeit von Sachverstand zur Ermittlung des Standes der medizinischen Wissenschaft *Kopetzki* (2010), S. 23–26; *Mayrhofer* (2020), S. 136–140; siehe mit Blick auf den Stand der Technik *Eisenberger* (2016), S. 71–73.

[144] *Mayerhofer* (2019), S. 10; OGH v. 29.4.2021, 2 Ob 49/21a; siehe auch *Ernst* (2021), S. 147.

des Standes der medizinischen Wissenschaft sind vielfältig,[145] besonders wichtig sind unter verschiedenen Bezeichnungen (Richtlinien, Leitlinien etc.)[146] firmierende generelle Fachgutachten von medizinischen Fachgesellschaften, klinische Studien[147] sowie Aussagen eigens bestellter Sachverständiger in behördlichen und gerichtlichen Verfahren.[148]

Bei der Ermittlung des maßgebenden Standes der medizinischen Wissenschaft ist kein rein regionaler oder nationaler, sondern grundsätzlicher ein internationaler Standard heranzuziehen.[149] Das bedeutet allerdings nicht, dass der rechtlich gebotene Standard für sämtliche Ärzt*innen bzw. Spitäler die „*internationale Spitzenmedizin*" wäre.[150] So gilt etwa ein jeweils unterschiedlicher Standard für Allgemeinmediziner*innen einerseits und Fachärzt*innen andererseits.[151] Auch innerhalb der Krankenanstalten ist zu differenzieren; die höchsten Anforderungen sind an Zentralkrankenanstalten zu stellen.[152] Letztlich ist das Recht auch bei der Bestimmung der regionalen Bezugsgröße sowie der Höhe des medizinischen Standards[153] auf medizinwissenschaftlichen Sachverstand angewiesen. Es sind daher diesbezüglich keine abschließenden rechtswissenschaftlichen Aussagen möglich.[154]

Es ist demnach auch nicht pauschal beantwortbar, unter welchen Voraussetzungen der ärztliche Einsatz von KI-basierten CDSS dem anerkannten Stand der medizinischen Wissenschaft und damit den §§ 49 Abs. 1 ÄrzteG 1998 und 8 Abs. 2 KAKuG entspricht; vielmehr hängt dies von verschiedenen Faktoren ab: Maßgeblich sind insb. das jeweilige CDSS, die zur Verfügung stehende klinischen Evidenz sowie der Spezialisierungsgrad der jeweiligen Ärzt*in bzw. Krankenanstalt. Zudem ist es zunächst[155] ein fachliches Problem, ob der Einsatz eines spezifischen CDSS dem Stand der medizinischen Wissenschaft entspricht, dessen Lösung medizinwissenschaftlichen Sachverstands bedarf.

M.E. kann daher auch nicht alleine aus dem Umstand, dass ein KI-basierten CDSS auf Grundlage der MPVO in Verkehr gebracht wurde, geschlossen werden, dass der Einsatz des betreffenden CDSS dem anerkannten Stand der medizinischen Wissenschaft erfüllt. Zwar dürfen Ärzt*innen grundsätzlich darauf

---

[145] Siehe *Kopetzki* (2010), S. 23.
[146] Vgl. dazu *Kopetzki* (2010), S. 25–26.
[147] Siehe *Mayrhofer* (2019), S. 10.
[148] Siehe *Kopetzki* (2010), S. 23; *Mayrhofer* (2020), S. 138–139.
[149] Siehe insb. *Kopetzki* (2010), S. 14; *Mayrhofer* (2019), S. 10.
[150] Vgl. *Kopetzki* (2010), S. 14–16; *Stöger* (2008), S. 642.
[151] Siehe *Kopetzki* (2010), S. 15.
[152] Näher dazu *Stöger* (2008), S. 642–643; *Mayrhofer* (2019), S. 11.
[153] Dazu insb. *Kopetzki* (2010), S. 14–16.
[154] Vgl. auch *Kopetzki* (2010), S. 15.
[155] Dadurch, dass das Recht auf den (fachlich zu ermittelnden) Stand der medizinischen Wissenschaft verweist, wird er in weiterer Folge freilich ein rechtliches Problem. Siehe nur *Kopetzki* (2010), S. 11.

vertrauen, dass ein mit einer „CE-Kennzeichnung“ versehenes und gemäß Art. 29 MPVO registriertes CDSS sicher ist und keine unerwarteten Fehlfunktionen aufweist.[156] Allerdings ist die Frage, ob ihr Einsatz in einer konkreten Behandlungssituation dem Stand der Wissenschaft entspricht und damit berufs- bzw. krankenanstaltenrechtlich zulässig ist, wiederum auf Basis klinischer Evidenzen zu beurteilen.

Zu bedenken ist m.E., dass die Ergebnisse allfälliger klinischer Prüfungen von Hersteller*innen in vielen Fällen den Anwender*innen nicht zugänglich sein werden: Die Kommission hat gemäß Art. 73 Abs. 1 MPVO ein elektronisches System für klinische Prüfungen einzurichten, das Bestandteil der ebenfalls von der Kommission zu errichtenden Europäischen Datenbank für Medizinprodukte (Eudamed) ist.[157] Zudem ist der Bericht über die klinische Prüfung der Sponsor*innen einschließlich dessen Zusammenfassung grundsätzlich auch der Öffentlichkeit zugänglich zu machen.[158] Allerdings ist Eudamed bislang nicht voll funktionsfähig und das elektronische System für klinische Studien wurde noch nicht eingerichtet. Außerdem sind Berichte über klinische Studien und deren Zusammenfassungen unter anderem dann nicht der Öffentlichkeit zugänglich zu machen, wenn dem der Schutz personenbezogener Daten oder der Schutz von Geschäfts- und Betriebsgeheimnissen entgegensteht.[159] Das könnte dazu führen, dass sie auch künftig oftmals nicht veröffentlicht werden.

Fehlt es von Seiten der Sponsor*innen an klinischer Evidenz oder ist diese für Ärzt*innen nicht verfügbar, haben sie nach allgemeinen Regeln zu ermitteln, ob und inwieweit es dem Stand der medizinischen Wissenschaft entspricht, auf das jeweilige CDSS zurückzugreifen. Sie haben sich insb. an der medizinischen Fachliteratur und allenfalls dort publizierten sonstigen Studien sowie an Fachgutachten medizinischer Fachgesellschaften zu orientieren. Sollten sie auf Basis dieser Prüfung zum Schluss kommen, dass der Einsatz des betreffenden CDSS nicht dem Stand der Wissenschaft entspricht, sind diese nur unter den für Außenseitermethoden geltenden Voraussetzungen einsetzbar.[160]

Zudem entspricht eine ärztliche Behandlung noch nicht zwingend dem Stand der medizinischen Wissenschaft, wenn entsprechende Evidenzen zum betreffenden CDSS vorliegen. Damit Ärzt*innen in der Lage sind, KI-basierte CDSS ihrer Bestimmung gemäß einzusetzen, haben sie sich gemäß § 49 Abs. 1 ÄrzteG 1998 laufend einschlägig fortzubilden.[161] Ärzt*innen sind aufgrund der

---

156 Vgl. *Paar/Stöger* (2021), S. 90–91.

157 Siehe Art. 33 Abs. 2 lt. e MPVO.

158 Siehe Art. 73 Abs. 3 in Verbindung mit Art. 73 Abs. 1 lit. d MPVO.

159 Siehe näher Art. 73 Abs. 3 lit. a und b MPVO.

160 Vgl. auch *Schneeberger* (2021), S. 142.

161 Allgemein zur Fortbildungspflicht gemäß § 49 Abs. 1 ÄrzteG 1998 *Wallner* (2020), Rn. 228–232.

§§ 49 Abs. 1 ÄrzteG 1998 und 8 Abs. 2 KAKuG verpflichtet, die Handlungsempfehlungen bzw. Ergebnisse eines KI-basierten CDSS zumindest einer Plausibilitätsprüfung zu unterziehen.[162] Nur so lässt sich m.E. eine Behandlung entsprechend dem Stand der medizinischen Wissenschaft gewährleisten, soweit CDSS nicht überhaupt nur zum Zwecke einer „*second opinion*" herangezogen werden.[163] Empfehlungen bzw. Ergebnissen ungeprüft zu übernehmen, wäre demgegenüber nicht mit den §§ 49 Abs. 1 ÄrzteG 1998 und 8 Abs. 2 KAKuG vereinbar.[164] Ferner ergibt sich aus dem Arztvorbehalt gemäß § 3 Abs. 4 in Verbindung mit § 2 Abs. 1 und 2 ÄrzteG 1998,[165] dass die Auswertung von Handlungsempfehlungen und Ergebnissen von KI-basierten CDSS grundsätzlich[166] nur durch entsprechend ausgebildete Ärzt*innen erfolgen darf.[167]

Abschließend sei noch auf ein spezifisch berufsrechtliches Problem hingewiesen, das sich beim Einsatz von KI-basierten CDSS im Rahmen von Fernbehandlungen bzw. -beratungen (Telemedizin) stellt: Selbst wenn ein derartiger Einsatz nach dem Stand der medizinischen Wissenschaft erfolgt, ist aufgrund der geltenden Rechtslage nicht gesichert, dass er auch berufsrechtlich zulässig ist.

Ausgangspunkt der Kontroverse zur Zulässigkeit von Fernbehandlungen bzw. -beratungen ist § 49 Abs. 2 ÄrzteG 1998. Gemäß dieser Bestimmung sind Ärzt*innen zur persönlichen und *unmittelbaren* Berufsausübung verpflichtet. In der älteren Lehre wurde aus der Verpflichtung zur unmittelbaren Berufsausübung teilweise ein absolutes Verbot von Fernbehandlungen und -beratungen abgeleitet bzw. diese nur in Notfällen für zulässig erachtet.[168] Demgegenüber besteht in der aktuellen Lehre weitgehend Einigkeit darüber, dass telemedizinische Maßnahmen grundsätzlich berufsrechtlich zulässig sind.[169] Umstritten ist jedoch, ob auch Fernbehandlungen mit § 49 Abs. 2 ÄrzteG 1998 vereinbar sein können, bei denen es in keiner Phase der Behandlung zu einem „*face to face*-Kontakt" zwischen Ärzt*in und Patient*in kommt.[170]

Nach einem Teil der Lehre sind auch ausschließliche Fernbehandlung berufsrechtlich zulässig, wenn und soweit ihre Erbringung dem Stand der medi-

---

[162] Siehe *Paar/Stöger* (2021), S. 86.
[163] Vgl. *Ganzger/Vock* (2019), S. 158.
[164] Vgl. *Paar/Stöger* (2021), S. 86.
[165] Vgl. allgemein *Wallner* (2020), Rn. 10–21.
[166] Zu möglichen Ausnahmen von diesem Grundsatz siehe *Paar/Stöger* (2021), S. 88.
[167] Siehe *Ganzger/Vock* (2019), S. 157–158; *Paar/Stöger* (2021), S. 86.
[168] Siehe die Nachweise bei *Warter* (2020), S. 207.
[169] Vgl. *Warter* (2020), S. 208; *Lexer* (2020), S. 257–258.
[170] Siehe den Überblick über den Meinungsstand in der Lehre und einschlägige Aussagen in der Judikatur (eine gerichtliche Entscheidung direkt zur Zulässigkeit ausschließlicher Fernbehandlungen liegt bislang nicht vor) *Lexer* (2020), S. 256–261.

zinischen Wissenschaft und der ärztlichen Sorgfaltspflicht (Pflicht zur Gefahren- bzw. Situationsbeherrschung) entspricht.[171] Entspricht eine telemedizinische Behandlung dem Stand der Wissenschaft, so könne ihre Durchführung demnach sogar geboten sein und ihre Unterlassung unter Umständen berufsrechtswidrig sein.[172] Ein anderer Teil der Lehre lehnt hingegen eine Gleichsetzung des Unmittelbarkeitserfordernisses mit dem Gebot der Behandlung nach dem Stand der medizinischen Wissenschaft ab.[173] Begründet wird diese Ansicht insb. mit dem systematischen Argument, dass das Gebot der Behandlung nach dem Stand der Wissenschaft (§ 49 Abs. 1 ÄrzteG 1998) und der Unmittelbarkeitsgrundsatz (§ 49 Abs. 2 ÄrzteG 1998) eigenständig und an unterschiedlicher Stelle geregelt sind.[174] Davon ausgehend werden ausschließliche Fernbehandlungen – unabhängig davon, ob sie dem Stand der medizinischen Wissenschaft entsprechen – als unzulässig erachtet.[175] Auf Basis dieser Sichtweise wären auch ausschließliche Fernbehandlungen unter Einsatz von KI-basierten CDSS wegen Verstoßes gegen § 49 Abs. 2 ÄrzteG 1998 als unzulässig anzusehen.

M.E. verbietet das ÄrzteG 1998 hingegen ausschließliche Fernbehandlungen – auch jenseits von Notfällen[176] – nicht generell. Dagegen, dass die Pflicht zur unmittelbaren Berufsausübung gemäß § 49 Abs. 2 ÄrzteG 1998 jedenfalls einen persönlichen Kontakt erfordert, spricht m.E. insb. das folgende systematische Argument:

Gemäß § 2 Abs. 2 ÄrzteG 1998 umfasst die ärztliche Berufsausübung „*jede auf medizinisch-wissenschaftlichen Erkenntnissen begründete Tätigkeit, die unmittelbar am Menschen oder mittelbar für den Menschen ausgeführt wird*". § 49 Abs. 2 ÄrzteG 1998 normiert generell, dass der ärztliche Beruf „*persönlich und unmittelbar*" auszuüben ist. Es ist nicht ersichtlich, weshalb das Gebot zur unmittelbaren Berufsausübung für mittelbar für den Menschen ausgeführte Tätigkeiten nicht gelten sollte.[177] Auch m.E. wird der ärztliche Beruf daher unmittelbar ausgeübt, wenn die Behandlung dem Stand der medizinischen Wissenschaft entspricht und die Ärzt*in in der Lage ist, ihren Sorgfaltspflichten zu entsprechen.[178] Dennoch besteht aufgrund der Meinungsunterschiede in der

---

[171] Siehe insb. *Aigner* (2019), S. 4–7 m.w.N.; ferner etwa *Raschhofer* (2019), S. 17.

[172] Siehe näher *Aigner* (2019), S. 4–5.

[173] Siehe etwa *Grundtner* (2017), *S.* 40–41; *Warter* (2020), S. 209–2014; *Lexer* (2020), S. 260–262.

[174] Siehe z.B. *Warter* (2020), S. 211–212; *Lexer* (2020), S. 260.

[175] Siehe *Warter* (2020), S. 211–214; vgl. ferner auch *Grundtner* (2017), *S.* 38–41.

[176] Auch Lehrmeinungen, die ausschließliche Fernbehandlung als berufsrechtlich unzulässig ansehen, machen für Notfälle eine Ausnahme. Siehe *Grundtner* (2017), S. 39; *Lexer* (2020), S. 260.

[177] So wohl auch *Aigner* (2019), S. 3; anderer Meinung *Wallner* (2020), Rn. 163.

[178] Siehe dazu nochmals insb. *Aigner* (2019), S. 4–5.

Lehre und der damit verbundenen Rechtsunsicherheit legistischer Handlungsbedarf.[179]

V. Zusammenfassung und Bewertung

Der vorliegende Beitrag hat dargelegt, inwieweit die Grundrechte, das Medizinprodukterecht sowie das Ärzte- und Krankenanstaltenrecht einen evidenzbasierten Einsatz von KI-CDSS verlangen.

Zunächst verpflichten die grundrechtlichen Schutzpflichten den Staat dazu, Vorkehrungen gegen schwere Gesundheitsschädigungen aufgrund von mangelhaft erbrachten Gesundheitsleistungen zu treffen, was auch das Gebot des evidenzbasierten Einsatzes potentiell gesundheitsschädigender CDSS impliziert. Beispiele für Rechtsmaterien, in denen die grundrechtlichen Pflichten des Staates hinsichtlich des Gesundheitsschutzes effektuiert werden, sind das – weitgehend europarechtlich geprägte – Medizinprodukterecht sowie das Ärzte- und Krankenanstaltenrecht.

Im Medizinprodukterecht wird klinische Evidenz für den Einsatz KI-basierter CDSS vor allem im Rahmen der klinische Bewertung gemäß den Art. 61 ff. MPVO verlangt. Aus rechtspolitischer Sicht ist zunächst kritikwürdig, dass nur für Medizinprodukte der Risikoklasse III verpflichtend klinische Prüfungen vorgeschrieben sind. Insb. wäre m.E. bei KI-basierten CDSS der Risikoklasse IIb – angesichts der mit Fehlentscheidungen verbundenen potentiellen Konsequenzen (schwerwiegende Verschlechterung des Gesundheitszustands oder Erfordernis eines chirurgischen Eingriffs)[180] – die verpflichtende Durchführung von klinischen Prüfungen geboten.

Problematisch erscheint auch, dass in der MPVO nicht normiert ist, welches Studiendesign bzw. welche Studiendesigns für klinische Prüfungen gewählt werden dürfen. Die Vorgaben sollten hier zwar nicht zu eng gefasst werden und beispielsweise Wahlmöglichkeiten schaffen; ausdrückliche Regelungen wären aber unter dem Aspekt der Rechtssicherheit wünschenswert.

Überdies ist zu beachten, dass der geltende Rechtsrahmen in Bezug auf KI-Anwendungen in der Literatur verschiedentlich als zu wenig streng erachtet wird.[181] Es ist daher begrüßenswert, dass der Vorschlag der Kommission für

---

[179] Dazu sogleich unter V.

[180] Siehe Anhang VIII Kapitel II Abschnitt 6.3. Regel 11; oben III.2.

[181] Siehe m.w.N. *Paar/Stöger* (2021), S. 90.

eine KI-Verordnung[182] unter anderem strengere Anforderungen an die Datenqualität von (auch medizinischer) KI stellt.[183]

Das ärztliche Berufsrecht sowie das Krankenanstaltenrecht verpflichten Ärzt*innen grundsätzlich zu einer Behandlung nach dem anerkannten Stand der medizinischen Wissenschaft und damit zu einem evidenzbasierten Einsatz von KI-CDSS. Die allgemeinen – nicht auf den Einsatz von KI-Systemen zugeschnittenen – ärzte- und krankenanstaltenrechtlichen Regelungen sind m.E. prinzipiell in der Lage, den Einsatz von KI-basierten CDSS durch Ärzt*innen angemessen zu regeln.

Durchaus problematisch ist hingegen aus rechtspolitischer Sicht, dass das ÄrzteG 1998 bis heute keine ausdrücklichen Regelungen zu telemedizinischen Fernbehandlungen enthält. Angesichts dessen, dass Teile der Lehre ausschließliche Fernbehandlungen als Verstoß gegen das Gebot zur unmittelbaren Berufsausübung gemäß § 49 Abs. 2 ÄrzteG 1998 qualifizieren, ist aus Gründen der Rechtssicherheit eine ausdrückliche Regelung im ÄrzteG 1998 geboten. Das gilt ungeachtet dessen, dass sich m.E. aus dem ÄrzteG 1998 kein generelles Verbot ausschließlicher Fernbehandlungen ergibt.[184] Eine ausdrückliche ärzterechtliche Regelung zur Telemedizin sollte zumindest die Klarstellung beinhalten, dass auch ausschließliche telemedizinische Behandlungen zulässig sind, wenn sie dem Stand der medizinischen Wissenschaft entsprechen.

Literaturverzeichnis

Aigner, Gerhard (2019), Telemedizin und ärztliches Berufsrecht, in Bernat, Erwin/Grabenwarter, Christoph/Kneihs, Benjamin/Pöschl, Magdalena/Stöger, Karl/Wiederin, Ewald/Zahrl, Johannes (Hrsg.), Festschrift Christian Kopetzki, Manz Verlag, Wien, S. 1.

Berka, Walter (2021), Verfassungsrecht. Grundzüge des österreichischen Verfassungsrechts für das juristische Studium, 8. Aufl., Verlag Österreich, Wien.

ders./Binder, Christina/Kneihs, Benjamin (2019), Die Grundrechte. Grund- und Menschenrechte in Österreich, 2. Aufl., Verlag Österreich, Wien.

Castelvecchi, Davide (2016), Can we open the black box of AI? Nature 538, S. 20.

Cyranoski, David (2019), Japan approves first human-animal embryo experiments, https://www.nature.com/articles/d41586-019-02275-3 (abgerufen am 21.9.2022).

Dettling, Heinz-Uwe (2019), Künstliche Intelligenz und digitale Unterstützung ärztlicher Entscheidungen in Diagnostik und Therapie, Pharmarecht 41, S. 633.

---

182 Verordnung des Europäischen Parlaments und des Rates zur Festlegung harmonisierter Vorschriften für Künstliche Intelligenz (Gesetz über Künstliche Intelligenz) und zur Änderung bestimmter Rechtsakte der Union, COM(2021) 206 final.

183 Vgl. *Stöger et al.* (2021), S. 10–11; *Paar/Stöger* (2021), S. 90–91.

184 Siehe oben IV.

Ding, Junhua/Hu, Xin-Hua/Gudivada, Venkat (2021), A Machine Learning Based Framework for Verification and Validation of Massive Scale Image Data, IEEE Transactions on Big Data 7 (2), S. 451, https://ieeexplore.ieee.org/document/7875094 (abgerufen am 21.9. 2022).

Egger, Marion/Steinböck, Martina/Shahriari, Erfan/Müller, Friedemann (2021), Roboterge-stützte Mobilisierungstherapie mit künstlicher Intelligenz. Von der Intensivstation bis zur fortgeschrittenen Frührehabilitation, neuroreha 13 (1), S. 27, https://doi.org/10.1055/a-1255-4870 (abgerufen am 21.9.2022).

Eisenberger, Iris (2016), Innovation im Recht, Verlag Österreich, Wien.

dies. (2017), Das Trolley-Problem im Spannungsfeld autonomer Fahrzeuge: Lösungsstrategien grundrechtlich betrachtet, in Eisenberger Iris/Lachmayer, Konrad/Eisenberger, Georg (Hrsg.), Autonomes Fahren und Recht, Manz Verlag, Wien, S. 91.

Esteva Andre/Kuprel Brett/Novoa Roberto A./Ko Justin/Swetter Susan M./Blau Helen M./Thrun Sebastian (2017), Dermatologist-level classification of skin cancer with deep neutral networks, Nature 542, S. 115, https://doi.org/10.1038/nature21056 (abgerufen am 21.9.2022).

ders./Robicquet Alexandre/Ramsundar Bharath/Kuleshov, Volodymyr/De Pristo, Mark/Chou, Katherine/Cui, Claire/Corrado, Greg/Thrun, Sebastian/Dean, Jeff (2019), A guide to deep learning in healthcare, Nature Medicine 25, S. 24, https://doi.org/10.1038/s41591-018-0316-z (abgerufen am 21.9.2022).

Fitzpatrick, Fidelma/Doherty, Aaron/Lacey, Gerard (2020), Using Artificial Intelligence in Infection Prevention, Current Treatment Options in Infectious Diseases 12, S. 135, https://doi.org/10.1007/s40506-020-00216-7 (abgerufen am 21.9.2022).

Ganzger, Gerald/Vock, Lorenz (2019), Artificial Intelligence in der ärztlichen Entscheidungsfindung, Journal für Medizin- und Gesundheitsrecht, S. 153.

Gerke, Sara/Minssen, Timo/Cohen, Glenn (2020), Chapter 12 – Ethical and legal challenges of artificial intelligence-driven healthcare, in Bohr, Adam; Memarzadeh (Hrsg.), Artificial Intelligence in Healthcare, S. 295.

Gómez-González, Emilio/Gómez, Emilia (2020), Artificial Intelligence in Medicine and Healthcare: applications, availability and societal impact, EUR 30197 EN, Publications Office of the European Union, Luxembourg, https://publications.jrc.ec.europa.eu/repository/handle/JRC120214 (abgerufen am 21.9.2022).

Grabenwarter, Christoph/Krauskopf, Beatrix (2020), Gesundheitsrecht und Verfassung, in Resch, Reinhard/Wallner, Felix (Hrsg.), Handbuch Medizinrecht, 3. Aufl., LexisNexis ARD ORAC, Wien.

ders./Pabel, Katharina (2021), Europäische Menschenrechtskonvention, 7. Aufl., C.H. Beck Verlag, München.

Gruber, Christian Joachim/Eisenberger, Iris (2017), Wenn Fahrzeuge selbst lernen: Verkehrstechnische und rechtliche Herausforderungen durch Deep Learning?, in Eisenberger, Iris/Lachmayer, Konrad/Eisenberger, Georg (Hrsg.), Autonomes Fahren und Recht, Manz Verlag, Wien, S. 51.

Grundtner, Burkhard (2017), Zur Unmittelbarkeit der ärztlichen Behandlung, Zeitschrift für Gesundheitsrecht 7 (2), S. 36.

High-Level Expert Group on Artificial Intelligence (2019), A definition of AI: Main capabilities and scientific disciplines, https://www.aepd.es/sites/default/files/2019-12/ai-definition.pdf (abgerufen am 21.9.2022).

Hong, Julian C./Eclov, Neville C. W./Dalal, Nicole H./Thomas, Samantha M./Stephens, Sarah J./Malicki, Mary/Shields, Stacey/Cobb, Alyssa/Mowery, Yvonne M./Niedzwiecki, Donna/Tenebaum, Jessica D./Plata, Manisha (2020), System for High-Intensity Evaluation During Radiation Therapy (SHIELD-RT): A Prospective Randomized Study of Machine Learning-Directed Clinical Evaluations During Radiation and Chemoradiation, Journal of Clinical Oncology 38 (31), S. 3652, https://ascopubs.org/doi/10.1200/JCO.20.01688 (abgerufen am 21.9.2022).

Holoubek, Michael (1997): Grundrechtliche Gewährleistungspflichten, Springer Verlag, Wien.

ders. (2019), Grundrechtliche Schutzpflichten, in Bernat, Erwin/Grabenwarter, Christoph/Kneihs, Benjamin/Pöschl, Magdalena/Stöger, Karl/Wiederin, Ewald/Zahrl, Johannes (Hrsg.), Festschrift Christian Kopetzki, Manz Verlag, Wien, S. 207.

ders./Oswald, Melina (2019), Art. 51 GRC, in Holoubek, Michael; Lienbacher, Georg (Hrsg.), GRC Kommentar, 2. Aufl., Manz Verlag, Wien.

Kallab, Stephan (2013), Zur Aufklärungspflicht über „Außenseitermethoden". Zugleich ein Streifzug durch die Judikatur zur Aufklärungspflicht über Behandlungsalternativen, Recht der Medizin 17 (4), S. 133.

Kehl, Kenneth L./Elmarakeby, Haitham/Nishino, Mizuku/Van Allen, Eliezer M./Lepisto, Eva M./Hasset, Michael J./Johnson, Bruce E./Schrag, Deborah (2019), Assesment of Deep Natural Language Processing in Ascertaining Oncologic Outcomes From Radiology Reports, Jama Oncology 5 (10), S. 1421, https://jamanetwork.com/journals/jamaoncology/fullarticle/2738774 (abgerufen am 21.9.2022).

Khan, Muzammil/Mehran, Muhammad Taqi/Zeeshan, Ul Haq/Zahid, Ullah/Naqvi/Ihsan, Mehreen/Haider, Abbass (2021), Applications of artificial intelligence in COVID-19 pandemic: A comprehensive review, Expert Systems with Applications 185 (2), 115695, https://www.ncbi.nlm.nih.gov/pmc/articles/PMC8359727/pdf/main.pdf (abgerufen am 21.9.2022).

Klatt, Matthias (2011), Positive Obligations under the European Convention on Human Rights, Zeitschrift für ausländisches öffentliches Recht 71, S. 691.

Klaushofer, Reinhard (2019), Die menschenrechtliche Dimension Künstlicher Intelligenz, Zeitschrift für öffentliches Recht 74 (3), S. 399, https://doi.org/10.33196/zoer20190-303-9901 (abgerufen am 21.9.2022).

Kneihs, Benjamin (2014), Schutz von Leib und Leben sowie Achtung der Menschenwürde, in Merten, Detlef/Papier, Hans Jürgen/Kucsko-Stadlmayer, Gabriele (Hrsg.), Grundrechte in Österreich, 2. Aufl., Manz Verlag, Wien, S. 321.

Kommission zur Wahrung ethischer Grundsätze in der Medizin und ihren Grenzgebieten (ZEKO) bei der Bundesärztekammer (2021), Stellungnahme „Entscheidungsunterstützung ärztlicher Tätigkeit durch Künstliche Intelligenz", Deutsches Ärzteblatt (118), S. 33, A1-A13, https://www.zentrale-ethikkommission.de/fileadmin/user_upload/downloads/pdf-Ordner/Zeko/ZEKO_SN_CDSS_Online_final.pdf (abgerufen am 21.9.2022).

Knoops, Paul G. M./Papaioannou Athanasios/Borghi, Alessandro/Breakey, Richard W. F./Wilson, Alexander T./Jeelani, Owase/Zafeiriou, Stefanos/Steinbacher, Derek/Padwa, Bonnie L./Dunaway, David J./Schievano, Silvia (2019), A machine learning framework for automated diagnosis and computer-assisted planning in plastic and reconstructive surgery, Scientific Reports 9, Article number 13597, https://doi.org/10.1038/s41598-019-49506-1 (abgerufen am 21.9.2022).

Kopetzki, Christian (2010), Behandlungen auf dem „Stand der Wissenschaft", in Pfeil, Walter J. (Hrsg.), Finanzielle Grenzen des Behandlungsanspruchs, Manz Verlag, Wien, S. 9.

ders. (2019), Krankenanstaltenrecht, in Holoubek, Michael/Potacs, Michael (Hrsg.), Handbuch Öffentliches Wirtschaftsrecht I, 4. Aufl., Verlag Österreich, Wien, S. 431.

Krittanawong, Chayakrit/Rogers, Albert J./Johnson, Kipp W./Wang, Zhen/Turakhia, Mintu P./Halperin, Jonathan L./Narayan, Sanjiv M. (2021), Integration of novel monitoring devices with machine learning technology for scalable cardiovascular management, Nature Reviews Cardiology 18, S. 75, https://doi.org/10.1038/s41569-020-00445-9 (abgerufen am 21.9.2022).

Larcher, Daniel/Beiglböck, Lukas (2021), Das neue österreichische Medizinproduktegesetz 2021. Ein systematischer Überblick, Recht der Medizin 28 (4), S. 131.

Lehne, Friedrich (1985), Grundrechte achten und schützen? Liberales Grundrechtsverständnis 1849, Juristische Blätter 107 (5/6), S. 129.

Lexer, Michaela Georgina (2020), Recht(sfragen) der Telemedizin, Recht der Medizin 27 (5a), S. 255.

Loureiro, Hugo/Becker, Tim/Bauer-Mehren, Anna/Ahmidi, Narges/Weberpals, Janick (2021), Artificial Intelligence for Prognostic Scores in Oncology: a Benchmarking Study, Frontiers Artificial Intelligence 4, Article number 625573, https://doi.org/10.3389/frai.2021.625573 (abgerufen am 21.9.2022).

Mayrhofer, Michael (2019), Das rechtlich gebotene Niveau der Arzneimittelversorgung in Krankenanstalten, Recht der Medizin 26 (5), S. 9.

McIntosh, Chris/Conroy, Leigh/Tjong, Michael C./Craig, Tim/Bayley, Andrew/Catton, Charles/Gospodarowicz, Mary/Helou, Joelle/Isfahanian, Naghmeh/Kong, Vickie/Lam, Tony/Raman, Srinivas/Warde, Padraig/Chung, Peter/Berlin, Alejandro/Purdie, Thomas G. (2021), Clinical integration of machine learning für curative-intent radiation treatment of patients with prostate cancer, Nature Medicine 27, S. 999, https://doi.org/10.1038/s41591-021-01359-w (abgerufen am 21.9.2022).

Meskó, Bertalan/Görög, Marton (2019), A short guide for medical professionals in the era of artificial intelligence, npj Digital Medicine 3, Article number 126, https://doi.org/10.1038/s41746-020-00333-z (abgerufen am 21.9.2022).

Mirbabaie, Milad/Stieglitz, Stefan/Frick, Nicholas R. J. (2021), Artificial intelligence in disease diagnostics: A critical review and classification on the current state of research guiding future direction, Health and Technology 11, S. 693, https://link.springer.com/article/10.1007/s12553-021-00555-5 (abgerufen am 21.9.2022).

Nagendran, Myura/Chen, Yang/Lovejoy, Christopher A./Gordon, Anthony C./Komorowski, Matthieu/Harvey, Hugh/Topol, Eric J./Ioannidis, John P. A./Collins Gary S./Maruthappu

Mahiben (2020), Artificial intelligence versus clinicians: systematic review of design, reporting standards, and claims of deep learning studies, BMJ 368, https://doi.org/10.1136/bmj.m689 (abgerufen am 21.9.2022).

Navarrete-Welton, Alison J./Hashimoto, Daniel A. (2020), Current applications on artificial intelligence for intraoperative decision support in surgery, Frontiers of Medicine 14, S. 369, https://doi.org/10.1007/s11684-020-0784-7 (abgerufen am 21.9.2022).

Nuzzi, Raffaele/Boscia, Giacomo/Marolo, Paola/Ricardi, Federico (2021), The Impact of Artificial Intelligence and Deep Learning in Eye Diseases: A Review, In Frontiers in Medicine 8, Article number 710329 (2021), https://doi.org/10.3389/fmed.2021.710329 (abgerufen am 21.9.2022).

Öhlinger, Theo; Potacs, Michael (2020), EU-Recht und staatliches Recht, 7. Aufl., LexisNexis ARD ORAC, Wien.

Paar, Elisabeth/Stöger, Karl (2021), Medizinische KI – die rechtlichen „Brennpunkte“, in Fritz, Judith/Tomaschek, Nino (Hrsg.), Konnektivität. Über die Bedeutung von Zusammenarbeit in der virtuellen Welt, Waxmann Verlag, Münster, S. 85.

Paul, Debleena/Sanap, Gaurav/Shenoy, Snehal/Kalyane, Dnyaneshwar/Kalia, Kiran/Tekade, Rakesh K. (2021), Artificial Intelligence in drug discovery and development, Drug Discovery Today 26 (1), S. 80, https://doi.org/10.1016/j.drudis.2020.10.010 (abgerufen am 21.9.2022).

Raschhofer, Maximilian (2019), Der Rechtsrahmen für Online-Ordinationen. Ausgewählte Rechtsfragen zur Telemedizin, Recht der Medizin 26 (1), S. 15.

Schübel-Pfister, Isabel (2022), Art. 2 EMRK, in Karpenstein, Ulrich/Mayer, Franz (Hrsg.), EMRK, 3. Aufl., C.H. Beck Verlag, München.

Scott, Ian/Cook, David/Coiera, Enrico (2021), Evidence-based medicine and machine learning: a partnership with a common purpose, BMJ Evidence Based Medicine 26 (6), S. 290, https://ebm.bmj.com/content/26/6/290 (abgerufen am 21.9.2022).

Secinaro, Silvana/Calandra, Davide/Secinaro, Aurelio/Muthurangu Vivek/Biancone, Paolo (2021), The role of artificial intelligence in healthcare: a structured literature review, BMC Medical Informatics and Decision Making 21, Article number 125, https://doi.org/10.1186/s12911-021-01488-9 (abgerufen am 21.9.2022).

Stöger, Karl (2008), Ausgewählte öffentlich-rechtliche Fragestellungen des österreichischen Krankenanstaltenrechts, Manz Verlag, Wien.

ders. (2019), Darf die Art der Beschaffung die medizinische Therapie beeinflussen? Die rechtliche Perspektive anhand der Beispiele des Arzneimitteleinkaufs durch Krankenanstalten bzw staatlicher Impfprogramme, Recht der Medizin 26 (5), S. 15.

ders. (2020): Menschenrechtliche Grenzen eines „künstlichen“ Betreuungsumfelds, in Gastager, Julia/Niedrist, Verena-Maria (Hrsg.), Lebensende in Institutionen, Jan Sramek Verlag, Wien, S. 91.

ders./Schneeberger, David/Kieseberg, Peter/Holzinger, Andreas (2021), Legal aspects of data cleansing in medical AI, In Computer Law & Security Review 42, 105587, https://doi.org/10.1016/j.clsr.2021.105587 (abgerufen am 21.9.2022).

ders./Schneeberger, David/Holzinger, Andreas (2021), Medical artificial intelligence: The European legal perspective, Communications of the ACM 64(11), S. 34.

Sutton Reed T./Pincock David/Baumgart Daniel C./Sadowski Daniel C./Fedorak Richard N./Kroeker Karen I (2020), An overview of clinical decision support systems: benefits, risks, and strategies for success, npj Digital Medicine 3, Article number 17, https://doi.org/10.1038/s41746-020-0221-y (abgerufen am 21.9.2022).

Thalmann, Stefan/Fleiß, Jürgen/Königstorfer, Florian/Malin, Christine (2021), Automatisiertes Entscheiden mit Hilfe von künstlicher Intelligenz braucht Erklärung!, in Leyens, Patrick C./Eisenberger, Iris/Niemann, Rainer (Hrsg.), Smart Regulation, Mohr Siebeck, Tübingen, S. 111.

Titano, Joseph J./Badgeley, Marcus/Schefflein, Javin/Pain, Margaret/Su, Andres/Cai, Michael/Swinburne, Nathaniel/Zech, John/Kim, Jun/Bederson, Joshua/Mocco, J./Drayer, Burton/Lehar, Joseph/Cho, Samuel/Costa, Antony/Oermann, Eric K. (2018), Automated deep-neutral-network surveillance of cranial images for acute neurologic events, Nature Medicine 24, S. 1337, https://doi.org/10.1038/s41591-018-0147-y (abgerufen am 21.9.2022).

Topol, Eric J. (2019), Deep Medicine. How Artificial Intelligence Can Make Healthcare Human Again, Basic Books, New York.

ders. (2019), High-performance medicine: the convergence of human and artificial intelligence, Nature Medicine 25, S. 44, https://doi.org/10.1038/s41591-018-0300-7 (abgerufen am 21.9.2022).

Tschandl, Phillip/Rinner, Christoph/Apalla, Zoe/Argenziano, Giuseppe/Codella, Noel/Halpern, Allan/Janda, Monika/Lallas, Aimilios/Longo, Caterina/Malvehy, Joseph/Paoli, John/Puig, Susana/Rosendahl, Cliff/Soyer, Peter/Zalaudek, Iris/Kittler, Harald (2020), Human-computer collaboration for skin cancer recognition, Nature Medicine 26, S. 1229, https://doi.org/10.1038/s41591-020-0942-0 (abgerufen am 21.9.2022).

Wallner, Felix (2016), Handbuch Ärztliches Berufsrecht, LexisNexis ARD ORAC, Wien.

ders. (2020), Berufsrecht der Ärzte, in Resch, Reinhard/Wallner, Felix (Hrsg.), Handbuch Medizinrecht, 2. Aufl., LexisNexis ARD ORAC, Wien.

Warter, Johannes (2020), Zur Unmittelbarkeit der ärztlichen Leistungserbringung, Das Recht der Arbeit, S. 205.

World Health Organization (2021), Generating Evidence for Artificial Intelligence-based Medical Devices: A Framework for Training, Validation and Evaluation, https://www.who.int/publications-detail-redirect/9789240038462 (abgerufen am 21.9.2022).

Yaşar, Şeyma/Çolak, Cemil/Yoloğlu, Saim (2021), Artificial Intelligence-Bases Prediction of Covid-19 Severity on the Results of Protein Profiling, Computer Methods and Programs in Biomedicine 202, Article Number 105996, https://doi.org/10.1016/j.cmpb.2021.105996 (abgerufen am 21.9.2022).

Zou, James/Schiebinger, Londa (2018), AI can be sexist and racist – it's time to make it fair, Nature 559, S. 324, https://doi.org/10.1038/d41586-018-05707-8 (abgerufen am 21.9.2022).

Zhou, Quian/Chen, Zhi-hang/Cao, Yi-heng/Peng Sui (2021), Clinical Impact and quality of randomized controlled trials involving interventions evaluating artificial intelligence prediction tools: a systematic review, npj Digital Medicine 4, Article number 154, https://doi.org/10.1038/s41746-021-00524-2 (abgerufen am 21.9.2022).

II. Theorie- und Evidenzbasierte Steuerpolitik 2020/21?

Wie theorie- und evidenzbasiert war die österreichische Steuerpolitik 2020/21?

Die betriebswirtschaftliche Perspektive

Rainer Niemann

I. Einleitung

Die Covid-19-Pandemie als Disruption aller Lebensbereiche beeinträchtigt die globale Wirtschaftstätigkeit und zwingt die Staaten zu umfangreichen Hilfsmaßnahmen, um den Anstieg der Arbeitslosigkeit und Armut in weiten Bevölkerungsteilen zu begrenzen. Auch Österreich hat für Unternehmen und Privatpersonen seit März 2020 mehrere Hilfspakete im budgetierten Umfang von bislang 38,7 Mrd. € beschlossen,[1] das sind nahezu 10% des Bruttoinlandsprodukts des Jahres 2019.[2] Auf steuerliche Maßnahmen entfällt ein wesentlicher Teil dieses Fördervolumens. Angesichts ihres enormen Umfangs stellt sich trotz der Ausnahmesituation die Frage, ob die eingesetzten Mittel sinnvoll verwendet wurden, d.h. ob die steuerlichen Maßnahmen effektiv und effizient sind. In

---

[1] Vgl. *BMF* (2021a).
[2] Vgl. Statistik Austria (2021a).

diesem Beitrag werden deshalb ausgewählte Steueränderungen der Jahre 2020 und 2021 im Lichte der existierenden betriebswirtschaftlichen und finanzwissenschaftlichen Literatur untersucht.

In Anbetracht der regelmäßig vorgebrachten Forderungen nach evidenzbasierter Steuerpolitik[3] verdienen die Ergebnisse der empirischen Wirtschaftsforschung besondere Beachtung. Allerdings existiert nicht auf allen Politikfeldern und zu allen denkbaren steuerpolitischen Maßnahmen (hinreichende und eindeutige) Evidenz, die die Vorziehenswürdigkeit bestimmter gesetzgeberischer Handlungsalternativen erkennen ließe. In diesen Fällen kann der Gesetzgeber wegen des pandemiebedingten Zeitdrucks gezwungen sein, ausschließlich auf Basis theoretischer Einsichten zu handeln, wenn er nicht „im Blindflug" agieren soll. Im Einklang mit dem Mission Statement des Profilbildenden Bereichs Smart Regulation der Universität Graz[4] erfolgt deshalb in diesem Beitrag eine Auswertung der modelltheoretischen und empirischen Steuerliteratur zur Untersuchung der Covid-19-bezogenen österreichischen Steueränderungen. Im Sinne des interdisziplinären Charakters des Smart-Regulation-Symposiums wird in diesem Band (außerhalb des vorliegenden Beitrags) auch eine rechtliche und wirtschaftsethische Beurteilung vorgenommen.[5]

Es wird gezeigt, dass die pandemiebedingten Steueränderungen bestenfalls teilweise als modelltheoretisch oder empirisch fundiert gelten können. Beispielsweise ist die Investitionsprämie in theoretischer Hinsicht und teilweise auch auf Basis der empirischen Literatur eine geeignete Maßnahme zur Investitionsförderung. Die degressive Abschreibung muss dagegen vor dem Hintergrund der theoretischen und empirischen Literatur in diesem Sinne als wenig effektiv qualifiziert werden. Die vom Gesetzgeber erweiterten Verlustverrechnungsmöglichkeiten sind theoretisch wünschenswerte Schritte in die Richtung verringerter Entscheidungsverzerrungen der Besteuerung. Die Ergebnisse der empirischen Literatur deuten auf eine Investitionsförderung durch weniger restriktive Verlustverrechnung hin. Andere Steuermaßnahmen, insbesondere auf dem Gebiet des Bilanzsteuerrechts und teilweise der Umsatzsteuer müssen dagegen als weitgehend willkürlich bezeichnet werden.

Der Beitrag ist wie folgt aufgebaut: Abschnitt II gibt einen kurzen Überblick über die wesentlichen, vom österreichischen Steuergesetzgeber seit Beginn der Pandemie eingeführten Steueränderungen. Abschnitt III bildet den Hauptteil der Analyse. Hier werden einzelne zentrale Elemente der Covid-19-Steuermaßnahmen im Lichte der zugehörigen Gesetzesbegründungen sowie der modelltheoretischen und empirischen Steuerliteratur auf ihre Effektivität und Effizienz untersucht. Abschnitt IV beschließt den Beitrag mit steuerpolitischen Schlussfolgerungen.

---

[3] Vgl. z.B. *Kocher/Badelt* (2019), Leopoldina (2021).

[4] Vgl. *Niemann* (2021).

[5] Vgl. die Beiträge von *Ehrke-Rabel* (2023) und *Lenz* (2023) in diesem Tagungsband.

II. Überblick über die steuerlichen Covid-19-Maßnahmen Österreichs

Tabelle 1 gibt einen Überblick über wesentliche, seit März 2020 in Kraft gesetzte Steueränderungen sowie die zugehörigen Rechtsquellen. Nicht alle aufgelisteten Maßnahmen sind auf die Pandemie zurückzuführen. Beispielsweise war die Einführung der Zinsschranke (§ 12a KStG) zum 1.1.2021 bereits aufgrund der EU-Anti-Tax-Avoidance-Directive (ATAD) notwendig geworden.[6] Außerdem befanden sich einzelne in der Tabelle enthaltene Elemente (z.B. Senkung des Einkommensteuertarifs gemäß § 33 EStG, Abschaffung der Schaumweinsteuer) bereits im Regierungsprogramm,[7] und werden in diesem Beitrag nicht weiter erörtert.

Maßnahme	*eingeführt durch*
Maßnahmen zur Erhaltung der Zahlungsfähigkeit und Überbrückung von Liquiditätsschwierigkeiten	
– Stundungen von Steuerzahlungen	BMF-Info 2020-0.190.277
– Herabsetzung von Steuervorauszahlungen	
– Fixkostenzuschuss I	BGBl. II 225/2020
– Fixkostenzuschuss II 800.00	BGBl. II 497/2020
– Verlustersatz	BGBl. II 568/2020
– Lockdown-Umsatzersatz	BGBl. II 467/2020
– Lockdown-Umsatzersatz II	BGBl. II 71/2021
– Steuerfreiheit von Zuwendungen iZm COVID-Hilfszahlungen	BGBl. I 23/2020

[6] RL 2016/1164/EG des Rates vom 12. Juli 2016 mit Vorschriften zur Bekämpfung von Steuervermeidungspraktiken mit unmittelbaren Auswirkungen auf das Funktionieren des Binnenmarkts, ABl. EU L 2016/193.

[7] Vgl. Die neue Volkspartei/Die Grünen – Die grüne Alternative (2020), S. 77 ff.

Härtefallfonds: teilweiser Ersatz entgangener Einkünfte aus selbstständiger Tätigkeit und Gewerbetrieb	BGBl. I 16/2020
Investitionsprämie: Zuschuss i.H.v. 7% bzw. 14% (Digitalisierung, Ökologisierung, Gesundheit/Life-Science) der Anschaffungskosten	BGBl. I 88/2020
Konjunkturstärkungsgesetz – Degressive AfA – Erhöhte Abschreibung Gebäude – Senkung des Eingangssteuersatzes auf 20% – Verlängerung des Spitzensteuersatzes i.H.v. 55% bis 2025 – Pendlerpauschale auch bei Home-Office	BGBl. I 96/2020
COVID-19-Verlustberücksichtigungsverordnung – COVID-19-Rücklage – Herabsetzung der Vorauszahlungen von ESt und KSt für 2019 – Verlustrücktrag im EStG und KStG	BGBl. II 405/2020
COVID-19-Steuermaßnahmengesetz – Pauschale Wertberichtigungen und Rückstellungen – Einführung Zinsschranke	BGBl. I 3/2021
Änderungen im UStG – 0% für Lieferungen und Erwerb von Schutzmasken – Ermäßigung auf 5% für u.a. Speisen, Getränke, Hotellerie, eingeführte Fotografien und Gemälde – Änderung Steuersatz auf 10% für Reparaturleistungen	 BGBl. I 44/2020 BGBl. I 60/2020 BGBl. I 3/2021
Senkung der Schaumweinsteuer auf 0%: zur Stärkung des Konsums sowie Verringerung administrativer Belastungen von Wirtschaftsbeteiligten	BGBl. I 48/2020

Tabelle 1: Übersicht über ausgewählte steuerliche Covid-19-Hilfsmaßnahmen

Im folgenden Abschnitt werden diejenigen pandemiebezogenen Steueränderungen diskutiert, für die modelltheoretische und/oder empirische Steuerliteratur vorliegt, so dass eine Überprüfung erfolgen kann, ob die gesetzgeberischen Maßnahmen theorie- oder evidenzbasiert getroffen wurden. Hierbei handelt es sich einerseits um traditionelle Maßnahmen der Investitionsförderung wie z.B. Investitionszulagen und Sonderabschreibungen, aber auch um Verlustverrechnungsregeln. Andererseits existiert auch für die Umsatzsteuer umfangreiche theoretische und empirische Literatur, insbesondere zur Steuerinzidenz.

Die mit 11 Mrd. € Fördervolumen größte Covid-19-Einzelmaßnahme, das Kurzarbeitergeld,[8] wird hier nicht betrachtet, da es sich nicht um eine Steuerregelung i.e.S. handelt.

III. Ökonomische Analyse ausgewählter Covid-19-Maßnahmen

Die folgenden Abschnitte behandeln ausgewählte steuerliche Covid-19-Maßnahmen. Zunächst wird die jeweilige Regelung kurz beschrieben und verbal beurteilt, ehe (sofern vorhanden) eine Gegenüberstellung mit den Ergebnissen der theoretischen und empirischen Literatur erfolgt. Da zu einzelnen Maßnahmen bereits sehr umfangreiche Literatur vorliegt, erhebt dieser – nicht als Survey konzipierte – Beitrag selbstverständlich keinen Anspruch auf Vollständigkeit.

1. Liquiditätshilfen

Steuerliche Liquiditätsentlastungen zählten zu den frühesten pandemiebedingten Hilfsmaßnahmen. Bereits am 13.3.2020 veröffentlichte das Bundesministerium für Finanzen das Schreiben „Sonderregelungen betreffend Coronavirus“, in dem die Herabsetzung bzw. Nichtfestsetzung von Einkommen- und Körperschaftsteuervorauszahlungen sowie die Möglichkeit von Ratenzahlungen und dem Verzicht auf Nachforderungs- und Stundungszinsen angekündigt wird.[9] Diese Sonderregelungen, die wenig später konkretisiert wurden,[10] bewirkten eine unmittelbare Liquiditätshilfe für vom ersten Lockdown betroffene Steuerpflichtige und dürften in vielen Fällen deren infolge Umsatzausfalls bedrohte Zahlungsfähigkeit sichergestellt haben.

In Anbetracht der Eilbedürftigkeit dürften diese Sofortmaßnahmen alternativlos und ein Rückgriff auf theoretische und empirische Literatur im Entscheidungszeitpunkt wenig nützlich gewesen sein.

---

[8] Vgl. *BMF* (2021a).
[9] Vgl. *BMF* (2020a).
[10] Vgl. *BMF* (2020b), *Rzeszut/Lebenbauer* (2020).

Die Stundung von Steuerzahlungen allein wäre jedoch nicht ausreichend gewesen, um die Zahlungsfähigkeit und die Solvenz von Unternehmen, die von massiven Umsatzausfällen betroffen waren, zu sichern. Daher beschloss der Gesetzgeber sukzessive den Fixkostenzuschuss I,[11] den Fixkostenzuschuss II 800.000, den Verlustersatz, den Lockdown-Umsatzersatz und den Lockdown-Umsatzersatz II.[12] Diese Maßnahmen betreffen einen ähnlichen, aber nicht gänzlich deckungsgleichen Adressatenkreis und weisen teils unterschiedliche Voraussetzungen und Anwendungszeiträume auf.

Die jeweilige Förderbemessungsgrundlage der Maßnahmen ist bereits an ihrer Bezeichnung erkennbar: Während Fixkostenzuschuss I und Fixkostenzuschuss II 800.000 anteilige kostenbezogene Zuschüsse für Unternehmen mit einem Umsatzrückgang von mindestens 40% bzw. 30% vorsahen, setzen Umsatzersatz und Lockdown-Umsatzersatz II auf der Ertragsseite an. Der Umsatzersatz ersetzt behördlich geschlossenen Unternehmen 80% (November) bzw. 50% (Dezember) des vergleichbaren Vorjahresumsatzes. Der Lockdown-Umsatzersatz II unterstützt vom Lockdown indirekt erheblich betroffene Unternehmen, wenn ihr Umsatzausfall mehr als 40% beträgt, indem branchenspezifische Prozentsätze des Vergleichsumsatzes ausgezahlt werden. Der Verlustersatz greift (grob) die Differenz von Erträgen und Aufwendungen auf und führt zur Erstattung von 70%–90% des Verlusts, sofern ein Umsatzausfall von mindestens 30% eingetreten ist.[13]

Auch wenn nach Kenntnis des Verfassers keine unmittelbar einschlägige modelltheoretische Literatur zu diesen Hilfsmaßnahmen vorliegt, lassen sich aus der Ausgestaltung der Anwendungsvoraussetzungen und Rechtsfolgen unmittelbare Anreize für betroffene Steuerpflichtige ableiten.[14] Mit Skepsis ist insbesondere die Verwendung von kritischen Schwellenwerten für die Umsatzausfälle von 30% bzw. 40% zu betrachten, welche Anreize für die Nichterzielung von grundsätzlich möglichen Umsätzen erzeugen können. Diese können so weit gehen, dass Steuerpflichtige auf die Öffnung von Betrieben gänzlich verzichten, wenn die Erzielung von Umsätzen zwar möglich wäre, aber nicht in der angestrebten Höhe.

Weiters können betroffene Steuerpflichtige geneigt sein, Umsätze zeitlich in geeigneter Weise zu verschieben, um die Förderung zu maximieren, zumal eine Auswahlmöglichkeit der relevanten Betrachtungszeiträume bestand.[15] Spiegelbildlich sind die Anreize, erstattungsfähige Kosten im höchstmöglichen

---

[11] Vgl. z.B. *Mayr/Reinweber/Schlager* (2020).

[12] Zur ertragsteuerlichen Behandlung dieser Förderungen vgl. *Oberndorfer* (2021), S. 353 ff. Zu den Voraussetzungen, zu den Anwendungszeiträumen und zur Vereinbarkeit der Förderungen vgl. *Inzinger/Oberndorfer/Wurm* (2021).

[13] Vgl. *Lindinger* (2021) für eine Übersicht über die Maßnahmen.

[14] Vgl. *Niemann/Scheuer* (2020), S. 1343–1345.

[15] Vgl. *Mayr/Reinweber/Schlager* (2020), S. 862 für den Fixkostenzuschuss.

Ausmaß zu senken, schwach ausgeprägt, auch wenn eine einnahmen- und ausgabenseitige Schadensminderungspflicht besteht.[16]

Problematisch ist darüber hinaus eine Fixkostendefinition, die Abschreibungen auf Anlagen enthält.[17] Diese erhöhen die Rentabilität bereits bestehender Anlagen ex post und sind daher nicht mehr entscheidungsrelevant. Sollte der Fixkostenzuschuss als Liquiditätshilfe konzipiert sein, wäre die Einbeziehung nicht zahlungswirksamer Fixkostenkomponenten wie Abschreibungen dazu nicht notwendig.[18] Da einige Hilfsmaßnahmen einander nicht ausschlossen, konnte es in Einzelfällen zur Überförderung kommen.

In Ermangelung empirischer Literatur zu den Auswirkungen von Fixkostenzuschüssen, Umsatz- und Verlustersatz[19] war eine streng evidenzbezogene Ausgestaltung der Covid-19-Hilfen nicht möglich. Eine Ex-Post-Auswertung der Maßnahmen im Rahmen einer WIFO-Studie auf der Grundlage einer Mikrosimulation kam jedoch zu dem Ergebnis, dass die Hilfen „deutlich zur Reduktion der Liquiditätsrisiken beigetragen haben".[20] In diesem Sinne waren die Maßnahmen also effektiv. Ebenso haben die Regelungen in Kombination mit den hier nicht untersuchten Haftungen wesentlich zur Vermeidung einer Insolvenzwelle beigetragen.[21] Deutliche Kritik wird in der Studie allerdings am Fixkostenzuschuss geäußert, der zu spät gestartet und zu restriktiv ausgestaltet gewesen sei, was auch an der geringen Inanspruchnahme zu erkennen sei.[22] Auch wird auf das Problem der Überförderung hingewiesen,[23] das z.B. auf die großzügige und verwaltungstechnisch einfache Ausgestaltung des Umsatzersatzes zurückzuführen sei.[24]

Trotz der fehlenden Möglichkeit, eine theorie- und evidenzbasierte Förderpolitik zu betreiben, können die Hilfsmaßnahmen daher als effektiv charakterisiert werden. Der Prozess der Weiterentwicklung der Hilfen ist aber als „Learning by doing" zu bezeichnen, zu dem ökonomiegeleitete Argumente nur am Rande beigetragen haben dürften. Auch kann dem Gesetzgeber kein gerad-

---

[16] Rz. 6.1, 6.2 der Richtlinien zu den Verordnungen zu den Fixkostenzuschüssen erlegen den Antragsteller*innen gewisse Restriktionen zur Erhaltung von Arbeitsplätzen und bei der Ausschüttung von Gewinnen auf.

[17] Vgl. Rz. 4.1.1 b) der Richtlinie zur Verordnung zum Fixkostenzuschuss 800.000.

[18] Vgl. *Niemann/Scheuer* (2020), S. 1345.

[19] Die Analysen von Hilfsmaßnahmen nach der Finanzkrise 2008 bezogen sich typischerweise auf Liquiditätshilfen für Banken und arbeitsmarktbezogene Maßnahmen wie Kurzarbeit.

[20] *Kaniovski/Pekanov/Url* (2021), S. 47.

[21] Vgl. *Kaniovski/Pekanov/Url* (2021), S. 47 f.

[22] Vgl. *Kaniovski/Pekanov/Url* (2021), S. 48.

[23] Vgl. *Niemann/Scheuer* (2020), S. 1344. Zur Mehrfachförderung vgl. auch *Mitterlehner/Panholzer* (2020).

[24] Vgl. *Kaniovski/Pekanov/Url* (2021), S. 48.

liniger Lernprozess attestiert werden, wie z.B. an der Änderung der Bemessungsgrundlage vom Fixkostenzuschuss zum Fixkostenzuschuss 800.000 ersichtlich wird. Anekdotische Evidenz deutet weiters darauf hin, dass die Vielzahl der Regelungen als unübersichtlich wahrgenommen wird, womit viele Steuerpflichtige überfordert sind.

2. Verlustverrechnung

Bis zum Beginn der Covid-19-Pandemie war die steuerliche Verlustverrechnung in Österreich eher restriktiv ausgestaltet,[25] da gemäß § 18 Abs. 6 EStG lediglich ein Verlustvortrag, aber kein Verlustrücktrag zulässig war. Um von der Pandemie betroffene Unternehmen von Liquiditätsproblemen zu entlasten, wurde mit § 124b Z. 355 EStG ein temporärer Verlustrücktrag eingeführt.[26] Für eine möglichst frühzeitige Liquiditätsentlastung schuf der Gesetzgeber zusätzlich eine sog. Covid-19-Rücklage, die wie ein vorgezogener Verlustrücktrag wirkt.[27] Die Covid-19-Rücklage ermöglichte den Abzug von voraussichtlichen Verlusten des Jahres 2020 vom Einkommen des Jahres 2019 und leistete durch die entsprechende Steuererstattung bzw. Steuerminderzahlung eine Liquiditätshilfe für Verlustunternehmen. Technisch handelte es sich bei der Covid-19-Rücklage um einen besonderen Abzugsposten für die Veranlagung 2019, der gemäß § 1 Abs. 1 COVID-19-Verlustberücksichtigungsverordnung mit 5 Mio. € oder mit 30% des positiven Gesamtbetrags der betrieblichen Einkünfte 2019 (ohne weiteren Nachweis) bzw. mit bis zu 60% des positiven Gesamtbetrags der betrieblichen Einkünfte 2019 (bei Glaubhaftmachung gegenüber der Behörde) gedeckelt ist.[28] Bei der Veranlagung für 2020 muss der Abzugsposten gemäß § 2 COVID-19-Verlustberücksichtigungsverordnung wieder hinzugerechnet werden. Sofern nach erfolgter Hinzurechnung im Jahr 2020 noch betriebliche Verluste verbleiben, können diese bis zu einem Höchstbetrag von 5 Mio. € in das Jahr 2019 zurückgetragen werden. Falls 2019 kein (vollständiger) Abzug möglich sein sollte, kann gemäß § 7 COVID-19-Verlustberücksichtigungsverordnung ein verbleibender Verlust bis zu einem Höchstbetrag von 2 Mio. € in das Jahr 2018 zurückgetragen werden.[29] Diese Regelungen bleiben auf die genannten Wirtschaftsjahre beschränkt; eine Verlängerung der Verlustrücktragsregeln ist derzeit nicht geplant.

---

[25] Vgl. z.B. *Geweßler/Uedl* (2020a), S. 413. Vgl. auch die Übersicht in *Jacob/Pasedag/Wagner* (2011), S. 81.

[26] Zur steuerrechtlichen Diskussion von Covid-19-Rücklage und Verlustrücktrag vgl. z.B. *Atzmüller* (2020), *Endfellner* (2020), *Klokar* (2020), *Büger/Steinhauser* (2020), *Furherr/Oberrader* (2020), *Klokar/Postlmayr* (2021).

[27] Vgl. *Mayr/Tumpel* (2020), S. 862, *Geweßler/Uedl* (2020b), S. 538 ff.

[28] Vgl. *Mayr/Tumpel* (2020), S. 863.

[29] Vgl. *Mayr/Tumpel* (2020), S. 863.

Im Hinblick auf die Liquiditätswirkungen sind die pandemiebedingten Verlustverrechnungsregeln – ebenso wie die in Abschnitt III beschriebenen Maßnahmen der Herabsetzung oder Aussetzung von Steuervorauszahlungen – effektiv,[30] da Verlustrückträge sehr rasch liquiditätswirksam werden. Insbesondere ist hier die Covid-19-Rücklage hervorzuheben, die kurzfristige positive Liquiditätswirkungen aufweist, auch wenn der genaue Verlust des Jahres 2020 noch nicht bekannt sein konnte und daher geschätzt werden musste.

Zwar standen aus gesetzgeberischer Perspektive die Liquiditätswirkungen des Verlustrücktrags im Vordergrund, um Unternehmen kurzfristig zu erhalten, allerdings sind für Investitionsentscheidungen auch die Rentabilitätswirkungen relevant. Aus modelltheoretischer Perspektive bildet jegliche Einschränkung der Verlustverrechnung eine Benachteiligung von Investitionsobjekten mit ungleichförmigem gegenüber Objekten mit gleichförmigem Zahlungsverlauf.[31] Deshalb basiert das Standardmodell der Investitionsrechnung mit Steuern im Ausgangsfall auch auf symmetrischer Besteuerung von Gewinnen und Verlusten, d.h. auf vollständigem Verlustausgleich.[32] Eine Annäherung an den vollständigen Verlustausgleich durch Abbau von Verlustverrechnungsbeschränkungen verringert daher die Ungleichbehandlung von Investitionen in Abhängigkeit ihres Zahlungsverlaufs. Insofern verbessert die Einführung eines Verlustrücktrags auch die Neutralitätseigenschaften der Besteuerung, selbst wenn dies vom Gesetzgeber vermutlich nicht beabsichtigt war.[33]

Bereits *Schneider* (1970) spricht sich für einen vollständigen Verlustausgleich aus und weist darauf hin, dass ein zeitlich begrenzter Verlustrücktrag nur eine „Ersatzlösung“ dafür sei und neu gegründete gegenüber länger bestehenden Unternehmen benachteiligen kann.[34] Konsequenterweise fordert *Schneider* (1988) die Einführung handelbarer Verlustverrechnungsgutscheine als Annäherung an den vollständigen Verlustausgleich.[35]

Der Zusammenhang von Verlustverrechnungsbeschränkungen und Risikoübernahme bildet bereits seit den 1940er Jahren einen Gegenstand der modelltheoretischen Analyse.[36] So zeigen *Domar/Musgrave* (1944), dass die Bereit-

---

30 Vgl. auch *Geweßler/Uedl* (2020a), S. 418.

31 Vgl. *Beck* (1953), S. 69, *Schneider* (1988), S. 1224. Zur Korrektur häufig geäußerter Fehleinschätzungen über die steuerliche Verlustverrechnung vgl. *Schneider* (1992), S. 270 ff.

32 Vgl. z.B. *Wagner/Dirrigl* (1980), S. 30, *Schneider* (1992), S. 211 ff., *Schanz/Schanz* (2011), S. 87 f., *Schreiber* (2017), S. 675.

33 Allerdings weist *Auerbach* (1986), S. 220, darauf hin, dass partielle Schritte in Richtung eines vollständigen Verlustausgleichs Verzerrungen auch verstärken können.

34 Vgl. *Beck* (1953), S. 84, *Schneider* (1970), S. 71.

35 Vgl. *Schneider* (1988), S. 1228 ff.

36 Vgl. *Niemann/Sureth* (2008), S. 123 ff. und die dort zitierten Quellen.

schaft zur Durchführung riskanter Investitionen maßgeblich von den Regelungen zur Verlustverrechnung abhängt.[37] Ein gänzlicher Ausschluss der Verlustverrechnung reduziert, ein vollständiger Verlustausgleich erhöht die Bereitschaft zur Risikoübernahme.

Simulationsrechnungen unterstützen diese Ergebnisse grundsätzlich, kommen jedoch überwiegend zu dem Ergebnis, dass die von Gesetzgebern geplanten oder tatsächlich durchgeführten Änderungen der Verlustverrechnung quantitativ nicht von ausschlaggebender Bedeutung sein dürften.[38]

Auch die empirische Steuerliteratur untersucht die Auswirkungen symmetrischer und asymmetrischer Besteuerung auf das Investitionsverhalten seit Jahrzehnten.[39] In einer jüngeren Studie weisen *Langenmayr/Lester* (2018) einen signifikanten Einfluss der Verlustverrechnungsregeln auf die Durchführung riskanter Investitionen nach, so dass der Gesetzgeber die Verlustverrechnung als effektives Instrument zur Beeinflussung der Risikoübernahme einsetzen kann. Zugleich zeigen sie, dass der Einfluss des Steuersatzes auf riskante Investitionen von den firmenspezifischen Annahmen über die Nutzbarkeit steuerlicher Verluste abhängt. *Bethmann/Jacob/Müller* (2018) zeigen, dass Verlustrückträge Investitionen von Verlustunternehmen im Vergleich zu Verlustvorträgen erhöhen.

Auch die experimentelle Steuerliteratur hat sich bereits mit den Auswirkungen der Verlustverrechnung beschäftigt. *Fochmann/Kiesewetter/Sadrieh* (2012) gelangen in einem Laborexperiment mit 91 Teilnehmer*innen zu dem Ergebnis, dass die Bedeutung der Verlustverrechnung tendenziell überschätzt wird, so dass mit einer Verringerung von Verlustverrechnungsbeschränkungen eine deutliche Steigerung der Risikoübernahme erreicht werden kann.[40]

Die Auswertung der modelltheoretischen, empirischen und Simulationsliteratur zur Verlustverrechnung führt folglich zu einem weitgehend einheitlichen Ergebnis: Erleichterungen der Verlustverrechnungsbedingungen erhöhen die Attraktivität risikoreicher Investitionen gegenüber der Unterlassungsalternative. Insofern ist die Einführung des Verlustrücktrags in Österreich grundsätzlich als effektive Maßnahme zur Förderung von Investitionen einzuschätzen. Einschränkend ist jedoch hinzuzufügen, dass der Rücktrag nur temporär im

---

[37] Vgl. *Domar/Musgrave* (1944), S. 388–393.

[38] Vgl. z.B. *Haegert/Kramm* (1977) für den Einfluss des 1976 in Deutschland eingeführten Verlustrücktrags (BStBl 1976 I, S. 282), *Niemann* (2004) für die 2004 eingeführte Mindestbesteuerung in Deutschland. *Barlev/Levy* (1975) gelangen zu quantitativ recht unterschiedlichen Ergebnissen unter der Annahme von Verlustverrechnungsparametern verschiedener Staaten.

[39] Vgl. z.B. *Beck* (1953).

[40] Vgl. *Fochmann/Kiesewetter/Sadrieh* (2012), S. 239.

Krisenjahr 2020 und dies auch nur in maximal zwei zurückliegende Veranlagungszeiträume und auch nur betraglich begrenzt möglich ist.[41] Die Rentabilitätswirkungen auf (längerfristige) Investitionen dürften daher ausgesprochen gering ausfallen, so dass rational handelnde Investor*innen vor diesem Hintergrund nicht zu einer massiven Ausdehnung ihres Investitionsvolumens angereizt werden können.

Das Zwischenfazit zur Theorie- und Evidenzbasierung des Verlustrücktrags fällt deshalb ambivalent aus. Zwar befindet sich die Maßnahme im Einklang mit der wissenschaftlichen Literatur, jedoch scheint dies eher zufällig zu sein, da aus Sicht des Gesetzgebers nicht die Rentabilitätswirkungen, sondern die kurzfristigen Liquiditätswirkungen im Vordergrund standen.

3. Investitionsprämie

Die Investitionsprämie soll Anreize für Unternehmen schaffen, in abnutzbare materielle und immaterielle Vermögensgegenstände des Anlagevermögens zu investieren.[42] Ausgenommen von der Förderung sind gemäß § 2 Abs. 2 InvPrG klimaschädliche Neuinvestitionen, unbebaute Grundstücke, Finanzanlagen, Unternehmensübernahmen und aktivierte Eigenleistungen. Die Investitionsprämie ist als Investitionszulage („*investment grant*") konzipiert,[43] d.h. es handelt sich gemäß § 124b Z. 365 EStG um einen steuerfreien Zuschuss, der nicht die AfA-Bemessungsgrundlage der angeschafften oder hergestellten Wirtschaftsgüter reduziert. Der Zulagensatz beträgt gemäß § 2 Abs. 5 InvPrG 7% der Neuinvestitionen, bei Investitionen im Zusammenhang mit Digitalisierung, Ökologisierung, Gesundheit/Life Science 14%.

Das minimal/maximal förderfähige Investitionsvolumen beträgt 5.000 €/50 Mio. € pro Unternehmen bzw. pro Konzern.[44] Die Gewährung der Investitionsprämie ist an die Einhaltung von relativ engen Fristen gebunden. So mussten im Zusammenhang mit der Investition erste Maßnahmen bereits im Zeitraum von 1.8.2020 bis 31.5.2021 gesetzt worden sein,[45] die Inbetriebnahme und Bezahlung muss bis zum 28.2.2022 (bei einem Investitionsvolumen von mehr als 20 Mio. € bis zum 28.2.2024) erfolgen.[46]

---

[41] Zu den Auswirkungen des Rücktragshöchstbetrags und der Rücktragsdauer vgl. *Koch/Langenmayr* (2020).

[42] Vgl. § 1 Abs. 1 InvPrG, Erläuterungen zur Regierungsvorlage, 288 der Beilagen XXVII. GP.

[43] Zur Abgrenzung von Investitionszulagen und -zuschüssen vgl. z.B. *Schneider* (1992), S. 341 ff. Zur Unterscheidung von „*investment tax credit*" und „*investment grant*" im US-amerikanischen Steuerrecht vgl. *Auerbach/Summers* (1979), S. 2 f.

[44] Vgl. Rz. 5.3.3 der Förderungsrichtlinie „COVID-19-Investitionsprämie für Unternehmen".

[45] Ursprünglich war eine Befristung bis zum 28.2.2021 vorgesehen.

[46] Vgl. Rz. 5.3.4 der Förderungsrichtlinie „COVID-19-Investitionsprämie für Unternehmen".

Die Auszahlung der Investitionsprämie erfolgt nach Vorlage der Abrechnung und nach Prüfung durch die aws.[47] Erst in diesem Zeitpunkt tritt folglich eine Liquiditätsentlastung des Investors/der Investorin ein, nicht dagegen bereits im Zeitpunkt der Inbetriebnahme oder der Bezahlung, d.h. im Zeitpunkt des Liquiditätsabflusses. Vor diesem Hintergrund dürften liquiditätsbeschränkte Unternehmen nicht die primäre Zielgruppe der Investitionsprämie bilden. Ein positives Einkommen bzw. eine positive Steuerschuld ist allerdings nicht Voraussetzung für die Beantragung und die Gewährung der Investitionsprämie.[48]

Im Hinblick auf die Rentabilität von Investitionen ist der Einfluss einer Investitionszulage im Standardmodell der Investitionsrechnung mit Steuern – einem Partialmodell – eindeutig: Unter der Annahme, dass Anschaffungsausgabe und Vor-Steuer-Zahlungsüberschüsse eines Investitionsobjekts unverändert bleiben, steigert die Einführung einer Investitionszulage den Kapitalwert bzw. die Rendite einer Investition nach Steuern, da sich die Netto-Anschaffungsausgabe verringert und die Netto-Zahlungsüberschüsse unverändert bleiben.[49] Dieses Ergebnis ist nicht auf einen Zeit- oder Zinseffekt zurückzuführen und gilt daher grundsätzlich für hohe und niedrige Kapitalmarktzinsniveaus. Das gleiche Resultat zeigt sich bei Verwendung des *user cost*-Modells[50] und des darauf basierenden Modells effektiver Grenzsteuersätze:[51] Die Einführung bzw. Erhöhung einer Investitionszulage verringert Kapitalnutzungskosten sowie effektive Grenzsteuersätze und macht Realinvestitionen damit attraktiver.[52]

In diesem Sinne stellt die Investitionsprämie eine effektive Investitionsförderung dar, die modelltheoretisch gut zu rechtfertigen ist. Die Investitionsprämie lässt auch Zielgenauigkeit der Förderung erwarten, da sie unter den gesetzten Modellannahmen die Zielgröße des Investors erhöht, im Gegensatz zu früheren fiskalischen Maßnahmen in Österreich, die zwar auch als Investitionsförderung konzipiert waren, aber aufgrund fehlender Präzision im Ergebnis nur die Ersparnis förderten.[53] Auch die Beschränkung der Investitionsprämie

---

[47] Vgl. Rz. 6.5 der Förderungsrichtlinie „COVID-19-Investitionsprämie für Unternehmen".

[48] Zu den rechtlichen Rahmenbedingungen der Investitionsprämie vgl. z.B. *Bryndza/Stückler/Kuntner* (2020), *Deichsel/Inzinger* (2020), S. 550 ff., *Lang* (2021), *Mitterlehner/Panholzer* (2021), *Wagner/Mayrleitner* (2020).

[49] Vgl. z.B. *Siegel* (1982), S. 152. Vgl. *Schneider* (1992), S. 341 ff. für die Wirkungen bei ähnlicher Rechtslage in Deutschland zu Beginn der 1990er Jahre.

[50] Vgl. *Hall/Jorgenson* (1967), S. 393.

[51] Vgl. *King/Fullerton* (1984).

[52] Vgl. *Niemann* (1996), S. 26 f. für den sog. „*Fixed-r-case*" des Modells nach *King/Fullerton* (1984).

[53] Dies gilt insbesondere für frühere Thesaurierungsbegünstigungen wie z.B. §§ 11, 11a EStG, aber auch den investitionsbedingten Gewinnfreibetrag gemäß § 10 Abs. 3 EStG. Zur

auf bestimmte vom Gesetzgeber für förderungswürdig gehaltene Typen von Investitionsobjekten lässt grundsätzlich eine zielgenaue Förderung vermuten.

Die empirische Literatur zu den Wirkungen von Investitionszulagen ist jedoch uneindeutig. So kommen *Hall/Jorgenson* (1967) zu dem Ergebnis: „The effects of the investment tax credit of 1962 are quite dramatic and leave little room for doubt about the efficacy of tax policy in influencing investment behavior".[54] Auch *Auerbach/Summers* (1979) konstatieren signifikante kurzfristige Effekte des *investment tax credit*.[55] Allerdings schlussfolgern sie: „We find little evidence that the investment tax credit is an effective fiscal policy tool."[56] und führen dies u.a. auf eine Verdrängung nicht geförderter durch geförderte Investitionsobjekte zurück, was zwar die Zusammensetzung des Investitionsvolumens verändert, aber nicht notwendigerweise zu einer Erhöhung des Kapitalstocks führt. Die geringe Effektivität des US-amerikanischen *investment tax credit* kann aber auch auf gesetzgeberischen Aktionismus in Gestalt hoher Änderungshäufigkeit des Zulagensatzes zurückzuführen sein, die von Steuerpflichtigen antizipiert wird.[57]

Bronzini et al. (2008) finden Evidenz für die Wirksamkeit der italienischen Investitionszulage der Jahre 2000 bis 2006 (mit deutlicher Reduzierung der Förderung im Jahr 2002). Dabei handelte es sich um eine nach Regionen differenzierende, z.T. sehr großzügige Zulage, wobei (im Gegensatz zum US-amerikanischen *investment tax credit*) keine Beschränkung auf Unternehmen mit positiver Steuerschuld erfolgte. Belege für zeitliche Vor- oder Nachverlagerungseffekte konnten nicht gefunden werden.[58]

Goolsbee (1997) zeigt, dass Investitionszulagen nicht nur den investierenden Unternehmen zugute kommen, sondern über Preiserhöhungen von Kapitalgütern auch den Anlagenhersteller*innen. Eine 10%ige Investitionszulage bewirkt nach seiner empirischen Studie eine Preissteigerung von Anlagen in Höhe von 3,5% bis 7%.[59] Anekdotische Evidenz unter österreichischen Steuerberater*innen deutet darauf hin, dass ein ähnlicher Effekt auch bei der Einführung der Investitionsprämie zu beobachten war, zumal Bauwirtschaft und Handwerk trotz der Pandemie stark ausgelastet waren. Auch in diesen Branchen waren naturgemäß die knappen Fristen für die Antragstellung der Investitionsprämie bekannt, so dass die Nachfrageseite kaum Potential für Preisverhandlungen besaß.

ökonomischen Beurteilung von Thesaurierungsbegünstigungen im österreichischen Steuerrecht vgl. z.B. *Kiesewetter/Niemann* (2004a, 2004b), *Niemann/Scheuer* (2020).

[54] *Hall/Jorgenson* (1967), S. 413.

[55] Vgl. *Auerbach/Summers* (1979), S. 21.

[56] *Auerbach/Summers* (1979), Abstract.

[57] Vgl. *Auerbach/Hines* (1988).

[58] Vgl. *Bronzini et al.* (2008), S. 20.

[59] Vgl. *Goolsbee* (1997), S. 130 ff.

Im Lichte der modelltheoretischen und empirischen Literatur kann die Investitionsprämie durchaus als theorie- und evidenzbasiert bezeichnet werden. Während die partialanalytischen Modelle eindeutig für die Investitionsprämie sprechen, kann auch aus der empirischen Literatur kein eindeutiges Gegenargument abgeleitet werden, denn selbst die skeptischen Analysen attestieren Investitionszulagen signifikante kurzfristige Effekte,[60] die wohl vom österreichischen Gesetzgeber angesichts der pandemiebedingten Konjunkturschwäche auch primär beabsichtigt waren.

Die in zukünftigen empirischen Studien noch genauer zu analysierenden Preiseffekte der Investitionsprämie deuten zwar auf eine eingeschränkte Zielgenauigkeit der Förderung hin, allerdings dürfte es – im Rahmen des Fokus auf Ökologisierung und Digitalisierung – auch nicht das Ziel des Gesetzgebers gewesen sein, bestimmte Branchen zu fördern.[61] Auch wenn sich in den Gesetzeserläuterungen kein Anhaltspunkt dafür findet,[62] wäre es grundsätzlich denkbar, dass der Gesetzgeber sowohl Nachfrager*innen als auch Anbieter*innen der begünstigten Investitionen eine Förderung zuwenden wollte.

4. Abschreibungen

Bis 30.6.2020 konnte für abnutzbare Wirtschaftsgüter des Anlagevermögens gemäß § 7 EStG nur die lineare Abschreibungsmethode mit steuerlicher Wirkung angewandt werden. Seit 1.7.2020 ist gemäß § 7 Abs. 1a EStG auch eine geometrisch-degressive Abschreibung mit einem Abschreibungssatz von maximal 30% des Restbuchwertes zulässig. Der Übergang von der degressiven zur linearen Abschreibung ist zulässig, der umgekehrte Übergang nicht. Ausgenommen von der degressiven Abschreibung sind unkörperliche und gebrauchte Wirtschaftsgüter, PKW mit CO_2-Emissionen von mehr als 0 g/km und Anlagen, die fossilen Energieträgern dienen.[63]

Für Gebäude kann zwar nicht die degressive AfA, aber eine beschleunigte Abschreibung gemäß § 8 Abs. 1a EStG in Anspruch genommen werden. Diese erlaubt im Jahr der Anschaffung oder Herstellung das Dreifache der linearen AfA, im Jahr danach das Zweifache der linearen AfA, wodurch sich die steuerliche Nutzungsdauer um drei Jahre verkürzt.[64]

---

[60] Vgl. *Auerbach/Summers* (1979), S. 21.

[61] „Alle Bundesländer und Branchen würden von der Investitionsprämie profitieren, erörterte Wirtschaftsministerin Margarete Schramböck.", Parlamentskorrespondenz Nr. 594 vom 19.5.2021.

[62] Vgl. 288 der Beilagen XXVII. GP.

[63] Zur Darstellung der degressiven AfA und zu rechtlichen Zweifelsfragen in diesem Zusammenhang vgl. z.B. *Geringer* (2021), *Kanduth-Kristen/Fritz-Schmied* (2020), *Plott/Vaishor* (2020).

[64] Zur Darstellung der beschleunigten Gebäude-AfA und zu rechtlichen Zweifelsfragen in diesem Zusammenhang vgl. z.B. *Aumayr/Schlager* (2020), *Prodinger* (2020), *Urnik/Schmidbauer* (2021).

Die Einführung von §§ 7 Abs. 1a, 8 Abs. 1a EStG soll nach dem Willen des Gesetzgebers der Liquiditätssicherung und der Investitionsförderung dienen.[65] Das Argument der Liquiditätssicherung erscheint wenig plausibel, da liquiditätsbeschränkte Unternehmen vermutlich keine zusätzlichen Investitionen, die zu den beschleunigten Abschreibungen berechtigen, tätigen dürften und auch nur bei positiven Einkünften in den Genuss der abschreibungsbedingten Steuerminderzahlung kommen, wobei deren Erhöhung im Vergleich zur Investitionssumme typischerweise gering ausfällt.[66]

Während das Liquiditätsargument also recht einfach relativiert werden kann, ist genauer zu überprüfen, ob und inwieweit Abschreibungsbegünstigungen eine Investitionsförderung durch Rentabilitätssteigerung bewirken. Anhand des Standardmodells der Investitionsrechnung mit Steuern[67] kann leicht gezeigt werden,[68] dass die degressive AfA *bei positiven Zinssätzen* einen höheren Barwert aufweist als die lineare AfA und damit den Kapitalwert nach Steuern steigert. In qualitativer Hinsicht ist das modelltheoretische Ergebnis folglich eindeutig: Die degressive/beschleunigte Abschreibung erhöht die Rentabilität eines Investitionsobjekts, macht Investitionen also attraktiver.

In quantitativer Hinsicht jedoch ist dieses Ergebnis deutlich zu relativieren: Bei Abschreibungswirkungen handelt es sich um Zeit- oder Zinseffekte der Besteuerung.[69] Diese wirken sich umso stärker aus, je höher das Niveau des Kalkulationszinses liegt. Bei einem Kalkulationszinsfuß von null können dagegen keine Zeiteffekte der Besteuerung eintreten, da rational handelnde Investor*innen dann einer zeitlichen Vor- oder Nachverlagerung von Steuerzahlungen indifferent gegenüberstehen. Angesichts aktuell sehr niedriger und teilweise negativer Kapitalmarktzinsen liegt derzeit ein solcher Fall vor. Es ist deshalb nicht zu erwarten, dass Investor*innen, die ihre Entscheidungen auf Basis des Kapitalwertes nach Steuern treffen, nennenswert auf die Einführung der degressiven/beschleunigten AfA reagieren werden.

Diese Vermutung wird gestützt durch aktuelle Simulationsrechnungen,[70] die überwiegend sehr geringe Steigerungen des internen Zinsfußes nach Steuern durch die degressive/beschleunigte AfA dokumentieren. Lediglich im Fall sehr langfristiger, hochrentabler Investitionsobjekte und hoher Grenzsteuersätze ist

---

[65] Vgl. 287 der Beilagen XXVII. GP.

[66] Beispiel: Bei einem abnutzbaren Wirtschaftsgut mit einer betriebsgewöhnlichen Nutzungsdauer von 10 Jahren und Anschaffungskosten von I_0 beträgt die degressive AfA 0,3 I_0, die lineare AfA 0,1 I_0, die Differenz folglich 0,2 I_0. Bei einem Grenzsteuersatz von 50% beläuft sich die Liquiditätsentlastung nach dem ersten Jahr somit auf 0,1 I_0.

[67] Vgl. z.B. *Wagner/Dirrigl* (1980), S. 24 ff., *Siegel* (1982), S. 129 ff., *Schanz/Schanz* (2011), S. 80 ff.

[68] Vgl. z.B. *Hall/Jorgenson* (1967), S. 394 ff.; *König/Sureth* (2002), S. 261 ff.

[69] Zur Systematisierung steuerlicher Effekte vgl. *Wagner* (1984), S. 211 ff.; *Wagner* (2005), S. 454 ff.

[70] Vgl. *Rechbauer/Rünger* (2021), S. 874 ff.

eine nennenswerte Steigerung der Rentabilität zu erwarten, doch auch diese ist wesentlich auf die verwendete Renditemaßgröße des internen Zinsfußes zurückzuführen und würden bei Anwendung der mit dem Kapitalwertkriterium konsistenten Baldwin-Rendite deutlich geringer ausfallen.

Diese Ergebnisse sind konsistent mit früheren Renditeberechnungen zur beschleunigten Abschreibung gemäß § 7a EStG,[71] die im Zuge der Finanzkrise eingeführt wurde und für in den Jahren 2009 und 2010 angeschaffte oder hergestellte Wirtschaftsgüter angewandt werden konnte. Vergleichbares gilt für die vorübergehende Wiedereinführung der degressiven AfA in Deutschland Ende 2008.[72] Analog zeigen Simulationsrechnungen für die deutschen Rechtsänderungen 2000/01, dass auch die Verlängerung der betriebsgewöhnlichen Nutzungsdauer nur geringfügige Renditeminderungen von Investitionsobjekten hervorruft.[73]

Die empirische Steuerforschung zu beschleunigten Abschreibungen zeigt gemischte Effekte. Frühere Befragungen von Unternehmen in den USA und Deutschland deuten auf nur geringe zusätzliche Investitionswirkungen als Reaktion auf Änderungen der Abschreibungsregeln hin.[74] Demgegenüber zeigen *Hall/Jorgenson* (1967), dass Änderungen der Abschreibungen Einfluss auf die Zusammensetzung von Investitionen besitzen. Auch *House/Shapiro* (2008) verdeutlichen anhand von Quartalsdaten des Bureau of Economic Analysis von 1959 bis 2006, dass die Bonusabschreibung in den USA 2002/03 signifikante Wirkungen auf die Zusammensetzung von Investitionen hatte, wobei in begünstigte Wirtschaftsgüter mehr investiert wurde. Bei der Datenanalyse und -interpretation ist zu beachten, dass temporäre Wirkungen, d.h. Vorzieh- oder Nachholeffekte von Investitionen schwer zu beobachten und von permanenten Effekten zu separieren sind. Denkbar wäre auch, dass ein Gesetzgeber vor allem auf Vorzieheffekte abzielt, um eine vorübergehende konjunkturelle Schwächephase zu überbrücken.[75] *Eichfelder/Schneider* (2018) untersuchen die Auswirkungen der Sonderabschreibungen nach dem Fördergebietsgesetz und finden starke Effekte insbesondere für Gebäudeinvestitionen. Dieses Ergebnis ist jedoch vor den Hintergrund der starken Abschreibungsvorverlagerung[76] und der hohen Kapitalmarktzinsen zu Beginn der 1990er Jahre zu relativieren.

---

[71] Vgl. *Flooh/Gruber/Höserle* (2009a) und *Flooh/Gruber/Höserle* (2009b).

[72] Vgl. *Jacob/Pasedag* (2009).

[73] Vgl. *Haegert* (2002).

[74] Vgl. *Eisner/Lawler* (1975), *Haegert/Wittmann* (1984), *Schwenk* (2003), S. 152 ff.

[75] Es ist unklar, ob ein temporärer oder permanenter Effekt angestrebt wird, wenn in den Erläuterungen zur Regierungsvorlage die Formulierung „soll Investitionsentscheidungen positiv beeinflussen" gebraucht wird. Vgl. 287 der Beilagen XXVII. GP.

[76] Vgl. *Eichfelder/Schneider* (2018), S. 48.

Abschreibungsbegünstigungen zählen zum traditionellen steuerpolitischen Instrumentarium,[77] wenn vom Gesetzgeber eine Förderung von Investitionen angestrebt wird.[78] Ihre reflexartige Anwendung in Krisensituationen lässt zwar vermuten, dass beim Steuergesetzgeber grundsätzliche Kenntnisse von Zeiteffekten der Besteuerung vorliegen. Die Vernachlässigung des für die Ausprägung von Zeiteffekten entscheidenden Zinsniveaus deutet jedoch darauf hin, dass die ökonomischen Effekte den steuerpolitischen Akteuren bestenfalls partiell bekannt sind. Auch die Ergebnisse der empirischen Literatur zu Abschreibungseffekten flossen offenbar nicht in die gesetzgeberische Entscheidungsfindung ein,[79] so dass die Regelungen von §§ 7 Abs. 1a, 8 Abs. 1a EStG schwerlich als theorie- oder evidenzbasiert eingestuft werden können.

Auf die Möglichkeit, dass der Gesetzgeber die Steuerpflichtigen über das wahre (geringe) Ausmaß der steuerlichen Begünstigung durch beschleunigte Abschreibung täuscht, um sie zum gewünschten Investitionsverhalten zu bewegen, soll hier nicht eingegangen werden. Für rational handelnde Steuerpflichtige ist daher festzuhalten, dass die beschleunigte Abschreibung im Ergebnis weitgehend nutzlos,[80] aber unschädlich ist.

5. Umsatzsteuer

Mit unterschiedlichen umsatzsteuerlichen Tarifbegünstigungen wollte der österreichische Gesetzgeber verschiedene Branchen, die von der Covid-19-Pandemie in besonderem Maße betroffen sind, unterstützen. Der Nullsteuersatz für Schutzmasken gemäß § 28 Abs. 50 UStG im Zeitraum vom 13.4.2020 bis 31.7.2020 sowie vom 23.1.2021 bis 30.6.2021[81] stellt dabei aufgrund des beschränkten zeitlichen und sachlichen Anwendungsbereichs wohl nur einen Randaspekt dar. Fiskalisch und inhaltlich deutlich gewichtiger war demgegenüber das „Wirtshauspaket“,[82] das vor allem die von der Pandemie besonders betroffene Gastronomie begünstigen sollte.[83] Neben der großzügigeren Ausgestaltung der GaststättenpauschalierungsVO[84] ist hier vor allem die auf den Zeitraum vom 1.7.2020 bis zum 31.12.2020 befristete Senkung des USt-Satzes auf

---

[77] Die in einer Nationalratssitzung verwendete Bezeichnung als „wirtschaftspolitische Revolution“ ist dem Politik-Marketing zuzurechnen. Vgl. Parlamentskorrespondenz Nr. 764 vom 7.7.2020.

[78] *Hall/Jorgenson* (1967) analysieren Änderungen der amerikanischen Abschreibungsregeln, die bereits in den 1950er Jahren stattfanden.

[79] Dieses Ergebnis attestieren *Haegert/Wittmann* (1984), S. 244, bereits dem deutschen Steuergesetzgeber im Zusammenhang mit den Erhöhungen der degressiven AfA in den Jahren 1977 und 1981.

[80] Zur Möglichkeit der Steuerbilanzpolitik vgl. Abschnitt III.6.

[81] Vgl. o.V. (2021), S. 330.

[82] Vgl. *BMF* (2021b).

[83] Vgl. *Melhardt/Kuder* (2020).

[84] Vgl. *Mayr, G.* (2020), S. 466 f.

offene nichtalkoholische Getränke auf 10% zu nennen (§ 28 Abs. 51 UStG). In umsatzsteuerlicher Hinsicht nochmals umfangreicher als das Wirtshauspaket ist die Senkung des USt-Tarifs auf 5% für die folgenden Umsätze:[85]

- Verabreichung von Speisen und Ausschank von Getränken,
- Druckwerke und elektronische Publikationen,
- Beherbergung und Camping,
- Umsätze aus dem Kulturbereich,

Einfuhr von bestimmten vom Künstler aufgenommenen Fotografien.
Auch diese Tarifreduzierung war zunächst vom 1.7.2020 bis zum 31.12.2020 befristet; die Befristung wurde jedoch (mit Ausnahme von gedruckten und elektronischen Zeitungen)[86] bis zum 31.12.2021 verlängert. Nach dem Willen des Gesetzgebers sind diese Tarifreduzierungen als Förderung bestimmter Branchen konzipiert, die von der Pandemie besonders betroffen sind. Eine „Weitergabe" der Tarifsenkung an die Konsument*innen ist ausdrücklich nicht vorgesehen.[87]

Während unstrittig ist, dass die Branchen Gastronomie, Tourismus und Kultur aufgrund der Lockdown-Maßnahmen besondere Nachteile durch die Pandemie erlitten haben,[88] muss die Eignung der Tarifsenkungen zur Erreichung dieses Ziels kritisch hinterfragt werden,[89] denn nur Unternehmen, die auch Umsätze erzielen, haben grundsätzlich die Chance, von der Tarifsenkung zu profitieren.[90] Unternehmen, die pandemiebedingt geschlossen sind und keine Umsätze erzielen können, nützen Tarifsenkungen nicht.

Auch darf die Zielgenauigkeit der Begünstigung bei der Auswahl der o.g. Leistungen in Zweifel gezogen werden. Während die stationäre Gastronomie aufgrund der Lockdowns zeitweise geschlossen war, konnte die Abholgastronomie ihren Betrieb weitgehend ungehindert fortsetzen und erscheint daher nicht zwingend förderungsbedürftig. Möglicherweise bestand die Absicht des Gesetzgebers darin, der stationären Gastronomie die Umstellung auf Abholleistungen zu erleichtern. Ebenso fragwürdig ist die (zum 31.12.2020 ausgelaufene) Tarifsenkung für elektronische Publikationen, die pandemiebedingt relativ gegenüber physischen Druckerzeugnissen profitiert haben dürften. Gänzlich unklar bleibt die Begünstigung der „Einfuhr von bestimmten vom Künstler aufgenommenen Fotografien", die wohl nur mit Klientelpolitik erklärt werden kann.

---

[85] Vgl. § 28 Abs. 52 UStG, *Mayr, M.* (2021), S. 342 ff.

[86] Vgl. *Mayr, M.* (2021), S. 343.

[87] Vgl. z.B. Parlamentskorrespondenz Nr. 744 vom 2.7.2020, *Petutschnig/Winkler* (2020), S. 181 f. und die dort angegebenen Quellen.

[88] Vgl. z.B. *Ecker/Kuder* (2020), S. 385.

[89] Für die Analyse der rechtlichen Probleme der USt-Tarifänderungen vgl. z.B. *Mayr, G.* (2020), *Petutschnig/Winkler* (2020), *Ullmann/Fiala* (2020).

[90] Vgl. *Loretz/Fritz* (2021), S. 39.

Aus theoretischer Sicht erscheint die Festlegung der Anbieter*innen bzw. Produzent*innen als Begünstigte der Tarifsenkungen bei gleichzeitiger Bezeichnung der Endkonsument*innen als Umsatzsteuerdestinatar, d.h. als wirtschaftliche Träger der Steuerlast,[91] widersprüchlich. Ein vergleichbarer möglicher logischer Widerspruch kommt darin zum Ausdruck, dass die gleichzeitig mit der Verlängerung des 5%-Tarifs im COVID-19-Steuermaßnahmengesetz[92] beschlossene Senkung des USt-Tarifs auf bestimmte Reparaturdienstleistungen sowie Damen-Hygieneartikel auf 10% dagegen den Konsument*innen zugutekommen soll.[93] Ob die vom Gesetzgeber angestrebten Ziele simultan erreichbar sind, erscheint deshalb ungewiss.

Wer eine Steuer wirtschaftlich trägt und wer von Steuerermäßigungen im Ergebnis profitiert, richtet sich in einer Marktwirtschaft nicht nach den Wünschen von Politiker*innen, sondern nach der Preiselastizität der Angebots- und Nachfragefunktionen der betroffenen Waren und Dienstleistungen.[94] Die einzigen Fälle in einfachen mikroökonomischen Modellen, in denen die Steuerlast vollständig von den Produzenten getragen wird und Steuersenkungen diesen auch vollständig zufließen, ist durch vollständig unelastisches Angebot oder vollständig elastische Nachfrage charakterisiert.[95] Umgekehrt wird die Steuerlast vollständig von den Konsument*innen getragen und kommen diesen Steuerermäßigungen vollständig zugute, wenn die Angebotsfunktion vollständig elastisch oder die Nachfragefunktion vollständig unelastisch ist.[96] Ob diese Voraussetzungen im Fall der ermäßigt besteuerten Leistungen erfüllt sind, erscheint zweifelhaft. In allen anderen Fällen, d.h. bei nicht vollständig unelastischen Angebots- und Nachfragefunktionen, tragen sowohl Anbieter*in als auch Nachfrager*in einen Teil der Steuerlast.

Auch die empirische Steuerliteratur beschäftigt sich umfassend mit der Inzidenz der Umsatzsteuer.[97] Aktuelle Beiträge deuten beispielsweise auf asymmetrische Auswirkungen von Umsatzsteuererhöhungen und -senkungen hin. *Loretz/Fritz* (2021) verdeutlichen dies anhand der USt-Erhöhung auf Hotelübernachtungen 2016 von 10% auf 13% und der entsprechenden Senkung im Jahr 2018. Während die Steuererhöhung zu ca. 2/3 an die Konsument*innen

---

[91] Vgl. z.B. *Homburg* (2015), S. 10.

[92] BGBl. I 3/2021.

[93] Vgl. Bundeskanzleramt (2020).

[94] Zu Grundlagen der Inzidenztheorie vgl. bereits *Due* (1953). Vgl. z.B. auch die grundlegenden Lehrbücher zur Finanzwissenschaft von *Homburg* (2015), S. 89 ff., *Stiglitz/Rosengard* (2015). Für einen Überblick über die theoretische Literatur vgl. z.B. *Loretz/Fritz* (2021), S. 11 ff.

[95] Vgl. *Stiglitz/Rosengard* (2015), S. 548.

[96] Vgl. *Stiglitz/Rosengard* (2015), S. 547.

[97] Für einen Überblick vgl. z.B. *Loretz/Fritz* (2021), S. 13 ff.

weitergegeben wurde, konnte für die nachfolgende Reduzierung keine Überwälzung beobachtet werden.[98] *Benedek et al.* (2020) finden dagegen keine systematische Evidenz für eine stärkere Überwälzung von Steuererhöhungen als von -reduzierungen.[99] Ihrer Untersuchung zufolge sind drei Varianten von USt-Reformen zu unterscheiden: Änderungen des Normaltarifs, des ermäßigten Tarifs sowie Umklassifikationen von Leistungen zwischen Steuertarifkategorien.[100]

Benzarti et al. (2020) zeigen anhand der finnischen Friseurbranche sowie eines EU-Datensatzes, dass Preise stärker auf USt-Erhöhungen als auf -senkungen reagieren und dass diese Effekte auch Jahre nach den USt-Änderungen noch bestehen. Ähnliche Beobachtungen machen auch *Wagner/Weber* (2016) im Hinblick auf die Senkung des deutschen USt-Satzes auf Hotelübernachtungen von 19% auf 7% im Jahr 2010 nach einer Erhöhung des Normaltarifs von 16% auf 19% im Jahr 2007. Im Gegensatz dazu findet *Bernal* (2018) bei der Untersuchung des Buchmarktes in mehreren osteuropäischen Staaten keine Preiserhöhungen nach USt-Erhöhungen. Vielmehr würden die USt-Erhöhungen auf die Produktionsfaktoren Arbeit und Kapital überwälzt.

Anhand eines US-amerikanischen Datensatzes[101] mit 12 Produkten und 155 Städten zeigen *Besley/Rosen* (1999), dass die Überwälzungsvorgänge von Sales-Tax-Erhöhungen produktspezifisch und regional heterogen erfolgen. Neben (häufigen) Preiserhöhungen im Umfang der Steuererhöhung beobachten sie (seltener) auch darüber hinausgehende Preiserhöhungen, was als Indiz für Marktunvollkommenheiten gewertet werden kann. Zugleich reagieren Preise mit einem Abstand von durchschnittlich einem Quartal relativ zeitnah auf Erhöhungen der *Sales Tax*.[102] Heterogenität der Überwälzungsprozesse wird auch von *Carbonnier* (2007) anhand von zwei französischen USt-Änderungen nachgewiesen. Er zeigt, dass der von Konsument*innen getragene Anteil der USt im Fall von Neuwagen 57% und bei Hausreparaturen 77% beträgt.[103] Auch in dieser Studie erfolgen die steuerbedingten Preisanpassungen sehr rasch, für beide Leistungen großteils in den ersten beiden Monaten nach der Reform.[104]

Die implizite gesetzgeberische Annahme von nach Leistungen differenzierenden Preisanpassungen nach USt-Tarifsenkungen stehen folglich nicht im Widerspruch zu den empirischen Studien. Auch die Beobachtungen asymmetrischer Preisanpassungen nach USt-Erhöhungen und -senkungen sind durchaus konsistent mit der Erwartung im Kontext des Wirtshauspakets und des 5%-

---

[98] Vgl. *Loretz/Fritz* (2021), S. 4, 21.

[99] Vgl. *Benedek et al.* (2020), S. 915.

[100] Vgl. *Benedek et al.* (2020), S. 892 ff.

[101] In den USA existiert keine der Umsatzsteuer vergleichbare Steuer. Vielmehr werden in vielen Bundesstaaten Steuern auf Ebene des Einzelhandels (*sales taxes*) erhoben.

[102] Vgl. *Besley/Rosen* (1999), S. 175.

[103] Vgl. *Carbonnier* (2007), S. 1220.

[104] Vgl. *Carbonnier* (2007), S. 1227.

Tarifs, dass die USt-Senkung nicht an die Konsument*innen weitergegeben wird. Möglicherweise war für diese Erwartung auch die Vermutung ausschlaggebend, dass die Anbieter*innen ihre Bruttopreise angesichts der ursprünglich auf nur sechs Monate befristeten Tarifsenkung nicht anpassen würden, um Verwaltungskosten zu sparen.[105] Gegen diese Vermutung spricht jedoch die relativ rasche Preisanpassung in den empirischen Studien von 2–3 Monaten.[106] Unbegründet im Lichte der dargestellten empirischen Evidenz erscheint jedoch die Vermutung, die dauerhafte Tarifsenkung auf bestimmte Reparaturdienstleistungen sowie Damen-Hygieneartikel auf 10% werde vollständig an die Konsument*innen weitergegeben.

Eine erste empirische Auswertung der österreichischen Umsatzsteuersenkung deutet darauf hin, dass die pandemiebedingten USt-Senkungen – wie den Unternehmen vom Gesetzgeber nahegelegt wurde – kaum in Form reduzierter Preise an die Konsument*innen weitergegeben werden.[107] Im Gegensatz dazu finden *Fuest/Neumeier/Stöhlker* (2021), dass in Deutschland ca. 70% der Umsatzsteuerreduzierung an die Konsument*innen weitergegeben wurden. Dabei handelte es sich aber um eine temporäre Senkung des *allgemeinen* USt-Tarifs von 19% auf 16% für den Zeitraum vom 1.7.2020 bis zum 31.12.2020, was nochmals die Notwendigkeit der von *Benedek et al.* (2020) geforderten Differenzierung nach verschiedenen Typen von USt-Reformen verdeutlicht.[108]

Im Lichte der heterogenen Ergebnisse der Literatur können die pandemiebedingten Umsatzsteuermaßnahmen bestenfalls teilweise oder zufällig auf eine theoretische oder empirische Grundlage zurückgeführt werden. Vielmehr scheint in der steuerpolitischen Debatte eher eine von ökonomischer Logik losgelöste und stattdessen politischen Wünschen folgende Argumentation zu dominieren.

6. Pauschalen

a) Wertberichtigungen und Rückstellungen

Pauschale Wertberichtigungen auf Forderungen (§ 6 Z. 2 lit. a EStG) und Pauschalrückstellungen (§ 9 Abs. 3 EStG) können seit 1.1.2021 (§ 124b Z. 372 EStG) mit steuerlicher Wirkung gebildet werden. Im ursprünglichen Antrag an den Nationalrat vom 20.11.2020 waren diese Änderungen des EStG noch nicht enthalten.[109] Die Möglichkeit pauschaler Wertberichtigungen und Rückstellungen stellt eine Abkehr von einem jahrzehntelang praktizierten Grundsatz des

---

[105] Zu den Bürokratiekosten der befristeten USt-Tarifsenkung in Deutschland vgl. *Eichfelder* (2020).

[106] Vgl. *Besley/Rosen* (1999), *Carbonnier* (2007).

[107] Vgl. *Loretz/Fritz* (2021), S. 4, 39.

[108] Die theoretischen Auswirkungen einer temporären USt-Senkung werden von *Crossley/Low/Wakefield* (2009) untersucht.

[109] Vgl. 1109/A vom 20.11.2020 (XXVII. GP).

österreichischen Bilanzsteuerrechts dar, demzufolge diese Positionen nur bei einzelnen, konkret bestimmbaren Sachverhalten gebildet werden dürfen. Bei der Bildung pauschaler Wertberichtigungen oder Rückstellungen ist auf die unternehmensrechtlichen Voraussetzungen des § 201 Abs. 2 Z. 7 UGB abzustellen, d.h. die Werte sind auf Grundlage einer „umsichtigen Beurteilung" zu schätzen.[110] Auch für „Altbestände", deren Ursache vor dem 1.1.2021 liegt, dürfen pauschale Wertberichtigungen oder Rückstellungen gebildet werden, wobei diese Nachholung gemäß § 124b Z. 372 lit. c EStG über fünf Jahre zu verteilen ist.[111]

Aus theoretischer Sicht ist unklar, wozu die (steuerliche) Einführung pauschaler Wertberichtigungen und Rückstellungen dienen soll.[112] Die möglichen steuerlichen Effekte durch Aufwandsvorverlagerung sind ausschließlich Zinseffekte, die beim aktuellen Kapitalmarktzinsniveau vernachlässigbar sind.[113] Eine besondere Liquiditätshilfe für Unternehmen, die von Forderungsausfällen bedroht waren, wurde auch nicht benötigt, da die Anzahl von Insolvenzen im Jahr 2020 deutlich rückläufig war.[114] Außerdem durften bereits nach bisheriger Rechtslage Forderungswertberichtigungen und Rückstellungen auf Grundlage einer Einzelbetrachtung gebildet werden, so dass konkrete, pandemiebedingte Aufwendungen ohnehin mit steuerlicher Wirkung hätten vorweggenommen werden können. Weiters kann der (ohnehin geringe) Zeiteffekt nur Gewinnunternehmen zugutekommen; Steuerpflichtige mit Verlusten profitieren davon nicht.

Empirische Studien deuten darauf hin, dass die Möglichkeit der Rückstellungsbildung im Vorfeld von Investitionsentscheidungen nur in seltenen Fällen als qualitatives Argument antizipiert, aber praktisch nie in Investitionskalküle einbezogen wird.[115] Daher ist auch nicht zu erwarten, dass mit der Einführung pauschaler Wertberichtigungen und Rückstellungen das Investitionsverhalten oder die Übernahme von Forderungen beeinflusst werden kann. Dass Steuerpflichtige pauschale Wertberichtigungen und Rückstellungen gern im Sinne eines Mitnahmeeffekts in Anspruch nehmen, ist nachvollziehbar, aber kein Anlass für eine Gesetzesänderung.

Auch das Argument, mit der Änderung werde eine Annäherung der steuerrechtlichen an die unternehmensrechtliche Gewinnermittlung und damit ein

---

[110] Vgl. *Bendlinger/Klokar* (2021), S. 393.

[111] Vgl. *Aumayr/Franke* (2021), S. 370 ff.

[112] *Hirschler/Schiebel* (2021), S. 464 ff. heben die steuerlichen Anreize für gut entwickelte Risikomanagementsysteme der Kreditinstitute hervor.

[113] Vgl. bereits Abschnitt III.4., Abschreibungen.

[114] Vgl. Statistik Austria (2021b).

[115] Vgl. *Schwenk* (2003), S. 146 ff. Dies galt offenbar selbst bei den höheren im Zeitpunkt der Durchführung der Befragungen vorliegenden Kapitalmarktzinsen.

Schritt in Richtung einer „Einheitsbilanz“[116] erreicht, ist verfehlt, da Unternehmensrecht und Steuerrecht unterschiedliche Zwecke und unterschiedliche Adressaten haben[117] und mit Ausnahme der Verwaltungsvereinfachung durch Wegfall einer Mehr-Weniger-Rechnung kein Vorteil einer Einheitsbilanz ersichtlich ist.

Neben dieser isolierten Analyse von pauschalen Wertberichtigungen und Rückstellungen empfiehlt sich jedoch auch eine kombinierte Untersuchung mit weiteren (einzeln betrachtet ggf. ähnlich wenig effektiven) Maßnahmen. Betrachtet man beispielsweise pauschale Wertberichtigungen und Rückstellungen simultan mit der degressiven bzw. beschleunigten Abschreibung und dem Wahlrecht zum Verlustrücktrag, so entsteht für viele Unternehmen eine beachtliche steuerbilanzielle Manövriermasse, d.h. erhebliches Potential zur intertemporalen Gewinnverlagerung.[118] Gelingt Steuerpflichtigen dadurch eine weitgehende Ergebnisglättung, so entstehen neben den zinssatzbedingt geringen Zeiteffekten auch Progressionseffekte und damit dauerhafte Steuerminderungen. Dass Steuerbilanzpolitik außer Mitnahmeeffekten Entscheidungsänderungen von Steuerpflichtigen bewirkt, erscheint jedoch zweifelhaft.

Die Mobilisierung von Manövriermasse für die Steuerbilanzpolitik wurde in der steuerpolitischen Diskussion bislang nicht thematisiert, könnte aber die eigentliche Ursache für die Einführung von Maßnahmen sein, die isoliert betrachtet wenig effektiv für die Abmilderung pandemiebedingter Härten sind. Profitieren dürften davon vor allem rentable, mittelgroße Unternehmen mit im Zeitablauf schwankenden Gewinnen. Naheliegend erscheint daher, dass die Rechtsänderung auf die Einflussnahme von Interessenvertreter*innen zurückgeht.

b) Pendlerpauschale

Gemäß § 124b Z. 349 EStG idF BGBl I 23/2020 und BGBl I 96/2020 steht das Pendlerpauschale auch im Fall von pandemiebedingter Kurzarbeit oder Telearbeit zu, auch wenn in diesen Fällen der reguläre Arbeitsplatz nicht aufgesucht wird. Diese befristete Regelung wurde mehrmals verlängert, zuletzt bis zum 30.6.2021.[119]

Zwar sind Existenz und Höhe des Pendlerpauschales unterschiedlichen Interpretationen zugänglich,[120] jedoch soll damit nach herrschender Meinung und

---

[116] Vgl. z.B. *Moser* (2021), S. 131, 134, *Schilcher/Titz* (2021), S. 143, *Schlager/Titz* (2021), S. 7 f.

[117] Vgl. z.B. *Rohatschek/Broidl* (2018), S. 1192.

[118] Zu Optimierungskalkülen in der Steuerbilanzpolitik vgl. z.B. *Scheffler* (1998), S. 419 ff., *Wagner* (2005), S. 469 ff.

[119] BGBl. I 52/2021.

[120] Vgl. *Niemann/Rünger/Scheuer* (2020) für die Entscheidungswirkungen des Pendlerpauschales.

VwGH-Rechtsprechung die typisierte Abzugsfähigkeit von Kosten für Fahrten zwischen Wohnung und Arbeitsstätte gewährleistet werden. Vor diesem Hintergrund mutet es paradox an, wenn für nachweislich nicht angefallene Aufwendungen ein Werbungskostenabzug gewährt wird. Vielmehr dürfte es dem Gesetzgeber mit der Weitergewährung der pendlerpauschalenbedingten Steuerminderzahlung um eine Art Einkommensersatzleistung gegangen sein.[121] Diese Interpretation weckt jedoch Zweifel an der Zielgenauigkeit der Förderung, da viele Beschäftigte während der Lockdowns zwar vor besonderen beruflichen und privaten organisatorischen Herausforderungen standen, bei Weiterbeschäftigung im Home Office allerdings nicht zwingend Einkommensausfälle zu verkraften hatten. Beschäftigten, die ihren Arbeitsplatz verloren, und die u.U. vor existentiellen Einkommensausfällen stehen oder standen, steht dagegen kein Pendlerpauschale mehr zu. Staatliche Einkommensersatzleistungen sollten aber nur bei Einkommensausfällen gewährt werden. Die Kurzarbeitsregelung dürfte sozialpolitisch weitaus zielgenauer funktioniert haben. Die Fortgewährung des Pendlerpauschales bei weggefallenen Fahrtkosten dürfte auch zu zahlreichen schwer zu rechtfertigenden Ungleichbehandlungen in Abhängigkeit von der vorhergehenden Wohnsitz- und Arbeitsplatzwahl der Beschäftigten geführt haben.[122] Dass typisierte Werbungskosten als Instrument der Sozialpolitik wenig geeignet sind, gilt folglich sowohl innerhalb als auch außerhalb einer Pandemie. Als einziger plausibler Grund für die Fortführung des Pendlerpauschales verbleibt daher eine mögliche Verwaltungsvereinfachung für die Personalverrechnung.

Während der erstmalige Beschluss von § 124b Z. 349 EStG idF BGBl I 23/2020 im Nationalrat am 3.4.2020 noch mit nachvollziehbarer gesetzgeberischer Hektik zu Beginn der Pandemie erklärt werden kann, ist aus ökonomischer Perspektive unklar, weshalb in weiterer Folge kein Lernprozess stattfand und eine im Hinblick auf die Zielgenauigkeit der Verteilungswirkungen offensichtlich problematische Regelung wiederholt verlängert wurde.

---

[121] In diesem Sinne auch Aussagen in der Parlamentskorrespondenz Nr. 305 vom 2.4.2020.

[122] Vgl. *Niemann/Rünger/Scheuer* (2020).

IV. Zusammenfassung und Schlussfolgerungen

Dieser Beitrag beleuchtet ausgewählte steuerliche Covid-19-Hilfsmaßnahmen im Hinblick auf ihre Effektivität sowie ihre Verankerung in ökonomischer Theorie und Empirie.

Das Ergebnis hinsichtlich der Effektivität ist gemischt. Die in der Frühphase der Pandemie getroffenen Maßnahmen wie z.B. Steuerstundungen oder Herabsetzungen von Vorauszahlungen, leisteten eine effektive Liquiditätshilfe. Dies gilt auch für Hilfsmaßnahmen wie Fixkostenzuschüsse und Umsatzersätze, wobei deren Ausgestaltung durchaus noch Verbesserungspotential aufwies. Auch die Ausweitung der Verlustverrechnung ist eine theoretisch und empirisch gut begründbare Maßnahme. Zu bemängeln ist allerdings ihre lediglich temporäre Geltung.

Demgegenüber sind die Wirkungen der als Investitionsanreize konzipierten Maßnahmen uneindeutig. Angesichts vernachlässigbarer Zinseffekte spricht wenig für, aber auch wenig gegen beschleunigte Abschreibungen. Messbare Investitionseffekte können sich jedoch nur dann einstellen, wenn Steuerpflichtige die Größenordnung der Förderung drastisch überschätzen. Deutlich höhere Effektivität verspricht dagegen die Investitionsprämie, wobei erst künftige empirische Untersuchungen zeigen werden, ob sie den investierenden Unternehmen oder den Investitionsgüteranbieter*innen über steigende Preise zugutegekommen ist.

Hinsichtlich der Umsatzsteuer kultiviert der Gesetzgeber seinen jahrzehntelang gehegten Irrtum, durch Tarifermäßigungen sei eine zielgenaue Förderung von bestimmten Personen oder Branchen möglich. Auch wenn mit der Tarifermäßigung für Gastwirt*innen und mit dem 5%-Tarif zufällig das intendierte Ergebnis der Nicht-Weitergabe an Konsument*innen eingetreten sein sollte, bleibt die Auswahl der begünstigt besteuerten Leistungen willkürlich. Ob im konkreten Einzelfall eine Förderbedürftigkeit vorlag, ist für die Anwendung der ermäßigten Tarife unerheblich. Zielgenauere Maßnahmen wie Fixkostenzuschüsse und Umsatzersätze standen zur Verfügung und wurden ggf. zusätzlich von den Unternehmen genutzt.

Die Einführung pauschaler Wertberichtigungen und Rückstellungen zeigt weiters, dass im Gefolge von notwendigen und sinnvollen pandemiebezogenen Hilfsmaßnahmen auch ein Subventionswettlauf eintreten kann, der zugunsten der besten Interessenvertretungen, aber nicht notwendigerweise im Sinne betroffener Unternehmen ausgeht. Die Begünstigung der von der Pandemie nur geringfügig betroffenen Land- und Forstwirtschaft sowie die Fortführung des Pendlerpauschales trotz weggefallener Fahrtkosten verdeutlichen dies zusätzlich.

Für eine ernsthafte Auseinandersetzung mit ökonomischen Argumenten aus Theorie und Empirie während der Gesetzgebungsprozesse finden sich kaum Anhaltspunkte. Hätte eine solche Auseinandersetzung stattgefunden, wären vermutlich Lerneffekte eingetreten, auf die die Steuerpflichtigen 2020/21 vergeblich gewartet haben.

Literaturverzeichnis

Atzmüller, Martin (2020), Vorgezogene Verlustberücksichtigung, Steuer- und Wirtschaftskartei, 95 (28), S. 1332.

Auerbach, Alan (1986), The Dynamic Effects of Tax Law Asymmetries, Review of Economic Studies, 53 (2), S. 205.

ders./Hines, James (1988), Investment Tax Incentives and Frequent Tax Reforms, American Economic Review, 78 (2), S. 211.

ders./Summers, Lawrence (1979), The investment tax credit: An Evaluation, NBER Working Paper No. 404, S. 1.

Aumayr, Lisa/Franke, Lukas (2021), Highlights aus dem Einkommensteuerrichtlinien-Wartungserlass 2021, Österreichisches Recht der Wirtschaft, 39 (5), S. 368.

dies./Schlager, Christoph (2020), Beschleunigte Gebäude-AfA: Fragestellungen zum Anwendungsbereich, Steuer- und Wirtschaftskartei, 95 (27), S. 1288.

Barlev, Benzion/Haim, Levy (1975), Loss carryback and carryover provision: Effectiveness and economic implications, National Tax Journal, 28 (2), S. 173.

Beck, Morris (1953), Carryover of Business Losses, National Tax Journal, 6 (1), S. 69.

Bendlinger, Valentin/Klokar, Martin (2021), COVID-19-bedingte Maßnahmen im Unternehmenssteuerrecht, ecolex, 264, S. 390.

Benedek, Dora/De Mooij, Ruud/Keen, Michael/Wingender, Philippe (2019), Varieties of VAT pass through, International Tax and Public Finance, 27, S. 890.

Besley, Timothy/Rosen, Harvey (1999), Sales Taxes and Prices: An Empirical Analysis, National Tax Journal, 52 (2), S. 157.

BMF (2020a), BMF-Information, BMF - IV/6 (IV/6), Sonderregeln betreffend Coronavirus, Gz. 2020-0.178.784.

dass. (2020b), BMF-Information, BMF - IV/6 (IV/6), Erweiterte Sonderregeln betreffend Coronavirus, Gz. 2020-0.190.277.

dass. (2021a), Corona-Hilfsmaßnahmen: Infos, Entlastungen und Vereinfachungen, https://www.bmf.gv.at/public/informationen/corona-hilfsmassnahmen.html (abgerufen am 21.9.2022).

dass. (2021b), Wirtshaus-Paket in der Höhe von 500 Mio. Euro, https://www.bmf.gv.at/public/top-themen/wirtshaus-paket.html (abgerufen am 21.9.2022).

Bronzini, Raffaello/De Blasio, Guido/Pellegrini, Guido/Scognamiglio, Alessandro (2008), The effect of investment tax credit: Evidence from an atypical programme in Italy, Banca d'Italia Working Paper No. 661.

Bryndza, Dominik/Stückler, Karl/Kuntner, Magdalena (2020), COVID-19: Investitionsprämie nach dem InvPrG in der Unternehmens- und Steuerbilanz, RWZ Zeitschrift für Recht und Rechnungswesen, 30 (10), S. 331.

Büger, Reinhard/Steinhauser, Elisabeth (2020), Verlustrücktrag und COVID-19-Rücklage, taxlex, 16 (10), S. 300.

Bundeskanzleramt (2020), Regierung senkt Umsatzsteuer auf Damenhygiene-Artikel, https://www.bundeskanzleramt.gv.at/bundeskanzleramt/nachrichten-der-bundesregierung/2020/raab-maurer-regierung-senkt-umsatzsteuer-auf-damenhygiene-artikel.html (abgerufen am 21.9.2022).

Carbonnier, Clement (2007), Who pays sales taxes? Evidence from French VAT reforms, 1987–1999, Journal of Public Economics, 91, S. 1219.

Crossley, Thomas/Low, Hamish/Wakefield, Matthew (2009), The Economics of a Temporary VAT Cut, Fiscal Studies, 30 (1), S. 3.

Deichsel, Michael/Inzinger, Marie-Christin (2020), KonStG 2020 und InvPrG: Steuerliche Investitionsanreize infolge der COVID-19-Krise, Österreichische Steuerzeitung, 73 (20), S. 545.

Die neue Volkspartei/Die Grünen – Die grüne Alternative (2020): Aus Verantwortung für Österreich – Regierungsprogramm 2020–2024.

Domar, Evsey/Musgrave, Richard (1944), Proportional Income Taxation and Risk-Taking, Quarterly Journal of Economics, 58 (3), S. 388.

Ecker, Thomas/Kuder, Bernhard (2020), Umsatzsteuersatz iHv 5% für Gastronomie, Beherbergung, Kultur und Publikationen, Österreichische Steuerzeitung, 73 (14), S. 385.

Ehrke-Rabel, Tina (2023), Reflexionen zu theorie- und evidenzbasierter Steuergesetzgbung, in: Wendland, Matthias/Eisenberger, Iris/Niemann, Rainer (Hrsg.), Theorie- und Evidenzbasierte Politik, Mohr Siebeck, Tübingen, S. 99.

Eichfelder, Sebastian (2020), Betriebliche Bürokratiekosten der befristeten Mehrwertsteuersenkung des Corona-Konjunkturpakets, Der Betrieb, 73 (32), S. 1649.

ders./Schneider, Kerstin (2018), How do tax incentives affect business investment? Evidence from German bonus depreciation, arqus Discussion Paper No. 231.

Eisner, Robert/Lawler, Patrick (1975), Tax Policy and Investment: An Analysis of Survey Responses, American Economic Review, 65 (1), S. 206.

Endfellner, Clemens (2020). Der Verlustrücktrag, taxlex, 16 (9), S. 276.

Flooh, Edith/Gruber, Magdalena/Höserle, Silke (2009a), Zusätzliche Investitionsanreize durch degressive Abschreibung?, Steuer- und Wirtschaftskartei, 84 (2), S. T 7.

dies./Gruber, Magdalena Höserle, Silke (2009b), Update: Zusätzliche Investitionsanreize durch degressive Abschreibung?, Steuer- und Wirtschaftskartei, 84 (11), S. T 90

Fochmann, Martin/Kiesewetter, Dirk/Sadrieh, Abdolkarim (2012), Investment behavior and the biased perception of limited loss deduction in income taxation, Journal of Economic Behavior & Organization, 81, S. 230.

Furherr, Gebhard/Oberrader, Viktoria (2020), Der Verlustrücktrag des Konjunkturstärkungsgesetzes 2020, Steuer- und Wirtschaftskartei, 95 (22), S. 1092.

Geringer, Stefanie (2021), Zweifelsfragen zur neuen degressiven AfA, taxlex, 17 (1), S. 20

Geweßler, Katharina/Uedl, Franziska (2020a), Einführung eines rechtsformunabhängigen Verlustrücktrags im EStG und KStG durch das Konjunkturstärkungsgesetz 2020, Österreichische Steuerzeitung, 73 (15–16), S. 413.

dies. (2020b). Verlustrücktrag iSd KonStG 2020 – vorzeitige Geltendmachung im Rahmen der COVID-19-Verlustberücksichtigungsverordnung, Österreichische Steuerzeitung, 73 (20), S. 537.

Goolsbee, Austan (1997), Investment tax incentives, prices, and the supply of capital goods, Quarterly Journal of Economics, 113 (1), S. 121.

Haegert, Lutz (2002), Keine signifikante Beeinträchtigung der Investitionsbereitschaft durch neue AfA-Tabellen, Betriebs-Berater, 57 (12), S. 615.

ders./Kramm, Rainer (1977), Die Bedeutung des steuerlichen Verlustrücktrags für die Rentabilität und das Risiko von Investitionen, Zeitschrift für betriebswirtschaftliche Forschung, 29, S. 203.

ders./Wittmann, Franz (1984), Zur Bedeutung von Abschreibungsvergünstigungen und Investitionszulagen für Investitionsentscheidungen, Betriebswirtschaftliche Forschung und Praxis, 36 (3), S. 243.

Hall, Robert/Jorgenson, Dale (1967), Tax Policy and Investment Behavior, American Economic Review, 57 (3), S. 391.

Hirschler, Klaus/Schiebel, Alexander (2021), Steuerliche Anerkennung von Pauschalwertberichtigungen, Steuer- und Wirtschaftskartei, 96 (7), S. 464.

Homburg, Stefan (2015), Allgemeine Steuerlehre, 7. Aufl., Vahlen, München.

House, Christopher L./Shapiro, Matthew D. (2008), Temporary Investment Tax Incentives: Theory with Evidence from Bonus Depreciation, American Economic Review, 98 (3), S. 737.

Inzinger, Marie-Christin/Oberndorfer, Mario/Wurm, Wolfgang (2021), Die Vereinbarkeit der COVID-19-Zuschüsse, Steuer- und Wirtschaftskartei, 96 (13/14), S. 800.

Jacob, Martin/Pasedag, Andreas (2009), Neue Abschreibungsregeln – zweifelhafte Vorteile, Der Betrieb, 62 (35), S. 1829.

ders./Pasedag, Andreas/Wagner, Franz (2011), Werden niedrige Steuersätze in Osteuropa durch Verzicht auf Verlustverrechnung erkauft?, Perspektiven der Wirtschaftspolitik, 12 (1), S. 72.

Kanduth-Kristen, Sabine/Fritz-Schmied, Gudrun (2020), Die degressive Absetzung für Abnutzung und die beschleunigte lineare Gebäudeabschreibung nach dem KonStG 2020, taxlex, 16 (9), 278.

Kaniovski, Serguei/Pekanov, Atanas/Url, Thomas (2021), Ex-post-Analyse der Wirkungen des COVID-19-Maßnahmenpaketes auf die Unternehmensliquidität, Österreichisches Institut für Wirtschaftsforschung.

Kiesewetter, Dirk/Niemann, Rainer (2004a), Steuerparadoxa durch Endbesteuerung, Mindestbesteuerung und Begünstigung einbehaltener Gewinne, Journal für Betriebswirtschaft, 54, S. 129.

dies. (2004b), Die versehentliche Einführung einer konsumorientierten Einkommensteuer in Österreich und Lehren für die Abgeltungssteuer in Deutschland, in: Dirrigl, Hans/Wellisch, Dietmar/Wenger, Ekkehard (Hrsg.), Steuern, Rechnungslegung und Kapitalmarkt: Festschrift für Franz W. Wagner zum 60. Geburtstag, Deutscher Universitäts-Verlag, Wiesbaden, S. 63.

King, Mervyn/Fullerton, Don (1984), The Taxation of Income from Capital, University of Chicago Press.

Klokar, Martin (2020), Der Verlustrücktrag nach dem Konjunkturstärkungsgesetz 2020, Abgabenverfahren und Rechtsschutz 1 (4), S. 117.

ders./Postlmayr, Katrin (2021), Zweifelsfragen zum Verlustrücktrag und zur COVID-19-Rücklage, Steuer- und Wirtschaftskartei, 96 (6), S. 394.

Koch, Reinald/Langenmayr, Dominika (2020), Der steuerliche Umgang mit Verlusten: Reformoptionen für die Corona-Krise, Wirtschaftsdienst, 100 (5), S. 367.

Kocher, Martin/Badelt, Christoph (2019), Manifest für eine evidenzbasierte Politik, DerStandard vom 20.11.2019, S. 30.

König, Rolf/Sureth, Caren (2002), Die ökonomischen Auswirkungen der Änderungen der steuerlichen Abschreibungsmodalitäten, Die Betriebswirtschaft, 62 (3), S. 260.

Lang, Gunther (2021), Investitionsprämie für Immobilienunternehmen, Steuer- und Wirtschaftskartei, 96 (5), S. 359.

Lenz, Hansrudi (2023), Ökonomische Covid-19-Maßnahmen aus wirtschaftsethischer Perspektive, in: Wendland, Matthias/Eisenberger, Iris/Niemann, Rainer (Hrsg.), Theorie- und Evidenzbasierte Politik, Mohr Siebeck, Tübingen, S. 109.

Leopoldina (2019), Initiative zur evidenzbasierten Politikgestaltung, https://www.leopoldina.org/fileadmin/redaktion/Themen/Konzept_Initiative_Evidenz.pdf (abgerufen am 21.9.2022).

Lindinger, Wolfgang (2021), COVID-19-Förderungen des Bundes, taxlex, 17 (1), S. 3.

Loretz, Simon/Fritz, Oliver (2021), Wirkungen der im Zuge der COVID-19-Krise reduzierten Mehrwertsteuersätze, Österreichisches Institut für Wirtschaftsforschung.

Mayr, Gunter (2020), COVID-19: Das steuerliche Wirtshaus-Paket, Österreichisches Recht der Wirtschaft, 38 (6), S. 465.

ders./Reinweber, Erika/Schlager, Christoph (2020), Der Fixkostenzuschuss im Überblick, Steuer- und Wirtschaftskartei, 95 (16–17), S. 860.

ders./Tumpel, Julia (2020), Verlustrücktrag und COVID-19-VerlustberücksichtigungsVO, Österreichisches Recht der Wirtschaft, 11, S. 862.

Mayr, Mario (2020), Der befristete ermäßigte Umsatzsteuersatz von 5%, Steuer- und Wirtschaftskartei, 95 (23–24), S. 1144.

ders. (2021). Die umsatzsteuerrechtlichen Neuerungen im COVID-19-StMG, Steuer- und Wirtschaftskartei, 96 (5), S. 340.

Melhardt, Stefan/Kuder, Bernhard (2020), Umsatzsteuerliche Änderungen durch das „Wirtshauspaket“, Österreichische Steuerzeitung, 73 (12), S. 323.

Mitterlehner, Andreas/Panholzer, Max (2020), Mehrfachförderungen und COVID-19-Investitionsprämie, Steuer- und Wirtschaftskartei, 95 (27), S. 1295.

dies. (2021), Welche (verlängerten) Fristen sind bei der COVID-19-Investitionsprämie zu beachten?, Steuer- und Wirtschaftskartei, 96 (5), S. 334.

Moser, Gerald (2021), COVID-19-Steuermaßnahmengesetz, taxlex 17 (4), S. 131.

Niemann, Rainer (1996), Ökonomische Analyse von Kapitalnutzungskosten und effektiven Grenzsteuersätzen als Indikatoren der steuerlichen Vorteilhaftigkeit von Investitionen, Arbeitspapiere zur quantitativen Betriebswirtschaftslehre, 8/1996, Universität Bielefeld.

ders. (2004), Investitionswirkungen steuerlicher Verlustvorträge – Wie schädlich ist die Mindestbesteuerung?, Zeitschrift für Betriebswirtschaft, 74 (4), S. 359.

ders. (2021), Der Profilbildende Bereich Smart Regulation: Entwurf eines Mission Statements, in: Leyens, Patrick C./Eisenberger, Iris/Niemann, Rainer (Hrsg.), Smart Regulation: Vertrag, Unternehmung und Markt, Mohr Siebeck, Tübingen, S. 3.

ders./Rünger, Silke/Scheuer, Timon (2020), Zum Reformbedarf des Pendlerpauschales, Steuer- und Wirtschaftskartei, 95 (29), S. 1379.

ders./Scheuer, Timon (2020), Entscheidungswirkungen des Fixkostenzuschusses, Steuer- und Wirtschaftskartei, 95 (28), S. 1343.

ders./Sureth, Caren (2008), Steuern und Risikobereitschaft in Modellen irreversibler Investitionen, Journal für Betriebswirtschaft, 58, S. 121.

Oberndorfer, Mario (2021), Die ertragsteuerliche Behandlung ausgewählter COVID-19-Förderungen, Steuer- und Wirtschaftskartei, 96 (5), S. 347.

o.V. (2021), Nullsteuersatz für Schutzmasken, Gemeindehilfspaket und Sozialversicherungs-Änderungsgesetz 2020, Steuer- und Wirtschaftskartei, 96 (5), S. 330.

Petutschnig, Matthias/Winkler, Georg (2020), For Here or to Go? Die COVID-19-Umsatzsteuersenkung und ihre praktischen Implikationen, Abgabenverfahren und Rechtsschutz, 1 (5), S. 180.

Plott, Christoph/Vaishor, Markus (2020), Die degressive Absetzung für Abnutzung und die beschleunigte Gebäudeabschreibung, Steuer- und Wirtschaftskartei, 95 (23–24), S. 1134.

Prodinger, Christian (2020), Beschleunigte Abschreibung von Gebäuden, Steuer- und Wirtschaftskartei, 95 (25), S. 1212.

Rechbauer, Martina/Rünger, Silke (2021), Degressive AfA und beschleunigte Gebäude-AfA, Steuer- und Wirtschaftskartei, 96 (15), S. 871.

Rohatschek, Roman/Broidl, Christiana (2018), Einheitsbilanz – (k)ein erstrebenswertes Ziel?, Steuer- und Wirtschaftskartei, 93 (27), S. 1190.

Rzeszut, Robert/Lebenbauer, Edith (2020), Corona-bedingte Steuerstundungen – wie geht es weiter nach dem 30.9.2020?, Steuer- und Wirtschaftskartei, 95 (22), S. 1096.

Schanz, Deborah/Schanz, Sebastian (2011), Business Taxation and Financial Decisions, Springer Verlag, Berlin, Heidelberg.

Scheffler, Wolfram (1998), Entwicklungsstand der Modelldiskussion im Bereich der Steuerbilanzpolitik, in: Freidank, Carl-Christian/Rössler, Stefan (Hrsg.), Rechnungslegungspolitik, Springer, Berlin, Heidelberg, S. 407.

Schilcher, Michael/Titz, Elisabeth (2021), Pauschale Forderungswertberichtigungen und Rückstellungsbildungen im Lichte des EStR-Wartungserlasses 2021, RWZ Zeitschrift für Recht und Rechnungswesen, 5, S. 143.

Schneider, Dieter (1970), Sofortiger Verlustausgleich statt Teilwertabschreibung – ein Problem der Steuerreform, Die Wirtschaftsprüfung, 23, S. 68

ders. (1988), Was verlangt eine marktwirtschaftliche Steuerreform: Einschränkung des Verlust-Mantelkaufs oder Ausweitung des Verlustausgleichs durch handelbare Verlustverrechnungsgutscheine?, Betriebs-Berater, 43 (18), S. 1222.

ders. (1992), Investition, Finanzierung und Besteuerung, 7. Aufl., Gabler Verlag, Wiesbaden.

Schreiber, Ulrich (2017), Besteuerung der Unternehmen, 4. Aufl., Springer Gabler Verlag, Wiesbaden.

Schwenk, Anja (2003), Die Wirkung impliziter Steuervorteile des Bilanzrechts, Deutscher Universitäts-Verlag, Wiesbaden.

Siegel, Theodor (1982), Steuerwirkungen und Steuerpolitik in der Unternehmung, Physica-Verlag, Würzburg, Wien.

Statistik Austria (2021a), Das System der Volkswirtschaftlichen Gesamtrechnungen (VGR), http://statistik.gv.at/web_de/statistiken/wirtschaft/volkswirtschaftliche_gesamtrechnungen/index.html, Download vom 20.7.2021.

dass. (2021b), Statistik der Insolvenzen, https://pic.statistik.at/web_de/statistiken/wirtschaft/unternehmen_arbeitsstaetten/unternehmensdemografie_ab_2015/insolvenzen/125-953.html, Download vom 20.8.2021.

Stiglitz Joseph/Rosengard, Jay (2015), Economics of the Public Sector, 4. Aufl., WW Norton & Co, New York.

Ullmann, Andreas/Fiala, Florian (2020), Rückwirkende Senkung der Umsatzsteuer und Rechnungsausstellung, Abgabenverfahren und Rechtsschutz, 1 (4), S. 125.

Urnik, Sabine/Schmidbauer, Tanja (2021), Fragen über Fragen zur Gebäudeabschreibung gemäß § 8 Abs. 1a EStG, Steuer- und Wirtschaftskartei, 96 (7), S. 471.

Wagner, Franz W. (1984), Grundfragen und Entwicklungstendenzen der betriebswirtschaftlichen Steuerplanung, Betriebswirtschaftliche Forschung und Praxis, 36 (3), S. 201.

ders. (2005), Besteuerung, in: Bitz, Michael/Domsch, Michel/Ewert, Ralf/Wagner, Franz W. (Hrsg.), Vahlens Kompendium der Betriebswirtschaftslehre, Band 2, 5. Aufl., Vahlen, München, S. 407.

ders./Dirrigl, Hans (1980), Die Steuerplanung der Unternehmung, Fischer Verlag, Stuttgart.

Wagner, Oliver/Mayrleitner, Günther (2020), Die neue COVID-19-Investitionsprämie für Unternehmen, Steuer- und Wirtschaftskartei, 95 (25), S. 1216.

Reflexionen zu theorie- und evidenzbasierter Steuergesetzgebung

Tina Ehrke-Rabel

I. Grundlagen der Begründungspflicht von Steuern

1. Funktion von Steuern

In einer liberalen Demokratie, einem Rechtsstaat, der nicht über natürliche Ressourcen verfügt, die er zu kommerziellen Zwecken ausbeuten kann, haben Steuern zunächst primär eine Funktion: Die Erfüllung der Staatsaufgaben zu finanzieren.[1] Der Gesetzgeber darf neben fiskalischen Zwecken mit einer Geldleistungsverpflichtung auch andere Zwecke verfolgen.[2] Daher steht es dem Gesetzgeber grundsätzlich frei, neben fiskalischen Zwecken durch Steuerrecht Anreize für eine Verhaltenslenkung des Steuerpflichtigen zu setzen.[3] Er darf

[1] Vgl. *Ruppe* (2016), Rz. 13, *Ehrke-Rabel* (2019), Rz. 7 f.

[2] Z.B. VfSlg. 4466/1963, 8457/1978, 9750/1983, 10.403/1985, 14.597/1996 (Sbg. Zapfsäulenabgabe), 19.933/2014 (Managergehälter).

[3] Vgl. VfSlg. 19.933/2014 (Managergehälter).

sich dabei nur nicht von vornherein völlig ungeeigneter Mittel bedienen.[4] In einer sozialen Marktwirtschaft[5] dienen Steuern außerdem der Umverteilung.[6]

Wie die Finanzierung erfolgt, d.h. welche Steuerarten auf welche Besteuerungsgegenstände (Einkommen, Konsum, Vermögen) erhoben werden, ist zunächst methodenbasiert: Die Finanzwissenschaften haben die Grundlagen gelegt, die sich in der Summe der Gesetze widerspiegeln, welche gemeinsam mit den zugrundeliegenden Besteuerungsprinzipien das Steuersystem ausmachen. Die konkrete Ausgestaltung eines Steuersystems folgt aber nicht ausschließlich streng ökonomischen Überlegungen, weil (1) nicht jede ökonomisch sinnvolle Maßnahme auch als gerecht im Sinne des bestehenden (vor allem Grund-) Rechtsrahmens anzusehen ist[7] und weil (2) Steuern als Belastungen jedes einzelnen Bürgers und jeder einzelnen Bürgerin auch Steuerungsinstrument sein können. Sie kommen sowohl als wirtschaftspolitisches (im weitesten Sinn) als auch als gesellschaftspolitisches Lenkungsinstrument in Betracht.[8] So kann ein Staat durch die konkrete Ausgestaltung eines Steuersystems seine präferierten Wertvorstellungen verstärken, indem er Anreize (durch Entlastungen und Belastungen) zu einem bestimmten Verhalten setzt.

2. Weiter Gestaltungsspielraum des Steuergesetzgebers

Der gesetzgeberische Gestaltungsspielraum ist nach der ständigen Rechtsprechung des VfGH sowohl hinsichtlich der Auswahl des Besteuerungsgegenstandes als auch hinsichtlich der konkreten Ausgestaltung der Steuergesetze relativ groß, vor allem dann, wenn es primär um die Finanzierung der Staatsaufgaben geht.[9] Die gesetzgeberische Freiheit wird vor allem durch den Gleichheitssatz begrenzt: Innerhalb eines Ordnungssystems (wobei das Ordnungssystem im

---

[4] Vgl. VfSlg. 19.933/2014 (Managergehälter), unter Verweis auf *Ruppe* (1998), S. 126.

[5] Die soziale Marktwirtschaft ist in Art. 3 EUV verankert. Nach Abs. 2 leg. cit. wirkt die Union auf die nachhaltige Entwicklung Europas auf der Grundlage eines ausgewogenen Wirtschaftswachstums und von Preisstabilität, eine in hohem Maße wettbewerbsfähige *soziale Marktwirtschaft*, die auf Vollbeschäftigung und Preisstabilität zielt, sowie ein hohes Maß an Umweltschutz und Verbesserung der Umweltqualität hin.

[6] Vgl. *Zimmermann et al.* (2021), S. 7 ff. Der VfGH spricht in diesem Zusammenhang von Gerechtigkeits- und Solidaritätsaspekten des Steuerrechts (vgl. VfSlg. 19.933/2014, Mangergehälter).

[7] So mag es aus ökonomischer Sicht effizient erscheinen, mobile Einkunftsquellen, wie etwa Kapital, das nicht in Grundvermögen besteht, nicht oder sehr niedrig zu besteuern, um die Steuerflucht in das niedrig besteuernde Ausland zu vermeiden, und immobile Einkunftsquellen hoch zu besteuern. Aus dem Blick der auf Gleichmäßigkeit der Besteuerung aller Bürger*innen gerichteten Gerechtigkeitsidee sozialer Marktwirtschaften ist dies jedoch ohne weitere Rechtfertigung unzulässig.

[8] Z.B. VfSlg. 8457/1978 (Luxustangente für PKW), 19.933/2014 (Managergehälter), VfSlg. 20.367/2019 (ökologische Lenkung bei Benützungsgebühren für Gemeindeeinrichtungen).

[9] Z.B. VfSlg. 19.984/2015 (zur Einführung eines Sonderbeitrages zur Stabilitätsabgabe).

Regelfall nicht die einzelne Steuerart, sondern ein kleineres Segment innerhalb einer Steuerart ist)[10] ist Gleichbehandlung vergleichbarer Sachverhalte geboten, es sei denn wichtige Gründe (des öffentlichen Interesses) rechtfertigen die Ungleichbehandlung. Vor dem Hintergrund des Gleichheitssatzes erlaubt und in einer komplexen Welt sogar geboten sind Vergröberungen. So kann der Gesetzgeber nach der stRsp. des VfGH von einer Durchschnittsbetrachtung ausgehen und auf den Regelfall abstellen[11] und so sowohl typisieren als auch pauschalieren.[12] Typisierungen und Pauschalierungen müssen aber die Realität sachgerecht abbilden. Sie müssen für die Mehrheit der realen Fälle repräsentativ sein.[13] Einzelne Härtefälle sind verfassungsrechtlich unbedenklich, wenn die vergröbernde Regelung für die Mehrheit der Fälle passt.[14] Im Übrigen setzt der Gleichheitssatz dem Gesetzgeber insofern inhaltliche Schranken, als er es ihm verbietet, sachlich nicht begründbare Regelungen zu treffen. Innerhalb dieser Schranken darf der Gesetzgeber jedoch seine rechtspolitischen Zielvorstellungen auf die ihm vernünftig erscheinende Art und Weise verfolgen.[15] Verfassungsrechtlich problematisch ist dies nur, wenn der Gesetzgeber Ziele verfolgt, die keinesfalls im öffentlichen Interesse gelegen sind.[16]

Den Gesetzgeber trifft also eine Begründungspflicht, die sich nicht auf Intuition verlassen, sondern wissensbasiert sein muss. An dieser Stelle hat eine Rückkoppelung an empirische Evidenz zu erfolgen. Der Maßstab, den der VfGH bei der Gesetzesüberprüfung bislang ansetzt, scheint nicht allzu hoch gegriffen. So lagen etwa all den Erkenntnissen des VfGH zum Einheitswert als Steuerbemessungsgrundlage für Grundstücke keine umfassenden Rechnungen und Studien zugrunde, die die Realitätsferne dieses typisierenden Wertmaßstabes bewiesen haben.[17] Gleichzeitig war aber unbestritten, dass die den Entscheidungen zugrundeliegenden Einheitswerte den aktuellen Verkehrswerten in keiner Weise mehr entsprachen. Im Verfahren um die verfassungsrechtliche

---

[10] Betriebliche und außerbetriebliche Einkünfte sind etwa als zwei unterschiedliche Ordnungssysteme zu sehen, sodass Unterschiede in der steuerrechtlichen Behandlung von Aufwendungen grundsätzlich nicht am Gleichheitssatz gemessen werden dürfen (z.B. VfSlg. 13.296/1992, zur Unsachlichkeit einer Regelung im Rahmen der außerbetrieblichen Einkünfte siehe aber VfSlg. 19.185/2010 zur Verlustverwertung bei Einkünften aus Vermietung und Verpachtung).

[11] Z.B. VfSlg. Managergehälter, 19.678/2012, 17.816/2006, 113.659/1993.

[12] Vgl. *Ehrke-Rabel* (2019), Rz. 55.

[13] Vgl. *Ehrke-Rabel* (2019), Rz. 106.

[14] Für viele VfSlg. 19.763/2013, 20.092/2016, Rz. 174, VfSlg. 20.232/2017. Mit dem VfGH bewirkt nicht jede allfällige Unbilligkeit, die eine einheitliche Regelung mit sich bringt, bereits die Unsachlichkeit einer Regelung (VfSlg 19.933/2014 (Managergehälter)).

[15] Vgl. VfSlg. 17.807/2006, 19.933/2014 (Managergehälter).

[16] Vgl. VfSlg. 19.933/2014 (Managergehälter).

[17] Vgl. VfSlg. 18.093/2007 (zur Erbschaft- und Schenkungssteuer), VfSlg. 19.701/2012 (zur Grunderwerbsteuer), 20.352/2019 (zur Grundsteuer).

Zulässigkeit der Abzugsbeschränkung von Managergehältern hat die Bundesregierung hingegen umfassende Studien vorgelegt, die das Einkommensgefälle zwischen Mitarbeiter*innen in einem Unternehmen belegt haben.[18]

Steuergesetze müssen vor dem Hintergrund des Gleichheitssatzes auch vollziehbar sein.[19] Zeigt die Realität (empirische Evidenz), dass ein kluges materielles Steuergesetz weder effektiv noch effizient angewandt und dessen Einhaltung nicht kontrolliert werden kann, liegt ein strukturelles Vollzugsdefizit vor, das das Gesetz gleichheitswidrig machen kann.[20]

Abgesehen vom Gleichheitssatz wird der Steuergesetzgeber in seiner Gestaltungsfreiheit durch das Eigentumsgrundrecht[21] (eine Steuer darf nicht erdrosseln, weil sie so zum Ordnungsrecht wird),[22] die Erwerbsausübungsfreiheit[23] und die allgemeine Handlungsfreiheit[24] begrenzt.

3. Rechtfertigungsbedarf bei Lenkungsabgaben

Wenn der Steuergesetzgeber Lenkungsziele verfolgt, liegen die Anforderungen etwas anders. Lenkung will das Verhalten von Steuerpflichtigen durch gezielte Anreize, die sich entweder als Entlastungen oder als Belastungen manifestieren, beeinflussen und nicht bloß aus einem bestimmten Verhalten einen finanziellen Beitrag an den Staat generieren. Der VfGH misst auch Lenkungsmaßnahmen am Gleichheitssatz und auch in diesem Zusammenhang ist der Gleichheitssatz nur innerhalb eines Ordnungssystems relevant. So ist das Ordnungssystem in den Ertragsteuern nicht das Ertragssteuerrecht in seiner Gesamtheit, sondern es wird zwischen betrieblichen und außerbetrieblichen Einkünften differenziert. Unterschiede in den Belastungseffekten bei betrieblichen und bei außerbetrieblichen Einkünften sind in der Regel (verfassungsrechtlich) unbedenklich, weil es sich um zwei verschiedene Ordnungssysteme handelt. Wird allerdings innerhalb eines Ordnungssystems differenziert und werden zur Rechtfertigung Lenkungsziele vorgebracht, so bedarf es eines methodischen oder empirischen Fundaments (das außerhalb der rechtswissenschaftlichen Methoden angesiedelt ist). Die Anforderungen an dieses Fundament dürften (wiederum) nicht allzu streng sein: So hat der VfGH hinsichtlich der Begrenzung des Betriebsausgabenabzuges für Managergehälter auf EUR 500.000,- pro Jahr festgehalten, dass der Gesetzgeber seinen Gestaltungsspielraum nicht

---

[18] Siehe VfSlg. 19.933/2014.

[19] Vgl. *Gunacker-Slawitsch* (2020), S. 58 ff.

[20] Vgl. dazu ausführlich *Gunacker-Slawitsch* (2020), S. 69 ff.

[21] Vgl. Art. 5 StGG, BGBl. 142/1867, *Ehrke-Rabel* (2019), Rz. 66, *Gunacker-Slawitsch* (2020), S. 23 ff.

[22] Vgl. *Ehrke-Rabel* (2019), Rz. 67, *Gunacker-Slawitsch* (2020), S. 29 ff.

[23] Vgl. Art. 6 StGG, BGBl. 142/1867, *Ehrke-Rabel* (2019), Rz. 69.

[24] Vgl. *Gunacker-Slawitsch* (2020), S. 21 ff.

überschritten hat „auch im Hinblick auf die von der Bundesregierung genannten Studien über das Durchschnittsgehalt von Führungskräften sowie über das Einkommensgefälle zwischen Führungskräften und Dienstnehmern eines Unternehmens in Österreich und international."[25] Eine umfassende Auseinandersetzung mit den vorgelegten Studien hat der VfGH nicht vorgenommen.[26]

Die Rechtsprechung hat sich bislang insb. nicht mit der Frage befasst, ob ein Lenkungsziel auch tatsächlich erreicht wurde. Damit ist auch offen, ob das tatsächliche Nicht-Erreichen eines Lenkungsziels eine steuergesetzliche Maßnahme nachträglich verfassungswidrig machen kann. Dabei ist zu bedenken, dass die Eignung bestimmter gesetzgeberischer Maßnahmen zur Erreichung bestimmter Lenkungsziele ex ante nur auf Grund von vergangenen Erfahrungswerten empirisch überprüft und im Übrigen „nur" modelliert werden kann. Jede evidenz- und theoriebasierte Untersuchung im Vorfeld der Erlassung eines Gesetzes kann daher nur Aufschluss über die grundsätzlich wahrscheinliche Eignung der gesetzgeberischen Maßnahme für die Erreichung des erstrebten Lenkungszieles geben. Sie ist aber nicht in der Lage die Wirklichkeit mit an Sicherheit grenzender Wahrscheinlichkeit abzubilden. Vor dem Hintergrund dieser ex-ante-Betrachtung ist auch die Verfassungsmäßigkeit der gesetzgeberischen Maßnahme zu beurteilen. In diesem Sinn dürfte der Maßstab nicht allzu hoch gegriffen sein. Eine Lenkungsabgabe, die von vornherein nicht völlig ungeeignet zur Erreichung des Lenkungszieles erschienen ist, kann daher bei Nicht-Erreichung des Lenkungszieles auch nicht rückwirkend verfassungswidrig sein. Die Verfehlung des Lenkungsziels könnte aber die Perpetuierung der Lenkungsabgabe pro futuro verfassungswidrig machen.

4. Zwischenergebnis

Zusammenfassend ergibt sich, dass der VfGH den gesetzgeberischen Gestaltungsspielraum bei der Festsetzung von Steuern sehr weit sieht und bei Lenkungsmaßnahmen in Steuergesetzen (solange die Lenkung nicht der einzige Zweck ist und kompetenzrechtlich problematisch wird)[27] zwar empirische Evidenz oder methodische Fundierung zu erwarten scheint, sich damit aber nicht im Detail auseinandersetzt. Der Rechtfertigungsbedarf für Differenzierungen und damit das Erfordernis einer methoden- und/oder evidenzbasierten Grundlage für die Differenzierung dürfte jedenfalls umso größer sein, je stärker innerhalb eines Systems differenziert wird. Angesichts des Umstandes, dass die Digitalisierung eine zunehmende Differenzierung auf effiziente Art und Weise ermöglicht,[28] ist außerdem davon auszugehen, dass die verfassungsrechtlichen

[25] VfSlg. 19.933/2014.

[26] Kritisch etwa *Staringer* (2015), S. 81 ff.

[27] Vgl. *Ehrke-Rabel* (2019), Rz. 7 ff.

[28] Vgl. dazu ausführlich *Ehrke-Rabel* (2021), S. 21 ff.

Anforderungen an die methoden- und evidenzbasierten Grundlagen steigen werden.

II. Trend zur zunehmenden Evidenzbasierung

Im Gesetzgebungsprozess ist im Übrigen auch im Steuerrecht ein Trend in Richtung verstärkter Evidenzbasierung zu erkennen: Wo der Gesetzgeber grundlegende Veränderungen des Systems plant (das gilt sowohl auf internationaler und europäischer als auch auf nationaler Ebene), werden verstärkt Stakeholder intensiv in die Gesetzeskonzeption eingebunden, gehen der tatsächlichen Gesetzgebung bisweilen Pilotierungsphasen (*living labs* oder *legal sandboxes*) voraus, wird wissenschaftlich (wirtschafts-, sozial- und rechtwissenschaftlich) begleitet und evaluiert, und werden in Gesetzen sogar nach gewissen Zeiträumen verpflichtende Evaluierungen vorgesehen.[29] Dabei ist zu bedenken, dass es weder nur die eine Methode und nur die eine empirische Studie gibt, noch nur das eine Ziel, das es losgelöst von anderen Zielen zu verfolgen gilt. Die Realität ist eben wesentlich komplexer als sie einzelne Wissenschaftszweige mit ihren Theorien und Experimenten abbilden können. Politik muss die Komplexität einfangen. Dazu bedient sie sich unter anderem des Rechts. Daher kann und darf sich das Recht nicht auf die eine Theorie, Methode, empirische Studie verlassen. Es muss alle Aspekte in den Blick nehmen. Reißbrettlegistik scheint also grundsätzlich auch im Steuerrecht nicht mehr auf der Höhe der Zeit zu sein.

III. Reality-Check: Die steuerrechtlichen Änderungen 2020/21

Die steuerrechtlichen Änderungen der Jahre 2020/21 sind geprägt von Maßnahmen zur Ankurbelung der Wirtschaft im Gefolge der Covid-19-Pandemie und zur Förderung des Klimaschutzes. Die von der zuständigen Regierung als *größte Steuerreform der zweiten Republik*[30] vermarkteten steuerrechtlichen Änderungen zeichnen ein Bild diffuser Theorie- und Evidenzbasierung. Einzelne Maßnahmen sollen hier zur Veranschaulichung herausgegriffen werden.

---

[29] Der Einführung der begleitenden Kontrolle sind all die erwähnten Verfahrensschritte und Einbindungen diverser Stakeholder vorausgegangen. Einen Hinweis auf das vorangegangene Pilotprojekt, das auch als eine institutionalisierte aber gleichzeitig informelle *legal sandbox* gesehen werden kann, liefert § 322 Abs. 55 Z. 2 BAO (siehe auch den Evaluationsbericht zu dem Pilotprojekt: *BMF* [2016]). Außerdem sieht § 322 Abs. 55 Z. 3 BAO explizit eine laufende Evaluierungspflicht vor. Bis zum 31.12.2024 ist ein Evaluationsbericht vorzulegen, der „unter anderem" genaue gesetzlich vorgegebene Angaben zu enthalten hat.

[30] So wird das Ökosoziale Steuerreformgesetz 2022 Teil I, BGBl. I 10/2022, bezeichnet: https://www.bmf.gv.at/public/informationen/entlastung.html (abgerufen am 28.3.2022).

So mag es etwa sein, dass vorzeitige Abschreibungen[31] für einen rationalen Wirtschaftsteilnehmer wenig sinnvoll im Verhältnis zu den linearen Abschreibungen vor allem bei niedrigem Zinsniveau sind,[32] weil sie doch nur einen zeitlich vorgezogenen Vorteil verschaffen. Die Realität ist aber, dass nicht jede*r Wirtschaftsteilnehmer*in vollumfänglich rational ist,[33] dass ein niedriger Zinssatz dem/derjenigen, der/die am Rande des Abgrundes wirtschaftet, nichts bringt, weil er/sie kein Fremdkapital aufbringen kann und eine Erhöhung seiner/ihrer Betriebsausgaben in einem Jahr (eben auf Grund der vorzeitigen Abschreibung), ohne dass er/sie mehr Geld in die Hand nehmen musste, als er/sie ohnehin wollte (unterstellt, die Investition wäre ohnehin notwendig gewesen), eben eine geringere Steuerbelastung nach sich zieht und ihn/sie so dazu motivieren kann, zu investieren.

Die Umsatzsteuermaßnahmen zeigen auch, dass sich der Gesetzgeber bisweilen des aus methodischer Sicht falschen Instruments bedient, um ein bestimmtes Ziel zu erreichen: So ist die Umsatzsteuer eine Konsumsteuer[34] und eine Senkung des Umsatzsteuersatzes sollte dem*der Konsumenten*in zugutekommen.[35] Die Senkung der Umsatzsteuersätze auf den Gassenverkauf in der Gastronomie[36] hatte aber nach dem erklärten Willen der Politik gerade nicht den Zweck, den*der Konsumenten*in zu entlasten.[37] Sie sollte den Gastronomen entlasten und daher nicht auf den*die Konsumenten*in abgewälzt werden. Damit ist aber das Konzept der Umsatzsteuer vergewaltigt worden, sind die Grundsätze der Umsatzsteuer (sowohl die finanzwissenschaftlichen als auch die in der MwStRL verankerten Grundsätze) missachtet worden und letztlich ein selektiver Vorteil gewährt worden. Das adäquate Instrument zur Erreichung dieses Ziels wäre die direkte Subventionierung gewesen. Verfassungsrechtlich dürfte diese Vorgangsweise nicht bedenklich sein, beihilferechtlich jedoch jedenfalls, wenn nicht notifiziert wurde (was keiner so genau weiß).

Es scheint dem Gesetzgeber mit all seinen COVID-19-Steuermaßnahmen vor allem darum gegangen zu sein, die Liquidität der Unternehmer kurzfristig

---

[31] Z.B. § 8 Abs. 1 a EStG, eingefügt durch BGBl. I 96/2020zur Ankurbelung der Wirtschaft nach der ersten Welle der COVID-19-Pandemie.

[32] Vgl. dazu die Ausführungen von *Niemann* (2023) in diesem Tagungsband.

[33] Vgl. dazu grundlegend *Kahnemann* (2011).

[34] Vgl. *Ehrke-Rabel* (2019), Rz. 200, *Ehrke-Rabel* (2018), S. 1529 ff.

[35] Als Konsumsteuer belastet die Umsatzsteuer den Letztverbrauch. Der Unternehmer ist nur Steuereinnehmer für den Staat und soll nach dem Modell des Mehrwertsteuersystems die Umsatzsteuer vollständig auf den*die Letztverbraucher*in überwälzen (dazu für viele EuGH 8.5.2019, C-127/18 *A-PACK CZ s.r.o*, Rz. 22).

[36] Vgl. § 10 Abs. 2 Z. 1 lit. b UStG iVm. § 28 Abs. 52 Z 1 lit. a UStG, eingeführt durch BGBl. I 3/2021.

[37] So wurde der ermäßigte Umsatzsteuersatz als Unterstützung für die Gastronomie medial vermarktet. Die zuständige Wirtschaftsministerin hatte sogar verkündet, dass eine Abwälzung der Steuerermäßigung auf den*die Letztverbraucher*in nicht intendiert war, vgl. *Der Standard* (2020).

aufrechtzuerhalten oder zu verbessern. Langfristige strukturelle Effekte wollten nicht erzielt werden. Wenn die Erhaltung oder Verbesserung der Liquidität das vordergründige Ziel war, dürfte dieses Ziel erreicht worden sein. Ob dabei innerhalb der einzelnen Ordnungssysteme immer gleichheitsrechtlich unbedenklich reguliert wurde, steht auf einem anderen Blatt Papier. So ist die Unterstützung der Gastronomie, wie *Rainer Niemann* dargelegt hat, ohne Differenzierung zwischen dem Gassenverkauf und dem Nicht-Gassenverkauf nicht einleuchtend und unter Umständen gleichheitsrechtlich bedenklich, aber unter Umständen auch nicht, wenn das Ziel dieser Maßnahme, wie *Rainer Niemann* dargelegt hat, eben nicht nur die finanzielle Unterstützung der Gastronomie war, sondern auch die Erleichterung des Gassenverkaufs. An diesem Beispiel ist zu erkennen, dass auch ein Steuergesetzgeber mit seinen Steuergesetzen unterschiedliche politische Ziele verfolgt, die sich in einer einzigen Theorie oder empirischen Studie (ex ante) nicht nachweisen lassen.

Vor dem Hintergrund dieser Überlegungen ist auch schwierig, die jüngsten Verkündungen zur Ökologisierung des österreichischen Steuersystems ex ante richtig zu bewerten: Sie muten eigenartig an. Aber die Politik dürfte Angst vor dem Steuerwiderstand und Angst davor haben, den Unmut der Bevölkerung zu befeuern. Vielleicht ist sie der Meinung, die Einführung einer CO2-Bepreisung hat in kleinen Dosen zu erfolgen.[38] Soweit das Aufkommen über einen Klimabonus an alle zurückfließt, hat das im ersten Schritt nicht den gewünschten Lenkungseffekt, es schafft aber ein Bewusstsein und es erzeugt allgemeine Akzeptanz der Bepreisung. Wenn der Gewöhnungseffekt eingetreten ist, kann der Bonus abgeschafft werden und die Bepreisung bleibt. So ist das Ziel erreicht, aber eben nicht mit der Brechstange.

IV. Fazit

Was will ich sagen: Politik ist multidimensional und Politik – das gilt aus meiner Sicht nicht nur für die Steuerpolitik – lässt sich nicht auf eine Wissenschaftsdisziplin reduzieren. Da das Recht das Mittel ist, die Politik umzusetzen, sollte sich das Recht der gängigen wissenschaftlichen Theorien und empirischen Forschungen bedienen, um seine Inhalte zu formen und zu rechtfertigen, sich keinesfalls nur auf einen Wissenschaftszweig oder gar eine methodische Ausrichtung innerhalb dieses Zweiges verlassen. Denn für die Steuerung menschlichen Zusammenlebens – und das ist die Aufgabe der Rechts, die sich dann zumindest in der Eingriffsverwaltung in Gesetzen manifestiert – bedarf es stets einer Abwägung zwischen verschiedenen Gütern und Zielen und letztlich einer Bewertung, die mit dem VfGH dem Gesetzgeber vor dem Hintergrund seiner politischen Ziele überlassen bleiben soll.

---

[38] Vgl. dazu *Gaudemet/Molinier* (1997), S. 68.

Literaturverzeichnis

BMF (2016), Horizontal Monitoring – Evaluationsbericht, https://www.bmf.gv.at/dam/bmfgvat/services/publikationen/BMF_Evaluationsbericht_Horizontal_Monitoring.pdf (abgerufen am 21.9.2022).

Der Standard (2020), Regierung will Mehrwertsteuer für Gastronomie, Kultur und Medien auf fünf Prozent senken, https://www.derstandard.at/story/2000118033686/regierung-will-mehrwertsteuer-fuer-gastronomie-kultur-und-medien-auf-5 (abgerufen am 21.9.2022).

Ehrke-Rabel, Tina (2018), Umsatzsteuer als Verbrauchsteuer in der Rechtsprechung, in: Drüen, Klaus-Dieter/Hey, Johanna/Mellinghoff, Rudolf (Hrsg.), 100 Jahre Steuerrechtsprechung in Deutschland 1918–2018, Festschrift für den Bundesfinanzhof, Band II, Otto Schmidt, Köln, S. 1529.

dies. (2019), in: Doralt, Hans, G./Ruppe, Werner (Hrsg.), Grundriss des österreichischen Steuerrechts, Band II, 8. Aufl., Manz Verlag, Wien.

dies. (2021), Die Automatisierung des Verwaltungsverfahrens am Beispiel des österreichischen Abgabenrechts, in: Braun Binder, Nadja/Bußjäger, Peter/Eller, Mathias (Hrsg.), Auswirkungen der Digitalisierung auf die Erlassung und Zuordnung behördlicher Entscheidungen, new academic press, Wien.

Gaudemet, Paul Marie/Molinier, Joël (1997), Finances publiques, Tome 2, 6e édition, Montchrestien, Paris.

Gunacker-Slawitsch, Barbara (2020), Amtswegigkeit und Mitwirkung im Abgabenverfahren, Manz Verlag, Wien.

Kahneman, Daniel (2011), Thinking Fast and Slow, MacMillan, New York.

Niemann, Rainer (2023), Wie theorie- und evidenzbasiert war die österreichische Steuerpolitik 2020/21? Die betriebswirtschaftliche Perspektive, in: Wendland, Matthias/Eisenberger, Iris/Niemann, Rainer (Hrsg.), Theorie- und Evidenzbasierte Politik, Mohr Siebeck, Tübingen, S. 67.

Ruppe, Hans G. (1998), Verfassungsrechtliche Schranken der Gesetzgebung im Steuerrecht, in: Österreichische Juristenkommission (Hrsg.), Rechtsstaat – Liberalisierung und Strukturreform, Verlag Österreich, Wien, S. 119.

ders. (2016), Zu § 5 F-VG, in: Korinek, Karl/Holoubek, Michael/Bezemek, Christoph/Fuchs, Claudia/Martin, Andrea/Zellenberg, Ulrich, E. (Hrsg.), Österreichisches Bundesverfassungsrecht, 12. Lieferung, Verlag Österreich, Wien.

Staringer, Claus (2015), Der VfGH denkt: Das Abzugsverbot für Managergehälter lenkt. Keine Red´davon! Österreichische Steuerzeitung, 4/2015, S. 81.

Zimmermann, Horst/Henke, Klaus-Dirk/Broer-Michael (2021), Finanzwissenschaft, 13. Aufl., Vahlen, München.

Ökonomische Covid-19-Maßnahmen aus wirtschaftsethischer Perspektive

Hansrudi Lenz

I. Einleitung und Problemstellung

In Österreich wie auch in Deutschland hat der Staat versucht, mit milliardenschweren und überwiegend schuldenfinanzierten Programmen die Folgen der Covid-19-Pandemie für Bürger*innen zu lindern. Die deutsche Bundesregierung verfolgte hierbei z.B. die folgenden übergeordneten Ziele: (i) Schutz der Gesundheit der Bevölkerung, insb. ihrer vulnerablen Gruppen, (ii) Abfederung der Pandemiefolgen für Bürger*innen, Beschäftigte und Unternehmen, (iii) internationale Abstimmung des staatlichen Handelns, z.B. auf europäischer Ebene.[1] Bei der Milderung der Pandemiefolgen war eine Konzentration auf die direkten wirtschaftlichen Auswirkungen, die z.B. durch einen staatlich verordneten Lockdown verursacht wurden, festzustellen. Psychosoziale Schäden und negative Auswirkungen auf das Bildungssystem, die mittel- und langfristig ebenfalls ökonomische Auswirkungen haben werden, wurden zu Beginn weniger beachtet und gerieten erst in jüngerer Zeit zunehmend in das Blickfeld.[2] Die internationale Abstimmung war etwa innerhalb der europäischen Union erforderlich, um die staatlichen Covid-19-Stützungsprogramme mit dem EU-

[1] Vgl. Bundesregierung der Bundesrepublik Deutschland (2020).

[2] Vgl. z.B. *Leopoldina* (2021), S. 26 ff., 46 f., zur coronabedingt verstärkten Bildungsungleichheit.

Beihilferecht zu vereinbaren und dadurch Wettbewerbsverzerrungen möglichst zu vermeiden.[3]

Die Pandemie zwingt Legislative und Exekutive zu komplexen politischen Abwägungsprozessen über die zu verfolgenden Ziele und die zu deren Erreichung eingesetzten Mittel, die neben empirisch validen Kenntnissen über Mittel-Zweck-Relationen auch notwendig Werturteile erfordern. Ausschließlich theorie- und evidenzbasierte wissenschaftliche Antworten sind für politische Gestaltungsmaßnahmen notwendig, aber nicht hinreichend, weil eine „empirische Wissenschaft [...] niemanden zu lehren [vermag] was er soll, sondern nur was er kann und – unter Umständen – was er will".[4] Da rein instrumentelle wissenschaftliche Erwägungen politische Wertungsentscheidungen nicht ersetzen können, wird in diesem Beitrag gefragt, wie ökonomische Covid-19-Maßnahmen des Gesetzgebers aus wirtschaftsethischer Perspektive betrachtet und ggf. auch begründet werden können. Die Problemstellung – Beurteilung gesamtstaatlichen Handelns – schließt einerseits bestimmte ethische Ansätze aus, z.B. auf dem Individuum basierende Tugendethiken, und lässt insbesondere Ansätze, welche die Funktion staatlichen Handelns explizit thematisieren, als besonders geeignet erscheinen. Zu Letzteren gehört die politische Gerechtigkeitstheorie von *John Rawls*.

Der Beitrag ist wie folgt aufgebaut: Abschnitt II. enthält einige Anmerkungen zum vorstehenden Beitrag von *Rainer Niemann* über eine theorie- und evidenzbasierte Covid-19-induzierte Steuerpolitik.[5] Abschnitt III. begründet kurz, warum das Instrument einer Kosten-Nutzen-Analyse für die vorliegende Problemstellung nicht weiterverfolgt wird. In Abschnitt IV. werden ökonomische Corona-Maßnahmen aus der Perspektive der politischen Gerechtigkeitstheorie von *John Rawls* betrachtet. Abschnitt V. enthält weitere normative Überlegungen zum fairen Wettbewerb und zur ausgleichenden Gerechtigkeit im Kontext ökonomischer Coronamaßnahmen. Kapitel VI. fasst zusammen.

II. Theorie- und evidenzbasierte Covid-19-induzierte Steuerpolitik

Im Hauptreferat von Rainer Niemann wird geprüft, wie theorie- und evidenzbasiert aus *betriebswirtschaftlicher Perspektive* die österreichische Steuerpolitik 2020/21 vor dem Hintergrund der Covid-19-Pandemie war. Sind die jeweils *einzeln betrachteten* steuerpolitischen Maßnahmen *effektiv*, d.h. grundsätzlich geeignet, um die damit verfolgten Ziele bei Beachtung von Nebenbedingungen zu erreichen, und *effizient*, d.h. wurde unter mehreren geeigneten Mitteln auch

---

[3] Vgl. Europäische Kommission (2020).

[4] *Weber* (1904/2018), S. 147, vgl. auch *Hubmann/Lenz* (2020).

[5] Vgl. *Niemann* (2023).

das Mittel gewählt, mit dem die Ziele – wiederum unter Beachtung von Nebenbedingungen – am kostengünstigsten erreicht werden können. Methodisch wird damit dem *Weber'schen* Postulat der Werturteilsfreiheit im Begründungszusammenhang wissenschaftlicher Aussagen gefolgt, d.h. in Bezug auf die Evidenzbasierung findet eine Begrenzung auf die Darstellung möglichst valider Mittel-Zweck-Zusammenhänge statt, ohne eine explizite ethische Bewertung der politischen Ziele und der hierfür eingesetzten Mittel vorzunehmen.[6]

Grundsätzlich werden politisch i.d.R. mehrere Ziele verfolgt (z.B. Förderung der Investitionstätigkeit von Unternehmen, Verringerung coronabedingter Einkommensungleichheit, Schutz der wirtschaftlich Schwächeren, Stabilität der Wirtschaftsordnung, Generationengerechtigkeit), die auf Grundlage ethischer Überlegungen begründet werden können, jedoch nicht immer klar und präzise formuliert werden und auch nicht ausschließlich aus Gesetzesmaterialien entnommen werden können. Wirtschaftswissenschaftler*innen, die i.S.v. Sozialingenieur*innen begründete Empfehlungen zur bestmöglichen Zielerreichung abgeben wollen, müssen somit verstehen, auf Basis welcher Werte der Gesetzgeber handeln möchte oder gehandelt hat.[7] Da im Beitrag von *Rainer Niemann* allein eine betriebswirtschaftliche Analyse bei weitgehender Ausblendung des gesamten Covid-19-Kontextes vorgenommen wird, wird eine umfassende Nutzen-Kosten-Analyse (CBA)[8] aus wohlfahrtsökonomischer Perspektive einzelner Teile oder des gesamten österreichischen Maßnahmepakets nicht durchgeführt. Fraglich ist jedoch, ob eine solche umfassende Kosten-Nutzen-Analyse realistisch durchführbar und in ethischer Sicht gut begründbar ist.

III. Cost-Benefit Analysis

In einer CBA i.e.S. als ausschließliche Betrachtung steuerpolitischer Maßnahmen wären beispielsweise die voraussichtlichen Kosten der Investitionsprämie und deren Nutzen durch zusätzliche Neuinvestitionen und/oder zusätzliche Arbeitsplätze zu ermitteln (*cost-to-investment ratio*, *cost-per-job-creat*ed)[9] und mit alternativen Maßnahmen zu vergleichen. Würde man den Covid-19-Kontext einbeziehen, wären in einer CBA i.w.S. die Kosten von Lockdowns inklusive staatlicher (auch steuerpolitischer) Kompensationszahlungen dem Nutzen durch Reduktion von Gesundheitsrisiken (Mortalität, Long-Covid) gegenüberzustellen. Methodisch erfolgt dies über die Ermittlung der präferenzbasierten Zahlungsbereitschaft (*willingness-to-pay* oder *willingness-to-accept*), d.h., wieviel ist ein*e (ggf. durchschnittlicher) Bürger*in bereit, für die Reduktion

[6] Vgl. *Weber* (1913/2018), *Hubmann/Lenz* (2020).

[7] Vgl. *Hausman et al.* (2017), S. 339 f.

[8] Vgl. *Adler* (2019a), S. 30 ff., (2019b), S. 402 ff., *Hausman et al.* (2017), S. 158 ff.

[9] Vgl. *Kronfol/Steenbergen* (2020).

ihres Gesundheitsrisikos durch eine bestimmte umfassende Politikmaßnahme zu bezahlen. Durch Aufsummierung dieser monetären Äquivalente erhält man eine aggregierte monetäre Größe, die mit den Kosten verglichen werden kann. Aus ethischer Perspektive können derartige Ansätze kritisiert werden, weil man z.B. in Frage stellen kann, ob Präferenzen der richtige Maßstab für das anzustrebende gute Leben darstellen. Würden wir etwa die Höhe des Verteidigungsbudgets oder die Verteilung von Covid-19-Impfstoffen von präferenzbasierten Zahlungsbereitschaften abhängig machen wollen? Präferenzen können von Falschinformationen beeinflusst sein oder i.S.v. „gestörten, antisozialen" Präferenzen selbst wiederum Gegenstand kontroverser ethischer Reflektionen sein.[10] *Hausman et al.* sehen die Präferenzbasierung der CBA sehr kritisch:

> „What we owe to each others is understood in terms of objective factors such as relieving hunger or homelessness, not in terms of the subjective preferences, that agents happen to have. […] The state's job is to provide the basic needs and to make available to individuals a wide range of activities, not to promote the subjectively valuable projects of individuals."[11]

Die wirtschaftsethische Diskussion zu Corona-Maßnahmen konzentriert sich stark auf den Trade-off zwischen den Kosten der Beschränkungen der wirtschaftlichen Tätigkeit, d.h. Wohlstandsverlusten gemessen über den Rückgang des Bruttoinlandsproduktes durch erzwungene Lockdowns und sozialer Distanzierung, und dem durchschnittlichen (ggf. altersadjustierten) Nutzen durch gerettete statistische Leben bzw. Lebensjahre.[12] Methodisch handelt es sich um Kosten-Nutzen-Analysen, die normativ auf der Wohlfahrtsökonomik basieren und zur Familie konsequentialistischer Ethiken zählen. Der Wert des statistischen Lebens (VSL) drückt die Zahlungsbereitschaft für eine geringe Reduktion des Mortalitätsrisikos aus und kann z.B. über Experimente oder als statistische Größe für Populationen über Lohndifferentiale zwischen Berufen mit unterschiedlichen Mortalitätsrisiken ermittelt werden. Nehmen wir hypothetisch an, im Arbeitsmarktgleichgewicht gelte für eine bestimmte Population, dass deren Mitglieder bereit sind, ein jeweils 5.000 € geringeres Jahreseinkommen zu akzeptieren, wenn dadurch das jährliche Mortalitätsrisiko von 100/100.000 auf 20/100.000 sinkt. Die Grenzkosten eines weniger riskanten Berufes entsprechen dem geringeren Lohn, der Grenznutzen dem Produkt aus der Wahrscheinlichkeit für die geringere Mortalität (80/100.000 = 0,0008) und dem VSL. Die Auflösung der Gleichung nach VSL ergibt: VSL = 5.000 €/0,0008 = 6.250.000 €. Die statistische Größe VSL ist nicht als individuelle Zahlungsbereitschaft zur Vermeidung des Todesrisikos zu interpretieren. Die

---

[10] Vgl. *Adler/Posner* (1999), S. 168, 246. *Hausman et al.* (2017), S. 133, argumentieren, dass „ […] people prefer things, that are, by some objective criteria, objectively bad for them."

[11] *Hausman et al.* (2017), S. 135.

[12] Vgl. *Colmer* (2020), *Robinson et al.* (2021).

Größe bedeutet, dass ceteris paribus jeder von 1.250 Mitgliedern der Population bereit ist, einen anteilig gleichen Betrag i.H.v. 5.000 € pro Jahr in Form geringerer Löhne zu akzeptieren, um die Wahrscheinlichkeit zu verringern, dass einer oder eine von ihnen einen Todesfall erleidet.[13] Unter Vernach-lässigung von Zinseffekten wird der Wert eines statistischen Lebensjahres (VSLY) durch Division mit der durchschnittlichen Lebenserwartung der jeweils betrachteten Population bestimmt.

Der VSL unterscheidet sich je nach Population, ist also für Populationen mit höherem Wohlstandsniveau größer als für ärmere Populationen; damit werden die Interessen von Wohlhabenden höher gewichtet als die Interessen von ärmeren Bevölkerungsschichten, weil Reichere sich eine höhere Zahlungsbereitschaft für die Reduktion von Gesundheitsrisiken leisten können. Dies ist in ethischer Sicht hochproblematisch und zeigt, dass der VSL nicht nur als deskriptive Maßgröße, sondern im Gestaltungskontext auch als normatives Konzept verstanden werden muss, welches zwingend unter Gerechtigkeitsaspekten diskutiert und ggf. modifiziert werden muss.[14] Weiter ist bei einer CBA zu berücksichtigen, dass damit ggf. deontologisch begründete Rechte bestimmter Gruppen verletzt werden, um aus gesamtgesellschaftlicher Sicht die Differenz zwischen Nutzen und Kosten zu maximieren. Im Kontext der Covid-19-Pandemie könnten dies Lebensrechte von Mitgliedern vulnerabler Gruppen sein, d.h. alter Menschen mit geringerer Lebenserwartung und Vorerkrankungen. Hierzu stellt der Deutsche Ethikrat fest: „Solche Abwägungen, die immer auch Nützlichkeitserwägungen einschließen, sind ethisch einerseits unabdingbar, andererseits nur insofern zulässig, als sie keine Grund- und Menschenrechte oder weitere fundamentale Güter aushöhlen oder sogar zerstören."[15] Eingangs wurde schon darauf hingewiesen, dass die Präferenzbasierung als Fundament einer CBA bei schlecht informierten oder verzerrten Präferenzen in Frage gestellt werden kann.

Als Alternative zur CBA werden Soziale Wohlfahrtsfunktionen (*social welfare functions*) vorgeschlagen, bei denen individuelle Präferenzen über Güterbündel, z.B. in Bezug auf Wohlstand und Gesundheit, mit Hilfe unterschiedlicher Wohlfahrtsfunktionen aggregiert werden. Die Wohlfahrtsfunktionen gestatten die Berücksichtigung unterschiedlicher ethischer Ansätze, z.B. werden utilitaristische oder prioritaristische Wohlfahrtsfunktionen verwendet.[16] Das Konzept ist theoretisch gut begründet, allerdings sind die Anforderungen an die Daten und die Methodik für konkrete Anwendungen erheblich. Dies dürfte

---

[13] Vgl. *Adler et al.* (2020), S. 4.

[14] Vgl. *Adler et al.* (2020), *Ferrana/Sevilla/Bloom* (2021), vgl. auch *Posner/Adler* (1999), S. 246.

[15] *Deutscher Ethikrat* (2020), S. 5, kritisch auch *Althammer/Nass* (2020), S. 38 ff.

[16] Vgl. *Adler* (2020) und zu einem Anwendungsversuch im Covid-19-Kontext *Ferrana/Sevilla/Bloom* (2021).

erklären, warum tatsächliche Anwendungen auf politische Maßnahmen meines Wissens bislang nicht vorhanden sind.

Da weder umfassende Kosten-Nutzen-Analysen noch Anwendungen sozialer Wohlfahrtsfunktionen mit Bezug zur Thematik des Hauptreferats vorliegen, werden diese im vorliegenden Beitrag nicht mehr weiterverfolgt. Sie wären aber – gelänge der Anwendungsbezug – eine fruchtbare Erweiterung für die evidenzbasierte Politikberatung in bestimmten Kontexten.

IV. Ökonomische Covid-19-Maßnahmen aus der Rawlsschen Perspektive einer gerechten Gesellschaft

Aus wirtschaftsethischer Perspektive können die durch Covid-19 bedingten ökonomischen Maßnahmen auch mit Hilfe der Konzeption einer gerechten Gesellschaft von *John Rawls*, insbesondere seinen Überlegungen zur Bedeutung der prozeduralen *Hintergrundgerechtigkeit* für die Grundstruktur einer Gesellschaft, wozu auch die Eigentums- und Wirtschaftsordnung, das Gesundheits- und Bildungssystem gehören, betrachtet werden.[17] *Rawls* ist ein Vertreter einer kantianisch geprägten, non-konsequentialistisch, vertrags- und kohärenztheoretisch begründeten Ethik,[18] die sich in besonderer Weise zur Beurteilung staatlicher Maßnahmen eignet, weil *Rawls* Ideen zur Gestaltung von Institutionen[19] einer wohlgeordneten und gerechten Gesellschaft für freie und gleiche moralische Personen entwickelt. Um Personen und Unternehmen bei ihren Transaktionen (moralisch) zu entlasten, wird die gesellschaftliche Grundstruktur arbeitsteilig so gestaltet, dass sie im Hintergrund für Gerechtigkeit sorgt. Die *Rawlssche* Gerechtigkeitsvorstellung bedeutet, dass „Personen nur Prinzipien vorschlagen, die sie selber zu respektieren bereit sind".[20] Marktakteure werden bei Durchführung ihrer individuellen Transaktionen von komplexen Gerechtigkeitserwägungen entlastet, weil diese durch staatliche Institutionen, z.B. über das Steuersystems oder andere Transfermechanismen, hergestellt werden.[21] Personen können ihre individuellen Ziele und Lebenspläne verfolgen und dennoch sicher sein, „that elsewhere in the social system the necessary corrections to preserve background justice are being made".[22] Genau dies können wir in der Pandemie, die zu schweren Verwerfungen und zu ungleichen

[17] Vgl. *Rawls* (1999), S. 242 ff., und (2003), S. 376 ff.

[18] Vgl. *Mieth/Rosental* (2020).

[19] Vgl. hierzu und zu alternativen philosophischen Positionen zur Frage, ob Institutionen für eine gerechte Gesellschaft notwendig sind, *Schmelzle* (2016).

[20] *Mieth/Rosental* (2020), S. 159.

[21] Vgl. zu den Gründen dieser Arbeitsteilung *Freeman* (2014), S. 100 ff.

[22] *Rawls* (2005), S. 269. Individualethik spielt bei *Rawls* auch eine Rolle, ist aber begrenzt auf die individuellen Beziehungen der Personen, z.B. Fairness bei wirtschaftlichen Transaktionen durch Einhaltung von Versprechen und Täuschungsverboten. Grundsätzlich sind sie

Chancen und Risiken führt, beobachten. Nach *Rawls* sind „Ungleichheiten in den Lebensperspektiven von Bürgern [...], die sich aufgrund sozialer Ausgangslage, natürlicher Vorteile und historischer Zufälligkeiten ergeben"[23], durch staatliche Institutionen, die nach den Grundsätzen einer idealen, hypothetischen Übereinkunft vernünftiger, freier und gleicher moralischer Personen unter dem „Schleier der Unwissenheit" im Urzustand gestaltet wurden, zu regulieren. Nach einem dieser obersten Grundsätze – *Differenzprinzip* genannt – sind soziale und ökonomische Ungleichheiten nur dann zulässig, wenn sie „zum größten zu erwartenden Vorteil für die am wenigsten Begünstigten" verbunden sind.[24] Dabei wird vorausgesetzt, dass die akzeptablen Ungleichheiten mit den vorrangigen Freiheitsrechten und Chancengleichheit beim Zugang zu Ämtern und Positionen verträglich sind. Nach *Rawls* gilt das Differenzprinzip „für die Besteuerung von Einkommen und Vermögen, für die Steuer- und Wirtschaftspolitik" und „für das System öffentlich verkündeter Rechte und Gesetze"[25] und ist damit unmittelbar auf die ökonomischen Covid-19-Maßnahmen anzuwenden. Das Differenzprinzip entspricht dem Maximin-Prinzip, d.h., gewählt wird die Alternative, die im schlechtestmöglichen Umweltzustand noch das beste Ergebnis bringt. Kritiker*innen monieren u.a., dass eine solche Regel eine extreme Risikoaversion voraussetzt und Akteur*innen i.d.R. nicht davon ausgehen werden, in der schlechtesten Position zu landen.[26]

Wer sind nun in der Corona-Pandemie die am wenigsten Begünstigten? Folgen wir *Rawls* ist die Antwort auf diese Frage abhängig vom erwarteten Anteil einer Person oder Personengruppe an *primären Gütern* über die vollständige Lebenszeit.[27] *Primäre Güter* (Grundgüter) sind das, was freie, gleiche und verantwortliche Personen i.S.e. normativ-politischen Konzeption als Bürger*innen benötigen, um in einer liberalen Gesellschaft ein gutes Leben nach ihren Vorstellungen zu führen.[28] Hierzu gehören: Grundrechte und Freiheiten wie Gedanken-, Gewissens-, Versammlungs- und Bewegungsfreiheit, Freiheit der Berufswahl, Zugang zu Ämtern und Positionen mit Autorität und Verantwor-

als vernünftige Individuen – trotz verschiedener religiöser, philosophischer, moralischer und politischer Ansichten – gehalten, die institutionell vorgegebenen Regeln der Grundstruktur zu beachten und zu unterstützen, um deren Stabilität zu sichern, vgl. z.B. *Rawls* (2001), S. 32 ff., 187 f.

[23] *Rawls* (2003), S. 382.

[24] *Rawls* (2003), S. 382 f., im Original kursiv, 395 ff., vgl. zum Differenzprinzip auch *Bratu* (2016).

[25] *Rawls* (2003), S. 396.

[26] Zur Kritik an *Rawls* vgl. *Sen* (2020), S. 80 ff., *Hoerster* (2013), S. 52 ff., *Bratu* (2016), S. 162 f. mit Gegenargumenten.

[27] Vgl. *Rawls* (2001), S. 59.

[28] Vgl. zu den Grundgütern *Rawls* (2003), S. 271 ff.

tung, Einkommen und Vermögen als Allzweckgüter, aber auch soziale Grundlagen der Selbstachtung.[29] In einer wohlgeordneten Gesellschaft, in der sowohl das *Rawlssche* vorrangige Prinzip der gleichen maximalen Grundfreiheiten[30] als auch das nächstfolgende Prinzip fairer Chancengleichheit beim Zugang zu Ämtern und Positionen[31] erfüllt sind, sind die am wenigsten Begünstigten „those belonging to the income class with the lowest expectations",[32] d.h. es geht um die ökonomischen Grundgüter, um die Wohlstandsposition über die Lebenszeit. Das Differenzprinzip steht also in der Rangordnung erst an dritter Stelle, Verletzungen der vorhergehenden beiden Prinzipien können nicht mit ökonomischen Verbesserungen aufgewogen werden.[33]

Die *Rawlssche* Perspektive führt direkt zur Anschlussfrage: Wie zielgenau sind wirtschafts- und steuerpolitische Maßnahmen in dieser Hinsicht? Grundsätzlich kann man sagen, dass die am wenigsten Begünstigten nicht von steuerpolitischen Maßnahmen profitieren, da diese kaum Steuern zahlen. Soziale Sicherungssysteme und andere politische Maßnahmen, z.B. ein staatlich verordneter Mindestlohn, direkte Transferzahlungen, Kurzarbeitergeld, Ausweitung von Wohngeldleistungen sind sinnvoller. *Beznoska et al.* stellen beispielsweise für Deutschland fest:

> „Durch einen vereinfachten Zugang zur Grundsicherung, die Erhöhung des Freibetrages für Alleinerziehende oder die Ausweitung von Wohngeldleistungen und Kinderzuschlag – die unabhängig von der Corona-Krise in diesem Jahr umgesetzt wurden – ergibt sich für das 1. und 2. Einkommensdezil sogar ein leichtes nominales Plus bei den verfügbaren Haushaltseinkommen".[34]

Die Covid-19-Pandemie führt direkt und indirekt zu gesundheitlichen und wirtschaftlichen Ungleichheiten sowie zu einer Verstärkung schon vorhandener Bildungsungleichheiten. Für Großbritannien zeigen z.B. *Blundell et al.,* dass in den vom Lockdown betroffenen Sektoren überproportional weibliche, jüngere und geringer bezahlte Beschäftigte arbeiten.[35] Als *Mindestanforderung* i.S.v. *Rawls* ist zu fordern, dass diese pandemiebedingten Ungleichheiten über staatliche Maßnahmen ausgeglichen werden. Ökonom*innen beschäftigen sich deshalb auch mit Verteilungs- und Ungleichheitswirkungen der Pandemie.[36] So

---

[29] Vgl. *Rawls* (2001), S. 58 f.

[30] Dieses Prinzip lautet nach *Rawls* (2003), S. 382: „Jede Person hat das gleiche Recht auf das umfassendste System gleicher Grundfreiheiten, das mit einem ähnlichen System von Freiheiten für alle vereinbar ist."

[31] Dieses Prinzip lautet nach *Rawls* (2003), S. 382 f., im Original kursiv: „Soziale und ökonomische Ungleichheiten sind zulässig, wenn sie […] mit Positionen und Ämtern verbunden sind, die allen unter Bedingungen fairer Chancengleichheit offenstehen."

[32] *Rawls* (2001), S. 59.

[33] Vgl. *Bratu* (2016), S. 159.

[34] *Beznoska et al.* (2021), S. 20.

[35] Vgl. *Blundell et al.* (2020).

[36] Vgl. *Leopoldina* (2021), S. 23 ff. m.w.N.

zeigen Studien für Deutschland z.B., dass zu Beginn der Krise vor allem Haushalte mit geringem Einkommen überproportional Verluste im Markteinkommen hinnehmen mussten, die „jedoch durch effektiv funktionierende sozialstaatliche Sicherungssysteme abgefedert werden können".[37] Die Stellungnahme der Leopoldina (2021) weist insbesondere auf negative langfristige Folgen der Pandemie hin, die im Bildungsbereich und durch den verstärkten Strukturwandel verursacht wurden und stellt hierfür Handlungsoptionen vor. Mit Bezug auf verteilungspolitische Handlungsoptionen weist die Stellungnahme darauf hin, dass „kurz- und langfristige Verteilungswirkungen der Pandemie nicht bekannt sind und dass verteilungspolitische Reaktionen von Werturteilen abhängen".[38] Anpassungen im Steuersystem zum Ausgleich zwischen Gewinner*innen und Verlierer*innen der Coronakrise werden aufgrund der Schwierigkeiten der Identifikation von Gewinner*innen und Verlierer*innen eher skeptisch gesehen. Eine Kreditfinanzierung von Unterstützungsmaßnahmen und die Teilverschiebung der Steuerlast in die Zukunft sei in der derzeitigen Niedrigzinsphase sinnvoller.

Weiter war das erste Corona-Soforthilfeprogramm des Bundes in Deutschland als bewusste Unterstützung kleinerer, wirtschaftlich schwächerer Marktteilnehmer*innen (z.B. Soloselbstständige, kleine Unternehmen) konzipiert. Bei Betrachtung ausgewählter steuerpolitischer Maßnahmen (z.B. Erhöhung des Verlustrücktrages, Wiedereinführung der degressiven Abschreibung) in Deutschland in einem Simulationsmodell zur Ermittlung der effektiven Steuerbelastung für deutsche Kapitalgesellschaften zeigt sich allerdings, dass hiervon kleine Unternehmen und Startups unterdurchschnittlich entlastet werden.[39] Diese Unternehmensgruppen würden von einer Ausweitung des Verlustrücktragszeitraumes sowie einer großzügigeren Ausgestaltung des § 7g EStG (Investitionsabzugsbeträge und Sonderabschreibung zur Förderung kleiner und mittlerer Betriebe) profitieren. Die Begünstigung von Personen mit kleineren Einkommen und Vermögen kann man auch utilitaristisch damit begründen, dass bei abnehmenden Grenznutzen der Nutzen monetärer Unterstützungsmaßnahmen für diese Personen höher ist.[40]

Zu beachten ist, dass die meisten Programme auf Einkommensunterstützung abzielen, der Begriff der Grundgüter nach *Rawls* aber viel weitergehender ist. Insbesondere im Bildungsbereich bestehen Defizite, weil dort die „Chancengerechtigkeit noch geringer ist als vor der Pandemie".[41] Chancengleichheit in Bezug auf Ämter und Positionen ist aber ein zentrales Konzept in der *Rawls*-

---

[37] *Beznoska et al.* 2021, S. 20, ähnlich *Bruckmeier et al.* 2020, diese Simulationsstudie zeigt sogar Zuwächse im verfügbaren Einkommen für das Jahr 2020 für die unteren beiden Einkommensdezile.

[38] *Leopoldina* (2021), S. 25.

[39] Vgl. *Spengel* et al. (2021).

[40] Vgl. *Adler* (2019a), S. 29 ff.

[41] *Leopoldina* (2021), S. 26.

schen Gerechtigkeitskonzeption, welches vor dem Differenzprinzip zu beachten ist. „Society must also establish […] equal opportunities for all regardless of family income".[42] Bildung ist auch notwendig, um die moralischen Vermögen der Personen, z.B. den Gerechtigkeitssinn,[43] auszubilden und am gesellschaftlichen Leben angemessen teilzuhaben.

V. Weitere normative Überlegungen: Fairer europäischer Wettbewerb und Schadensausgleich als ausgleichende Gerechtigkeit

Grundsätzlich sind die wirtschaftlichen Corona-Hilfsmaßnahmen – wohl nicht nur in Deutschland – vom ethisch begründbaren Grundsatz des *Schadensausgleichs* geprägt. Zugleich sollen Maßnahmen mit dem europäischen Beihilferecht nach Art. 107 Abs. 3 Buchst. b AEUV (Beihilfen zur Behebung einer beträchtlichen Störung im Wirtschaftsleben eines Mitgliedstaats) vereinbar sein, um den *fairen Wettbewerb* nicht zu verzerren.[44] Auch hier spielen offenkundig Gerechtigkeitserwägungen eine bedeutende Rolle. In der Bundesrepublik Deutschland werden diese Grundsätze (Schadensausgleich, fairer Wettbewerb) konkretisiert über sog. *Bundesregelungen*, z.B. die Bundesregelung Fixkostenhilfe 2020 vom 12.2.2021[45], Bundesregelung November-/Dezemberhilfe 2020 vom 21.2.2021,[46] Allgemeine Bundesregelung Schadensausgleich, COVID-19 vom 28.5.2021.[47] Die einschlägigen Vollzugshinweise machen deutlich, dass die Leistungen als Billigkeitsleistungen i.S.v. § 53 BHO, d.h. also ohne rechtliche Verpflichtung im Rahmen der verfügbaren Haushaltsmittel zur Schadensmilderung gewährt werden.[48] Es geht somit nicht nur generell um Förderung des wirtschaftlichen Wachstums, sondern auch um *ausgleichende Gerechtigkeit* für direkt und indirekt von der Pandemie Betroffene.

Das in der Allgemeinen Bundesregelung Schadensausgleich Covid-19 vom Mai 2021 formulierte Prinzip sieht in § 3 Abs. 2 vor, dass der auszugleichende Schaden S grundsätzlich als (negative) Differenz der Betriebsergebnisse in der Lockdown-Periode ($BE_{Lockdown}$) und dem entsprechenden Vorjahreszeitraum ($BE_{Vorjahreszeitraum}$) ermittelt wird. Das nach Maßgabe von Handels- und Steuergesetzen ermittelte Betriebsergebnis ist „die Summe aus Umsatzerlösen, Net-

---

[42] *Rawls* (2001), S. 44.
[43] Vgl. *Rawls* (2001), S. 18.
[44] Vgl. *Europäische Kommission* (2021a und b).
[45] Vgl. *Bundesministerium für Wirtschaft und Energie* (2021a).
[46] Vgl. *Bundesministerium für Wirtschaft und Energie* (2021b).
[47] Vgl. *Bundesministerium für Wirtschaft und Energie* (2021c).
[48] Vgl. z.B. *Bundesregierung* (2021).

tobestandsveränderungen, aktivierten Eigenleistungen und sonstigen betrieblichen Erträgen abzüglich Materialaufwand, Personalaufwand, Abschreibungen und sonstigen betrieblichen Aufwendungen" (§ 3 Abs. 3 Satz 1 Bundesregelung Schadensausgleich Covid-19). Der ausgleichsfähige Schaden S muss „in einer direkten Verbindung zur Betroffenheit durch einen angeordneten Lockdown-Beschluss" stehen, deshalb wird zur Verhinderung einer Überkompensation der pandemiebedingten wirtschaftlichen Nachteile ein pauschaler Abschlag von 5% auf $BE_{Vorjahreszeitraum}$ vorgenommen, um ein „'kontrafaktisches Betriebsergebnis', das im Jahr 2020 bzw. 2021 hätte erzielt werden können, wenn es keine Schließungsanordnung gegeben hätte" (§ 3 Abs. 8 Satz 5 Bundesregelung Schadensausgleich Covid-19) zu ermitteln. Für Antragsvolumen von über 4 Mio. € soll der Abschlag individuell ermittelt werden; ist dies nicht möglich, werden pauschal 20% in Ansatz gebracht (§ 3 Abs. 9 Bundesregelung Schadensausgleich Covid-19). Durch diese Abschläge soll berücksichtigt werden, dass auch ohne Schließungsanordnung, z.B. durch verändertes Kundenverhalten, geringere Umsätze in den betroffenen Zeiträumen hätten erzielt werden können. Der so ermittelte ausgleichsfähige Schaden $S_{kontrafaktisch} = BE_{Vorjahreszeitraum,\ kontrafaktisch} - BE_{Lockdown}$, stellt die beihilferechtliche Obergrenze dar; tatsächlich gezahlt wird nach § 3 Abs. 1 Bundesregelung Schadensausgleich Covid-19 das Minimum aus der vorgesehenen Beihilfe eines bestimmten Programms ($Beihilfe_{Programm\_X}$) und $S_{kontrafaktisch}$, d.h. min. $\{Beihilfe_{Programm\_X}, S_{kontrafaktisch}\}$.

Ohne auf zahlreiche Auslegungs- und Anwendungsprobleme im Einzelnen einzugehen, ist diese allgemeine Regelung zum Covid-19-Schadensausgleich für durch staatliche Lockdown-Beschlüsse betroffene wirtschaftliche Akteure ethisch gut begründet, weil deren Schäden ausgeglichen werden sollen und versucht wird, einen (kontrafaktischen) ökonomischen Zustand wiederherzustellen, wie er sich ohne diese Maßnahmen ergeben hätte. Genau dies aber ist der Kern der *ausgleichenden bzw. wiederherstellenden Gerechtigkeitsauffassung* (*iustitia correctiva),* die auch als *kommutative Gerechtigkeit* (*iustitita commutativa*) bezeichnet wird.[49]

Da Covid-19-Hilfen weit überwiegend von den Staaten schuldenfinanziert wurden, wäre weitergehend auch noch zu prüfen, inwieweit die Lasten zwischen den Generationen gerecht verteilt werden. In einer *Rawlsschen* Perspektive ist entscheidend, „den nachfolgenden Generationen einen Kapitalstock zu hinterlassen, der die Aufrechterhaltung einer gerechten Grundstruktur erlaubt (Bedingung institutioneller Nachhaltigkeit)".[50] Erweiterte Abschreibungs- und Verlustrücktragsmöglichkeiten führen z.B. nur zu Verschiebungen von Steuerzahlungen in die Zukunft; dies führt im Niedrigzinsumfeld für den Staat zu keinen oder nur zu geringen Kosten für künftige Generationen.

---

[49] Vgl. *Mazous* (2006), S. 372, *Horn* (2016), S. 8, 14, *Hinsch* (2016), S. 78.

[50] *Schefczyk* (2016), S. 136, vgl. *Rawls* (2001), S. 159 ff.

VI. Fazit

Rawls normative Konzeption einer liberalen und gerechten Gesellschaft ist als regulative Idee für die Gestaltung politischer Institutionen in demokratischen Gesellschaften unverzichtbar. Seine obersten und sehr abstrakten Grundsätze, z.B. das Differenzprinzip oder der faire Zugang zu Ämtern und Positionen, müssen in weiteren Schritten in der Verfassung, in Gesetzen (Legislative) und der Verwaltung (Administrative) sukzessive konkretisiert werden. Die nach diesen Prinzipien gestalteten Institutionen einer liberalen und gerechten Gesellschaft müssen sich nach *Rawls* auch in Notlagen bewähren:

> „Die Gesellschaft, das heißt die allgemeine Regierung oder lokale Regierungen, oder entsprechende sozial- und wirtschaftspolitische Programme fungieren in Notlagen als Behelfsarbeitgeber. Das Fehlen eines Gefühls langfristiger Sicherheit und der Möglichkeit, sinnvolle Arbeit zu verrichten, ist nicht nur für die Selbstachtung der Bürger zerstörerisch, sondern auch für ihr Gefühl, Mitglieder und nicht Gefangene der Gesellschaft zu sein.“[51]

Der Beitrag zeigt, dass über Gerechtigkeitsfragen rational diskutiert werden kann und dass ethische Prinzipien wie das *Rawlssche* Differenzprinzip oder das Prinzip ausgleichender Gerechtigkeit auch handlungsleitend für ökonomische Covid-19-Maßnahmen waren. Anders als *Max Weber* meint,[52] gibt es auf die Frage „Was sollen wir tun? Wie sollen wir leben?“ für moralfähige Individuen begründete Antworten. Dies gilt auch und gerade in Zeiten einer Pandemie- und Klimakrise. Neben Effektivitäts- und Effizienzargumenten müssen ethische Überlegungen bei der Bewertung steuer- und wirtschaftspolitischer Maßnahmen berücksichtigt werden.

---

[51] *Rawls* (2003), S. 60.

[52] Vgl. *Weber* (1919/2020), S. 93.

Literaturverzeichnis

Adler, Matthew, D. (2019a), Measuring Social Welfare. An Introduction, Oxford University Press, New York.

ders. (2019b), Cost-Benefit Analysis and Social Welfare Functions, in: White, M.D. (Hrsg.), The Oxford Handbook of Ethics and Economics, Oxford University Press, Oxford, S. 389.

ders./Posner, Eric, A. (1999), Rethinking Cost-Benefit Analysis, The Yale Law Journal, 109 (2), S. 165.

ders./Bradley, Richard/Ferranna, Maddalena/Fleurbaey, Marc/Hammitt, James/ Voorhoeve, Alex (2020), Assessing the Wellbeing Impacts of the Covid-19 Pandemic and Three Policy Types: Suppression, Control, and Uncontrolled Spread, Think 20 (T 20) Saudi Arabia Policy Brief.

Althammer, Jörg/Nass, Elmar (2020), Warum findet die Wirtschaftsethik in der Krise kaum Gehör? Die normativen Grenzen der ökonomischen Theorie im Pandemie-Diskurs, in: Brink, Alexander et al. (Hrsg.): Lehren aus Corona. Impulse aus der Wirtschafts- und Unternehmensethik, Zeitschrift für Wirtschafts- und Unternehmensethik, Sonderband, Nomos, Baden-Baden, S. 35.

Beznoska, Martin/Niehus, Judith/Stockhausen, Maximilian (2021), Verteilungsfolgen der Corona-Pandemie: Staatliche Sicherungssysteme und Hilfsmaßnahmen stabilisieren soziales Gefüge, Wirtschaftsdienst, 101 (1), S. 17.

Blundell, Richard/Costa Dias, Monica/Joyce, Robert/Xu, Xiaowei (2020), COVID-19 and Inequalities, Fiscal Studies, 41 (2), S. 291.

Bratu, Christine (2016), Das Differenzprinzip, in: Goppel, Anna/Mieth, Corinna/Neuhäuser, Christian. (Hrsg.), Handbuch Gerechtigkeit, J.B. Metzler, Stuttgart, S. 158.

Bruckmeier, Kerstin/Pechl, Andreas/Popp, Martin/Wiemers, Jürgen/Wollmershäuser, Timo (2020), Covid-19-Krise: Für das Jahr 2020 ist mit keinem Anstieg der Einkommensungleichheit in Deutschland zu rechnen, ifo Schnelldienst digital, Nr. 16, ifo Institut, München.

Bundesministerium für Wirtschaft und Energie (2021a), Bekanntmachung der Regelung zur Gewährung von Unterstützung für ungedeckte Fixkosten im Geltungsbereich der Bundesrepublik Deutschland im Zusammenhang mit dem Ausbruch von COVID-19 („Bundesregelung Fixkostenhilfe 2020"). Bundesanzeiger, Amtlicher Teil, 1.3.2021, B2.

dass. (2021b), Regelung zur vorübergehenden Gewährung einer außerordentlichen Wirtschaftshilfe zugunsten von Unternehmen, deren Betrieb aufgrund der zur Bewältigung der Pandemie erforderlichen Maßnahmen temporär im November und/oder Dezember 2020 geschlossen wird, im Geltungsbereich der Bundesrepublik Deutschland im Zusammenhang mit dem Ausbruch von COVID-19. 21.2.2021.

dass. (2021c), Regelung zur vorübergehenden Gewährung einer Wirtschaftshilfe zugunsten von Unternehmen, deren Betrieb aufgrund der zur Bewältigung der Pandemie erforderlichen Maßnahmen des Bundes und der Länder geschlossen wird, im Geltungsbereich der Bundesrepublik Deutschland im Zusammenhang mit dem Ausbruch von COVID-19 („Allgemeine Bundesregelung Schadensausgleich, COVID-19"), 28.5.2021.

Bundesregierung der Bundesrepublik Deutschland (2020), Maßnahmen der Bundesregierung zur Eindämmung der Covid-19-Pandemie und zur Bewältigung ihrer Folgen, https://www.bundesregierung.de/resource/blob/975226/1747726/0bbb9147be95465e9e845e9418634b93/2020-04-27-zwbilanz-corona-data.pdf (abgerufen am 21.9.2022).

dies. (2021), Vollzugshinweise für die Gewährung von Corona-Überbrückungshilfe für kleine und mittelständische Unternehmen (Anlage zur Verwaltungsvereinbarung zwischen dem Bund und den Ländern. 10.6.21).

Colmer, Jonathan (2020), What is the meaning of (statistical) life? Benefit-cost analysis in the time of COVID-19, Oxford Review of Economic Policy, 36 (S1), S. 56.

Deutscher Ethikrat (2020), Solidarität und Verantwortung in der Corona-Krise. Ad-hoc-Empfehlung. Berlin.

Europäische Kommission (2020), Mitteilung der Kommission, Befristeter Rahmen zur Stützung der Wirtschaft angesichts des derzeitigen Ausbruchs von COVID-19. Amtsblatt der Europäischen Union, 20.3.2020, C 91 I, S. 1.

dies. (2021a), Befristeter Rahmen für staatliche Beihilfen zur Stützung der Wirtschaft angesichts des derzeitigen Ausbruchs von Covid-19 i.d.F. der 5. Änderung vom 28.1.2021. Amtsblatt der Europäischen Union, 1.2.2021, C34, S. 6.

dies. (2021b), Befristeter Rahmen für staatliche Beihilfen zur Stützung der Wirtschaft angesichts des derzeitigen Ausbruchs von Covid-19 i.d.F. der 6. Änderung vom 18.11.2021. Amtsblatt der Europäischen Union, 21.11.2021, C473, S. 1.

Ferrana, Maddalena/Sevilla, J.P./Bloom, David, E. (2021), Assessing the COVID-19 Pandemic: Comparing Alternative Value Framework, IZA Institute of Labor Economics, Discussion Paper Series, Bonn.

Freeman, Samuel (2014), The Basic Structure of Society as the Primary Subject of Justice, in: Mandle, John/Reidy, David, A. (Hrsg.), A Companion to Rawls, John Wiley & Sons, New Jersey, S. 88.

Hausmann, Daniel/McPherson, Michael/Satz, Debra (2017), Economic Analysis, Moral Philosophy, and Public Policy. 3. Aufl., Cambridge University Press, New York.

Hinsch, Wilfried (2016), Distributive Gerechtigkeit, in: Goppel, Anna/Mieth, Corinna/Neuhäuser, Christian (Hrsg.), Handbuch Gerechtigkeit, J.B. Metzler, Stuttgart, S. 77.

Hoerster, Norbert (2013), Was ist eine gerechte Gesellschaft? Eine philosophische Grundlegung, C.H. Beck, München.

Horn, Christoph (2016), Der Begriff der Gerechtigkeit, in: Goppel, Anna/Mieth, Corinna/Neuhäuser, Christian (Hrsg.), Handbuch Gerechtigkeit, J.B. Metzler, Stuttgart, S. 1.

Hubmann, Maximilian/Lenz, Hansrudi (2020), Das Verhältnis von Wissenschaft und Politik, Forschung & Lehre, 27 (7), S. 596.

Kronfol, Hania/Steenbergen, Victor (2020), Evaluating the Costs and Benefits of Corporate Tax Incentives, World Bank Group, Washington.

Leopoldina (2021), Ökonomische Konsequenzen der Coronavirus-Pandemie. Diagnosen und Handlungsoptionen. Deutsche Akademie der Naturforscher Leopoldina e.V., Halle/Saale.

Mazouz, Nadia (2006), Gerechtigkeit, in: Düwell, Marcus/Hübenthal, Christoph/Werner, Micha, H. (Hrsg.), Handbuch Ethik, 2. Aufl., J.B. Metzler, Stuttgart, Weimar, S. 371.

Mieth, Corinna/Rosental, Jacob (2020), Nachwort, in: Rawls, John (2020): Justice as Fairness/Gerechtigkeit als Fairness, übersetzt und herausgegeben von Mieth, Corinna/Rostental, Jacob, Reclam, Ditzingen, S. 132.

Niemann, Rainer (2023), Wie theorie- und evidenzbasiert war die österreichische Steuerpolitik 2020/21? Die betriebswirtschaftliche Perspektive, in: Wendland, Matthias/Eisenberger, Iris/Niemann, Rainer (Hrsg.), Theorie- und evidenzbasierte Politik?, S. 67.

Rawls, John (1958/2020), Justice as Fairness. The Philosophical Review, 67 (2), S. 164. Deutsche Übersetzung: Gerechtigkeit als Fairness, Englisch/Deutsch, übersetzt und herausgegeben von Mieth, Corinna/Rosental, Jacob, Reclam, Ditzingen.

ders. (1999), A Theory of Justice as Fairness. Revised Edition, Belknap Press of Harvard University Press, Cambridge/London.

ders. (2001), Justice as Fairness. A Restatement, Belknap Press of Harvard University Press, Cambridge/London.

ders. (2003), Politischer Liberalismus, Suhrkamp, Frankfurt a.M.

ders. (2005), Political Liberalism. Expanded Edition, Columbia University Press, New York.

Robinson, Lisa, A./Sullivan, Ryan/Shogren, Jason, F. (2021), Do the Benefits of COVID-19 Policies Exceed the Costs? Exploring Uncertainties in the AGE-VSL Relationship, Risk Analysis, 41 (5), S. 761.

Schefczyk, Michael (2016), Generationengerechtigkeit, in: Goppel, Anna/Mieth, Corinna/Neuhäuser, Christian (Hrsg.), Handbuch Gerechtigkeit, J.B. Metzler, Stuttgart, S. 130.

Schmelzle, Cord (2016), Institutionen und Organisationen, in: Goppel, Anna/Mieth, Corinna/Neuhäuser, Christian (Hrsg.), Handbuch Gerechtigkeit, J.B. Metzler, Stuttgart, S. 400.

Sen, Amartya (2010), Die Idee der Gerechtigkeit, C.H. Beck, München.

Spengel, Christoph/Bührle, Theresa/Fischer, Leonie (2021). Unternehmenssteuern und die Corona-Krise in Deutschland, Friedrich-Naumann-Stiftung für die Freiheit, Potsdam-Babelsberg.

Weber, Max (1904/2018), Die „Objektivität" sozialwissenschaftlicher Erkenntnis, in: Wagner, Gerhard (Hrsg.), Zur Logik und Methodik der Sozialwissenschaften, Max Weber Gesamtausgabe, Abt. I, Bd. 7, Mohr Siebeck, Tübingen 2018, S. 142.

ders. (1913/2018), Der Sinn der „Wertfreiheit" der soziologischen und ökonomischen Wissenschaften, in: Weiß, J. (Hrsg.): Verstehende Soziologie und Werturteilsfreiheit, Max Weber Gesamtausgabe, Abt. I, Bd. 12, Mohr Siebeck, Tübingen 2018, S. 445.

III. Smart Regulation, Big Tech und Kartellrecht

Demokratiedefizite auf digitalen Märkten aus kartellrechtlicher Sicht

Viktoria H.S.E. Robertson

I. Einführung

Das heutige Kartellrecht möchte den Wettbewerb und die Innovation – und damit letzten Endes das Verbraucher*innenwohl – fördern. Vor allem niedrige Preise werden oft als Inbegriff eines gut funktionierenden, wettbewerbsfähigen Marktes (miss-)verstanden.[1] In der Gesetzwerdung der kartellrechtlichen Bestimmungen wurde der Wert dieses Rechtsbereiches jedoch häufig in einem weiteren Aspekt gesehen, nämlich in seinem Beitrag zur Erhaltung einer demokratischen Gesellschaft. Dahinter stand die Einsicht, dass überbordende wirtschaftliche Macht unweigerlich zu politischer Macht führt, die nicht demokratisch legitimiert ist und als solche die demokratische Verfassung der westlichen liberalen Demokratien bedroht, allen voran demokratische Werte wie freie Wahlen, repräsentative Demokratie, gleiche individuelle Freiheiten für alle, Gewaltenteilung und politische Beteiligung.[2] Dies gilt insbesondere für die Vereinigten Staaten (USA), wo die Zerschlagung der großen Trusts als bedeutender Ausdruck der demokratischen Schlagkraft angesehen wurde.[3] Als der

[1] Vgl. *Lianos* (2018), S. 161, 169.

[2] Zu den Institutionen und Werten der liberalen Demokratie, vgl. etwa *Brown* (2003), S. 37, 46.

[3] Vgl. *Runciman* (2019), S. 131.

Sherman Act – das ursprüngliche US-Kartellrecht – im Jahr 1890 verabschiedet wurde, wollte man genau das verhindern: Unternehmen, die wirtschaftlich zu mächtig waren und ihre wirtschaftliche Macht in politische Macht umwandelten. In den viel zitierten Worten von Senator Sherman: „If we would not submit to an emperor we should not submit to an autocrat of trade.“[4]

Die Diskussion über Demokratie im Kartellrecht wurde bisher stark von US-amerikanischen Wissenschaftler*innen geprägt, ist aber auch für das Kartellrecht in der Europäischen Union (EU) von zunehmender Bedeutung. In der EU betonte die Ordoliberale Schule – die als ideologische Grundlage des heutigen EU-Kartellrechts angesehen werden kann[5] – die Freiheit von wirtschaftlicher Macht, nachdem Hitler große Konzerne zur Festigung seiner politischen Macht eingesetzt hatte.[6] Da die Demokratie die Grundlage des Gesellschaftsvertrags in der EU darstellt (Abschnitt II), muss sie sich möglicherweise auch in der Anwendung des EU-Kartellrechts besser widerspiegeln.

Heute wird innerhalb der Kartellrechtswissenschaft mit neuer Dringlichkeit über einen demokratischeren Ansatz nachgedacht. Der Aufstieg datengesteuerter digitaler Märkte und ihre beispiellosen Möglichkeiten, einzelne Wähler*innen und Gesetzgeber*innen anzusprechen und die öffentliche Debatte zu beeinflussen, haben in der Kartellrechtswissenschaft zu der Erkenntnis geführt, dass sich das Kartellrecht möglicherweise wieder stärker auf seine demokratischen Wurzeln besinnen muss.[7] Die Fähigkeit digitaler Plattformen, Online-Debatten und das Verhalten von Wähler*innen zu beeinflussen, wurde und wird von einer Vielzahl von Disziplinen untersucht, etwa im Rahmen der Medienwissenschaft, Politikwissenschaft und der Science, Technology and Society Studies (STS).[8] Sie liefern uns erste Anhaltspunkte dafür, was online in und mit Demokratien geschieht, und machen uns auf ein Problem aufmerksam, das möglicherweise auch von kartellrechtlicher Seite aufgegriffen werden muss. Die im Rahmen dieser Forschung gewonnenen Erkenntnisse über Demokratiedefizite[9] auf digitalen Plattformen und die Rolle von Daten werden im Folgenden kurz erörtert (Abschnitt III.), da sie den notwendigen Hintergrund für die aktuellen Debatten im Kartellrecht liefern.

---

[4] 21 Cong. Rec. 2515, 1889.

[5] Vgl. *Hildebrand* (2016).

[6] Vgl. *Fox* (2017), S. 4 und *Gerbrandy* (2019), S. 127.

[7] Siehe etwa *First und Waller* (2013), *Deutscher und Makris* (2016), *Reyna* (2017), *Waller* (2019), *Fox* (2019).

[8] Vgl. insb. die in Abschnitt III zitierte Literatur, sowie *Richards* (2017).

[9] Der hier verwendete Begriff des Demokratiedefizits meint demokratiebezogene Schäden, d.h. Schäden für demokratische Prozesse, die in einem bestimmten Kontext entstehen. Diese Definition unterscheidet sich von der Bedeutung des Begriffs Demokratiedefizit, wie er in der Politikwissenschaft verwendet wird; vgl. etwa *Follesdal und Hix* (2006), S. 534–537.

Sodann gilt es, der Frage nachzugehen, ob und wie das Kartellrecht als Instrument eingesetzt werden kann, um Demokratiedefizite auf digitalen Märkten zu beheben (Abschnitt IV.). Das Kartellrecht befasst sich seit Langem mit dem scheinbar unaufhaltsamen Aufstieg mächtiger digitaler Plattformen, die im täglichen Leben von Milliarden von Menschen als Vermittlerinnen auftreten.[10] Während die kartellrechtlichen Bedenken von der Verdrängungswirkung gegenüber Mitbewerber*innen bis hin zur Sammlung übermäßiger Mengen personenbezogener Nutzer*innendaten reichen, bereitet die politische Macht dieser Plattformen, die sich unter anderem aus dem Einfluss digitaler Plattformen auf Social-Media-Kanäle, Messaging Boards und den Zugang zu Nachrichten ergibt, zunehmend Sorgen.

Für das europäische Kartellrecht könnte die Rückbesinnung auf seine demokratischen Wurzeln eine dramatische Abkehr von der preiszentrierten, effizienzgesteuerten wirtschaftlichen Betrachtungsweise bedeuten, auf die es sich in jüngerer Zeit verlassen hat. Stattdessen könnten neuartige Beweise bei der inhaltlichen Analyse des Marktverhaltens stärkere Berücksichtigung finden (müssen). Dies ebnet den Weg für die Frage, wie ein evidenzbasierter Ansatz für Demokratiedefizite auf digitalen Märkten aus kartellrechtlicher Sicht entwickelt werden kann.[11] Dies beginnt mit der Identifizierung von Demokratiedefiziten auf digitalen Märkten, setzt sich fort mit Vorschlägen für angemessene Abhilfemaßnahmen und schließt Überlegungen ein, wie ein solcher Ansatz mit der traditionellen Kartellrechtsdurchsetzung in Einklang gebracht werden kann.

Eines muss gleich zu Beginn festgehalten werden: Im Folgenden wird untersucht, ob und wie das Kartellrecht als Instrument zur Behebung von Demokratiedefiziten im digitalen Raum eingesetzt werden kann. Das Kartellrecht

---

[10] *Google Search (Shopping)* (AT.39740) Kommissionsentscheidung vom 27. Juni 2017 [2018] ABl. C9/11, bestätigt in Rs. T-612/17 *Google und Alphabet v. Kommission*, ECLI:EU:T:2021:763; *Google Android* (AT.40099) Kommissionsentscheidung vom 18. Juli 2018, im Wesentlichen bestätigt in Rs. T-604/18 *Google und Alphabet v. Kommission*, ECLI:EU:T:2022:541; *Google/DoubleClick* (COMP/M.4731) Kommissionsentscheidung vom 11. März 2008 [2008] ABl. C184/10; *Google Search (AdSense)* (AT.40411) Kommissionsentscheidung vom 20. März 2019, in Berufung als Rs. T-334/19 *Google und Alphabet v. Kommission* [2019] ABl. C225/46; Verordnung (EU) 2022/1925 des Europäischen Parlaments und des Rates vom 14. September 2022 über bestreitbare und faire Märkte im digitalen Sektor und zur Änderung der Richtlinien (EU) 2019/1937 und (EU) 2020/1828 (Gesetz über digitale Märkte) [2022] ABl. L265/1; § 19a GWB, d.BGBl. I 2013/1750 i.d.F. d.BGBl. I 2021/2; *Facebook* (B 6-22/16) Bundeskartellamt (6. Februar 2019), Vorabentscheidungsverfahren vor dem EuGH anhängig als Rs. C-252/21.

[11] Wissenschaftler*innen, die das Demokratiedefizit des Kartellrechts behandelten, bezogen sich häufig auf die undemokratische Weise der Kartellrechtsdurchsetzung; vgl. *First und Waller* (2013) S. 2543 f. Im vorliegenden Beitrag bezieht sich der Terminus Demokratiedefizit jedoch auf einen demokratisch nicht legitimierten Prozess oder ein demokratisch nicht legitimiertes Ergebnis, jeweils durch Marktverhalten hervorgerufen.

kann und soll aber nicht der Hauptbaustein für die Bewältigung dieser Bedrohung sein – es kann lediglich eine Möglichkeit sein, dieser Gefahr für den Kern unseres Gesellschaftsvertrages ein Stück weit zu begegnen.

II. Demokratie als Grundlage des Gesellschaftsvertrags der EU

Die repräsentative liberale Demokratie ist nicht nur die Staatsform, die sich die Europäische Union und ihre Mitgliedstaaten auf die Fahnen geschrieben haben, sondern auch die Grundlage unseres Gesellschaftsvertrags in der Europäischen Union und in den Mitgliedstaaten. In der Präambel des Vertrags über die Europäische Union (EUV)[12] heißt es, die Europäische Union lasse sich von den „unverletzlichen und unveräußerlichen Rechte[n] des Menschen sowie [von] Freiheit, Demokratie, Gleichheit und Rechtsstaatlichkeit als universelle Werte" leiten, bekräftige ihr Bekenntnis „zu den Grundsätzen der Freiheit, der Demokratie" und wolle „Demokratie und Effizienz in der Arbeit der Organe weiter [...] stärken." Diese Aussage findet sich auch in der Präambel der Charta der Grundrechte der Europäischen Union wieder, die den europäischen Begriff der Demokratie weiter konkretisiert.[13] Artikel 1 EUV verweist auf die fortschreitende Demokratisierung der Union und stellt sicher, dass Entscheidungen in der Union „möglichst offen und möglichst bürgernah getroffen werden."[14] In Artikel 2 EUV wird die Bedeutung der Demokratie als einer der Grundwerte der Europäischen Union erneut hervorgehoben.[15]

Titel II des Vertrags enthält Bestimmungen über die demokratischen Grundsätze, darunter die Gleichheit der Unionsbürger*innen (Artikel 9 EUV), den Grundsatz der repräsentativen Demokratie (Artikel 10 EUV), der das Recht jedes und jeder Bürger*in auf Teilnahme am demokratischen Leben der Union einschließt, die Bedeutung des europäischen politischen Bewusstseins, eines europäischen demokratischen Dialogs (Artikel 11 EUV) und die Bedeutung der nationalen Parlamente (Artikel 12 EUV). Wichtig ist, dass das Recht der Bürger*innen auf Teilnahme am demokratischen Leben der Union sicherstellen soll, dass keine Einmischung in politische Entscheidungen erfolgt.[16] Auch das auswärtige Handeln der EU wird von der Demokratie als einem Wert geleitet, den die Union zu fördern sucht (Artikel 21 EUV).

---

[12] Vertrag über die Europäische Union (EUV) [2016] ABl. C202/13.

[13] Art. 39 Abs. 2 Charta der Grundrechte der Europäischen Union [2016] ABl. C202/389; *Obwexer* (2020), Rz. 26.

[14] Vgl. Rs. C-560/08 P, *Schweden v. MyTravel und Kommission*, ECLI:EU:C:2011:496, Rz. 72.

[15] Vgl. auch Rs. C-402/05 P und C-415/05 P, *Kadi und Al Barakaat*, ECLI:EU:C:2008:461, Rz. 303.

[16] Vgl. *Ruffert* (2016), Rz. 12.

In Artikel 165 AEUV[17] heißt es, dass die Maßnahmen der EU darauf abzielen, den Austausch zwischen den europäischen Jugendlichen zu fördern, um ihre Beteiligung am demokratischen Leben in Europa zu stärken. Und die Solidaritätsklausel in Artikel 222 Absatz 1 lit. a AEUV fordert die Mitgliedstaaten auf, sich gegenseitig beim Schutz der demokratischen Institutionen vor terroristischen Angriffen zu unterstützen.

In Protokoll 29 zum AEUV wird anerkannt, dass „der öffentlich-rechtliche Rundfunk in den Mitgliedstaaten unmittelbar mit den demokratischen, sozialen und kulturellen Bedürfnissen jeder Gesellschaft sowie mit dem Erfordernis verknüpft ist, den Pluralismus in den Medien zu wahren." Diese Aussage stammt aus einer Zeit vor der Verbreitung des digitalen Medienkonsums und müsste angesichts der sozialen Medien, die in vielerlei Hinsicht an die Stelle traditioneller Medien getreten sind, aktualisiert werden.

Inhaltlich zeichnen diese Bestimmungen im Primärrecht der Union das Bild einer westlichen liberalen Demokratie, die auf Werten wie freien Wahlen, freier demokratischer Debatte, Redefreiheit und der gleichen Achtung der Menschenrechte für alle beruht. Letztlich ist die liberale Demokratie jedoch ein offener Begriff, der nicht genau definiert werden kann; selbst in der Politikwissenschaft und -theorie herrscht Uneinigkeit über ihren genauen Inhalt.[18]

Die vielfältigen Bekenntnisse zur Demokratie im Primärrecht der Europäischen Union verweisen trotz dem Demokratiebegriff inhärenter Definitionsunschärfen auf einen Grundwert, der im Zentrum der europäischen Integration steht.[19] Die Demokratie auf der Ebene der Europäischen Union hat sich in den letzten Jahrzehnten außerdem erheblich weiterentwickelt. Gleichzeitig zeichnen sich auf der Ebene einzelner Mitgliedstaaten Demokratiedefizite ab,[20] bei denen davor gewarnt wird, dass sie allmählich auch die ohnehin eher schwach ausgeprägte Demokratie, die sich auf EU-Ebene etabliert hat, in Mitleidenschaft ziehen könnten.[21] Da die Union selbst mit einem Legitimationsdefizit zu kämpfen hat, das auf die sich noch in der Entwicklung befindlichen verfassungsrechtlichen Rahmenbedingungen ihres demokratischen Gefüges zurückzuführen ist, könnte eine Wiederbelebung der politischen Debatte auf EU-Ebene eine mögliche Abhilfe darstellen.[22]

Digitale Werkzeuge stellen eine Möglichkeit dar, um eine breitere, europaweite Debatte über politische Themen zu führen. Gleichzeitig ist damit eine neue Gefahr entstanden: die Gefahr, dass die freie Debatte von wirtschaftlichen

---

[17] Vertrag über die Arbeitsweise der Europäischen Union (AEUV) [2016] ABl. C202/47.

[18] Vgl. *Brown* (2015), S. 18–20 (die auf S. 20 von einer „open and contestable signification of democracy" spricht).

[19] Zur verfassungsartigen Natur des Prinzips der repräsentativen Demokratie in der EU, vgl. *Ruffert* (2016), Rz. 4.

[20] Vgl. z.B. Rs. C-791/19 *Kommission v. Polen*, ECLI:EU:C:2021:596.

[21] Vgl. *Schmidt* (2006).

[22] Vgl. *Grimm* (2017).

und politischen Interessen vereinnahmt wird. In ihrem kürzlich veröffentlichten Europäischen Aktionsplan für Demokratie betont die Europäische Kommission nicht nur den grundlegenden Charakter der Demokratie für die EU, sondern auch die Bedrohungen, denen diese derzeit ausgesetzt ist – wie etwa „neue Schwachstellen,“ die durch „Online-Kampagnen und Online-Plattformen“ entstehen, einschließlich Desinformation und der Verwendung von intransparenten Algorithmen.[23] Die Kommission unterstreicht auch die Bedeutung der Medienfreiheit und des Medienpluralismus für die Wahrung der Demokratie in der Union.[24] Die Demokratie ist eine zerbrechliche Regierungsform, die – unter anderem – von mächtigen wirtschaftlichen Interessen in Geiselhaft genommen werden kann.

III. Daten als Ursprung der Demokratiedefizite auf digitalen Plattformen

Eine stetig wachsende Forschungslandschaft beschäftigt sich bereits seit geraumer Zeit mit der Beziehung zwischen Daten, dem digitalen Raum und deren Auswirkungen auf die Demokratie.[25] Wissenschaftler*innen, die zu dieser interdisziplinären Forschung beitragen, kommen etwa aus den Bereichen der Kommunikationswissenschaft, der Datenwissenschaft, der Medienwissenschaft, der Politikwissenschaft, des Datenschutzes, der Soziologie und der STS. Auch Datenschutzbehörden haben die weitreichenden Auswirkungen der sozialen Medien und der personenbezogenen Daten auf unsere Demokratien bereits hervorgehoben.[26] Im britischen Cairncross-Bericht über eine nachhaltige Zukunft des Journalismus wurde hervorgehoben, dass der Bericht zwei Hauptziele verfolgt: die Gewährleistung eines effizienten Marktes und den Schutz derjenigen Medien, die für die Demokratie am wichtigsten sind.[27] Es scheint insgesamt ein Konsens darüber zu bestehen, dass online generierte personenbezogene Nutzer*innendaten, wenn sie in einer bestimmten Weise verwendet werden, starke negative Auswirkungen auf die Demokratie zeitigen können. Vor diesem Hintergrund haben einige namhafte Wissenschaftler*innen das Kartellrecht aufgefordert, Teil der Lösung dieses Problems zu sein, insbesondere im Hinblick auf die mächtigen Big Tech-Unternehmen.[28] Andere

---

[23] Europäische Kommission, ‘Europäischer Aktionsplan für Demokratie’ COM(2020) 790 final, 2.

[24] Europäische Kommission, ‘Europäischer Aktionsplan für Demokratie’ COM(2020) 790 final, 11.

[25] Vgl. etwa *Van Dijk und Hacker* (2018), *Moore* (2019), *Vaidhyanathan* (2018), *Bigo/Isin/Ruppert* (2019), *Shaffer* (2019).

[26] Vgl. Information Commissioner’s Office (2018).

[27] Vgl. The Cairncross Review (2019), S. 5.

[28] Vgl. *Runciman* (2019), S. 131 f.

warnen allerdings auch davor, dass die Kartell- und Datenschutzgesetze bei der Bewältigung der gesellschaftlichen Herausforderungen digitaler Märkte bisher unterdurchschnittlich abgeschnitten haben.[29] Sollte das Kartellrecht sich also dem Problem der Demokratiedefizite auf digitalen Märkten annehmen, so müsste es seine traditionelle Herangehensweise wohl in mancherlei Hinsicht den spezifischen Marktgegebenheiten besser anpassen.

Die bereits zu dem Phänomen der durch digitale Plattformen gezeitigten Demokratiedefizite durchgeführte Forschung geht weit über das hinaus, was für die Zwecke dieses Beitrags besprochen werden kann. Gleichzeitig fehlt es dieser Forschung allerdings an ganz wesentlichen Daten, die nur über die digitalen Plattformen selbst – sei es Twitter, Facebook, Reddit, etc. – erlangt werden können, die Forscher*innen aber derzeit nicht zugänglich gemacht werden.[30] Bestehende Studien zeigen allerdings deutlich die Art der demokratiebezogenen Probleme auf, die in der Online-Sphäre hervortreten. Insgesamt bergen die Demokratiedefizite, die in der Forschung bereits identifiziert wurden, die Gefahr, dass sie die westliche liberale Demokratie, wie wir sie kennen, bedrohen, indem sie einige ihrer grundlegendsten Prinzipien und Paradigmen – wie freie Meinungsäußerung, freie Wahlen, öffentliche Debatte, Zugang zu unvoreingenommenen Informationen und Medienpluralismus – untergraben. Die Frage, die sich für den vorliegenden Beitrag stellt, lautet daher: Sollte das Kartellrecht auf diese Unzulänglichkeiten auf digitalen Märkten reagieren? Und wenn ja, wie?

IV. Entwicklung eines evidenzbasierten Umgangs mit Demokratiedefiziten in digitalen Märkten aus kartellrechtlicher Sicht

Mehrere Think Tanks untersuchen die Demokratiedefizite, die auf digitalen Märkten auftreten, und schlagen politische Lösungen vor, wie etwa das in Washington, DC, ansässige Center for Digital Democracy (CDD), das „verantwortungsvolle kommerzielle Daten und digitale Marketingmaßnahmen in politischen Kampagnen und Wahlen fördern“ will,[31] oder das in Brüssel ansässige Center for Democracy & Technology Europe (CDT), das „für die Förderung und den Schutz von Demokratie und Menschenrechten in der europäischen Technologiegesetzgebung und -politik eintritt.“[32] Das Kartellrecht könnte einer der Bausteine sein, um Demokratiedefizite auf digitalen Märkten zu beheben –

[29] Vgl. *Zuboff* (2019), S. 193, 343, 486.
[30] Vgl. *Haugen* (2021).
[31] Center for Digital Democracy (CDD) (2021), eigene Übersetzung.
[32] Center for Democracy & Technology Europe (CDT) (2021), eigene Übersetzung.

auch wenn es mit Sicherheit nicht die zentrale Säule für ein solches Unterfangen sein kann oder soll.

Das Kartellrecht entfernt sich langsam aber sicher von der althergebrachten Weisheit, dass sich politische Fragen nicht mit rechtlichen Fragen vermischen sollten. Stattdessen setzt sich allmählich eine „polyzentrische" Version des Kartellrechts durch, welche die Interdependenz verschiedener gesellschaftlicher Tätigkeitsbereiche in unserer vernetzten Wirtschaft anerkennt.[33] Dies entspricht auch der Einsicht, dass es kein „reines" Kartellrecht gibt, da immer unterschiedliche politische Interessen auf dem Spiel stehen.[34] Es kommt also darauf an, wie wir die Ziele des Kartellrechts verstehen – und wie diese umgesetzt werden können.

Die Frage, wie die Durchsetzung des Kartellrechts demokratiebezogene Schäden beheben kann, lässt sich auf zwei Arten beantworten:[35] Zum einen kann die Kartellrechtsdurchsetzung als indirektes Korrektiv für eine Situation gesehen werden, in der wirtschaftliche Macht in politische Macht umgewandelt wird. Nach diesem ersten Ansatz, der in der Praxis vorherrscht, dient die Fusionskontrolle sowie die Möglichkeit, wettbewerbswidrig agierende Unternehmen zu zerschlagen, als reflexartiges Korrektiv für Demokratiedefizite auf digitalen Märkten.

Ein zweiter Ansatz versteht demokratiebezogene Schäden als eine Art von Marktversagen auf digitalen Märkten, die durch das Kartellrecht direkter behoben werden sollten. Diese zweite mögliche kartellrechtliche Antwort auf Demokratiedefizite ist erst im Entwickeln begriffen. Sie bedarf neuer Analyseinstrumente, um Demokratiedefizite aus kartellrechtlicher Sicht bewerten zu können. Diese Analyseinstrumente wiederum bedingen die Entwicklung eines neuen, evidenzbasierten Ansatzes für den Umgang mit Demokratiedefiziten auf digitalen Märkten. Dabei sind mehrere Parameter zu berücksichtigen, wie etwa die Art der wirtschaftlichen und politischen Macht(-erweiterung) auf digitalen Märkten, eine Anpassung des preiszentrierten Charakters des Kartellrechts, und die Verwendung von Erkenntnissen aus anderen Disziplinen für die rechtliche Bewertung von Demokratiedefiziten. Der vorliegende Beitrag möchte die Entwicklung eines solchen Ansatzes anstoßen, der in darauf aufbauender Forschung weiterentwickelt, verfeinert, diskutiert und immer wieder neu bewertet werden muss.

1. Wirtschaftliche und politische Macht in digitalen Märkten

Die Erkenntnis, dass überwältigende wirtschaftliche Macht in politischen Einfluss umschlagen kann, ist nicht neu – in der Tat war diese Einsicht der eigentliche Grund für die Verabschiedung der Kartellrechtsvorschriften in den USA

---

[33] Vgl. *Lianos* (2018), S. 161, 162–165.

[34] Vgl. *Ezrachi und Stucke* (2018).

[35] Vgl. hierzu ausführlich *Robertson* (2022).

im ausgehenden 19. Jahrhundert.[36] *Salamon und Siegfried* veröffentlichten bereits im Jahr 1977 eine Arbeit mit genau diesem Titel.[37] Auch vor der intellektuellen Vereinnahmung der demokratischen Institutionen durch wirtschaftlich mächtige Unternehmen wurde gewarnt.[38] Diese Fragen sind von zentraler Bedeutung für das Funktionieren einer liberalen Demokratie westlicher Prägung, in der Regierung und Parlament den Willen des Volkes repräsentieren – und nicht jenen mächtiger Konzerne.

Auf digitalen Märkten stellen digitale Plattformen, darunter Kommunikationsplattformen, Nachrichtenplattformen und soziale Medien, die digitale Infrastruktur bereit, die Interaktionen zwischen Nutzer*innen ermöglicht. Diese Gatekeeper-Funktion digitaler Plattformen wurde mitunter als Vermittlungs- oder Intermediationsmacht bezeichnet[39] und hat bereits dazu geführt, dass neue kartellrechtsartige Instrumente verabschiedet wurden, um mit dieser Art von wirtschaftlicher Macht umzugehen.[40] Die in der Literatur festgestellten Demokratiedefizite[41] ergeben sich häufig aus der Art und Weise, wie Dritte (z.B. politische Parteien, die eine digitale Kampagne durchführen) die von der Vermittlungsplattform bereitgestellten Nutzer*innendaten verwenden, oder auch aus der Dynamik, mit der diese Vermittlungsplattformen arbeiten, wenn sie Nutzer*innen Inhalte anzeigen. Während die digitale Plattform die Infrastruktur zur Verfügung stellt, ist es oft nicht die Plattform selbst, sondern sind es Dritte, die beispielsweise versuchen, Wähler*innenstimmen über die Plattform einzufangen. Dies verleiht der digitalen Plattform natürlich erhebliche Macht über diejenigen, die auf ihre Plattform zugreifen wollen. Es stellt sich dabei gleichzeitig aber auch die Frage, ob diese Machtdynamik einen anderen Ansatz rechtfertigt als Szenarien, in denen ein Unternehmen seine wirtschaftliche Macht direkt dazu nutzt, politische Macht zu erlangen. Welche Art von Abhilfe ist in solchen Fällen vertretbar? Bedarf es der Moderation von Inhalten? Braucht es eine Änderung der Algorithmen, die über die Anzeige von Inhalten entscheiden?[42]

Zur Veranschaulichung dieser Frage lohnt es sich, einen Blick auf einen Bericht aus dem Jahr 2020 zu werfen, der befand, dass es bei den US-Wahlen zu einer „koordinierten Anstrengung“ zur Wahlbeeinflussung auf der Social-Media-Plattform Twitter gekommen war – ohne diese jedoch einem oder einer bestimmten Akteur*in zuordnen zu können.[43] Dies wirft erneut die Frage auf,

---

[36] Vgl. Senator *John Sherman*, 21 Cong Rec 2515, 1889.

[37] Vgl. *Salamon und Siegfried* (1977).

[38] Vgl. *Adams* (1977), S. 794, 797.

[39] Vgl. *Crémer/Schweitzer/de Montjoye* (2019), S. 49.

[40] Vgl. Verordnung (EU) 2022, 1925.

[41] Vgl. dazu Abschnitt III.

[42] Z.B. *Fish und Gal* (2021).

[43] Vgl. *Marcellino/Johnson/Posard/Helmus* (2020), S. 2.

ob eine digitale Plattform, die für die Störung demokratischer Prozesse instrumentalisiert wird, auch dann für ein solches Verhalten zur Rechenschaft gezogen werden kann, wenn es nicht die Plattform selbst ist, die dieses Verhalten an den Tag legt. Es ist jedoch die Plattform, die die wirtschaftlichen Vorteile dieses antidemokratischen Verhaltens internalisiert, und es ist möglicherweise nur auf Ebene der Plattform möglich, dieses antidemokratische Verhalten auch erfolgreich einzudämmen.

2. *Abkehr von der Preiszentriertheit des Kartellrechts*

Das Kartellrecht hat sich in den letzten Jahrzehnten zunehmend auf einen Parameter konzentriert: den Preis. Im Kartellrecht wird wirtschaftliche Macht hauptsächlich als Marktmacht verstanden – also als Macht über einen bestimmten relevanten Markt – und fokussiert auch in diesem Rahmen stark auf Preise und Produktion.[44] Die Kartellhüter*innen streben niedrigere Preise an, da sie dies als ein geeignetes Kriterium für das Wohl der Verbraucher*innen ansehen. Der Europäische Gerichtshof hat in seiner Rechtsprechung preisbasierte Tests für den Missbrauch einer marktbeherrschenden Stellung wie Verdrängungspreise,[45] überhöhte Preise[46] oder Kosten-Preis-Scheren[47] anerkannt. Wettbewerbsökonom*innen verwenden preisbasierte Tests, um die relevanten Märkte abzugrenzen und die Marktmacht sowie die wettbewerbswidrigen Auswirkungen eines Marktverhaltens zu bewerten.[48]

Die Tatsache, dass das Kartellrecht so preiszentriert ist, führt auch dazu, dass es nicht mehr so gut in der Lage ist, andere Arten von Schäden zu beurteilen, die nicht mit einem Preisschild versehen werden können. Dies wurde bereits in Bezug auf personenbezogene Nutzer*innendaten festgestellt – denen Ökonom*innen einen monetären Preis zuordnen können, aber vielleicht nicht sollten, da dies die Menschenrechtsdimension personenbezogener Daten außer Acht lässt.[49] Aber auch andere Güter, deren Essenz sich nicht einfach anhand eines Preises quantifizieren lässt, wie etwa Demokratie oder nachhaltige Entwicklung, sind hiervon betroffen. Um eine kartellrechtliche Bewertung demokratiebezogener Schäden möglich zu machen, müssen Parameter und Maßstäbe entwickelt werden, auf deren Grundlage eine solche Bewertung erfolgen kann, und zwar anhand von Erkenntnissen der Politikwissenschaft, der Medienwissenschaft und der STS. Eine Möglichkeit, mit dieser Frage umzugehen, besteht darin, die Demokratie in die Qualitätsparameter aufzunehmen, die das Kartellrecht als zentral für seine Analyse ansieht.

---

[44] Vgl. *Ayal* (2013), S. 221, 223.

[45] Rs. C-62/86 *AKZO Chemie v. Kommission*, ECLI:EU:C:1991:286.

[46] Rs. 27/76 *United Brands v. Kommission*, ECLI:EU:C:1978:22.

[47] Rs. C-52/09 *Konkurrensverket v. TeliaSonera*, ECLI:EU:C:2011:83.

[48] Vgl. *Niels/Jenkins/Kavanagh* (2016), S. 35, 86 ff., 99 ff.

[49] Vgl. *Kerber* (2016), S. 856 f.

Der preiszentrierte, ökonomische Charakter des Kartellrechts müsste einem Ansatz weichen, der bei der Bewertung des Marktverhaltens von Unternehmen offen für andere Beweismittel ist. Nur dann kann eine Schadenstheorie zu demokratiebezogenen Schäden tatsächlich entwickelt und bewertet werden. Abgesehen von der Tradition gibt es im Kartellrecht nichts, was einer solchen Entwicklung entgegenstünde.

3. Welche Beweise gibt es für demokratiebezogene Schäden?

Um gegen Unionskartellrecht zu verstoßen, reicht es aus, dass ein bestimmtes Verhalten den behaupteten Schaden plausibel verursachen kann – der Schaden muss noch nicht eingetreten sein. Sofern die wettbewerbswidrigen Auswirkungen nicht gänzlich unbedeutend sind,[50] zielt das Unionskartellrecht daher darauf ab, tatsächliche und potenzielle wettbewerbswidrige Auswirkungen zu verhindern.[51] Dies bedeutet, dass direkte Beweise dafür, dass ein bestimmtes Verhalten zu Demokratiedefiziten (oder demokratiebezogenen Schäden) geführt hat, zwar nützlich sind, aber keine unabdingbare Voraussetzung für die kartellrechtliche Verfolgung dieser Schäden darstellen. Stattdessen reichen Beweise aus, die darauf hindeuten, dass ein solches Verhalten wahrscheinlich zu einem solchen Schaden führt oder führen wird.

In diesem Zusammenhang gilt es, eine Reihe wichtiger Fragen zu berücksichtigen: Welche Beweise gibt es für die behaupteten Verhaltensweisen? Welche Beweise benötigen wir, um dieses Verhalten kartellrechtlich zu verfolgen? Wie hängt dieses Verhalten mit der Marktmacht digitaler Plattformen zusammen? Um diese Fragen beantworten zu können, wird sich das Kartellrecht auf Beweise aus anderen Disziplinen als der Wettbewerbsökonomie stützen müssen, um (i) demokratiebezogene Schäden zu ermitteln und (ii) Abhilfemaßnahmen zu entwickeln, die geeignet sind, diese Art von Schäden zu beheben.

Zum gegenwärtigen Zeitpunkt klaffen zwischen den Annahmen, die häufig über datengestützte politische Kampagnen gemacht werden, und den empirischen Erkenntnissen über dieses Verhalten noch einige große Lücken.[52] Hier ist weiterführende Forschung in den Bereichen Medienwissenschaft, Politikwissenschaft und STS angezeigt, um eine solide Grundlage für die Entwicklung eines evidenzbasierten kartellrechtlichen Ansatzes für diese Art von Verhalten zu schaffen. Erst unlängst hat eine Whistleblowerin in den USA jedoch

---

[50] Rs. 5/69 *Völk v. Vervaecke*, ECLI:EU:C:1969:35, Rz. 5/7.

[51] Rs. 31/85 *ETA Fabriques d'Ébauches v. DK Investment*, ECLI:EU:C:1985:494, Rz. 12; Rs. C-7/95 P John Deere, ECLI:EU:C:1998:256, Rz. 77; Europäische Kommission, 'Leitlinien zur Anwendung von Artikel [101](3) [AEUV]' [2004] ABl. C101/97, Rz. 11; Europäische Kommission, 'Erläuterungen zu den Prioritäten der Kommission bei der Anwendung von Artikel [102 AEUV] auf Fälle von Behinderungsmissbrauch durch marktbeherrschende Unternehmen' [2009] ABl. C45/7, Rz. 37.

[52] Vgl. *Baldwin-Philippi* (2019).

aufgezeigt, woran solche Forschungsvorhaben scheitern: nämlich am Zugang zu den Daten der digitalen Plattformen, um demokratieschädliches Verhalten im Einzelfall identifizieren zu können.[53] Erst, wenn diese Grundvoraussetzung des Datenzugangs erreicht ist, wird es möglich sein, Wähler*innenbeeinflussung sowie eine Schädigung des demokratischen Prozesses konkret nachzuweisen.

Darüber hinaus muss die Art der verfügbaren und ergründbaren Beweise für die Bewertung demokratiebezogener Schäden besser verstanden werden. In diesem Zusammenhang ist das im Kartellrecht geltende Beweismaß von Bedeutung. Wie Artikel 2 der Verordnung 1/2003 besagt, liegt die Beweislast für einen Verstoß gegen das Kartellrecht bei der Behörde oder Partei, die den Verstoß behauptet.[54] Die Bestimmung konkretisiert jedoch nicht das Beweismaß, das je nach Fragestellung unterschiedlich sein kann.[55] Wettbewerbsökonom*innen können nützliche Beweise liefern, etwa über die Auswirkungen eines bestimmten Verhaltens.[56] Der Sachverständigenbeweis ist jedoch nicht auf die Ökonomie beschränkt: Auch andere Disziplinen können dazu beitragen, rechtlich relevante Tatsachen festzustellen. Insofern ist zwischen Rechts- und Tatsachenfragen zu unterscheiden.[57] In diesem Zusammenhang können Erkenntnisse aus den Medienwissenschaften, der Politikwissenschaft und den STS bei der Feststellung helfen, ob ein bestimmtes Marktverhalten demokratische Prozesse wettbewerbswidrig beeinflusst oder zu beeinflussen droht und somit aus kartellrechtlicher Sicht einen demokratiebezogenen Schaden darstellt.

In einem RAND-Bericht aus dem Jahr 2020 wurde eine Methode zur Erkennung von Online-Wahleinmischungen durch ausländische Akteur*innen vorgestellt, die als „ernsthafte Bedrohung für die demokratischen Prozesse in den USA" bezeichnet wurden.[58] Und ein weiterer Beitrag greift die israelischen Erfahrungen mit der Identifizierung übermäßig mächtiger Unternehmen auf, die eine Gefahr für die Demokratie darstellen könnten.[59] Nun gilt es, eine ähnliche Methodik zu entwickeln, um Maßstäbe zu definieren, die dabei helfen können, demokratiegefährdende Schäden auf digitalen Märkten zu erkennen, damit solche Verhaltensweisen der Kartellrechtsdurchsetzung zugänglich gemacht werden können.

---

[53] Vgl. *Haugen* (2021).

[54] Verordnung (EG) Nr. 1/2003 des Rates zur Durchführung der in den Artikeln [101 und 102] des Vertrags niedergelegten Wettbewerbsregeln [2003] ABl. L1/1.

[55] Vgl. *De Bronett* (2011), Art. 2 Rz. 23.

[56] Vgl. *De Bronett* (2011), Art. 2 Rz. 33.

[57] Rs. T-201/04 *Microsoft v. Kommission*, ECLI:EU:T:2007:289, Rz. 371 ff., 423 ff.

[58] *Marcellino/Johnson/Posard/Helmus* (2020) S. 1.

[59] Vgl. *Baum/Lachman-Messer* (im Erscheinen).

V. Ausblick

Die demokratischen Wurzeln des Kartellrechts sprechen eine deutliche Sprache: Sowohl in Europa als auch in den USA ist die Wahrung der Demokratie ein inhärentes Ziel des Kartellrechts. Während dieses Ziel bisher auf der Metaebene durch die Streuung wirtschaftlicher Macht verfolgt wurde, könnte es auch auf der Mikroebene durch die Identifizierung demokratiebezogener Schäden, die kartellrechtlich abgestellt werden können, verfolgt werden. Dazu ist es notwendig, einen evidenzbasierten Rahmen für den Umgang mit Demokratiedefiziten zu entwickeln, die auf datengesteuerten digitalen Plattformen entstehen. Die Art der Evidenz, die für einen solchen Rahmen in Betracht gezogen werden sollte, muss unter anderem aus der Politikwissenschaft, den Medienwissenschaften und den STS abgeleitet werden. Auch wenn zum jetzigen Zeitpunkt nicht klar ist, ob sich das Unionskartellrecht auf einen solchen Rahmen stützen würde, lohnt es sich, einen solchen Rahmen zu entwickeln und auf seine Umsetzbarkeit hin zu überprüfen.

Literaturverzeichnis

Adams, Walter (1977), Antitrust and a Free Economy, Antitrust Law Journal, 46 (3), S. 794.

Ayal, Adi (2013), The Market for Bigness: Economic Power and Competition Agencies' Duty to Curtail It, Journal of Antitrust Enforcement, 1 (2), S. 221.

Baldwin-Philippi, Jessica (2019), Data campaigning: between empirics and assumptions, Internet Policy Review, 8(4), S. 1.

Baum, Ido/Lachman-Messer, Davida (im Erscheinen), Can the Next Amazon or Facebook Be Controlled Before It Becomes Too Powerful, University of Memphis Law Review [Manuskript bei der Autorin].

Bigo, Didier/Isin, Engin/Ruppert, Evelyn (2019), Data Politics: Worlds, Subjects, Rights, Routledge, Abingdon.

Brown, Wendy (2003), Neo-liberalism and the End of Liberal Democracy, Theory & Event, 7 (1).

dies. (2015), Undoing the Demos: Neoliberalism's Stealth Revolution, Zone Books, New York.

CDD – Center for Digital Democracy (2021), https://www.democraticmedia.org/about (abgerufen am 21.9.2022).

CDT – Center for Democracy & Technology Europe (2021), https://cdt.org/who-we-are/ (abgerufen am 21.9.2022).

Crémer, Jacques/Schweitzer, Heike/de Montjoye, Yves-Alexandre (2019), Competition Policy for the Digital Era, Publications Office of the European Union.

De Bronett, Georg-Klaus (2011), Europäisches Kartellverfahrensrecht, 2. Aufl., Wolters Kluwer, Hürth.

Deutscher, Elias/Makris, Stavros (2016), Exploring the Ordoliberal Paradigm: The Competition-Democracy Nexus, Competition Law Review, 11 (2), S. 181.

Ezrachi, Ariel/Stucke, Maurice (2018), The Fight Over Antitrust's Soul, Journal of European Competition Law and Practice, 9 (1), S. 1.

First, Harry/Waller, Spencer (2013), Antitrust's Democracy Deficit, Fordham Law Review, 81, S. 2543.
Fish, Eran/Gal, Michal (2021), Echo Chambers and Competition Law: Should Algorithmic Choices be Respected?, in: Frédéric Jenny Liber Amicorum 175, Volume II, Concurrences 2021.
Follesdal, Andreas/Hix, Simon (2006), Why Is There a Democratic Deficit in the EU? A Response to Majone and Moravcsik, Journal of Common Market Studies, 44 (3), S. 533.
Fox, Eleanor (2017), The Symbiosis of Democracy and Markets, DAF/COMP/GF(2017)5.
dies. (2019). Democracy and Markets: A Plea to Nurture the Link, in: Frédéric Jenny Liber Amicorum 351, Bd. I, Concurrences 2019.
Gerbrandy, Anna (2019), Rethinking Competition Law within the European Economic Constitution, Journal of Common Market Studies, 57 (1), S. 127.
dies. (2017), The Constitution of European Democracy, Oxford University Press, Oxford.
Haugen, Frances (2021), Testimony before the U.S. Senate Subcommittee on Consumer Protection, Product Safety, and Data Security (5.10.2021).
Hildebrand, Doris (2016), The Role of Economic Analysis in EU Competition Law: The European School, 4. Aufl., Kluwer, Alphen aan den Rijn.
Information Commissioner's Office (2018), Democracy Disrupted? Personal Information and Political Influence, 11.7.2018.
Kerber, Wolfgang (2016), Digital markets, data, and privacy: Competition law, consumer law and data protection, Journal of Intellectual Property Law & Practice, 11 (11), S. 856.
Lianos, Ioannis (2018), Polycentric Competition Law, Current Legal Problems, 71 (1), S. 161.
Marcellino, William/Johnson, Christian/Posard, Marek N./Helmus, Todd C. (2020), Foreign Interference in the 2020 Election: Tools for Detecting Online Election Interference, RAND Research Report (2020).
Moore, Martin (2019), Democracy Hacked: How Technology Is Destabilising Global Politics, Oneworld Publications, London.
Niels, Gunnar/Jenkins, Helen/Kavanagh, James (2016), Economics for Competition Lawyers, 2. Aufl., Oxford University Press, Oxford.
Obwexer, Walter (2020), in: Jaeger, Thomas/Stöger, Karl (Hrsg.), EUV/AEUV (Stand 1.12.2020, rdb.at), Art. 2 EUV.
Reyna, Agustín (2017), Why Competition Law Must Protect Democracy – A European Perspective, DAF/COMP/GF/WD(2017)36.
Richards, Neil (2017), Intellectual Privacy: Rethinking Civil Liberties in the Digital Age, Oxford University Press, Oxford.
Robertson, Viktoria H.S.E. (2022), Antitrust, Big Tech, and Democracy: A Research Agenda, The Antitrust Bulletin, 67 (2), S. 259.
Ruffert, Matthias (2016), in: Calliess, Christian/Ruffert, Matthias (Hrsg.), EUV/AEUV, 5. Aufl., Art. 10 EUV.
Runciman, David (2019), How Democracy Ends, Profile Books Ltd., London.
Salamon, Lester M./Siegfried, John J. (1977), Economic Power and Political Influence: The Impact of Industry Structure on Public Policy, The American Political Science Review, 71 (3), S. 1026.
Schmidt, Vivien A. (2006), Democracy in Europe: The EU and National Polities, Oxford University Press, Oxford.
Shaffer, Kris (2019), Data versus Democracy: How Big Data Algorithms Shape Opinions and Alter the Course of History, Apress, New York.
The Cairncross Review (2019), A Sustainable Future for Journalism, 12th February 2019.

Vaidhyanathan, Siva (2018), Antisocial Media: How Facebook Disconnects Us and Undermines Democracy, Oxford University Press, New York.

Van Dijk, Jan A.G.M./Hacker, Kenneth L. (2018), Internet and Democracy in the Network Society, Routledge, New York.

Waller, Spencer W. (2019), Antitrust and Democracy, Florida State University Law Review, 46, S. 807.

Zuboff, Shoshana (2019), The Age of Surveillance Capitalism: The Fight for a Human Future at the New Frontier of Power, PublicAffairs, New York.

Data, Privacy and Competition Law

Anne C. Witt

I. Introduction

The data-driven economy has created major challenges for antitrust enforcers. While it has produced new and valuable consumer services, many of which are free of charge and easily accessible for end consumers, the rise of powerful digital platforms, which still operate in a largely unregulated environment, has also created new dangers for society. In addition to the usual economic ills associated with concentrated markets, Big Tech platforms are, directly or indirectly, facilitating novel types of harm. The previous contribution thus argued that the business model of digital platforms can contribute to jeopardising the democratic system in a multitude of ways,[1] and explored the potential role of antitrust law in combating this danger. This short contribution touches on a closely related, yet separate issue. Rather than focus on the misuse of data to the detriment of democracy, it focuses on the preceding step: the collection of personal user data for tracking and profiling purposes, and its impact on user privacy. Could and should antitrust law play a role in protecting consumer privacy in digital markets?

The following first briefly outlines a few scenarios in which the issue of privacy could theoretically arise in antitrust assessments. It then discusses

[1] *Viktoria Robertson* (2023).

whether protecting privacy is compatible with the legal objective of contemporary antitrust law in Europe and the United States. Against this backdrop, this contribution examines two recent enforcement actions, one by the German Federal Cartel Office and one by the US Federal Trade Commission, that attempt, for the first time, to integrate privacy and data protection objectives into traditional abuse of market power analyses. The paper concludes with a quick look at the position of EU antitrust law, and the European Commission's proposals to regulate the accumulation of data in the draft Digital Markets Act.

II. What role for antitrust law?

Antitrust law does not primarily aim to protect individuals' privacy. Antitrust law aims to protect competition in the market against being restricted or eliminated by undertakings. It does so by prohibiting certain types of business conduct: (1) anticompetitive agreements between undertakings,[2] (2) the abuse of market power,[3] and (3) anticompetitive mergers.[4] The protection of privacy, on the other hand, primarily falls within the realm of privacy or, more specifically, data protection law.[5] The question arises however, whether antitrust law should (also) apply when the invasion of privacy is made possible as a result of anticompetitive conduct or the absence of competition. For example, should competition agencies and courts be able to intervene against agreements that restrict competition between market players in a way that will lead to more data collection? Should they be able to prohibit dominant undertakings from engaging in exclusionary conduct if the resulting restriction of competition would allow

[2] E.g. Article 101 TFEU in EU antitrust law; sec. 1 Sherman Act in US antitrust law.

[3] Article 102 TFEU in EU antitrust law; sec. 2 Sherman Act in US antitrust law.

[4] Council Regulation 139/2004 of 20 January 2004 on the control of concentrations between undertakings ('the EU Merger Regulation'), [2004] OJ L24/1 in EU antitrust law; sec. 7 Clayton Act in US antitrust law.

[5] In Europe, Article 8 of the Charter of Fundamental Rights of the European Union enshrines a general right to privacy that has the rank of EU primary law (Art. 6 (1) TEU). The right to data protection, more specifically, is these days regulated in Regulation (EU) 2016/679 of the European Parliament and of the Council of 27 April 2016 (GDPR) [2016] OJ L119/1.

While the US Constitution does not explicitly stipulate a right to privacy, a right against government intrusion was recognised by US Supreme Court (e.g. Griswold v. Connecticut, 381 U.S. 479 [1965]). There is currently no comprehensive federal US data protection regime similar to the European Union's GDPR. However, the US Federal Trade Commission (FTC) has in the past relied on sec. 5 of the FTC Act, which allows it to intervene against unfair or deceptive acts or practices to protect personal data (e.g. *FTC v Facebook*, Case No. 19-cv-2184; *In the Matter of Infotrax Systems, L.C., and Mark Rawlins*, FTC Matter/File Number: 162 3130, amongst many others).

the undertaking to collect more personal data? Is it abusive for a powerful digital platform to exploit its position of market dominance by forcing invasive data collection terms upon consumers that it would not have been able to achieve in a competitive market? And finally, should competition watchdogs be able to intervene against mergers that would reduce competition in a market to such a degree that the merged entity would be able to force more invasive data collection terms upon consumers? The answer to these questions depends on what type of harm the antitrust rules are supposed to prevent.

III. The legal objective of EU and US competition law

Neither the EU nor the US antitrust rules explicitly define the type of harm they are supposed to prevent. The relevant concept of harm can hence only be determined by means of interpretation. This, in turn, requires a clear understanding of the law's legal objective. Unfortunately, the EU and US antitrust rules do not explicitly define their legal objective either. Unsurprisingly, the debate about the 'true' aim of EU and US antitrust law is therefore nearly as old as the rules themselves.[6]

While there is near universal agreement that antitrust law is meant to protect competition, commentators cannot agree on the ultimate purpose of protecting competition. Do we protect competition generally because of the many, often unquantifiable, advantages it has for society? Or do we protect competition for a specific reason? If so, what is this reason? Freedom of opportunity for market participants? Low end prices? Democracy?[7] Or something else entirely? If one takes the view that competition should be protected for a specific purpose, however defined, the next logical question that ensues is whether we should only prohibit such restrictions of competition that actually result in demonstrable harm to this protected value. And if so, how serious need this harm be?

For the past few decades, the antitrust regimes of the European Union and the United States have been governed by the 'consumer welfare aim'. The EU

[6] See e.g. the contributions of national competition agencies within the OECD Global Forum on Competition (The Objectives of Competition Law and Policy [2007], CCNM/GF/COMP[2003]3) and International Competition Network (ICN, Unilateral Conduct Working Group, *Report on the Objectives of Unilateral Conduct Laws, Assessment of Dominance/Substantial Market Power, and State-created Monopolies* [2007] available at: https://www.internationalcompetitionnetwork.org/portfolio/report-on-the-objectives-of-unilateral-conduct-laws/ (last download 20.9.2022)); as well as the many thoughtful scholarly contributions to the Symposium on the goals of antitrust law in (2013) 81(5) Fordham Law Review; *Zimmer* (ed.) (2012), and *Ehlermann/Laudati* (eds.) (1997).

[7] *Robertson* (2021), with many further references.

and US antitrust rules are interpreted as protecting competition for a very specific purpose: the enhancement of consumer welfare,[8] which is defined in strictly economic dimensions as encompassing low prices, high output, high quality products, variety and high levels of innovation. This narrow consumer welfare aim translates into an equally narrow concept of competitive harm. Both EU and US antitrust law currently consider only such restrictions of competition anticompetitive that reduce consumer welfare in the form of higher prices, lower output, lower quality, reduced variety or decreased levels of innovation.[9] In practice, enforcers often focus on the investigated conduct's effect on prices or output, as these are easier to quantify than a detrimental effect on product quality or levels of innovation, resulting, *de facto*, in an even narrower concept of harm.[10] Other forms of societal harm are currently not considered relevant under EU and US competition law, even if they are made possible by a restriction of competition.

This has not always been the case. In the United States, consumer welfare only became the exclusive aim of US antitrust law in the late 1970s to 1980s, when the majority on the US Supreme Court were won over by the writings of then up and coming Chicago scholars, such as Robert Bork and Richard Posner,[11] who argued forcibly and persuasively that the objectives of antitrust law should be aligned with those of economic theory, namely the maximization of economic welfare.[12] Over the decades, the price-centric consumer welfare aim, in combination with a commitment to proving both the restriction of competition and its detrimental effects on prices in each individual case before finding the conduct anticompetitive, significantly reduced the scope of US antitrust law.

In the European Union, this paradigm shift occurred even more recently. It is not until the mid to late 1990s that the European Commission adopted the consumer welfare aim and revised its understanding of competitive harm accordingly. It had previously had a much broader understanding of the aims of

[8] See e.g. the US Supreme Court's ruling in *Reiter v. Sonotone Corp.*, 442 U.S. 330, 343 (1979), and the European Commission's Guidelines on the application of Article 81(3) of the Treaty of 27 April 2004, OJ [2004] C101/97, para 8.

[9] European Commission, Guidelines on the application of Article 81(3), paras 17–25, or European Commission, horizontal merger guidelines, [2004] OJ C31/5, para 22; FTC and U.S. Department of Justice, Antitrust Guidelines for Collaborations Among Competitors (April 2000), p.4.

[10] *Steinbaum/Stucke* (2020).

[11] See e.g. Continental T.V., Inc. v. GTE Sylvania, Inc., 433 U.S. 36, 48, 56 (1977) citing *Bork* (1966), p. 373; and *Posner* (1975), p. 282.

[12] For a brief historical overview, see *Fox/Sullivan* (1987), p. 336; *Kovacic/Shapiro* (2000), p. 43.

EU competition law, and had equated restrictions of competition with restrictions of individual economic freedom and fairness.[13] It had also frequently taken into account non-economic policy aims such as social policy and environmental benefits as countervailing factors in its assessments.[14] By introducing the 'more economic approach', the Commission was responding to criticism that, unlike contemporary US antitrust law, EU competition law was too legalistic and insufficiently grounded in economic theory.

For the next twenty years, consumer welfare was widely considered the gold standard of any modern competition law regime. This standard is currently under attack. The advent of Big Tech platforms with their zero-price business models reignited an intense debate about the appropriate legal objective.[15] Critics of the economic consumer welfare standard and its price-centric concept of harm question, in particular, whether these constructs are capable of addressing the societal dangers caused by the data-driven business models used by many digital platforms, which offer seemingly 'free' services to the end consumer while harvesting and monetising their data. Anticompetitive conduct on the 'zero price' side of the platform will not result in higher prices, as consumers do not pay a monetary price to start with, and hence the key concern of contemporary antitrust law will never materialise. To complicate matters, many platform markets are prone to tipping, resulting in highly concentrated markets dominated by one or two players.[16] Once a market has tipped in favour of a certain platform, significant barriers to entry make it difficult for any newcomer to challenge the incumbent, even if it has a better and more innovative product.

Many commentators therefore currently advocate amending or even abandoning the consumer welfare standard. While they are united on this point, they have very different views on what should replace the current objective. A few argue in favour of protecting 'effective competition'.[17] Others advocate protecting the 'process of competition',[18] competitive 'market structures',[19] or

---

[13] See *Witt* (2016), Chapters 4 and 5.

[14] See *Witt* (2012), p. 443.

[15] See e.g. *Khan* (2017), p. 710; *Wu* (2019); *Baker* (2019); *Stucke/Grunes* (2016), and the contributions in: CPI Antitrust Chronicle, Fall 2019, Volume 2(1). For a recent discussion of these proposals and further references: *Monti* in: *Fox* (2021).

[16] See the findings of the *Stigler Committee on Digital Platforms* (2019), p. 8; *Crémer/de Montjoye/Schweitzer* (2019), Chapter 2; *UK Digital Competition Expert Panel* (2019), p. 4; *US House of Representatives/Committee of the Judiciary/Subcommittee on Antitrust, Commercial and Administrative Law* (2020); *UK Competition and Markets Authority* (2020); *Australian Competition and Consumer Commission* (2020–2025); *South African Competition Commission* (2020).

[17] *Marshall Steinbaum & Maurice E. Stucke*, 'The Effective Competition Standard: A New Standard for Antitrust', (2020) 85 *Chicago University Law Review* 595.

[18] *Grimes* (2020), p. 49; *Wu* (2018).

[19] *Khan* (2017), p. 710.

'consumer choice'.[20] The proponents of the consumer welfare aim, on the other hand, dismiss these suggestions as not sufficiently appreciating the benefits of economic efficiency and argue that non-quantifiable concepts of harm are likely to result in discretionary antitrust that is open to regulatory capture.[21] The critics of the current interpretation of antitrust law, conversely, fear that it is the concentration of private power resulting from under-enforcement that could lead to regulatory capture.[22]

IV. Invasion of privacy as a relevant form of harm

Could – and should – we hence consider the invasion of user privacy a relevant form of harm for the purposes of antitrust law if it is caused by a distortion of competition or absence of competition? Many adherents of the strictly economic legal objective and a price-centric concept of harm are vehemently opposed to the idea. In their view, privacy is not a parameter of economic consumer welfare, and hence data protection, and the protection of privacy generally, should fall within the realm of consumer protection exclusively.[23] Other proponents of the consumer welfare aim, however, are willing to accommodate privacy within this concept. There are different theories as to how this could be achieved. Some argue that data protection can be considered a factor of service quality,[24] while others take the view that the service user's personal data, having an economic value, should be considered the price that the consumer pays for the service.[25] There are other proposals as to how privacy injuries could be translated into an economic cost that would allow the antitrust agencies to retain an economic legal objective, yet still consider the impact on privacy.[26]

Then there are those who do not subscribe to the idea that economic consumer harm in the form of higher prices/reduced output, lower quality or reduced levels of innovation is the only type of harm that competition law should seek to prevent. Amongst this group are academics who are willing to accept that the invasion of privacy as such can be a relevant form of harm if it is the result of a restriction of competition and can be established in an objective and

[20] E.g. *Averitt/Lande* (2007), p. 175.
[21] *Wilson* (2019).
[22] *Wu* (2018), p. 138.
[23] *Ohlhausen/Okuliar* (2015), p. 121; *Cooper* (2013), p. 13–39.
[24] *Stucke* (2018), p. 275.
[25] *Robertson* (2020), p. 161.
[26] E.g. *Day/Stemler* (2019), p. 62.

evidence-based manner.[27] Others consider the lack of consumer choice the relevant form of harm.[28] Finally, a number of scholars propose abandoning the requirement of proving a specific type of consumer harm entirely, and focusing on the restriction of effective competition as such.[29] In sum, while there currently appears to be fairly broad support in favour of considering privacy concerns in competition law assessments, academics do not see eye to eye on how best to fit this aim into a solid theoretical framework. Even if one does take the view that the invasion of privacy should be considered a relevant form of harm under the antitrust rules, how can one make this concept of harm operable so as to counter the argument of regulatory capture? In other words, how does one prove this type of harm and how does one prove the chain of causation between the conduct and the invasion of privacy?

The following takes a look at two important cases recently brought against Facebook by the German and US antitrust agencies that attempt to do exactly this. In both cases, the agencies broke with tradition and considered the conduct's effects on privacy. However, they did so on the basis of two radically different theories of harm.

V. Two recent enforcement actions

1. Bundeskartellamt v Facebook

In a trailblazing decision of February 2019,[30] the German Federal Cartel Office (FCO)[31] held that Facebook's data collection terms infringed German competition law[32] and ordered Facebook to amend them. The German FCO based its decision on a so-called exploitative theory of harm. Exploiting a dominant market position is one of two possible types of abuse of dominance recognised under German and EU competition law.[33] An exploitative abuse refers to the conduct of a dominant undertaking that uses its position of dominance in the market to impose unfair trading conditions upon its customers that it could not have achieved in a competitive market, and that consumers have no choice but

---

[27] *Witt* (2021), p. 276–307.

[28] *Lande* (2008).

[29] E.g. *Steinbaum/Stucke* (2019), p. 595; *Wu* (2018).

[30] Bundeskartellamt, decision no. B6-22/16 of 6 February 2019.

[31] Bundeskartellamt.

[32] Sec. 19(1) Gesetz gegen Wettbewerbsbeschränkungem (GWB).

[33] The other, and more commonly investigated, type of abuse recognised in EU competition law and the competition rules of the EU Member States is a so-called 'exclusionary abuse', where the dominant company harms consumers indirectly by using its position of dominance to exclude competitors from the market, thereby increasing its market power and its ability to harm consumers.

to accept in the absence of viable alternatives.[34] According to the FCO, Facebook exploited its position of dominance on the German market for social networking services by using the absence of competition to force its users to agree to unfair data collection terms. The case attracted a great deal of attention internationally,[35] because it was the first time since the advent of Big Tech that a Western competition agency considered the invasion of privacy a relevant form of harm within the meaning of antitrust law, instead of focusing on purely economic parameters of consumer welfare. The FCO accorded particular importance to the fact that the general right to privacy is protected by German constitutional law, as is the more specific right to informational self-determination. The agency had to clear several important legal hurdles in its assessment. Amongst others, it had to prove in an evidence-based manner that Facebook's data collection terms were *unfair*, i.e. that it forced its users to let it collect an unfair because excessive amount of data. Secondly, it had to prove a relationship of causality between the absence of competition and the harm caused by Facebook in order to justify the application of antitrust law. For both issues, the FCO used highly innovative approaches. To prove that Facebook's data collection terms unfairly invaded its users' privacy, the FCO established that Facebook's data collection was incompatible with the „principles" of the European Union's General Data Protection Regulation (GDPR).[36] To this aim, it carried out an 85-page assessment of Facebook's data collection terms under the GDPR – in close cooperation with the German data protection agency – and reached the conclusion that Facebook's practice of collecting and combining data from the social networking service, other Facebook-owned services, and any of the millions of websites worldwide that incorporated Facebook business tools was not justified. In particular, it held that consumers had not freely consented to this data collection because, in the absence of alternatives, they hadno choice but to agree to Facebook's conditions if they wished to use a social network of a meaningful scale.[37]

The FCO's solution to the second issue was equally innovative. It inferred causality from the fact that Facebook had infringed a legal provision that outlawed this type of harm because of the company's very position of dominance. In other words, it inferred the causal relationship between dominance and harm from the fact that the imbalance of power between Facebook and its users was a key factor contributing to the illegality of Facebook's conduct under the GDPR. The FCO referred to this as „normative causality", and did not consider

---

[34] At EU level, this type of abuse is explicitly recognised and outlawed in Article 102(a) TFEU.

[35] For an in-depth discussion of the case and further references, see: *Witt* (2021), p. 276–307; *Robertson* (2020), p. 161–189; *Botta/Wiedemann* (2019), p. 428–446.

[36] Regulation (EU) 2016/679 of the European Parliament and of the Council of 27 April 2016 (GDPR) [2016] OJ L119/1.

[37] Bundeskartellamt, decision no. B6-22/16 of 6 February 2019, paras 639–665.

it necessary to establish a counterfactual to prove that Facebook would not have been able to force these data collection terms upon consumers in a competitive market.

Facebook brought an action for judicial review before the Düsseldorf Higher Regional Court.[38] It also sought injunctive relief, asking the court to order suspensive effect of the appeal. The Düsseldorf court sided with Facebook and granted the request for suspensive effects because it considered the FCO's reasoning fundamentally flawed.[39] The Düsseldorf court held that Facebook had not caused any relevant form of harm, and that, in any event, the FCO had failed to prove causality between the position of dominance and the excessive data collection. The court further took the view that consumers had validly consented to Facebook's data collection. It strongly disagreed with the FCO's position that consumers had not had any choice but to consent to the use of the service. In its view, social networking was not a necessity, and consumers had a true choice whether to use social networking or not.

In the next instance, however, the Federal Court of Justice found that Facebook had engaged in anticompetitive conduct and caused a relevant form of harm. It annulled the Düsseldorf court's order.[40] While not rejecting the FCO's purely privacy-based concept of harm, the Federal Court of Justice also considered that Facebook had harmed consumers by using its position of market dominance to deprive them of a choice that a competitive market was bound to have yielded, i.e. the choice between using a basic but less invasive social networking service that collected only the data generated on this platform, and a more personalised but also more invasive social networking service that accumulated and profiled data from different sources.[41] It also approved the FCO's concept of causality, and ruled that it was not necessary in this type of constellation to prove strict causality.[42]

The Düsseldorf court thereupon decided to stay the proceedings and make a reference for a preliminary ruling to the European Court of Justice.[43] In this reference, which is currently pending, it did not challenge the German Federal Court of Justice's privacy-based concept of harm, primarily, because the FCO had relied on German competition law, which the European Court of Justice is not competent to interpret. In its reference, the Düsseldorf Higher Regional

---

[38] Oberlandesgericht (OLG) Düsseldorf.

[39] OLG Düsseldorf, Order of 26 August 2019, Case VI-Kart 1/19 (V).

[40] Bundesgerichtshof, order of 23 June 2020 in Case KVR 69/19 – *Facebook.*

[41] Bundesgerichtshof, order of 23 June 2020 in Case KVR 69/19 – *Facebook,* para 85.

[42] Bundesgerichtshof, order of 23 June 2020 in Case KVR 69/19 – *Facebook,* paras 72 et seq.

[43] Request for a preliminary ruling from the Oberlandesgericht Düsseldorf (Germany) lodged on 22 April 2021 in Case C-252/21 *Facebook Inc. and Others v. Bundeskartellamt.*

Court, however, asked the European Court of Justice to rule on whether a national competition agency is competent to apply the GDPR as a basis of an infringement decision under national competition law.

In the meantime, the German legislator has updated the German competition act (GWB)[44] by means of the GWB Digitalisation Act.[45] The explanatory memoranda accompanying the bill clearly state that relevant harm within the meaning of the act is not limited to measurable monetary losses, but can also consist in the transfer of personal data.[46] The German legislator thereby codified the FCO's wide concept of harm for the purposes of German competition law.

2. *FTC v Facebook*

The second key case is currently playing out in the United States. In December 2020, the US Federal Trade Commission (FTC) sued Facebook for monopolising the US market for social networking services in violation of sec. 2 Sherman Act.[47] The FTC relied on a different theory and a different concept of harm than the German FCO. However, like the German FCO, the FTC also took into account the impact of Facebook's conduct on consumer privacy under this provision of US antitrust law.

While the German FCO had relied on an exploitative theory of harm, the FTC accused Facebook of exclusionary conduct. According to the FTC, Facebook had monopolised the US market for social networking services in violation of sec. 2 Sherman Act by engaging in 2 main forms of exclusionary conduct: (1) excluding competitors from the market by imposing anticompetitive contractual conditions on software developers and (2) eliminating competition by strategically acquiring potential competitors (e.g. WhatsApp and Instagram). According to the FTC, this suppression of competition resulted in significant harm to Facebook's customers as they missed out on the key benefits a competitive market would provide, such as additional innovation, quality improvements and choice. According to the FTC, consumer choice related to the ability to select a personal social networking provider that more closely suited their preferences, such as preferences regarding the availability, quality, and variety of data protection privacy options for users, including options regarding data gathering and data usage practices. In its view, the elimination of competition allowed Facebook to provide lower levels of service quality on privacy

---

[44] Gesetz gegen Wettbewerbsbeschränkungen.

[45] Gesetz zur Änderung des Gesetzes gegen Wettbewerbsbeschränkungen für ein fokussiertes, proaktives und digital Wettbewerbsrecht 4.0 und anderer wettbewerbsrechtlicher Bestimmungen (GWB-Digitalisierungsgesetz), BGBl. 2021 I S. 2.

[46] Bundesministerium für Wirtschaft und Energie, Entwurf eines Zehnten Gesetzes zur Änderung des Gesetzes gegen Wettbewerbsbeschränkungen für ein fokussiertes, proaktives und digitales Wettbewerbsrecht 4.0 (GWB-Digitalisierungsgesetz), p. 72.

[47] *FTC v. Facebook*, Case 1:20-cv-03590-JEB.

and data protection than it would have had to provide in a competitive market.[48] In other words, the FTC based its case on two different understandings of decreased data protection: lower service quality and lack of consumer choice. In the complaint's section on harm,[49] the FTC did not offer any empirical evidence for the claim that increased competition would have resulted in increased data protection or more privacy options. Throughout the complaint, however, one finds references to the fact that WhatsApp, which Facebook acquired and eliminated as a potential competitor, had embraced privacy-focused offerings and design, including the principle of „knowing as little about you as possible" and an ads-free subscription model pre-acquisition.[50]

This case, regardless of what its outcome will be, is remarkable for several reasons. In conjunction with the US Department of Justice's complaint against Google that predates the FTC's case by only 2 months,[51] this is the first time that the US antitrust agencies have brought a sec. 2 Sherman Act case against a Big Tech company in 20 years.[52] More importantly, for the purposes of this contribution, it is the first time the FTC explicitly relied on the degradation of privacy as a relevant form of consumer harm. In previous cases investigated by the FTC, in which a detrimental effect on competition was deemed likely, the majority of Commissioners had declined to consider an impact on privacy under the US antitrust rules.[53] That being said, the fact that the FTC has now brought a case based on a privacy-based concept of harm does not mean that it will succeed. In the United States, it is for the judiciary to decide whether a company has violated the antitrust rules. The enforcement agencies merely act as prosecutors. The FTC will thus, in the first instance, have to convince the DC District Court of its theory of harm.[54] Secondly, even if the FTC manages to convince the Court that the deterioration of privacy protection can be a relevant form of harm in theory, the question arises whether the court will be

---

[48] *FTC v Facebook*, Case No. 1:20-cv-03590-JEB (substitute amended complaint), paras 220-222.

[49] *FTC v Facebook*, Case No. 1:20-cv-03590-JEB (substitute amended complaint), paras 218-229.

[50] *FTC v Facebook*, Case No. 1:20-cv-03590-JEB (substitute amended complaint), para 127.

[51] *US and States v Google*, Case 1:20-cv-03010.

[52] The last case dates back to 2000, when the US Department of Justice brought a sec. 2 case against Microsoft (*US v. Microsoft Corporation*, 253 F.3d 34 (D.C. Cir. 2001)).

[53] In its investigation of the *Google/DoubleClick* acquisition in 2007, for example, the FTC made clear that it considered the exploitation of user data in a way that threatened privacy a matter for consumer protection and not antitrust law (FTC, 'Statement of the Federal Trade Commission Concerning Google/DoubleClick' of 20 December 2007, F.T.C. File No. 071-0170). However, see also: Dissenting Statement of Commissioner Pamela Jones Harbour Concerning Google/DoubleClick of 20 December 2007.

[54] The case is currently still pending.

convinced that the FTC provided sufficient empirical evidence to prove such harm. On this point, the FTC's complaint appears a little thin.

VI. The European Union's draft Digital Markets Act

The position of EU antitrust law on the relevance of privacy as a relevant form of harm is currently unclear. The European Court of Justice has yet to pronounce itself on whether the collection of personal data can be considered harm within the meaning of EU competition law. The only ruling by the Court of Justice that touches on the role of privacy in competition law assessments dates back to 2006, and does not provide a conclusive answer to this question. In *Asnef-Equifax*, the Court of Justice was asked to give guidance on whether Article 101 TFEU prohibited financial institutions from setting up credit information systems that would allow them to exchange solvency and credit information on individual customers through the computerised processing of data. The Court ruled that this type of agreement did not restrict competition, and hence did not fall within the scope of Article 101 TFEU. As an afterthought, it added that any possible issues relating to the sensitivity of personal data were not, as such, a matter for competition law, as they could be resolved on the basis of the relevant provisions governing data protection.[55] However, the case of *Asnef-Equifax* did not address the issue whether Article 101 TFEU catches agreements that did restrict competition, and consequently allowed the parties to collect more personal data on its users. In other words, it did not address whether an invasion of privacy is a relevant form of consumer harm if it is made possible by a restriction of competition. Unfortunately, the reference for a preliminary ruling made by the Düsseldorf Higher Regional Court in the above-mentioned Facebook case does not include a question on the concept of harm within the meaning of Article 102 TFEU either, as the FCO, uncertain of the correct interpretation, had decided not to apply Article 102 TFEU in addition to the German prohibition of abuse of dominance.[56]

The European Commission, for its part, has in the past taken the view that a deterioration of privacy is not a relevant form of harm under EU competition law. In *Facebook/WhatsApp* from 2014, for example, it explicitly stated that any privacy-related concerns flowing from the increased concentration of data

---

[55] C-238/05 *Asnef-Equifax*, EU:C:2006:734, para 63.

[56] If Article 102(a) TFEU covered cases of exploitation in the form of excessive data collection, the FCO would have been under a legal obligation to apply Article 102 TFEU in addition to the German prohibition of abuse of dominance, and it would have been in breach of EU law by failing to do so. The obligation to apply Article 102 TFEU in addition to national competition law in cases caught by Article 102 TFEU follows from Regulation 1/2003 of 16 December 2002, OJ [2003] L1/1, Article 3(1).

in Facebook's hand as a result of acquiring WhatsApp did not fall within the scope of EU competition law, but was a matter for EU data law.[57]

Interestingly, however, the Commission's legislative proposal for a Digital Markets Act (DMA)[58] contains a clause which, at first sight at least, appears to mirror the FCO's approach in *Facebook*. The DMA aims to regulate the behaviour of gatekeeper platforms in order to ensure the contestability of and fairness in digital platform markets.[59] Article 5(2) DMA prohibits designated gatekeeper platforms from combining personal data sourced from their core platform services with personal data from other services offered by the gatekeeper or third-party services, unless the end user provided consent within the meaning of the GDPR. Taken on its own, this provision could be interpreted as protecting user privacy against abuse of market power.

VII. Conclusion

The advent of the digital economy has triggered an important process of soul-searching and recalibration amongst antitrust experts in Europe and the United States. Scholars, but also enforcement agencies, are currently questioning whether the narrow welfare-based legal objective and price-centric concept of competitive harm are capable of protecting competition in digital markets and the many benefits that competitive markets tend to generate for society. One of the more controversial questions that are being debated is whether enforcers should consider the impact on privacy and data protection when assessing business conduct under the competition rules. The German FCO's and US FTC's ongoing cases against Facebook demonstrate a new willingness at the enforcement level to acknowledge the impact that data-based business models of digital platforms can have on consumer privacy, and to take this type of harm into account when assessing business conduct that restricts competition or is made possible because of market power. They also propose two interesting models for how to do so in an evidence-based manner, even though there was scope for the FTC to be more explicit in its complaint's section on harm. The final word on the matter, however, has likely not yet been spoken. The US FTC's complaint is still pending in the DC District Court, and the German FCO's decision may well yet be struck down by the Düsseldorf Higher Regional Court if the European Court of Justice rules that a national competition agency is not competent to apply the GDPR as a basis for an infringement decision under its

[57] European Commission, decision of 03 October 2014 (Case COMP/M.7217 – Facebook/WhatsApp), recital 164.

[58] European Commission, Proposal for a Regulation of the European Parliament and of the Council on contestable and fair markets in the digital sector (Digital Markets Act), COM/2020/842 final.

[59] Digital Markets Act, recital 8.

national antitrust rules. Whatever the outcome of these court proceedings may be, the debate on the 'correct' objective of antitrust law is likely to continue long beyond these two cases.

List of references

Australian Competition and Consumer Commission (2020–2025), 'Digital platform services inquiry'.

Averitt, Neil W./Lande, Robert H. (2007), 'Using the Consumer Choice Approach to Antitrust Law', Antitrust Law Journal 74, p. 175.

Baker, Jonathan B. (2019), The Antitrust Paradigm, Harvard University Press, Cambridge Massachusetts.

Bork, Robert (1966), 'The Rule of Reason and the Per Se Concept: Price-Fixing and Market Division' [II], Yale Law Journal 75, p. 373.

Botta, Marco/Wiedemann, Klaus (2019), 'The Interaction of EU Competition, Consumer, and Data Protection Law in the Digital Economy: The Regulatory Dilemma in the Facebook Odyssey', Antitrust Bulletin 64 (3), p.428.

Cooper, James (2013), 'Privacy and Antitrust: Underpants Gnomes, the First Amendment, and Subjectivity', George Mason University Law and Economics Research Paper Series, p. 13–39.

Crémer, Jaques/de Montjoye, Yves-Alexandre/Schweitzer, Heike (2019), 'Competition Policy for the Digital Era ('Vestager Report')', Chapter 2.

Day, Gregory/Stemler, Abbey (2019), 'Infracompetitive Privacy', Iowa Law Review 105, p. 62.

Fox, Eleanor M./Sullivan, Lawrence A. (1987), 'Antitrust-Retrospective and Prospective: Where Are We Coming From? Where Are We Going?', New York University Law Review 62, p. 336.

Grimes, Warren (2020), 'Breaking Out of Consumer Welfare Jail: Addressing the Supreme Court's Failure to Protect the Competitive Process', Rutgers Business Law Review 15, p. 49.

Khan, Lina M. (2017), 'Amazon's Antitrust Paradox', Yale Law Journal 126, p. 710.

Kovacic, William E./Shapiro, Carl (2000), 'Antitrust Policy: A Century of Economic and Legal Thinking', Journal of Economic Perspectives 14, p. 43.

Lande, Robert H. (2008), 'The Microsoft-Yahoo Merger: Yes, Privacy is an Antitrust Concern', 714 FTC:WATCH 9, February 25, 2008.

Monti, Giorgio (2021), 'The American Antitrust Counter-Revolutionaries: A European Perspective', in: Fox, Eleanor M. (ed.), Antitrust Ambassador to the World - Liber Amicorum, Concurrences, London/New York/Paris.

Ohlhausen, Maureen/Okuliar, Alexander (2015), 'Competition, Consumer Protection, and the Right [Approach] to Privacy', Antitrust Law Journal 80, p. 121.

Posner, Richard (1975), 'Antitrust Policy and the Supreme Court: An Analysis of the Restricted Distribution, Horizontal Merger and Potential Competition Decisions', Columbia Law Review 75, p. 282.

Robertson, Viktoria (2020), 'Excessive Data Collection: Privacy Considerations and Abuse of Dominance in the Era of Big Data', Common Market Law Review 57, p. 161.

Robertson, Viktoria (2023), 'Data, Democracy and Competition Law – Developing an Evidence-based Approach to Democratic Deficits in Digital Markets from an Antitrust Perspective', in: Wendland, Matthias/Eisenberger, Iris/Niemann, Rainer (eds.), Theorie- und Evidenzbasierte Politik, in this volume, p. 127.

South African Competition Commission (2020), 'Competition in The Digital Economy'.

Steinbaum, Marshall/Stucke, Maurice E. (2020), 'The Effective Competition Standard: A New Standard for Antitrust', Chicago University Law Review 85, p. 595.

Stigler Committee on Digital Platforms (2019), Final Report, p. 8.

Stucke, Maurice E. (2018), 'Should we be concerned about data-opolies?', Georgetown Law Technology Review 2, p. 275.

Stucke, Maurice E./Grunes, Allen P. (2016), 'Big Data and Competition Policy', Oxford university Press, Oxford.

Stucke, Maurice E./Grunes, Allen P. (2019), 'Consumer Welfare… A Technocrat & A Populist Walk Into A Bar', CPI Antitrust Chronicle Volume 2 (1).

UK Competition and Markets Authority (2020), 'Online Platforms and Digital Advertising, Market Study Final Report'.

UK Digital Competition Expert Panel (2019), 'Unlocking Digital Competition ('Furman Report')', p. 4.

US House of Representatives/Committee of the Judiciary, Subcommittee on Antitrust/Commercial and Administrative Law (2020), 'Investigation of Competition in the Digital Marketplace: Majority Staff Report and Recommendations'.

Wilson, Christine S. (2019), 'Welfare Standards Underlying Antitrust Enforcement: What You Measure is What You Get', Keynote Address at George Mason Law Review 22nd Annual Symposium: Antitrust at the Crossroads?, Arlington/Virginia.

Witt, Anne C. (2012), 'Public policy goals under EU competition law – now is the time to set the house in order', European Competition Journal 8 (3), p. 443.

Witt, Anne C. (2016), 'The More Economic Approach to EU Antitrust Law', Hart Publishing, London, Chapters 4 and 5.

Witt, Anne C. (2021), 'Excessive Data Collection as a Form of Anti-Competitive Conduct – the German Facebook Case', Antitrust Bulletin 66 (2), p. 276.

Wu, Tim (2019), 'The Curse of Bigness, Antitrust in the New Gilded Age', Columbia Global Reports, New York.

IV. Smart Corporate Governance

Zertifizierung Künstlicher Intelligenz

Predictive Business Analytics als Treiber der digitalen Transformation

Anna Polzer, Stefan Thalmann, Matthias Wendland

I. Herausforderungen der Zertifizierung aus technischer Sicht

Der Einsatz von Informations- und Kommunikationssystemen (IKT) ist in nahezu allen Lebensbereichen etabliert, was durch viele Standards und ein etabliertes System der Qualitätssicherung ermöglicht wurde. Auditierungs- und Validierungsverfahren wurden ebenso etabliert wie Berufsstände, die für deren Prüfung und Überwachung zuständig sind. Etablierte Standardisierungsgremien wie die IEEE[1] oder die ISO[2] erarbeiten und adaptieren übergreifende

---

[1] *IEEE SA* (2017).
[2] *ISO/IEC* (2015).

technische Standards und branchenspezifische Gremien erweitern bzw. adaptieren diese zu branchenspezifischen Anforderungen und Richtlinien, wie beispielsweise das GAMP[3] im medizinischen Bereich. Alle diese Initiativen und Mechanismen tragen maßgeblich zum Vertrauen der Nutzer*innen bei und zum Erfolg von IKT-Systemen.

Während Validierung und Zertifizierungsmechanismen für klassische Software etabliert sind und zum festen Bestandteil im Prozess der Softwareentwicklung geworden sind, steht man im Bereich der KI-Systeme noch vor einigen Herausforderungen.[4] Aufgrund der Unterschiede zwischen traditioneller Software und KI-basierter Software, sind die bestehenden Softwarevalidierungsansätze für KI-basierte Systeme unzureichend. Bei traditioneller Software wird die gesamte Programmlogik dezidiert als Code in einem Computerprogramm geschrieben. So ist es in der Theorie möglich, verschiedene Module einer Software auf ihre Richtigkeit im Einzelnen oder in Verbindung mit anderen Modulen zu prüfen.[5] Bei gängiger KI-Software, die fast ausschließlich auf Algorithmen des maschinellen Lernens (ML) beruht, werden die inneren Entscheidungsregeln selbst erlernt. Dies bedeutet, dass der ML-Algorithmus anhand von Inputdaten selbst Entscheidungsregeln und Verhaltensmuster ableitet, ohne dass explizit bekannt ist, wie diese Entscheidungenregeln aussehen oder wie der ML-Algorithmus dazu gekommen ist.[6] Dies führt zu Herausforderungen in der Validierung, da durch traditionelle Validierungsverfahren nicht sichergestellt werden kann, dass die von der Software erlernten Entscheidungsregeln tatsächlich den spezifizierten Vorgaben an die Software entsprechen, oder ob Korrelationen erkannt werden, die als Kausalitäten wahrgenommen werden.

Durch die steigende Komplexität der ML-Algorithmen wird es schwieriger, wenn nicht gar unmöglich, diese erlernten Entscheidungsregeln zu erkennen, richtig zu interpretieren und damit auch zu überprüfen. Auf Grund dieser Problematik wird auch häufig vom „Black Box" Charakter von KI-Systemen gesprochen.[7] Dieser Black Box Charakter und die damit verbundene Unsicherheit ist auch ein Hauptgrund für die zögerliche Einführung von KI-Anwendungen in sensiblen und hochkritischen Bereichen.[8] Gerade in Bereichen, in denen mögliche Fehlentscheidungen zu weitreichenden Konsequenzen führen können, muss die spezifizierte Funktionsweise einer neu eingeführten Technologie geprüft und sichergestellt werden. Dies kann aber aktuell für KI-Software nicht

---

[3] *FDA* (2002).

[4] *Chuanqi/J. Gao/Wang* (2019); *Borg/Englund/Wnuk/Duran/Levandowski/S. Gao/Tan/Kaijser/Lönn/Törnqvist* (2018).

[5] *Felderer/Ramler* (2021)

[6] *Borg* (2021).

[7] *Adadi/Berrada* (2018).

[8] *Dosilovic/Brcic/Hlupic* (2018), *Piscataway* (2018).

ausreichend nach den Validierungs- und Zertifizierungsansätzen klassischer Software bewerkstelligt werden.

Da die Entscheidungsregeln von KI durch ML-Algorithmen aus Trainingsdatensätzen gelernt werden, spielen diese Trainingsdaten eine ausschlaggebende Rolle bei der Überprüfung von KI-Systemen. Somit muss bereits bei der Auswahl der Trainingsdaten ein besonderes Augenmerk auf die Qualität, vorgenommene Aufbereitungsschritte und Eignung für den Verwendungszweck gelegt werden.[9] Besonders problematisch in diesem Zusammenhang sind mögliche unentdeckte Verzerrungen („Biases") in den Daten. Diese Verzerrungen können realweltliche Phänomene, beispielsweise auf Grund von Messfehlern oder eingeschränkter Datensammlung nur verzerrt abbilden. Neben der verzerrten Datensammlung, können aber auch gut gesammelte Daten gesellschaftlich verzerrte (aber aktuell oder in der Vergangenheit praktizierte) systematisch unfaire Handlungen widerspiegeln, in denen beispielsweise gewisse ethnische oder religiöse Bevölkerungsgruppen schlechter behandelt wurden.[10] Andererseits können Biases auch außerhalb sozialer Kontexte auftreten. So kann bereits die Auswahl des Trainingsdatensatzes für den ML-Algorithmus mögliche Verzerrungen hervorbringen, in denen Hintergrundfaktoren als ausschlaggebendes Entscheidungskriterium identifiziert werden.[11] Dies kann dazu führen, dass ein Hautkrebs erkennendes KI-System erlernt, dass das Vorhandensein einer Maßstabmarkierung im zu klassifizierendem Bild auf eine bösartige Hautkrebs Erkrankung hinweist.[12] Neben der Black-Box-Problematik ist die Aufdeckung solcher Biases auch eine Kernherausforderung für die Prüfung und damit die Zertifizierung von KI-Systemen.

II. Zertifizierung KI-basierter Entscheidungsunterstützungssysteme im Bereich der Unternehmensführung

Besondere Probleme bereitet die Zertifizierung von KI-Systemen, die der Vorbereitung strategischer Entscheidungen insbesondere im Bereich der Unternehmensführung dienen. Im Gegensatz zu klinischen Anwendungen etwa im Bereich der Diagnostik, wo vor allem Fragen der Mustererkennung im Vordergrund stehen, sind unternehmensleitende Entscheidungen in besonderer Weise von einem hohen Maß an Komplexität geprägt. Es handelt sich um mehrschichtige Abwägungsentscheidungen, in denen KI-basierte Prognosen und Szenarioanalysen einen von mehreren relevanten Entscheidungsfaktoren bilden. Wie

---

[9] *Felderer/Russo/Auer* (2019).

[10] *Larson/Mattu/Kirchner/May* (2018); *Buolamwini*/Gebru (2018).

[11] *Ribeiro/Singh/Guestrin* (2016).

[12] *Narla/Kuprel/Sarin/Novoa/Ko* (2018).

auch im Bereich der klinischen Diagnostik muss der Einsatz algorithmischer Entscheidungsunterstützungssysteme *nachvollziehbar* und *erklärbar* sein. Für unternehmensleitende Entscheidungen ergibt sich dies aus der in § 84 Abs. 1 AktG sowie § 25 Abs. 1 GmbHG normierten *Business Judgement Rule*. Allerdings gestaltet sich die Konzeption erklärbarer Entscheidungsempfehlungen im Bereich strategischer Entscheidungsunterstützung ungleich schwieriger als in anderen Anwendungsbereichen. So lassen sich etwa in der KI-basierten medizinischen Diagnostik die für die Entscheidung relevanten Bereiche eines Röntgen- oder MRT-Befundes ohne weiteres grafisch markieren. Und auch im Bereich des *predictive maintenance* können die empfohlenen Wartungsintervalle auf sinnvolle Art und Weise durch Erklärungskomponenten nachvollziehbar gestaltet werden. Für strategische Entscheidungen fehlen indes bislang entsprechende Konzepte. Dass es bei XAI-Funktionalitäten im Bereich strategischer Entscheidungsunterstützung nicht um ein optionales *Feature,* sondern aus rechtlichen Gründen um eine *conditio sine qua non* für den rechtssicheren Einsatz dieser Systeme in der Unternehmensleitung handelt, zeigt ein Blick auf den haftungsrechtlichen Kontext, auf den ein Zertifizierungskonzept adäquat reagieren muss.

1. Entscheidungsunterstützung in der Unternehmensführung

Entscheidungsunterstützungssysteme (*Decision Support Systems*) bilden neben Systemen zur Optimierung und Automatisierung bestehender Geschäftsprozesse derzeit das Hauptanwendungsfeld des Einsatzes von KI in Unternehmen.[13] In Abgrenzung zu traditionellen Ansätzen wird hier auch von der datenbasierten Entscheidungsunterstützung (Data-driven Decision Support) gesprochen.[14] Im Bereich *Predictive Business Analytics* stehen zahlreiche KI-gestützte Anwendungen zur Verfügung, um Vorstands- oder Geschäftsführungsmitglieder bei unternehmerischen Entscheidungen zu unterstützen.[15] Sie ermöglichen eine zielgenaue Prognose unternehmensbezogener Entscheidungsgrundlagen und bieten den Unternehmen damit erhebliche Wettbewerbsvorteile. Für die Unternehmensleitung ist aufgrund bestehender Organhaftung dabei die compliance- und gesetzeskonforme Anwendung von KI von größter Bedeutung.[16] Allerdings sind die Anforderungen an einen sorgfaltsgerechten Einsatz KI-gestützter *Predictive Business Analytics* bislang weitgehend unklar.

---

[13] *PWC* (2019), S. 9 (repräsentative Umfrage unter 500 Unternehmen, 70% der befragten Unternehmen nutzen KI-Anwendungen als Grundlage für Entscheidungsprozesse).

[14] *Thalmann* (2018).

[15] Z.B. *SAP Predictive Analytics 3.0*, https://help.sap.com/viewer/product/SAP_PREDICTIVE_ANALYTICS/3.0/de-DE (abgerufen am 21.9.2022).

[16] *PWC* (2019), S. 9 (repräsentative Umfrage unter 500 Unternehmen, 70% der befragten Unternehmen nutzen KI-Anwendungen als Grundlage für Entscheidungsprozesse).

Hieraus ergeben sich für die Unternehmensleitung vor allem dann erhebliche Haftungsrisiken, wenn sich die Prognosen als falsch erweisen.

2. Compliance-Risiken KI-gestützter Entscheidungsprozesse

Der Rückgriff auf KI-gestützte Prognosen könnte aufgrund ihrer eingeschränkten Transparenz und Nachvollziehbarkeit („Black Box-System") insbesondere mit den Sorgfaltspflichten und Compliance-Anforderungen der in § 84 Abs. 1 AktG sowie § 25 Abs. 1 GmbHG normierten *Business Judgement Rule* kollidieren. Danach sind sowohl der Vorstand der AG als auch der Geschäftsführer der GmbH als Verwalter des Gesellschaftsvermögens gesetzlich verpflichtet, bei der Führung der Geschäfte „*die Sorgfalt eines ordentlichen und gewissenhaften Geschäftsleiters*" anzuwenden. Hierbei handelt es sich um einen objektiv-normativen Sorgfaltsmaßstab, an dem das Verhalten eines Geschäftsleiters unabhängig von seinen tatsächlichen Kenntnissen und Fähigkeiten zu messen ist.

Zwar steht dem Vorstand der AG bzw. dem Geschäftsführer einer GmbH im Rahmen der Erfüllung der Leitungsaufgaben grundsätzlich ein weiter *Ermessensspielraum* zu, er muss jedoch auf der Grundlage *angemessener Information* zum Wohl der Gesellschaft handeln. Welche Anforderungen an eine angemessene Informationsgrundlage zu stellen sind, ist indes bislang völlig unklar. Aus gesellschaftsrechtlicher und haftungsrechtlicher Perspektive steht hier die Frage im Mittelpunkt, ob und in welchem Umfang im Rahmen der Geschäftsführungstätigkeit unternehmerische Entscheidungen auf KI-getriebene Prognosen gestützt werden *dürfen* oder sogar *müssen*.

a) Pflicht zum Einsatz informationsbeschaffender KI?

Für informationsbeschaffende KI-Anwendungen könnte sich etwa aus der in § 84 Abs. 1 AktG enthaltenen *Business Judgement Rule* jedenfalls dann eine Verpflichtung zur Nutzung KI-gestützter Systeme ergeben, wenn die für unternehmerische Entscheidungen erforderliche Tatsachengrundlage hierdurch substanziell vergrößert und damit die Qualität der verfügbaren Daten erheblich erhöht wird. Das Problem stellt sich nach § 25 Abs. 1 GmbHG für Geschäftsführer einer GmbH gleichermaßen.

b) Reichweite der Plausibilitätskontrolle und Explainable AI (XAI)

Eng hiermit verbunden ist die Frage, ob die Geschäftsleitung im Fall des Rückgriffs auf informationsbeschaffende KI-Anwendungen im Rahmen ihrer Überwachungspflicht entsprechend den vom OGH in einem anderen Zusammenhang entwickelten Grundsätzen zu einer Plausibilitätskontrolle verpflichtet ist. Schließlich stellt sich im Kontext KI-gestützter automatisierter Steuerungsprozesse die Frage, ob und inwieweit geschäftsleitende Entscheidungen an automatisierte KI-gestützte Systeme delegiert werden können. Neben automatisierten Warenbestellungen auf der Grundlage von Prognosealgorithmen betrifft dies auch die Delegation von Leitungsaufgaben im engeren Sinn. Unter welchen konkreten Bedingungen im Schadensfall bei der Verwendung KI-basierter Entscheidungsunterstützungssysteme ein Verschulden aufgrund mangelnder Beherrschung oder Überwachung begründet und ob zur Gewinnung entsprechender Kriterien in entsprechender Anwendung auf § 11 Abs. 1 BörseG 2018 sowie § 27 Abs. 1 WAG 2018 zurückgegriffen werden kann, ist bislang rechtlich noch nicht abschließend geklärt. Zugleich fehlen verlässliche Standards und Empfehlungen für die Entwicklung transparenter und nachvollziehbarer KI-Anwendungen.

In der Informatik wurden zahlreiche Ansätze für Explainable AI (XAI) entwickelt.[17] Das Ziel dieser Ansätze besteht vor allem darin, Entscheidungen des zugrundeliegenden KI-Modells erklärbar zu machen.[18] Es ist jedoch zu beachten, dass die Ergebnisse der XAI keine objektiv und neutral bewertbaren Erklärungen darstellen. Vielmehr handelt es sich um *Erklärhinweise*, die von Entscheider*innen im jeweiligen Kontext interpretiert werden müssen. Daher ist derzeit völlig unklar, wie XAI für KI-basierte Entscheidungsunterstützungssysteme und insbesondere für *Predictive Business Analytics* so eingesetzt werden kann, dass das erforderliche Maß an Rechtssicherheit erreicht wird. Umso größere Bedeutung gewinnt die Entwicklung brancheneinheitlicher Standards, die als Grundlage für die Zertifizierung KI-basierte Entscheidungsunterstützungssysteme für den Bereich unternehmensleitender Entscheidungen dienen können. In einem ersten Schritt wäre hier für eine Taxonomie zu entwickeln, aus der sich praktisch umsetzbare Handlungsanforderungen für einen compliance-konformen Einsatz KI-getriebener *Predictive Business Analytics* mit Hilfe von XAI-Ansätzen ergeben. Wie eng rechtliche und technische Fragen miteinander verwoben sind, zeigt sich daran, dass sich das Design der XAI-Komponenten an den von Rechtsprechung und Lehre zu entwickelnden Anforderungen an die Plausibilitätskontrolle seitens der Gesellschaftsorgane wird orientieren müssen. Diese ergeben sich aus dem geltenden gesellschaftsrechtlichen Regulierungsrahmen und den bestehenden Dokumentationspflichten. Ein funktionsfähiger Ansatz zur Zertifizierung von KI auch im Bereich strategischer Entscheidungsunterstützung wird auf eine entsprechende gesellschaftsrechtlich fundierte Taxonomie aufbauen müssen.

---

[17] *Castelvecchi* (2016).

[18] *Adadi/Berrada* (2018).

III. Ansätze zur Zertifizierung von KI

KI-Systeme sind bereits in vielen Anwendungsfeldern etabliert und finden als grundlegende technologische Bausteine in datenbasierten Geschäftsmodellen zahlreicher Unternehmen Anwendung, wie etwa Netflix, Spotify oder Facebook. Für die Verwendung von KI-Systemen in kritischen Bereichen ist jedoch eine gründliche Konformitätsprüfung der entwickelten Technologien vor ihrem Einsatz im Alltag notwendig. In den vergangenen Jahren wurden bereits einige Initiativen und Ansätze zur Zertifizierung von KI-Systemen vorgeschlagen. Diese Initiativen lassen sich grob in drei Hauptkategorien einteilen: Zertifizierung (1) auf Grund der Beurteilung des durchgeführten Entwicklungsprozesses des KI-Systems, (2) KI-spezifische Dokumentation und hier insbesondere die Dokumentation von Trainingsdatensätzen und (3) Untersuchung der KI-Modelle selbst durch die nachvollziehbare Entwicklung von Entscheidungsregeln. Nachfolgend werden diese drei primären Ansätze näher vorgestellt.

1. Software-Engineering Prozess

Ansätze zur Zertifizierung von KI, die den Software-Engineering Prozess in den Blick nehmen, versuchen die Zertifizierung der KI auf Basis des vorgenommenen Entwicklungsprozess zu bewerten. Ziel dieses Ansatzes ist es, den Entwicklungsprozess so zu gestalten, dass einzelne Qualitätsmerkmale bereits im Entwicklungsprozess mit bedacht und verankert werden. Auf diese Weise soll ein Entwicklungsprozess geschaffen werden, der etisch-adäquate und sichere KI-Anwendungen garantiert. Welche Ziele hierfür gewünscht werden, ist bereits ein breit diskutiertes Thema und wurde von zahlreichen Initiativen und Institutionen in Form von Richtlinien und Leitlinien erarbeitet. So wurden allein bis April 2020 über 167 Richtlinien und Prinzipien veröffentlicht, die postulieren, was eine vertrauenswürdige KI ausmacht.[19] Diese Sammlung an Richtlinien und Prinzipien besteht aus einer breiten Mischung an branchenspezifischen Rahmenwerken, wie beispielsweise Richtlinien für die Automobilindustrie,[20] aber auch allgemeine supranationale Richtlinien der Europäischen Kommission[21] oder des US-Amerikanischen National Institute of Standards and Technology (NIST)[22]. Obwohl die veröffentlichten Richtlinien aus unterschiedlichen Blickwinkeln und für unterschiedliche Zwecke erstellt wurden,

---

[19] *AI Ethics Guidelines Global Inventory by AlgorithmWatch*, https://inventory.algorithmwatch.org/ (abgerufen am 21.9.2022).

[20] Aptiv Services US, L. L.C./AUDI AG/Bayrische Motoren Werke AG/Beijing Baidu Netcom Science Technology Co., Ltd./Continental (2019).

[21] European Commission. Directorate General for Communications Networks, Content and Technology/Hochrangige Expertengruppe für künstliche Intelligenz (2019).

[22] *Schwartz/Down/Jonas/Tabassi* (2021).

zeigen *Jia et al.* auf, dass diese auf sieben gemeinsame Aspekte zusammengefasst, werden können: Transparenz und Vertrauen, Bias und Gerechtigkeit, Privatsphäre, Zurechnung, Selbstständigkeit, Robustheit, sowie soziale Sicherheit.[23]

Um diese Ziele zu erreichen, muss der gesamte Lebenszyklus eines KI-Systems betrachtet und auch die Einbettung des Systems in dessen (sozialen) Kontext mitbedacht werden. Das NIST hat bereits damit begonnen, eine allgemeine Richtlinie für die Entwicklung von KI-Systemen auszuarbeiten. Der Entwurf vom Juni 2021 schlägt dabei vor, verschiedene Bias-Arten in den unterschiedlichen KI-Lebenszyklusphasen zu untersuchen und angemessene Ansätze zur Identifikation und Handhabung von Biases zu implementieren. Ziel dabei ist nicht die Erarbeitung risikofreier KI, sondern eine frühzeitige Erkennung und passende Handhabung von unterschiedlichen Arten von Bias in KI-Systemen.[24]

Ein weiterer Ansatz, der sich auf den Software-Engineering Prozess bezieht, wurde von *Dennerlein et al.* entwickelt. Dieser stellt das KI-System als soziotechnisches System in den Mittelpunkt und weist neben dem Entwickler auch dem Benutzer eine tragende Rolle im Entwicklungsprozess zu. Das primäre Ziel dieses Ansatzes besteht darin, während des iterativen Entwicklungsprozesses systematisch und kontinuierlich ethische Reflektionen in den Softwareentwicklungsprozess zu integrieren.[25] Dieser Ansatz nimmt vor allem ethische Aspekte in den Blick, ist jedoch thematisch offen. So können auch weitere Aspekte wie etwa Fragen der IT-Sicherheit in den Entwicklungsprozess integriert werden.

2. KI-spezifische Dokumentation

Neben der Gestaltung des Entwicklungsprozesses bildet die Dokumentation der Entwicklungsschritte wie auch des grundlegenden Designs einen zentralen Ankerpunkt für die Zertifizierung klassischer wie auch KI-basierter Softwaresysteme. Allerdings lassen sich die klassische Dokumentationsstandards aufgrund ihrer systembedingten Unterschiede nicht auf KI-Systeme übertragen.

Die Forschungsansätze, die sich mit der Dokumentation von KI-Systemen beschäftigen, gehen der Frage nach, was dokumentiert werden muss, um ein KI Audit durchführen zu können. Dokumentation von klassischer Software konzentrieren sich vor allem auf Algorithmen und Schnittstellen der Software.[26] Jedoch müssen im Kontext von KI-Anwendungen noch weitere Aspekte angemessen dokumentiert werden. Dazu zählen die verwendeten Trainingsdaten, die getroffenen Annahmen, aber auch die Methoden, die bei der Verwendung dieser Daten im Trainingsprozess angewandt wurden. Darüber

---

[23] *Jia/Zhang* (2021).

[24] *Schwartz/Down/Jonas/Tabassi* (2021).

[25] *Dennerlein/Wolf-Brenner/Gutounig/Schweiger/Pammer-Schindler* (2020).

[26] *Königstorfer/Thalmann* (2020).

hinaus ist auch zu dokumentieren, welche Personen in welchem Rahmen bei der Entwicklung der KI involviert waren. Schließlich muss die Dokumentation auch das ML Modell selbst erfassen.[27]

Königstorfer und *Thalmann* identifizieren in diesem Zusammenhang folgende Anforderungen für die Dokumentation von KI-Systemen:[28]

- Beschreibung des Anwendungsbereichs
- Beschreibung des Trainingsdatensatzes
- Beschreibung der Designentscheidungen
- Verständliche Dokumentation für sachkundige Dritte
- Abgleich der Vorteile und Aufwendungen für KI Dokumentation

Obwohl ganzheitliche Dokumentationsstandard für KI-Systeme fehlen,[29] wurden in diesem Bereich bereits einige Ansätze entwickelt, die einzelne Aspekte der KI-Dokumentation aufgreifen. In einem der bekanntesten Frameworks „Datasheets for dataset" schlagen *Gebru et al.* vor, dass verwendete Datensätzen immer eine Dokumentation mit den folgenden Elementen beizufügen ist:

- Motivation
- Zusammensetzung
- Datenerfassungsprozess
- Vorverarbeitung
- Cleaning
- Labeling
- Verwendung und der Instandhaltung der Datensätze

Die Funktion des Frameworks besteht dabei vor allem darin, eine bessere Kommunikation und einen optimierten Informationsaustausch zwischen den Stakeholdern der Datensätze zu gewährleisten.[30]

Ein breiteres Framework für eine Dokumentationsstruktur von ML Modellen schlagen *Mitchell et al.* vor. Sie enthält die folgenden Elemente:

- Modell Details
- beabsichtigte Verwendung
- relevante Faktoren (nach Gruppen, Instrumenten, Umwelt)
- Metriken
- Evaluierungsdaten
- Trainingsdaten
- ethische Erwägungen/Betrachtungen
- Vorsichtsmaßnahmen
- Empfehlungen

---

[27] *Diakopoulos* (2016).
[28] *Königstorfer/Thalmann* (2021).
[29] *Königstorfer/Thalmann* (2020).
[30] *Gebru/Morgenstern/Vecchione/Vaughan/Wallach/ Daumé/Crawford* (2021).

Zusätzlich dazu soll eine kurze *quantitative Analyse* disaggregiert nach den genannten Faktoren und den gewählten Metriken bereitgestellt werden.[31]

Ähnliche Methoden finden auch in Ansätzen wie den „Dataset Nutrition Labels“[32], „AboutML“[33], und „AI Factsheets“[34] Anwendung. Allerdings ist die Mehrzahl dieser Ansätze auf KI-Systeme zugeschnitten, die nicht kontinuierlich auf der Grundlage neuer Daten trainiert werden.

3. Dokumentation datenintensiver ML-Systeme

Allerdings stellen gerade datenintensive ML-Systeme Dokumentationsbemühungen vor besondere Herausforderungen. So ist etwa aufgrund der hohen Volatilität selbstlernender Algorithmen, die sich gleichsam fortlaufend neu programmieren letztlich eine über die Zeitachse hinweg lückenlose Dokumentation des Algorithmus in all seinen Zwischenstufen und Varianten erforderlich. Da KI-Systeme darüber hinaus durch das enge Zusammenspiel von Algorithmus und Trainingsdaten gekennzeichnet sind, wäre darüber hinaus *prima vista* auch eine Dokumentation sämtlicher die Funktionsweise des KI-Systems beeinflussenden Inputdaten einschließlich der Trainingsdaten sowie etwaiger Realtime-Daten erforderlich. Aufgrund der Komplexität derartiger Systeme sind für die Dokumentation der Datensätze beschreibende Metadaten i.d.R. nicht ausreichend, so dass für eine lückenlose Dokumentation eigentlich auf die verwendeten *Rohdaten* zurückgegriffen werden müsste. Vor allem bei großen Datenmengen und hohen Datensätzen gelangt ein derartiger Ansatz dabei schnell an technische und wirtschaftliche Grenzen.

4. XAI: KI-Modelle nachvollziehbar gestalten

Eine Forderung, die im Zusammenhang mit der Zertifizierung von KI-Systemen häufig genannt wird, ist Transparenz. Vollkommene Transparenz der inneren Entscheidungsmechanismen von KI-Systemen ist nicht in jedem Anwendungsbereich notwendig.[35] Jedoch sind bei kritischen Anwendungsfällen mit hoher Tragweite der Entscheidungen auch höhere Anforderungen an die Nachvollziehbarkeit der KI-Entscheidungen anzulegen.[36] Die ist auch im Art. 22 der Europäischen Datenschutz-Grundverordnung (DSGVO) mit dem Recht auf Erklärung verankert. Wie Anfangs diskutiert, ist jedoch gerade der Black-Box-Charakter der meisten gängigen KI-Systeme eine der größten Herausforderungen für deren Zertifizierung.

---

[31] *Mitchell/Wu/Zaldivar/Barnes/Vasserman/Hutchinson/Spitzer/Raji/Gebru* (2019).

[32] *Holland/Hosny/Newman/Joseph/Chmielinski* (2018).

[33] *Raji/Yang* (2019).

[34] *Richards/Piorkowski/Hind/Houde/Mojsilović* (2020).

[35] *Ochmann/Zilker/Laumer* (2021).

[36] *Winter/Eder/Weissenböck/Schwald/Doms/Vogt/Hochreiter/Nessler* (2021).

In diesem Zusammenhang stellt sich vor allem die Frage, wie man trotz Black Box eines KI-Systems sicherstellen kann, dass sich das KI-System den Anforderungen entsprechend verhält. Durch die alleinige Betrachtung von Performancemetriken kann nämlich nicht garantiert werden, dass die Entscheidungskriterien der KI auch mit denen des menschlichen Entwicklers übereinstimmen. Hierbei hilft auch eine genaue Untersuchung des Quellcodes nicht, da die tatsächlichen Entscheidungskriterien aus den Inputdaten im Trainingsprozess der KI extrahiert werden. Trotzdem muss sichergestellt werden, dass das verwendete KI-System zuverlässig und vertrauenswürdig agiert.

Der derzeit in der KI-Forschung favorisierte Ansatz besteht darin, die Entscheidungen oder Entscheidungsempfehlungen von KI-Systemen für Menschen erklärbar, interpretierbar und nachvollziehbar zu machen (XAI).[37] Dies kann nach verschiedenen Ansätzen und Methoden erfolgen und reicht von selbsterklärenden ML-Modellen bis hin zu post-hoc Techniken, die an einem vollends entwickelten KI-Systems angewendet werden. Hierzu zählen z.B. Ansätze, die die Wichtigkeit einzelner Merkmale und Eigenschaften der verwendeten Daten hervorheben oder kontrastbildende Entscheidungsbeispiele aufzeigen, um die Logik der Entscheidungsregeln (zumindestens teilweise) offenzulegen.[38]

Diese „Öffnung" der Black Box kann vor allem in Validierungs- und Zertifizierungsprozessen ausschlaggebende Informationen zur Funktionsweise eines KI-Systems liefern. So können mögliche Versäumnisse in der Datenauswahl erkannt werden, oder auch Entscheidungsverhalten der KI in spezifischen (kritischen) Situationen untersucht werden. Durch die Erschließung der Entscheidungsregeln können weiters die Grenzen des KI-Systems besser definiert, ausgetestet und argumentiert werden. Ohne solche Methoden können solche Angaben allein nach Trial-and-Error Methoden angenähert werden.

5. *Anwendungsbeispiel*

Ein Anwendungsfeld mit sehr hohen Sicherheitsanforderungen an eingesetzte Systeme ist die pharmazeutische Industrie. Hier ist die Validierung als Qualitätssicherungsinstrument für Computersysteme und Software seit Jahrzehnten etabliert, es wurden eine Vielzahl von Regularien und Richtlinien erarbeitet, etabliert und rigoros geprüft. Zwei der bedeutendsten Richtlinien für den Einsatz von Software im Bereich der Arzneimittelproduktion sind der Good Manufacturing Practices Annex 11[39] der Europäischen Kommission und die „General Principal of Software Validation" [40] der US-amerikanischen Behörde für

---

[37] *Adadi/Berrada* (2018).

[38] *Arrieta/Díaz-Rodríguez/Del Ser/Bennetot/Tabik/Barbado/Garcia/Gil-Lopez/Molina/Benjamins/Chatila/Herrera* (2020).

[39] *European Commission* (2011).

[40] *FDA* (2002).

Lebens- und Arzneimittel (U.S. Food and Drug Administration - FDA). Zusätzlich dazu wurden Branchenrichtlinien von der International Society for Pharmaceutical Engineering (ISPE) entwickelt, die als de facto Standard für die Validierung von Computersystemen und Software in der Pharmaindustrie gelten.[41]

Obwohl die Validierung von Software ein vielbeachteter Bereich ist, gibt es bisher noch keine klaren Richtlinien, wie KI-Systeme validiert werden müssen, um in der pharmazeutischen Industrie verwendet werden zu dürfen. Erste Vorschläge wurden vor kurzem von der FDA veröffentlicht,[42] jedoch bleibt die Validierung von KI-Systemen in diesem Kontext mit sehr viel Unsicherheit behaftet. Dies kann in weiterer Folge dazu führen, dass vorteilhafte KI-Systeme nicht implementiert werden. Nicht weil die Qualitätskriterien nicht erreicht werden könnten, sondern weil diese Validierung nicht ausreichend von der Gesetzgebung formuliert wurden.

In dieser Situation fand man sich auch in dem im Folgenden vorgestellten Anwendungsbeispiel. Hier wurde ein KI-System entwickelt und implementiert, um eine durchgehende Qualitätssicherung in einem kritischen Bereich der Arzneimittelproduktion zu gewährleisten. Dazu wurden Kameras in den sterilen Kern des Abfüllprozesses installiert, die die menschlichen Eingriffe in einen sonst (maschinell) automatisierten Abfüllungsprozess erkennen und anhand der Kritikalität klassifizieren. Um diesen Dokumentations- und Entscheidungsprozess ermöglichen zu können, braucht es eine KI-basierte Software, die nach der Entwicklung und dem Training anhand von Trainingsdatensätzen, die entsprechenden Funktionen für die Überwachung des Abfüllprozesses bereithalten. Die Herausforderung in diesem Anwendungsbeispiel bestand darin sicherzustellen, dass das entwickelte KI-System tatsächlich die Anforderungen des Arzneimittelherstellers erfüllt. Dies konnte jedoch nicht durch klassische Black Box Testungen der entwickelten KI-Software gewährleistet werden. Um sicherzustellen, dass das entwickelte KI-System tatsächlich die richtigen Bildbereiche als Entscheidungskriterium verwendete, wurde ein neuer Validierungsansatz entwickelt. Dieser Validierungsansatz bedient sich XAI Methoden, um eine tiefergehende Prüfung des KI-Systems zu ermöglichen.

Im konkreten Anwendungsbeispiel wurden so Prüfsituationen anhand von klassischen Performancemetriken, wie beispielsweise der Konfusionsmatrix bewertet. Zusätzlich wurden die Prüfbeispiele mit einer XAI-Komponente von Domänenexperten untersucht. Dadurch konnte sichergestellt werden, dass die entwickelte KI tatsächlich die richtigen Bildbereiche als Entscheidungskriterium heranzog und dass keine irrelevanten Gegebenheiten im Bildhintergrund

---

[41] *ISPE* (2020).

[42] *FDA* (2021).

die Entscheidungsfindung der KI lenkten. Durch die genaue Analyse der Entscheidungsbereiche konnten auch besser definierte Grenzen des KI-Systems erkannt und in Folge ausgetestet werden.

Damit konnte gezeigt werden, dass durch den entwickelten Validierungsansatz genug Evidenz gesammelt werden konnte, um das KI-System im hochregulierten Bereich der Arzneimittelproduktion verwenden zu können. Durch Integration einer XAI-Komponente konnten mögliche Fehlerquellen ausgeschlossen werden, die durch eine reine Betrachtung des Outputs nicht erkannt werden könnten.

Literaturverzeichnis

Alarcon, Gene M./Militello, Laura G./Ryan, Patrick/Jessup, Sarah A./Calhoun, Christopher S./Lyons, Joseph B. (2017), A Descriptive Model of Computer Code Trustworthiness, in: Journal of Cognitive Engineering and Decision Making 11 (2), S. 107.

Ashoori, Maryam/Weisz, Justin D. (2019), In AI We Trust? Factors That Influence Trustworthiness of AI-infused Decision-Making Processes.

Balfe, Nora/Wilson, John R. (2018), Understanding Is Key: An Analysis of Factors Pertaining to Trust in a Real-World Automation System, in: Human factors and Ergonomics Society 60 (4), S. 477.

Bauer, Talya N./Truxillo, Donald M./Sanchez, Rudolph J./Craig, Jane M./Ferrara, Philip/Campion, Michael A. (2001), Applicant Reaction to Selection: Development of the Selection Procedural Justice Scale (SPJS), in: Personnel Psychology 54 (2), S. 387.

Black, J. Stewart/van Esch, Patrick (2020), AI-enabled recruiting: What is it and how should a manager use it?, in: Business Horizons 63 (2), S. 215.

Buolamwini, Joy/Gebru, Timnit (2018), Gender shades: Intersectional accuracy disparities in commercial gender classification. In Conference on fairness, accountability and transparency, S. 77.

Butterworth, Michael (2018), The ICO and artificial intelligence: The role of fairness in the GDPR framework, in: Computer Law & Security Review 34 (2), S. 257.

Campion, Michael C./Campion, Michael A./Campion, Emily D./Reider, Matthew H. (2016), Initial investigation into computer scoring of candidate essays for personnel selection, in: Journal of Applied Psychology 101 (7), S. 958.

Faliagka, Evanthia/Tsakalidis, Athanasios/Tzimas, Giannis (2012), An integrated e-recruitment system for automated personality mining and applicant ranking, in: Internet Research 22 (5), S. 551.

Gebru, Timnit/Morgenstern, Jamie/Vecchione, Briana/Vaughan, Jennifer W./Wallach, Hanna/Daumé, Hal D./Crawford, Kate (2021), Datasheets for datasets, in: Communications of the ACM, 64(12), S. 86.

Hoch, Veronica (2019), Anwendung Künstlicher Intelligenz zur Beurteilung von Rechtsfragen im unternehmerischen Bereich, in: Archiv für civilistische Praxis (AcP) 219, S. 646–702.

Langer, Markus/König, Cornelius J./Papathanasiou, Maria (2019), Highly automated job interviews: Acceptance under the influence of stakes, in: International Journal of Selection and Assessment 27 (3), S. 217.

Larson, Jeff/Mattu, Surya/Kirchner, Lauren/Angwin, Julia (2018), How We Analyzed the COMPAS Recidivism Algorithm, https://www.propublica.org/article/how-we-analyzed-the-compas-recidivism-algorithm

Lee, John D./See, Katrina A. (2004), Trust in automation: designing for appropriate reliance, in: Human Factors 46 (1), S. 50.

Lücke, Oliver (2019), Der Einsatz von KI in der und durch die Unternehmensleitung, in: Betriebsberater (BB) 2019, S. 1986.

Maier, Günter W./Streicher, Berhard/Jonas, Eva/Woschée, Ralph (2007), Gerechtigkeitseinschätzungen in Organisationen: Die Validität einer deutschsprachigen Fassung des Fragebogens von Colquitt (2001), in: Diagnostica 53 (2), S. 97.

Malgieri, Gianclaudio/Comandé, Giovanni (2017), Why a Right to Legibility of Automated Decision Making Exists in the General Data Protection Regulation, in: International Data Privacy Law 7 (4), S. 243.

Möslein, Florian (2018), Digitalisierung im Gesellschaftsrecht: Unternehmensleitung durch Algorithmen und künstliche Intelligenz?, in: Zeitschrift für Wirtschaftsrecht (ZIP) 2019, S. 204.

Noack, Ulrich (2018), Organisationspflichten und -strukturen kraft Digitalisierung, in: Zeitschrift für das gesamte Handels- und Wirtschaftsrecht (ZHR) 2019, S. 105.

Ochmann, Jessica/Laumer, Sven (2019), Fairness as a Determinant of AI Adoption in Recruiting: An Interview-based Study (DIGIT 2019 Proceedings, 16).

Parasuraman, Raja/Manzey, Dietrich (2010), Complacency and Bias in Human Use of Automation: An Attentional Integration, in: Human Factors – The Journal of the Human Factors and Ergonomics Society 52 (3), S. 381.

Petty, Richard E./Briñol, Pablo (2012), The Elaboration Likelihood Model, in: Paul van Lange, Arie Kruglanski und E. Higgins (Hrsg.): Handbook of Theories of Social Psychology: Volume 1, S. 224.

Philipsen, Ralf/Brauner, Philipp/Valdez, A. Calero/Ziefle, Martina (2019), Evaluating Strategies to Restore Trust in Decision Support Systems in Cross-Company Cooperation, n: Waldemar Karwowski, Stefan Trzcielinski, Beata Mrugalska, Massimo Di Nicolantonio und Emilio Rossi (Hrsg.): Advances in Manufacturing, Production Management and Process Control, Bd. 793. Cham: Springer International Publishing (Advances in Intelligent Systems and Computing), S. 115.

Sauer, Jürgen/Chavaillaz Alain/Wastell, David (2016), Experience of automation failures in training: effects on trust, automation bias, complacency and performance, in: Ergonomics 59 (6), S. 767.

Skitka, Linda J./Mosier, Kathleen L./Burdick, Mark D. (2000), Accountability and automation bias, in: International Journal of Human-Computer Studies 52 (4), S. 701.

dies./Mosier, Kathleen L./Burdick, Mark D./Heers, Susan T. (1996), Automation Bias, Accountability, and Verification Behaviors, in: Human factors and Ergonomics Society 40 (4), S. 204.

Tallgauer, Maximilian/Festing, Marion/Fleischmann, Florian (2020), Big Data im Recruiting, in: Tim Verhoeven (Hrsg.): Digitalisierung im Recruiting. Wiesbaden: Springer Fachmedien Wiesbaden, S. 25.

Thalmann, Stefan (2018), Data driven decision support, in: Information Technology 60 (4), S. 179.

Tambe, Prasanna/Cappelli, Peter/Yakubovich, Valery (2019), Artificial Intelligence in Human Resources Management: Challenges and a Path Forward, in: California Management Review 61 (4), S. 15.

Yigitbasioglu, Ogan M./Velcu, Oana (2012), A review of dashboards in performance management: Implications for design and research, in: International Journal of Accounting Information Systems 13 (1), S. 41.

Künstliche Intelligenz in der aktienrechtlichen Organtrias

Florian Möslein

I. Einleitung

Mit dem vieldiskutierten Vorschlag der Europäischen Kommission für ein sogenanntes „Gesetz über künstliche Intelligenz" (Artificial Intelligence Act) entwickelt sich diese Technologie zu einem veritablen, eigenständigen Regelungsgegenstand.[1] Der Kommissionsvorschlag verfolgt jedoch einen primär produktbezogenen und marktorientierten Ansatz.[2] Indessen spielt künstliche Intelligenz (KI) auch in der internen Entscheidungsfindung von Unternehmen

---

[1] Vorschlag für eine Verordnung des Europäischen Parlaments und des Rates zur Festlegung harmonisierter Vorschriften über künstliche Intelligenz (Gesetz über künstliche Intelligenz), COM (2021), 206 endgültig, dazu überblicksweise etwa *Bomhard/Merkle* (2021), S. 276 und *Rostalski/Weiss* (2021), S. 329.

[2] Obwohl der Verordnungsvorschlag nicht strikt auf Markttransaktionen beschränkt ist, wird seine überwiegende Marktorientierung bereits in der Rangfolge seines Art. 1 (a) deutlich, wonach die Verordnung „harmonisierte Regeln für das Inverkehrbringen, die Inbetriebnahme und die Nutzung von Systemen der künstlichen Intelligenz („KI-Systeme") in der Union" festlegt. Zur produktsicherheitsrechtlichen Anknüpfung siehe außerdem *Ebers et al.* (2021), S. 536 f.

eine immer wichtigere Rolle. Der Einsatz künstlicher Intelligenz verspricht Informationsvorteile bei unternehmerischen Entscheidungen, die auf Grundlage umfangreicher und komplexer Daten getroffen werden. Er ermöglicht es zum Beispiel, Daten aus Kundenbeziehungen oder Produktionsprozessen massenhaft zu analysieren und für Entscheidungsprozesse aufzubereiten, etwa im Rahmen von Marketing, Marktforschung oder Controlling.[3] Die automatisierte Entscheidungsfindung in Unternehmen lässt bessere Entscheidungen und somit unternehmerische Effizienzgewinne erwarten.

Zugleich wirft die unternehmerische Entscheidungsfindung mit Unterstützung künstlicher Intelligenz rechtliche, insbesondere gesellschaftsrechtliche Fragen auf.[4] Unternehmerische Entscheidungen sind eingebettet in die Regelungsvorgaben des Gesellschaftsrechts, die zusammen mit der Satzung einen Governance-Rahmen definieren, den unternehmerische Entscheidungsträger zu beachten haben. Diese Regelungen legen beispielsweise fest, welches Organ für die Entscheidung über bestimmte Fragen zuständig ist und welcher Form die jeweilige Entscheidung bedarf (z.B. Einberufungserfordernis, kollegiale Entscheidungen oder Mehrheitserfordernis).[5] Solche Entscheidungsregeln sind unverzichtbar, weil es im Gesellschaftsrecht um komplexe langfristige Kooperationsbeziehungen zwischen einer Vielzahl von Akteuren geht (sog. „relationale" Rechtsverhältnisse): Anders als bei einfachen Austauschverträgen können die operativen Fragen in solchen Beziehungen typischerweise nicht vollständig im Voraus, d.h. zum Zeitpunkt des Abschlusses des (Gesell-schafts-)Vertrags, festgelegt werden, sondern sie müssen immer wieder aufs Neue verhandelt und entschieden werden.[6] Wird künstliche Intelligenz in der unternehmerischen Entscheidungsfindung eingesetzt, so stellt sich daher die Frage, ob und unter welchen Bedingungen eine solche technologiegestützte Entscheidungsfindung mit jenen organisationsrechtlichen Anforderungen des Gesellschaftsrechts vereinbar ist.

Das Generalthema künstliche Intelligenz spielt in der gesellschaftsrechtlichen Literatur gleichwohl eine immer noch unterschätzte Rolle. Im Vergleich zu technologiespezifischen Debatten in anderen Teildisziplinen steht die Diskussion erst am Anfang. Soweit künstliche Intelligenz im Gesellschaftsrecht überhaupt diskutiert wird, verengt sich der Blick fast ausschließlich auf das Leitungsorgan. Dieser Fokus hat zwar durchaus eine gewisse Berechtigung, weil Vorstand bzw. Geschäftsführer aufgrund ihrer Leitungsmacht die primäre Entscheidungskompetenz in unternehmerischen Fragen innehaben. Sie sind

---

[3] Vgl. etwa *Gentsch* (2018), S. 63–77.

[4] Vgl. *Möslein* (2018), S. 204, *Möslein* (2020a), S. 457, *Möslein* (2020b), S. 509, *Noack* (2021), S. 305, *Noack* (2020), S. 947, *Weber et al.* (2018), S. 1131, *Zetzsche* (2019), S. 1.

[5] Siehe beispielsweise *Ruffner* (2000), S. 164.

[6] Wegweisend zu relationalen Verträgen siehe *Macneil* (1978), S. 854, insbesondere zu Kapitalgesellschaften als Ausprägung solcher Verträge siehe *Ruffner* (2000), S. 162 f. mit weiteren Hinweisen.

nicht nur für die laufende Geschäftsführung, sondern auch für zahlreiche strategische Unternehmensentscheidungen zuständig.[7] Zudem sind ihre unternehmerischen Entscheidungen besonders komplex und erfordern eine breite Datenbasis, die mit Hilfe von künstlicher Intelligenz potenziell leichter zu erfassen und zu verarbeiten ist. Nicht zuletzt sind Geschäftsführungsentscheidungen in quantitativer Hinsicht besonders zahlreich, eben weil sie Fragen des täglichen Geschäfts betreffen. Gleichwohl darf umgekehrt nicht gänzlich ausgeblendet werden, dass in Unternehmen auch weitere Beteiligte Entscheidungen treffen, bei denen künstliche Intelligenz zum Einsatz kommen kann. So ist beispielsweise denkbar und zunehmend praxisrelevant, dass der Aufsichtsrat bei Erfüllung seiner Überwachungsaufgabe durch künstliche Intelligenz unterstützt wird, oder dass Anteilseigner Investitionsentscheidungen oder auch Entscheidungen über die Ausübung von Stimmrechten mit Hilfe künstlicher Intelligenz treffen. Vor diesem Hintergrund unternimmt der vorliegende Beitrag eine Querschnittsbetrachtung: Er untersucht den Einsatz künstlicher Intelligenz vergleichend in der gesamten aktienrechtlichen Organtrias, bestehend aus Vorstand, Aufsichtsrat und Hauptversammlung.

Eine anders gelagerte Eingrenzung ist damit bereits angedeutet: Die vorliegende Betrachtung erstreckt sich nicht auf das Gesellschaftsrecht insgesamt, sondern ausschließlich auf das Recht der Aktiengesellschaft. Der Einsatz künstlicher Intelligenz ist zwar in anderen Gesellschaftsformen ebenfalls denkbar. Vorerst ist er jedoch vor allem in größeren Unternehmen verbreitet, die aufgrund ihres Kapitalbedarfs typischerweise als Aktiengesellschaften gegründet werden.[8] Die Datenmengen, die den Einsatz einer solchen Technologie lohnenswert machen, fallen zudem vor allem in solchen Unternehmen an. Zugleich befasst sich dieses Kapitel nicht mit jenen futuristischen Konstellationen, in denen künstliche Intelligenz menschliche Organmitglieder vollständig ersetzt (sog. „artificial intelligence company directors“ oder „robots in the boardroom“),[9] sondern mit dem wesentlich realistischeren Szenario, dass jene Technik die – menschlichen – Organmitglieder lediglich unterstützt, indem sie z.B. relevantes Datenmaterial aufbereitet und Entscheidungsvorschläge unterbreitet. Fragen der eigenständigen Rechtsfähigkeit von künstlicher Intelligenz oder ihrer Fähigkeit als Gesellschaftsorgan werden mithin in diesem Kapitel

---

[7] Für weitere Einzelheiten siehe *Armour et al.* (2017), S. 50 f., vgl. auch *Möslein* (2007), S. 23–50.

[8] Laut einer aktuellen Studie wird künstliche Intelligenz vor allem in Unternehmen eingesetzt, die mehr als 500 Mitarbeiter beschäftigen (83%) und/oder einen Umsatz von bis zu einer Milliarde Euro erwirtschaften (72%), siehe *PwC* (2018), S. 8.

[9] So lautete der Titel des Algorithmus, der unter dem Namen VITAL (Abkürzung für „Validating Investment Tool for Advancing Life Sciences“) in dem vielzitierten Beispielsfall der Risikokapitalgesellschaft Deep Knowledge Ventures aus Hongkong eingesetzt wurde (aber in Wirklichkeit auch nur eine unterstützende Funktion hatte), ausführlich: *Möslein* (2018a), S. 649.

nicht erörtert.[10] Es geht vielmehr um die Potentiale künstlicher Intelligenz bei der Unterstützung menschlicher Entscheidungen in der aktienrechtlichen Organtrias.

II. Delegation von Entscheidungen auf KI

1. Vorstand

Vorstandsmitglieder können nicht alle Aufgaben selbst erledigen, sondern benötigen vielfältige Unterstützung. Zu diesem Zweck delegieren sie Aufgaben. Traditionell erfolgt diese Delegation an Mitarbeiter*innen oder an unternehmensexterne Dienstleister. Zunehmend können Entscheidungsaufgaben jedoch auch an künstliche Intelligenz delegiert werden, indem die Sichtung und Bewertung von Datenmaterial sowie die Auswahl von Entscheidungsoptionen durch entsprechende Technologien erledigt werden. Aktienrechtlich stellt sich vor diesem Hintergrund die Frage, ob eine Befugnis oder gar Verpflichtung besteht, Vorstandsentscheidungen an künstliche Intelligenz zu delegieren.[11] Konkret ist zu überlegen, ob die herkömmlichen Grundsätze für die Delegation an Mitarbeiter*innen und Externe auf die Delegation an künstliche Intelligenz übertragen werden können.

Dass eine Delegation von Entscheidungen zulässig ist, steht allgemein außer Frage, weil die Leitungsaufgabe des Vorstands ohne Delegation kaum sinnvoll zu bewältigen wäre.[12] Aus dem aktienrechtlichen Grundsatz umfassender Leitungsverantwortung ergeben sich jedoch Grenzen dieser Delegationsbefugnis: So gilt die Delegation von Aufgaben, die das Gesetz ausdrücklich dem Vorstand zuweist oder die zu den originären Leitungsaufgaben zählen, in der Regel als unzulässig; vorbereitende und ausführende Maßnahmen können dagegen an nachgeordnete Ebenen delegiert werden, sofern der Vorstand abschließend und in eigener Verantwortung entscheidet.[13] Die Rechtsprechung beanstandet nicht, wenn Dritte, die in erheblichem Umfang mit Geschäftsführungsaufgaben betraut sind, hinsichtlich der Wahrnehmung dieser Aufgaben weder Einzelweisungen unterliegen noch jederzeit abrufbar sind.[14] Vielmehr gilt als ausreichend, dass die Erledigung der übertragenen Aufgaben durch Richtlinien de-

---

[10] Zu dieser Frage, aus rechtsvergleichender Sicht siehe *Bayern et al.* (2017), S. 192, *Bayern et al.* (2017a), S. 135.

[11] Für eine einführende Diskussion auf der Grundlage des deutschen Rechts vgl. *Möslein* (2018), S. 208–212, *Möslein* (2020b), Rn. 3 ff.

[12] In diesem Sinne z.B. *Grundmann* (2011), S. 209 (Rn. 390: „Natürlich werden in allen Ländern Aufgaben geteilt"), *Fleischer* (2003), S. 7 ff.

[13] Ähnlich *Fleischer* (2003), S. 6.

[14] Siehe BGH NJW 1982, 1817 („Holiday Inn"); siehe auch BGH NJW 1962, 738.

terminiert ist und durch umfassende Informations-, Einsichts- und Kontrollrechte überwacht werden kann.[15] Überträgt man diese Grundsätze auf den Einsatz künstlicher Intelligenz bei der Entscheidungsfindung, so müssen die menschlichen Vorstandsmitglieder ebenfalls die Kontrolle über den Entscheidungsprozess sowie die letztgültige Entscheidungsbefugnis behalten. Eine rechtsverbindliche Verpflichtung, den Entscheidungen der künstlichen Intelligenz zwingend Folge zu leisten, wäre hingegen mit der Leitungsverantwortung des Vorstands unvereinbar. Ein wichtiger Unterschied zu den klassischen Fällen der Delegation besteht darin, dass künstliche Intelligenz im Gegensatz zu Mitarbeiter*innen oder Dritten keinen rechtlichen oder vertraglichen Bindungen unterworfen werden kann. Die Delegation an künstliche Intelligenz ist nur technisch kontrollier- und steuerbar; ihr technischer Code gibt den Rahmen vor, innerhalb dessen sie agiert („Code is law“).[16] Die Maßstäbe für die Entscheidungsfindung künstlicher Intelligenz hängen von Programmier- und Lernalgorithmen ab, nicht von rechtlichen Regelungen. Vorstandsmitglieder müssen daher über ein Grundverständnis der angewandten Technologie verfügen, um die der künstlichen Intelligenz innewohnende Logik der Entscheidungsfindung zu verstehen, weil sie nur so ihre eigene, letztgültige Entscheidungsgewalt behalten können.[17] Besondere rechtliche Herausforderungen ergeben sich aus dem selbstlernenden Charakter der künstlichen Intelligenz. Selbstlernende Systeme sind bekanntlich eine Art „Black Box“, deren Ergebnisse weder programmier- noch vorhersehbar sind.[18] Entsprechend kann der Vorstand keine aussagekräftigen Informationen über den Entscheidungsprozess seiner Systeme liefern, obwohl er hierzu unter bestimmten Voraussetzungen verpflichtet ist, insbesondere gegenüber dem Aufsichtsrat (§ 90 AktG).[19] Weil aber Selbstlernfähigkeit Kernvoraussetzung für die permanente Weiterentwicklung und Verbesserung künstlicher Intelligenz ist, kann das Recht von den Vorstandsmitgliedern nicht verlangen, vollständig auf den Einsatz solcher Technologien verzichten. Der Vorstand hat jedoch die Pflicht, die mit der jeweiligen Technologie verbundenen Risiken angemessen zu kontrollieren, z.B. in Form einer Abschalteinrichtung.[20]

---

[15] Siehe wiederum BGH NJW 1982, 1817, 1818.

[16] Die viel zitierte Formulierung bezieht sich auf *Lessig* (2000), siehe auch *Lessig* (1999), S. 89.

[17] Vgl. *Möslein* (2020b), Rn. 5, *Wagner* (2018), S. 1097 ff., *Weber et al.* (2018), S. 1131 f., siehe auch *Linardatos* (2019), S. 508. Allgemein zur digitalen Unternehmensverantwortung *Möslein* (2020c), S. 805, bes. S. 820.

[18] Vgl. *Strohn* (2018), S. 374.

[19] Zu diesen Risiken vgl. nochmals *Strohn* (2018).

[20] Vgl. *Zetzsche* (2019), S. 7 f., *Möslein* (2020b), Rn. 6, BeckOGK/Fleischer, § 76 AktG, Rn. 77.

Neben der Frage nach der Befugnis zur Entscheidungsdelegation stellt sich umgekehrt die Frage, ob Vorstandsmitglieder aktienrechtlich nicht sogar verpflichtet sind, künstliche Intelligenz in die Entscheidungsfindung einzubinden, weil bzw. soweit deren Empfehlungen menschlichen Entscheidungen überlegen sind.[21] Eine solche Überlegenheit liegt umso näher, je größer die Datenmengen und je komplexer und rechenintensiver die fraglichen Entscheidungen sind.[22] Aktienrechtlich verfügt der Vorstand über einen weiten unternehmerischen Ermessensspielraum, der jedoch unter dem Vorbehalt angemessener Informationen steht: Nach der sog. *Business Judgement Rule* überschreiten Vorstandsmitglieder ihr unternehmerisches Ermessen, wenn sie nicht vernünftigerweise davon ausgehen können, dass sie auf der Grundlage solcher Informationen gehandelt haben.[23] Aus dieser Informationspflicht lässt sich allerdings keine absolute Pflicht zur Nutzung künstlicher Intelligenz im Vorfeld von Vorstandsentscheidungen ableiten. Es ist nämlich allgemein anerkannt, dass nicht „alle verfügbaren Informationsquellen" ausgeschöpft werden müssen.[24] Vielmehr kann der Vorstand in einer konkreten Entscheidungssituation eine Abwägung von Kosten und Nutzen der Informationsbeschaffung vornehmen. Anders als die unternehmerische Entscheidung selbst unterliegt diese Abwägung jedoch der gerichtlichen Kontrolle.[25] Je erschwinglicher und zuverlässiger Technologien künstlicher Intelligenz sind, aber auch je weiter sich ihr Einsatz in der Unternehmenspraxis verbreitet, desto schwieriger wird zu rechtfertigen sein, dass solche Technologien nicht genutzt werden. Die Entwicklung einer gesellschaftsrechtlichen Pflicht zum angemessenen Einsatz künstlicher Intelligenz steht daher zu erwarten,[26] auch wenn ihre Geltung, Reichweite und Intensität noch der Klärung bedürfen.[27] Überdies kann sich eine Delegationspflicht aus sektorspezifischen Vorschriften ergeben, die den Vorstand dazu verpflichten, informationstechnische Systeme vorzuhalten, die der Komplexität, Vielfalt

---

[21] Vgl. *Agrawal et al.* (2019), siehe auch *Kahneman* (2011), S. 222 f.

[22] Für weitere Einzelheiten s. Beiträge in Karacapilidis (Hrsg.), Mastering Data-Intensive Collaboration and Decision Making, 2015.

[23] Ausf. *Radin* (2019), für das deutsche Recht vgl. § 93 Abs. 1 Satz 2 AktG.

[24] In diesem Sinne aber BGH, NJW 2008, 3361, 3362 (zur GmbH: Pflicht zur Ausschöpfung aller verfügbaren Informationsquellen tatsächlicher und rechtlicher Art), anders BGH NZG 2011, 549 Rn. 19 (mit Hinweis auf den Wortlaut des § 93 Abs. 1 Satz 2 AktG). Kritisch zu dieser Rechtsprechung: *Cahn* (2013), S. 1298, *Fleischer* (2009), S. 2339.

[25] Ähnlich z. B. *Bachmann* (2013), S. 11.

[26] Vgl. *McAfee/Brynjolfsson* (2012), S. 3.

[27] Zurückhaltender siehe *Zetzsche* (2019), S. 9, vgl. andererseits *Möslein* (2018), S. 209 f., ähnlich vgl. *Spindler* (2018), S. 43.

und Art der erbrachten Dienstleistungen und Tätigkeiten angemessen sind.[28] Entsprechende Verpflichtungen gelten vor allem im Finanzsektor.[29]

2. *Aufsichtsrat*

Ganz vereinzelt diskutiert man im aktienrechtlichen Schrifttum auch die „Rolle des Aufsichtsrats beim Einsatz von Künstlicher Intelligenz".[30] Dabei stellt man sich vor allem die Frage, wie der Aufsichtsrat seiner aktienrechtlichen Überwachungsaufgabe gem. § 111 AktG gerecht werden kann, wenn Vorstandsentscheidungen (oder auch Entscheidungen auf nachgeordneten Unternehmensebenen) künstlicher Intelligenz überantwortet werden. Das „Black-Box"-Phänomen weckt auch insoweit Bedenken, weil der Vorstand angesichts der „programmierte[n] Nichtprognostizierbarkeit"[31] den Aufsichtsrat nicht umfassend informieren kann, wie die fragliche Entscheidung zustande gekommen ist.[32] Diesen Bedenken wird jedoch zu Recht entgegengehalten, dass der Zugang zu inneren Denkvorgängen bei menschlichen Mitarbeitern gleichermaßen unmöglich sei wie bei neuronalen Netzen von Systemen künstlicher Intelligenz, so dass es hinsichtlich der Aufsichtsratsinformation keinen Unterschied mache, ob unternehmerische Entscheidungen Menschen oder Maschinen überlassen werden.[33] In der Tat erscheint „unnötig technikavers",[34] beide Formen der Delegation rechtlich unterschiedlich zu behandeln.

Während diese Diskussion lediglich die Auswirkungen des Einsatzes künstlicher Intelligenz auf Vorstandsebene (oder sonst im Unternehmen) auf die Überwachungs- und auch Beratungstätigkeit des Aufsichtsrats betrifft, werden umgekehrt die Rechtsfragen, die der Einsatz dieser Technologie im Aufsichtsrat selbst aufwirft, bislang praktisch nicht diskutiert.[35] Ebenso wie für den Vorstand fragt sich indessen auch für dieses Organ, ob sich der Aufsichtsrat künstlicher Intelligenz bedienen darf oder sogar muss, um seinen Überwachungs- und Beratungspflichten nachzukommen. Künstliche Intelligenz verspricht, auch das unternehmerische Berichtswesen effizienter, schneller und möglicherweise auch qualitativ besser zu machen. Auch hier geht es um repetitive, regelbasierte Prozesse mit hohen Transaktionsvolumina, etwa bei der Erfassung

---

[28] Vgl. bspw. Art. 26 Abs. 6 Verordnung (EU) Nr. 648/2021 über OTC-Derivate, zentrale Gegenparteien und Transaktionsregister (in Bezug auf zentrale Gegenparteien).

[29] Vgl. § 25a KWG i.V.m. den Mindestanforderungen an das Risikomanagement (MaRisk), näher dazu *Möslein* (2020a), Rn. 33.

[30] So der Titel des Editorials von *Strohn* (2018), S. 371, vgl. außerdem *Möslein* (2020e), S. 2.

[31] *Teubner* (2018), S. 190, vgl. dazu auch *Linardatos* (2019), S. 504, bei Fn. 3.

[32] In diesem Sinne *Strohn* (2018), S. 373–376.

[33] So *Linardatos* (2019), S. 507 f., vgl. auch *Zetzsche* (2019), S. 7.

[34] *Linardatos* (2019), S. 507.

[35] Vgl. jedoch *Möslein* (2020e), S. 2 f. (künstliche Intelligenz „als Instrument der Überwachung" vs. „als Gegenstand der Überwachung"), *Zetzsche* (2019), S. 11–13.

von Finanzdaten oder bei rechnungslegungsbezogenen Kontrollen. In den üblichen Softwaretools finden daher beispielsweise sog. *accounting and reporting robotics* Verwendung, um mit künstlicher Intelligenz die unternehmensinternen Rechnungswesen- bzw. Berichtsprozesse – und damit auch die Überwachungsaufgabe des Aufsichtsrats – zu unterstützen.[36] Ebenso betont man die Vorzüge des Technologieeinsatzes für die Erfüllung von Compliancepflichten,[37] für die der Aufsichtsrat ebenfalls Mitverantwortung trägt.[38] Da § 116 AktG auf § 93 AktG verweist, ähneln sich die Ermessensspielräume von Vorstand und Aufsichtsrat, so dass im Wesentlichen auf die Ausführungen zu Vorstandsentscheidungen verwiesen werden kann.[39] Insbesondere muss sich jedes Aufsichtsratsmitglied in allen den Aufsichtsrat betreffenden Angelegenheiten sein eigenes Urteil bilden.[40] Weil in diesem Rahmen auch zu prüfen ist, ob die ihm überlassenen Informationen ausreichen, um eine den Anforderungen des § 116 entsprechende Entscheidung treffen zu können, und gegebenenfalls auf die Erteilung weiterer Informationen hinwirken muss,[41] stellt sich auch dem Aufsichtsrat die Frage, ob der Einsatz künstlicher Intelligenz bereichsspezifisch eine höhere Informationsqualität verspricht. Angesichts der skizzierten technologischen Entwicklung liegen solche Qualitätsvorteile namentlich bei repetitiven, regelbasierten Überwachungsprozessen mit hohen Transaktionsvolumina nahe. In diesem Fall trifft den Aufsichtsrat ganz konkret die Verpflichtung, auf den Einsatz künstlicher Intelligenz im unternehmerischen Berichtswesen hinzuwirken, um seiner Überwachungsaufgabe in vollem Umfang gerecht werden zu können.

3. *Hauptversammlung*

Bei der Hauptversammlung als Beschlussorgan stellen sich ebenfalls in beiderlei Hinsicht vergleichbare Rechtsfragen. Einmal kann man fragen, ob Geschäftsberichte des Vorstands (vgl. Nr. 6.2 Deutscher Corporate Governance Kodex) und Berichte des Aufsichtsrats an die Hauptversammlung gem. § 171 Abs. 2 AktG aktienrechtlich bedenkliche Einschränkungen erfahren, wenn die Entscheidungen, die Gegenstand der jeweiligen Berichte sind, von künstlicher Intelligenz getroffen oder vorbereitet worden sind.[42] Ähnlich wie auf der Ebene des Aufsichtsrats spricht jedoch viel dafür, diese Frage mit dem Argument zu

---

[36] Zu praktischen Anwendungsbeispielen näher *Beyhs/Poymanov* (2019), S. 19 f.

[37] So kürzlich *Bräutigam/Habbe* (2022), S. 811 f.

[38] Zur Compliance-Verantwortung des Aufsichtsrats näher: *Sipelt/Pütz* (2018), S. 78.

[39] Vgl. *Möslein* (2020e), S. 2 f.

[40] Vgl. *BGH* (2013), S. 91, *OLG Stuttgart* (2012), S. 301, GroßkommAktG/Hopt/Roth, § 116 Rn. 115, Kölner Komm AktG/Mertens/Cahn, § 116 Rn. 11, *Hasselbach* (2012), S. 42, einschr. *Selter* (2012), S. 661 f.

[41] Vgl. *OLG Stuttgart* (2012), S. 301, MüKoAktG/Habersack, § 116 Rn. 32.

[42] Andeutungsweise *Strohn* (2018), S. 377.

verneinen, dass die Informationsrechte der Aktionäre keineswegs verkürzt werden, weil es keinen rechtswesentlichen Unterschied macht, ob Entscheidungen auf Menschen oder auf Maschinen delegiert werden.

Andererseits fragt sich, ob Entscheidungen innerhalb der Hauptversammlung mit Unterstützung künstlicher Intelligenz getroffen werden dürfen. Die Hauptversammlung entscheidet durch Beschluss, mit dem die Aktionäre über einen Antrag befinden. Eine gesamthafte Übertragung dieser gesellschaftlichen Willensbildung auf eine künstliche Intelligenz schließen die prozeduralen Vorgaben des Aktiengesetzes aus (vgl. bes. § 118 Abs. 1 S. 1 AktG).[43] Es ist aber denkbar, dass sich einzelne Aktionäre bei der Stimmrechtsausübung der Hilfe entsprechender Technologien bedienen.[44] Beispielsweise mag man an institutionelle Investoren mit breit gestreuten Portfolios denken, die ihre Stimmrechte auf der Grundlage einer KI-basierten Datenauswertung ausüben. So existieren bereits erste Plattformen, die mithilfe künstlicher Intelligenz entsprechende Datengrundlagen zur Verfügung stellen.[45] Da Aktionäre nicht als Agenten, sondern als Prinzipale agieren, unterliegen sie einer ungleich geringeren Pflichtbindung als Vorstand und Aufsichtsrat: Grundsätzlich gilt die „Freiheit der Stimmrechtsausübung".[46] Entsprechend unterliegt auch der Einsatz künstlicher Intelligenz im Vorfeld der Stimmabgabe geringeren aktienrechtlichen Vorgaben als bei Entscheidungen von Vorstand oder Aufsichtsrat. Aus der Treuepflicht der Aktionäre können sich gleichwohl zumindest gewisse rechtliche Bindungen auch für Aktionärsentscheidungen ergeben. So hat der Bundesgerichtshof im grundlegenden Girmes-Urteil entschieden, dass es dem einzelnen Aktionär aufgrund seiner Treuebindung gegenüber den Mitaktionären nicht erlaubt sei, eine sinnvolle und mehrheitlich angestrebte Sanierung der Gesellschaft aus eigennützigen Gründen zu verhindern.[47] Im Gegensatz zur Ebene von Vorstand und Aufsichtsrat liegt hierin jedoch eine ausschließlich materielle, auf das inhaltliche Ergebnis der Aktionärsentscheidung gerichtete Bindung, die aus der Treuepflicht resultiert. Prozedurale Vorgaben zur Entscheidungsfindung und insbesondere sorgfaltsbezogene Maßgaben zur erforderlichen Informationsgrundlage lassen sich aus dieser Rechtsprechung nicht herleiten.[48] Entsprechend bleibt es den Aktionären grundsätzlich selbst überlassen,

---

[43] Siehe dazu bereits RGZ 63, 203, 208, heute etwa MüKoAktG/Kubis, § 118 Rn. 36, *Hüffer/Koch/Koch*, § 118 AktG, Rn. 1.

[44] Für eine erste, prototypische Anwendung vgl. *Carpenter/Poon* (2018).

[45] Siehe die Pressemitteilung des Unternehmens *Broadridge* (2021).

[46] Siehe etwa *Timm* (1991), S. 484, *Marsch-Barner* (1993), S. 177, ausführlich GKAktG/Barz (3. Aufl. 1973), § 134 Rn. 36–41.

[47] BGHZ 129, 136, 142 ff., vgl. auch BGHZ 183, 1 = NJW 2010, 65 (für die Publikumspersonengesellschaft), BGH (2011), BGH (2015).

[48] Ähnlich *MüKoAktG/Spindler*, § 93 Rn. 267 (keine Anfechtbarkeit bei Außerachtlassung der den Gesellschaftern obliegenden Sorgfaltspflicht), vgl. ferner *Wiedemann* (2009), S. 1.

darüber zu entscheiden, ob sie zur Vorbereitung ihrer Stimmabgabe künstliche Intelligenz nutzen.

Institutionelle Investoren unterliegen allerdings engeren treuhänderischen Bindungen, die in Stewardship-Prinzipien sowie neuerdings auch in einschlägigen Neuregelungen des Aktiengesetzes rechtlichen Niederschlag finden.[49] Solche Investoren sind in ihrer Stimmrechtsausübung nicht völlig frei, sondern müssen insbesondere gem. § 134b Abs. 1 AktG ihre Mitwirkungspolitik veröffentlichen. Diese Berichtspflicht erstreckt sich gem. Nr. 1 auch auf die Ausübung der Aktionärsrechte und damit auch auf das Stimmrecht.[50] Eine solche Offenlegung von Leitlinien zum Stimmverhalten beschränkt jedoch nicht das Verfahren der Entscheidungsfindung, sondern lässt institutionellen Investoren grundsätzlich Spielraum auch für Abstimmungsvorschläge, die auf künstlicher Intelligenz beruhen. Gem. § 135 Abs. 2 S. 2 AktG muss der Intermediär bei Erstellung solcher Vorschläge zwar gewisse organisatorische Vorkehrungen treffen, um sicherzustellen, dass Eigeninteressen aus anderen Geschäftsbereichen nicht in Abstimmungsvorschläge einfließen.[51] Den Einsatz künstlicher Intelligenz schließt jedoch auch diese Vorgabe nicht von vorneherein aus. Ähnlich wie professionelle – menschliche – Stimmrechtsberater (sog. proxy advisors) als „Einflüsterer im Dax"[52] Misstrauen wecken, mag eine KI-gestützte Stimmrechtsausübung institutioneller Investoren jedoch Bedenken begegnen. Ob sich daraus künftig rechtliche Vorgaben hinsichtlich der Zulässigkeit von – oder Verpflichtung zu – entsprechendem KI-Einsatz ergeben, lässt sich vorerst jedoch noch nicht abschätzen.

III. Organisationspflichten bei Entscheidungsdelegation auf KI

Soweit eine Delegation von Entscheidungen auf künstliche Intelligenz nach den vorgenannten Grundsätzen zulässig oder sogar verpflichtend ist, stellt sich die Frage, wer für delegierte Entscheidungen haftet, wenn sich die betreffende Entscheidung im Nachhinein als fehlerhaft erweist.[53] Die Technologie selbst kommt als Haftungsadressat nicht in Betracht, weil und soweit Systeme der künstlichen Intelligenz keine Rechtsfähigkeit besitzen. Trotz entsprechender

---

[49] Näher zum UK Stewardship Code etwa *Fleischer/Strothotte* (2011), S. 221 ff., für einen breiteren internationalen Überblick vgl. *Hannigan* (2017), S. 561 f., *Hill* (2018), S. 506 ff., ferner *Brellochs* (2021), S. 319, *Koch* (2020), S. 1.

[50] Vgl. *MüKoAktG/Arnold*, § 134b Rn. 6, *BeckOGK/Rieckers* AktG § 134b Rn. 10 f.

[51] Vgl. *Hüffer/Koch/Koch*, § 135 AktG, Rn. 21, *MüKoAktG/Arnold*, § 135 Rn. 90 f.

[52] *Gojdka* (2018).

[53] Allgemeiner zur Verantwortung der künstlichen Intelligenz siehe *Linardatos* (2019), S. 506.

Vorschläge, die insbesondere im Rechtsausschuss des Europäischen Parlaments diskutiert worden sind,[54] verleiht das geltende Recht künstlicher Intelligenz keine Rechtsfähigkeit.[55] Denkbar ist jedoch, dass Fehlentscheidungen künstlicher Intelligenz dem Organ zugerechnet werden, das die fragliche Entscheidung delegiert hat. Selbst wenn man die analoge Anwendung der gesetzlichen Regelungen zu Erfüllungsgehilfen (§ 278 BGB) auf den Einsatz von Maschinen und elektronischen Datenverarbeitungssystemen mit Einzelstimmen in der Literatur befürwortet,[56] stößt eine solche Zurechnung jedoch in gesellschaftsrechtlichem Zusammenhang an enge Grenzen.[57] In Frage kommt deshalb alleine eine Haftung für eigenes Verschulden. Die erforderliche Pflichtverletzung kann darin bestehen, dass die Delegation fehlerhaft ist, etwa weil Aufgaben übertragen werden, die nicht rechtmäßig übertragbar sind, etwa unentziehbare Leitungsaufgaben.[58] Eine persönliche Haftung kann zudem aus eigenem Organisationsverschulden resultieren, wenn die Auswahl, Anweisung oder Beaufsichtigung der Delegaten – hier: der künstlichen Intelligenz – nachlässig war.[59] Deshalb lautet die Kernfrage, welchen Auswahl- und Überwachungspflichten Vorstand, Aufsichtsrat und Aktionäre unterliegen, wenn sie Entscheidungen auf KI delegieren: Welche Pflichten zur laufenden Überwachung und zur Sicherstellung der ordnungsgemäßen Erfüllung der übertragenen Aufgaben gibt es, und wie intensiv sind die Mitglieder von Vorstand und Aufsichtsrat sowie die Aktionäre an diese Pflichten gebunden?

1. Entfaltung des Pflichtenprogramms

Die Entfaltung eines entsprechenden Pflichtenprogramms erfordert die Benennung konkreter Einzelpflichten, die bei der Delegation unternehmerischer Entscheidungsaufgaben auf künstliche Intelligenz zu beachten sind. Solche Pflichten zielen auf bestimmte organisatorische Vorkehrungen, die fehlerhafte Entscheidungen künstlicher Intelligenz verhindern.[60] Da es sich bei künstlicher Intelligenz um ein neues technisches Phänomen handelt, sind solche spezifischen Pflichten noch nicht explizit im positiven Recht normiert, und zwar weder für Vorstand noch Aufsichtsrat, und erst recht nicht für (institutionelle) Aktionäre.

---

[54] Rechtsausschuss des Europäischen Parlaments, "Entwurf eines Berichts mit Empfehlungen an die Kommission über zivilrechtliche Vorschriften zur Robotik (2015/2103 [INL])", vom 31. Mai 2016, S. 12.

[55] Allerdings besteht in einigen Rechtsordnungen und namentlich im US-amerikanischen Recht die Möglichkeit, künstliche Intelligenz ihrerseits in die gesellschaftsrechtliche Hülse einer juristischen Person einzubetten und ihr somit im Wege der Rechtsgestaltung Rechtsfähigkeit zu verleihen, vgl. *Bayern* (2021), S. 46–75.

[56] Näher (und mit weiteren Hinweisen): *Möslein* (2020b), Rn. 9.

[57] Vgl. BGH (1994).

[58] Ausf. *Dreher* (2010), S. 517, 534 ff.

[59] Vgl. *Fleischer* (2006), Rn. 28.

[60] Für eine weitergehende Betrachtung *Fleischer* (2003a), S. 293 ff.

Das Recht der digitalen Unternehmensverantwortung (Corporate Digital Responsibility) selbst des Vorstands muss sich in seinen konkreten Verästelungen erst noch herausbilden.[61]

Angesichts dieser Regelungslücke könnten verschiedene gesetzliche und außergesetzliche Quellen als Ideengeber und Leitlinien für die künftige Gestaltung gesellschaftsrechtlicher Regeln dienen. Einerseits gibt bereits geltende Rechtsnormen, die sich auf algorithmische Entscheidungen beziehen, wenn auch in anderem Sachzusammenhang. So sehen die Regeln zum algorithmischen Handel in § 80 WpHG, die auf den Vorgaben von Art. 17 der EU-Richtlinie 2014/65/EU über Märkte für Finanzinstrumente (MiFID II) beruhen, eine Reihe von Einzelpflichten vor, die Wertpapierdienstleister erfüllen müssen, die solchen Handel betreiben.[62] Weil hier wie dort Entscheidungen von Algorithmen in Frage stehen, und weil § 80 Abs. 2 WpHG die Verantwortlichkeit für solche Entscheidungen regelt, um potentiell Geschädigte zu schützen, ähnelt sich die Interessenlage zumindest im Grundsatz.[63] Welche Organisationspflichten § 80 Abs. 2 WpHG im Einzelnen vorsieht, ergibt sich aus S. 3 bis S. 5: Demnach müssen die betreffenden Systeme erstens stabil ausgestaltet sein, also beispielsweise über Notfallvorkehrungen im Fall technischer Störungen verfügen; zweitens müssen sie Vorkehrungen gegen Missbrauch enthalten und insbesondere sicherstellen, dass kein vorschriftswidriger Handel erfolgt; drittens müssen Wertpapierdienstleister, die solche Systeme verwenden, die jeweiligen Algorithmen verstehen und beherrschen; zudem müssen sie jede einzelne Änderung dokumentieren.[64] Wie bei jeder Analogie bestehen zwar wertungsrelevante Unterschiede, weil § 80 Abs. 2 WpHG Unternehmen betrifft, deren Fokus hauptsächlich auf algorithmischer Tätigkeit gerichtet sind, weil die Norm zudem die Funktionsfähigkeit des Finanzsystems, nicht diejenige des Einzelunternehmens bezweckt, und weil sie schließlich einen gewissen Ausnahmecharakter hat.[65] Trotz dieser Unterschiede dürfte sich aber zumindest der Grundsatz entsprechend übertragen lassen, dass Delegaten nicht für einzelne Fehlentscheidungen von Algorithmen einzustehen haben, sofern sie sicherstellen, dass dieser Algorithmus stabil funktioniert und keine rechtswidrigen Entscheidungen trifft, und sofern sie seine Funktionsweise im Grundsatz überblicken und ordnungsgemäß dokumentieren.[66]

---

[61] Ausführlich dazu *Möslein* (2020c), S. 805.

[62] Überblicksweise etwa *Fuchs/Fuchs* WpHG § 33 Rn. 144a–144m.

[63] Ähnlich bereits mit Blick auf Vermögensverwaltung durch Robo-Advice *Möslein/Lordt* (2017), S. 803.

[64] Näher *Jaskulla* (2013), S. 230 f., *Kindermann/Coridaß* (2014), S. 180–183, *Kobbach* (2013), S. 237 f., *Schultheiß* (2013), S. 601.

[65] Ausführlicher in diese Richtung *Zetzsche* (2019), S. 8.

[66] In diesem Sinne *Linardatos* (2019), S. 508, *Möslein* (2018), S. 211, *Wagner* (2018), S. 1099, *Weber et al.* (2018), S. 1135, anders *Zetzsche* (2019), S. 8.

Als Alternative zu einer solchen Analogie kommt ein Rückgriff auf außerrechtliche, aber breit akzeptierte Verhaltensregeln in Betracht. Trotz der Neuartigkeit der Technologie ist insoweit bereits ein dynamischer Prozess der Normbildung erfolgt, der die so genannten ethischen Fragen des Einsatzes von künstlicher Intelligenz betrifft. Ein prominentes Ergebnis sind die OECD-Leitlinien zur Künstlichen Intelligenz vom 22. Mai 2019,[67] mit denen entsprechende Grundsätze von einer Vielzahl von Regierungen weltweit formell anerkannt worden sind.[68] Auf europäischer Ebene hat eine von der EU-Kommission eingesetzte hochrangige Expertengruppe ebenfalls sog. Ethik-Leitlinien für eine vertrauenswürdige künstliche Intelligenz erarbeitet, deren zentrale Forderungen die Kommission in ihrem Weißbuch ausdrücklich unterstützt. Für die Entfaltung des Pflichtenprogramms unternehmerischer Organe sind diese Leitlinien inhaltlich ergiebiger als das geplante europäische Gesetz über künstliche Intelligenz, das stärker produktbezogen ausgerichtet ist.

Aus beiden Quellen – den bestehenden, aber nicht unmittelbar einschlägigen gesetzlichen Regelungen sowie den außergesetzlichen Leitlinien – lassen sich eine Reihe gemeinsamer, inhaltlicher Grundsätze ableiten. Diese Grundsätze können zwar keine unmittelbare rechtliche Geltung beanspruchen. Sie können dennoch dazu beitragen, inhaltliche Pflichtenstandards für den unternehmensinternen Einsatz künstlicher Intelligenz zu entwickeln.[69] Die Intensität der rechtlichen Bindung an solche Standards ist dann in einem zweiten Schritt – organspezifisch – zu ermitteln (sogleich unter dem nächsten Abschnitt). Erstens zielen diese inhaltlichen Grundsätze auf Kontrollierbarkeit und Beherrschung der eingesetzten Technologie. Ähnlich wie die Organisationspflichten für den algorithmischen Handel verlangen beispielsweise die europäischen Grundsätze zur künstlichen Intelligenz den Vorrang menschlicher Handlungsfähigkeit und Aufsicht[70] sowie die Notwendigkeit, dass die für das technische System verantwortlichen menschlichen Akteure, dessen technische Robustheit und Sicherheit gewährleisten.[71] Zweitens gelten nicht nur für den algorithmischen Handel Dokumentations- und Offenlegungspflichten. Die europäischen

---

[67] Vgl. OECD (2019).

[68] Neben den 36 Mitgliedsstaaten haben sechs weitere Staaten unterzeichnet; mit der Osaka-Abschlusserklärung wurden die Empfehlungen auch von allen G20-Mitgliedsstaaten unterstützt, siehe G20 Ministerial Statement on Trade and Digital Economy v. 9. Juni 2019, S. 3 ff.

[69] Eine vom Berkman Klein Center for Internet and Society an der Harvard University erstellte Karte, die die Vielfalt der verschiedenen (hauptsächlich US-amerikanischen) KI-Grundsätze veranschaulicht, ist unter https://ai-hr.cyber.harvard.edu abrufbar (abgerufen am 21.9.2022).

[70] COM (2019) 168 endg., S. 4 (Kernanforderung 1).

[71] Vgl. COM (2019) 168 endg., S. 4 ff. (Kernanforderung 2).

Ethik-Leitlinien fordern noch weitergehend, dass entsprechende Entscheidungsprozesse nachvollziehbar erklärt werden müssen;[72] es gilt eine Art Rechenschaftspflicht für Systeme künstlicher Intelligenz.[73] Drittens verpflichten die Regelwerke zur Wahrung grundlegender individueller Rechte, die europäischen Grundsätze beispielsweise „Privatsphäre und Data Governance“ und „Vielfalt, Nichtdiskriminierung und Fairness“.[74] Viertens schließlich formulieren die Regelwerke bestimmte Gemeinwohlverpflichtungen von Systemen oder Anbietern künstlicher Intelligenz, die europäischen Leitlinien beispielsweise hinsichtlich der Förderung von Nachhaltigkeit und ökologischer Verantwortung von Systemen künstlicher Intelligenz sowie im Hinblick auf die Berücksichtigung von deren gesamtgesellschaftlichen und sozialen Auswirkungen.[75]

2. Organspezifische Intensität der Pflichtbindung

Das vielschichtige Netz an Pflichten, das sich aus diesen verschiedenen Quellen entwickeln lässt, wirft die Frage nach der Intensität der Pflichtbindung auf. Schließlich handelt es sich bei den Normquellen teils um Rechtsvorschriften, die nicht unmittelbar anwendbar sind, teils um außerrechtliche, ethische Standards. Unmittelbar verpflichten diese Regelungen die Organe zu nichts. In Frage kommt jedoch entweder eine analoge Anwendung oder aber die funktionale Nutzbarmachung als Rechtserkenntnisquelle bei der Konkretisierung insbesondere von Generalklauseln.[76] Welcher Weg der Rechtsfindung sich als tragfähig erweist, hängt von der aktienrechtlichen Pflichtbindung ab. Die Frage nach der Intensität der Pflichtbindung lässt sich deshalb nur organspezifisch beantworten.

Der Vorstand genießt bei seinen Entscheidungen gem. § 93 Abs. 1 S. 2 AktG einen breiten unternehmerischen Ermessensspielraum, so dass seine Entscheidungen in der Regel keiner gerichtlichen Überprüfung unterliegen.[77] Insbesondere besteht auch ein organisatorischer Ermessensspielraum: Es steht Vorstandsmitgliedern daher grundsätzlich frei, Entscheidungen zu delegieren, auch an Algorithmen und künstliche Intelligenz.[78] Dieser Ermessensspielraum hat jedoch durchaus Grenzen. Namentlich die Pflicht, im Einklang mit dem

---

[72] Vgl. COM (2019) 168 endg., S. 5 (Kernanforderung 4), OECD-Empfehlung, S. 59. Allgemein zum Erfordernis der Erklärbarkeit von Algorithmen: *Kroll et al.* (2017).

[73] Vgl. COM (2019) 168 endg., S. 6 (Kernanforderung 7), OECD-Empfehlung, S. 59.

[74] COM (2019) 168 endg., S. 5 ff. (Kernanforderung 3 und 5).

[75] Vgl. COM (2019) 168 endg., S. 6 (Kernanforderung 6).

[76] Näher *Möslein* (2020d), S. 40 f.

[77] Vgl. bereits oben, bei Fn. 23.

[78] Siehe unter II.1.

Gesetz zu handeln, gilt als Kardinalpflicht des Vorstands.[79] Umstritten ist jedoch, ob diese Legalitätspflicht strikt auf gesetzliche Vorgaben beschränkt ist, oder ob sie umgekehrt auch für Pflichten gilt, die nicht im positiven Recht normiert sind, sondern beispielsweise ethische Verhaltensstandards verkörpern. Einzelne Stimmen plädieren für eine Pflicht von Organmitgliedern zur Einhaltung allgemein anerkannter wirtschaftsethischer Grundsätze,[80] während andere Zurückhaltung anmahnen, weil das moderne Privatrecht moralische Wertungen nur eingeschränkt und indirekt über gesetzliche Generalklauseln in die zivilrechtliche Beurteilung einfließen lässt.[81] Die Grenze zwischen rechtlichen Vorgaben, die der Vorstand aufgrund der Legalitätspflicht strikt einzuhalten hat, und ethisch-moralischen Werten, die sein Organisationsermessen grundsätzlich nicht einschränken, erscheint bei Vorgaben zu künstlicher Intelligenz fließend. Einerseits haben diese Pflichten sehr unterschiedliche normative Grundlagen.[82] Sie können aus spezifisch zugeschnittenen, aber nicht direkt anwendbaren Rechtsnormen abgeleitet werden, beruhen aber zugleich auf anderen Quellen, die nicht rechtlicher Natur sind. Ein- und dieselbe Pflicht kann somit in verschiedenen, heterogenen Quellen fußen. So lässt sich die Pflicht zur Kontrolle der technischen Geräte sowohl aus einer Analogie zu den Regelungen zum algorithmischen Handel (wie sie in § 80 Abs. 2 Satz 3 WpHG verankert sind) als auch aus den Leitlinien von OECD und EU ableiten. Angesichts dieser Überlappung verschiedener Normen verschwimmt die Unterscheidung von strenger Legalitätspflicht und weitem unternehmerischen Ermessen. Anders als ungeschriebene wirtschaftsethische Grundsätze sind die Verpflichtungen der Leitlinien zu künstlicher Intelligenz zudem vergleichsweise stark verrechtlicht: Sie sind nicht nur schriftlich fixiert, sondern haben auch einen supranationalen, zum Teil globalen Anspruch und genießen multilaterale Rückendeckung durch staatliche Regierungen.[83] Welches Regelwerk zur normativen Richtschnur für verantwortungsbewusste Unternehmensvorstände wird und welcher Sorgfaltsmaßstab letztlich gelten wird, ist angesichts der derzeitigen hochdynamischen Normentwicklung noch nicht absehbar. Auch die gesetzliche Regelung des § 91 Abs. 2 AktG, die den Vorstand verpflichtet, geeignete Maßnahmen zu treffen und insbesondere ein Überwachungssystem einzurichten, damit den Fortbestand der Gesellschaft gefährdende Entwicklungen früh erkannt werden, gibt lediglich einen vagen Hinweis auf die Pflichtbindung und mögliche Haftung der Organmitglieder.[84] Sie be-

---

[79] Vgl. *BGH* (2012), S. 3441, *LG Stuttgart* (2018), S. 676.
[80] Zum deutschen Recht: *Schlechtriem* (1991), S. 21.
[81] Vgl. *Fleischer* (2017), S. 516.
[82] Zu den Schwierigkeiten einer solchen Unterscheidung: *Möslein* (2018b), S. 83.
[83] Vgl. ausführlich *Möslein* (2020d).
[84] Siehe *Linardatos* (2019), S. 507.

gründet aber eine allgemeine Verpflichtung, technikimmanenten Risiken angemessen zu begegnen.[85] Auch zu deren Konkretisierung lassen sich die genannten Rechtserkenntnisquellen heranziehen.

Für den Aufsichtsrat gelten infolge des Verweises in § 116 AktG, der die sinngemäße Geltung von § 93 AktG vorsieht, grundsätzlich die gleichen Maßstäbe wie für den Vorstand. Allerdings hat die Business Judgment Rule für den Aufsichtsrat bereits deshalb geringere Bedeutung, weil sie lediglich auf unternehmerische Entscheidungen Anwendung findet, die sich durch Prognosecharakter und das Bestehen von Handlungsalternativen auszeichnen.[86] Im Rahmen vergangenheitsorientierter Überwachungsaufgaben muss der Aufsichtsrat das unternehmerische Ermessen des Vorstands nach § 93 Abs. 1 S. 2 berücksichtigen; er selbst kann aber bei Ausübung dieser Überwachungstätigkeit keinen unternehmerischen Ermessensspielraum in Anspruch nehmen.[87] Bringt der Aufsichtsrat im Rahmen seiner Überwachungstätigkeit künstliche Intelligenz zum Einsatz, gelten auch insoweit strengere Maßstäbe. Jedes Aufsichtsratsmitglied muss sich nämlich bei Erfüllung der Überwachungsaufgabe sein eigenes Urteil bilden und hat insbesondere zu prüfen, ob die ihm überlassenen Informationen ausreichen, um eine den Anforderungen des § 116 entsprechende Entscheidung treffen zu können.[88] Weil unvollständige Information nicht von der Verantwortlichkeit nach § 116 AktG entbindet, muss das Aufsichtsratsmitglied gegebenenfalls auf die Erteilung weiterer Informationen durch den Aufsichtsratsvorsitzenden oder den Vorstand hinwirken.[89] Wird die fragliche Information mit Hilfe künstlicher Intelligenz generiert, die bei Ausübung der Überwachungstätigkeit zum Einsatz kommt, so gelten daher vergleichsweise strenge Organisationspflichten. Jedes Aufsichtsratsmitglied muss sich mit der Funktionsweise und den Risiken der eingesetzten Informationstechnologie vertraut machen und ggf. deren Tauglichkeit in einem risikogeschützten Bereich prüfen. Es muss auch die Tauglichkeit der eingesetzten Systeme künstlicher Intelligenz überprüfen, etwa durch Bewertungen interner und externer Prüfer.[90] Darüber hinaus ist der Aufsichtsrat zur Identifizierung, Bewertung, Dokumentation und Minimierung möglicher negativer Auswirkungen der eingesetzten technischen Systeme verpflichtet.[91] Umgekehrt ist zu bedenken, dass das Aufsichtsratsamt den Charakter eines Nebenamtes hat, und dass daher vom Aufsichtsrat nicht die laufende Überwachung des Vorstands in allen Einzelheiten

[85] Vgl. *Zetzsche* (2019), S. 7 ff.

[86] Vgl. statt aller *MüKoAktG/Habersack*, § 116 Rn. 41.

[87] Vgl. BGHZ 135, 244 (255), ferner Hüffer/Koch/Koch, § 116 AktG, Rn. 7, 8, *MüKoAktG/Habersack*, § 116 Rn. 44, *Holle* (2011), S. 780 ff.

[88] Vgl. *BGH* (2013), *OLG Stuttgart* (2012), S. 301, *GroßkommAktG/Hopt/Roth*, Rn. 115, *MüKoAktG/Habersack*, § 116 Rn. 32, *Hasselbach* (2012), S. 42.

[89] Näher *OLG Stuttgart* (2012), S. 301.

[90] Vgl. dazu auch COM (2019) 168 endgültig, 6.

[91] Siehe wiederum COM (2019) 168 endgültig, 6.

erwartet werden darf; entsprechend gilt als ausreichend, wenn der Aufsichtsrat sich einen Überblick über die wesentlichen Grundlagen der Geschäftsführung und die wichtigeren Geschäftsvorfälle verschafft.[92] Der Pflicht zur Prüfung der zu Zwecken der Überwachungsaufgaben eingesetzten Systeme steht diese Einschränkung jedoch nicht entgegen, weil jedes einzelne Aufsichtsratsmitglied einer Pflicht unterliegt, auf eine funktionsgerechte und effiziente Organisation und Arbeitsweise des Aufsichtsrats hinzuwirken.[93] Er muss daher auch Unzulänglichkeiten der zum Einsatz kommenden technischen Systeme im Blick haben und auf diese aufmerksam machen.

Da Aktionäre nicht als Agenten, sondern als Prinzipale agieren, unterliegen sie bei der Stimmabgabe in der Hauptversammlung wiederum einer ungleich geringeren Pflichtbindung als Vorstand und Aufsichtsrat. Sie haben nicht nur hinsichtlich des „Ob", sondern auch mit Blick auf das „Wie" des Technologieeinsatzes deutlich mehr Spielraum und schulden daher grundsätzlich keine besonderen, KI-spezifischen Organisationspflichten. Allerdings können in bestimmten Konstellationen wiederum strengere Anforderungen gelten. Beispielsweise fügte der Gesetzgeber anlässlich der Umsetzung der überarbeiteten Aktionärsrechterichtlinie kürzlich in § 134b Abs. 2 S. 2 AktG neue Berichtspflichten institutioneller Investoren und Vermögensverwalter ein, die den Einsatz von Stimmrechtsberatern betreffen.[94] Da die Interessenlage vergleichbar ist, kann man diskutieren, ob bei KI-gestützter Stimmrechtsausübung nicht ganz ähnliche Berichtspflichten gelten (sollten), sei es qua Analogieschluss bereits de lege lata, sei es de lege ferenda. Auch in Konzernsachverhalten sind strengere Anforderungen denkbar. In jedem Fall belegen auch diese Überlegungen, dass künstliche Intelligenz im Gesellschaftsrecht in vielerlei Hinsicht und auf ganz unterschiedlichen Entscheidungsebenen Diskussionsbedarf weckt und auch künftig wecken wird.

IV. Zusammenfassung

Als Folge der digitalen Transformation werden in Aktiengesellschaften Entscheidungen nicht nur im Vorstand, sondern auch in Aufsichtsrat und Hauptversammlung zunehmend mit Unterstützung künstlicher Intelligenz getroffen. Die Zulässigkeit eines solchen Technologieeinsatzes und die damit einhergehenden Pflichtbindungen stehen deshalb nicht nur auf Leitungsebene, sondern für die gesamte aktienrechtliche Organtrias in Frage. Der Vorstand selbst darf

---

[92] So etwa MüKoAktG/*Habersack*, § 116 Rn. 36, vgl. ferner *OLG Stuttgart* (2012a), S. 1967 f.

[93] Vgl. *GroßkommAktG/Hopt/Roth*, Rn. 120 ff., MüKoAktG/Habersack, § 116 Rn. 30.

[94] Hierzu ausführlich *Hell* (2021); *Schockenhoff/Nußbaum* (2019); *Zetzsche* (2020), S. 645.

Entscheidungen delegieren, auch an künstliche Intelligenz, muss dabei jedoch die Grenzen beachten, die sich aus dem aktienrechtlichen Grundsatz der umfassenden Leitungsverantwortung ergeben. Insbesondere muss er die Kontrolle über den Entscheidungsprozess sowie die letztgültige Entscheidungsbefugnis behalten. Weil unternehmerisches Ermessen voraussetzt, dass der Vorstand auf der Grundlage angemessener Information entscheidet, kann sich umgekehrt sogar eine Pflicht zum Einsatz künstlicher Intelligenz herausbilden, sobald dieser Technologieeinsatz gängiger Unternehmenspraxis entspricht. Ebenso wie für den Vorstand fragt sich auch für den Aufsichtsrat, ob er sich künstlicher Intelligenz bedienen darf oder sogar muss, um seinen Überwachungs- und Beratungspflichten nachzukommen. Weil § 116 AktG auf § 93 AktG verweist, ähneln sich die Ermessensspielräume von Vorstand und Aufsichtsrat. Um seiner Überwachungsaufgabe gerecht zu werden, kann daher auch der Aufsichtsrat kann in der Pflicht stehen, auf den Einsatz künstlicher Intelligenz etwa im Berichtswesen hinzuwirken. Die Hauptversammlung kann sich zwar nicht als solche auf künstliche Intelligenz stützen. Wohl aber können sich Aktionäre bei Ausübung ihrer Stimmrechte der Hilfe entsprechender Technologien bedienen. Aufgrund der Freiheit der Stimmrechtsausübung gelten hierbei geringere aktienrechtliche Anforderungen als bei Entscheidungen von Vorstand oder Aufsichtsrat. Aktionären ist grundsätzlich selbst überlassen, ob und wie sie sich bei der Stimmabgabe künstlicher Intelligenz bedienen. Für institutionelle Investoren sind allerdings strengere Anforderungen denkbar, weil diese treuhänderischen Bindungen und neuerdings auch besonderen aktienrechtlichen Regelungen zur Stimmrechtsausübung unterliegen.

Soweit eine Delegation von Entscheidungen auf künstliche Intelligenz nach diesen Grundsätzen zulässig oder sogar erforderlich ist, fragt sich weiterhin, wer für delegierte Entscheidungen haftet, wenn sich die betreffende Entscheidung im Nachhinein als fehlerhaft erweist. Eine Eigenhaftung künstlicher Intelligenz erscheint ebenso ausgeschlossen wie eine Zurechnung des Verschuldens an den Delegaten. Denkbar ist alleine Haftung für eigenes Verschulden, das die Verletzung einer Auswahl- oder Überwachungspflicht voraussetzt. Künstliche Intelligenz ist ein so neues technisches Phänomen, dass entsprechende Pflichten noch nicht explizit im positiven Recht normiert sind. Sie lassen sich aber aus bestehenden, wenngleich nicht unmittelbar einschlägigen gesetzlichen Regelungen entwickeln. Auch außerrechtliche, aber breit akzeptierte Leitlinien, wie sie neuerdings auf verschiedenen Ebenen erarbeitet werden, können als Grundlage dienen. Inhaltlich statuieren beide Normquellen ähnliche Anforderungen (etwa: Kontrollierbarkeit und Beherrschung der Technologie; Dokumentations- und Offenlegungspflichten; Wahrung bestimmter Individualrechte, teils auch Gemeinwohlverpflichtungen). Die Intensität der Bindung an solche Pflichten unterscheidet sich jedoch organspezifisch. Der Vorstand verfügt über einen auch organisatorischen Ermessenspielraum, der allerdings in der Legalitätspflicht seine Grenze findet. Angesichts der Verrechtlichung der hier in Rede stehenden Leitlinien und aufgrund der Heterogenität der Normquellen erscheint keineswegs ausgeschlossen, dass sich die Legalitätspflicht auf diese eigentlich außerrechtlichen Anforderungen erstrecken kann. Zudem statuiert § 91 Abs. 2 AktG eine Pflicht, technikimmanenten Risiken angemessen zu begegnen, was wiederum die Einhaltung dieser Anforderungen erfordern dürfte. Der Aufsichtsrat genießt, soweit es um seine Überwachungstätigkeit geht, keinen organisatorischen Ermessensspielraum. Weil jedes Aufsichtsratsmitglied dafür Sorge zu tragen hat, dass die ihm überlassenen Informationen für die Erfüllung der Überwachungstätigkeit ausreichen, muss es die Tauglichkeit hierfür verwendeter technischer Systeme überprüfen. Auch wenn vom Aufsichtsrat nicht die laufende Überwachung des Vorstands in allen Einzelheiten erwartet werden darf, muss er daher die Funktionsfähigkeit der zum Einsatz kommenden künstlichen Intelligenz sorgfältig im Blick haben. Die Aktionäre genießen dagegen nicht nur hinsichtlich des „Ob“, sondern auch mit Blick auf das „Wie“ des Technologieeinsatzes deutlich mehr Spielraum. Sie schulden bei Einsatz künstlicher Intelligenz regelmäßig keine besonderen Organisationspflichten, sofern nicht in einzelnen Konstellationen, etwa für institutionelle Investoren oder in Konzernsachverhalten, ausnahmsweise strengere Anforderungen gelten.

Literaturverzeichnis

Agrawal, Ajay/Gans, Joshua/Goldfarb, Avi (2019), Exploring the impact of artificial Intelligence: Prediction versus judgment, Information Economics and Policy, 47 C, S. 1.

Armour, John/Enriques, Luca/Hansmann, Henry/Kraakman, Reinier (2017), The Basic Governance Structure: The Interests of Shareholders as a Class, in: Kraakman, Reinier/Armour, John u.a. (Hrsg.), The Anatomy of Corporate Law: A Comparative and Functional Approach, 3. Aufl., Oxford University Press, Oxford, S. 49.

Bachmann, Gregor (2013), Reformbedarf bei der Business Judgement Rule? Zeitschrift für das gesamte Handels- und Wirtschaftsrecht, 177 (1), S. 1.

Bayern, Shawn (2021), Autonomous Organizations, Cambridge University Press, Cambridge.

ders./Burri, Thomas/Grant, Thomas, D./Häusermann, Daniel, M./Möslein, Florian/Williams, Richard (2017), Gesellschaftsrecht und autonome Systeme im Rechtsvergleich, Aktuelle Juristische Praxis (AJP/PJA), 2/2017, S. 92.

ders./Burri, Thomas/Grant, Thomas, D./Häusermann, Daniel, M./Möslein, Florian/Williams, Richard (2017a), Hastings Science and Technology Law Journal, 9 (2), S. 135.

Beyhs, Oliver/Poymanov, Artem (2019), Digitalisierung im Accounting und Reporting, Zeitschrift für Internationale Rechnungslegung, 2019 (1), S. 19.

BGH (1994), Persönliche Haftung von GmbH-Gesellschaftern (Durchgriff), v. 13-04-1994 - II ZR 16/93, Neue Juristische Wochenschrift, 28, S. 1801.

ders. (2011), Kapitalerhöhung im Krisenfall bei Publikumspersonengesellschaft, v. 25.1.2011 - II ZR 122/09, Neue Juristische Wochenschrift, 23, S. 1667.

ders. (2012), Keine Garantenpflicht von Vorstandsmitgliedern oder Geschäftsführern gegenüber Dritten zur Verhinderung von Vermögensschäden, v. 10.7.2012 - VI ZR 341/10, Neue Juristische Wochenschrift, 47, S. 3439.

ders. (2013), Pflichten des Aufsichtsrats, v. 6.11.2012 - II ZR 111/12, Die Aktiengesellschaft, 3, S. 90.

ders. (2015), Zustimmungspflicht des Gesellschafters zu seinem Ausscheiden aus gesellschafterlicher Treuepflicht – Fortführung der BGH-Rechtsprechung zu „Sanieren oder Ausscheiden", v. 9.6.2015 - II ZR 420/13, Neue Zeitschrift für Gesellschaftsrecht, 25, S. 995.

Bomhard, David/Merkle, Marieke (2021), Europäische KI-Verordnung – der aktuelle Kommissionsentwurf und praktische Auswirkungen, Recht digital RDi, 2021 (6), S. 276.

Bräutigam, Peter/Habbe, Julia, S. (2022), Digitalisierung und Compliance – Rechtliche Herausforderung für die Geschäftsleitung, Neue Juristische Wochenschrift, 2022 (12), S. 809.

Brellochs, Michael (2021), Institutionelle Investoren (ETF-Fonds, Versicherungen, Pensionskassen) im Gesellschafts- und Kapitalmarktrecht. Zeitschrift für das gesamte Handelsrecht & Wirtschaftsrecht, 185, S. 319.

Broadridge (2021), New AI Platform Provides Proxy Voting Data from Broadridge: Enhancing the proxy voting experience through customized data, https://www.broadridge.com/press-release/2021/new-ai-platform-provides-proxy-voting-data-from-broadridge (abgerufen am 21.9.2022).

Cahn, Andreas (2013), Aufsichtsrat und Business Judgment Rule, Zeitschrift für Wirtschafts- und Bankrecht, 2013 (28), S. 1293.

Carpenter, Martin/Poon, Ser-Huang (2018), Lessons Learned from AI Prototype Designed for Corporate AGM Voting Decisions, Working Paper, https://papers.ssrn.com/sol3/papers.cfm?abstract_id=3244160 (abgerufen am 21.9.2022).

Dreher, Meinrad (2010), Nicht delegierbare Geschäftsleiterpflichten, in: Grundmann, Stefan/Haar, Brigitte/Merkt, Hanno u.a. (Hrsg.), Festschrift für Klaus J. Hopt zum 70. Geburtstag, De Gruyter, Berlin, S. 517.

Ebers, Martin/Hoch, Veronica R. S./Rosenkranz, Frank/Ruschemeier, Hannah/Steinrötter, Björn (2021), Der Entwurf für eine EU-KI-Verordnung: Richtige Richtung mit Optimierungsbedarf, Recht digital RDi, 2021 (11), S. 528.

Fleischer, Holger (2003), Zur Leitungsaufgabe des Vorstands im Aktienrecht, Zeitschrift für Wirtschaftsrecht 2003 (1), S. 1.

ders. (2003a), Vorstandsverantwortlichkeit und Fehlverhalten von Unternehmensangehörigen – von der Einzelüberwachung zur Errichtung einer Compliance-Organisation, Die Aktiengesellschaft, 2003, S. 291.

ders. (2006), § 8. Überwachungspflicht der Vorstandsmitglieder, in: Fleischer, Holger (Hrsg.), Handbuch des Vorstandsrechts, 1. Aufl., C.H. Beck, München.

ders. (2009), Aktuelle Entwicklungen der Managerhaftung, Neue Juristische Wochenschrift, 2009 (32), S. 2337.

ders. (2017), Corporate Social Responsibility, Die Aktiengesellschaft, 15, S. 509.

ders./Strothotte, Christian (2011), Ein Stewardship Code für institutionelle Investoren: Wohlverhaltensregeln und Offenlegung der Abstimmungspolitik als Vorbild für Deutschland und Europa?, Die Aktiengesellschaft, S. 221.

Gentsch, Peter (2018), Künstliche Intelligenz für Sales, Marketing und Service, 1. Aufl., Springer Gabler, Wiesbaden.

Gojdka, Victor (2018), Die Einflüsterer im Dax, www.sueddeutsche.de/wirtschaft/hauptversammlungen-die-einfluesterer-im-dax-1.4212666.

Grundmann, Stefan (2011), Europäisches Gesellschaftsrecht, 2. Aufl., C.F. Müller, Heidelberg.

Hannigan, Brenda (2017), The Rise of Stewardship – „Smoke and Mirrors" or Governance Realignment?, in: Siekmann, Helmut (Hrsg.), Festschrift für Theodor Baums, Band I, Mohr Siebeck, Tübingen, S. 561.

Hasselbach, Kai (2012), Überwachungs- und Beratungspflichten des Aufsichtsrats in der Krise, Neue Zeitschrift für Gesellschaftsrecht, 2, S. 41.

Hell, Patrick (2021), Stimmrechtsberater in der modernen Corporate Governance: – Weitergehender Regulierungsbedarf oder „Much Ado About ... Something Else"? Zeitschrift für Unternehmens- und Gesellschaftsrecht, 50 (1), S. 50.

Hill, Jennifer G. (2018), Good Activist/Bad Activist: The Rise of International Stewardship Codes, Seattle University Law Review, 41, S. 497.

Holle, Philipp M. (2011), Rechtsbindung und Business Judgment Rule, Die Aktiengesellschaft, 21, S. 778.

Jaskulla, Ekkehard, M. (2013), Das deutsche Hochfrequenzhandelsgesetz – eine Herausforderung für Handelsteilnehmer, Börsen und Multilaterale Handelssysteme (MTF), Zeitschrift für Bank- und Kapitalmarktrecht, 6, S. 221.

Kahneman, Daniel (2011), Thinking Fast and Slow, MacMillan, New York.

Kindermann, Jochen/Coridaß, Benedikt (2014), Der rechtliche Rahmen des algorithmischen Handels inklusive des Hochfrequenzhandels, Zeitschrift für Bankrecht und Bankwirtschaft, 3, S. 178.

Kobbach, Jan (2013), „Regulierung des algorithmischen Handels durch das neue Hochfrequenzhandelsgesetz: Praktische Auswirkungen und offene rechtliche Fragen", Zeitschrift für Bank- und Kapitalmarktrecht, 6, S. 233.

Koch, Jens (2020), Der Kapitalanleger als Corporate Governance-Akteur im Rahmen der neuen §§ 134 a ff. AktG, Zeitschrift für Bank- und Kapitalmarktrecht, 1, S. 1.

Kroll, Joshua, A./Huey, Joanna/Barocas, Solon/Felten, Edward, W./Reidenberg, Joel, R./Robinson, David, G./Yu, Harlan (2017), Accountable Algorithms, University of Pennsylvania Law Review, 165 (3), S. 633.

Lessig, Lawrence (1999), Code and Other Laws of Cyberspace, 1. Aufl., Basic Books, New York.

ders. (2000), Code Is Law, Harvard Magazine, https://harvardmagazine.com/2000/01/code-is-law-html (abgerufen am 21.9.2022).

Linardatos, Dimitrios (2019), Künstliche Intelligenz und Verantwortung, Zeitschrift für Wirtschaftsrecht, 2019 (11), S. 504.

LG Stuttgart (2018), KfH: Auskunftsrechte und Compliance-Überwachung im Konzern – Porsche, v. 19.12.2017 – 31 O 33/16, Neue Zeitschrift für Gesellschaftsrecht, S. 665.

Macneil, Ian, R. (1978), Contracts: Adjustment of Long-Term Economic Relations under Classical and Neoclassical, and Relational Contract Law, Northwestern University Law Review, 72, S. 854.

Marsch-Barner, Reinhard (1993), Treuepflichten zwischen Aktionären und Verhaltenspflichten bei der Stimmrechtsbündelung, Zeitschrift für das gesamte Handels- und Wirtschaftsrecht, 157, S. 172.

McAfee, Andrew/Brynjolfsson, Erik (2012), Big Data: The Management Revolution, Harvard Business Review, 90 (10), S. 60.

Möslein, Florian (2007), Grenzen unternehmerischer Leitungsmacht im marktwirtschaftlichen Verband, 1. Aufl., De Gruyter, Berlin.

ders./Lordt, Arne (2017), Rechtsfragen des Robo-Advice, Zeitschrift für Wirtschaftsrecht, 17, 793.

ders. (2018), Digitalisierung im Gesellschaftsrecht: Unternehmensleitung durch Algorithmen und künstliche Intelligenz? Zeitschrift für Wirtschaftsrecht, 2018 (5), S. 204.

ders. (2018a), Robots in the Boardroom: Artificial Intelligence and Corporate Law, in: Barfield, Woodrow/Pagallo, Ugo (Hrsg.), Research Handbook on the Law of Artificial Intelligence, Edward Algar Publishing, Cheltenham.

ders. (2018b), Genuine Self-regulation in Germany: Drawing the Line, in: Baum, Harald/Bälz, Moritz/Dernauer, Marc (Hrsg.), Selbstregulierung im Privatrecht in Japan und Deutschland, Carl Heymanns, Köln (im Erscheinen), http://ssrn.com/abstract=3119247 (abgerufen am 21.9.2022).

ders. (2020), Aktienrechtliche Leistungsverantwortung beim Einsatz künstlicher Intelligenz, in: Kaulartz, Markus/Braegelmann, Tom, H. (Hrsg.), Rechtshandbuch Artificial Intelligence und Machine Learning, C.H. Beck/Vahlen, München, S. 509.

ders. (2020a), § 12 KI-spezifische Rechtsfragen der Cybersicherheit, in: Ebers, Martin/Heinze, Christian/Krügel, Tina/Steinrötter, Björn (Hrsg.), Künstliche Intelligenz und Robotik, 1. Aufl., C.H. Beck, München, S. 442.

ders. (2020b), Aktienrechtliche Leistungsverantwortung beim Einsatz künstlicher Intelligenz, in: Kaulartz, Markus/Braegelmann, Tom (Hrsg.), Rechtshandbuch Artificial Intelligence und Machine Learning, C.H. Beck/Vahlen, München, S. 509.

ders. (2020c), Corporate Digital Responsibility: Eine aktienrechtliche Skizze, in: Grundmann, Stefan/Merkt, Hanno/Mülbert, Peter, O. (Hrsg.), Festschrift für Klaus J. Hopt zum 80. Geburtstag, De Gruyter, Berlin, S. 805.

ders. (2020d), Die normative Kraft des Ethischen, Recht Digital RDi, 1, S. 34.

ders. (2020e), Digitalisierung im Aufsichtsrat, Der Aufsichtsrat, 1/2020, S. 2.

Noack, Ulrich (2020), Künstliche Intelligenz und die Unternehmensleitung, in: Festschrift für Christine Windbichler zum 70. Geburtstag am 8. Dezember 2020, De Gruyter, Berlin, S. 947.

ders. (2021), Künstliche Intelligenz und Unternehmensleitung, Neue Zeitschrift für Gesellschaftsrecht, 2021 (8), S. 305.

OECD (2019), Recommendation of the Council on Artificial Intelligence.

OLG Stuttgart (2012), Pflichten des Aufsichtsrats, v. 29.2.2012 - 20 U 3/11, Die Aktiengesellschaft, 8, S. 298.

dass. (2012a), Zur Haftung eines Aufsichtsratsmitglieds wegen Sorgfaltspflichtverletzung, v. 19.6.2012 - 20 W 1/12, Zeitschrift für Wirtschaftsrecht, S. 1965.

PwC (2018), Künstliche Intelligenz in Unternehmen, https://www.pwc.de/de/digitale-transformation/kuenstliche-intelligenz/studie-kuenstliche-intelligenz-in-unternehmen.pdf (abgerufen am 21.9.2022).

Radin, Stephen (2019), The Business Judgement Rule, 6. Aufl., Aspen Law & Business, New York.

Rostalski, Frauke/Weiss, Erik (2021), Der KI-Verordnungsentwurf der Europäischen Kommission, Zeitschrift für Digitalisierung und Recht, 2021 (4), S. 329.

Ruffner, Markus (2000), Die ökonomischen Grundlagen eines Rechts der Publikumsgesellschaft: ein Beitrag zur Theorie der Corporate Governance, Schulthess, Zürich.

Schlechtriem, Peter (1991), Schadenersatzhaftung der Leitungsorgane von Kapitalgesellschaften, in: Kreuzer, Karl, F. (Hrsg.), Die Haftung der Leitungsorgane von Kapitalgesellschaften, Nomos, Baden-Baden, S. 9.

Schockenhoff, Martin/Nußbaum, Anton (2019), Die neuen Transparenzvorschriften für Stimmrechtsberater, Zeitschrift für Unternehmens- und Gesellschaftsrecht, 48 (1), S. 163.

Schultheiß, Tilman (2013), Die Neuerungen im Hochfrequenzhandel, Zeitschrift für Wirtschafts- und Bankrecht, 13, S. 596.

Selter, Wolfgang (2012), Die Pflicht von Aufsichtsratsmitgliedern zur eigenständigen Risikoanalyse, Neue Zeitschrift für Gesellschaftsrecht, 17, S. 660.

Sipelt, Stefan/Pütz, Lasse (2018), Die Compliance-Verantwortung des Aufsichtsrats, Corporate Compliance (CCZ), 2018 (2), S. 78.

Spindler, Gerald (2018), Gesellschaftsrecht und Digitalisierung, Zeitschrift für Unternehmens- und Gesellschaftsrecht, 47 (1), S. 17.

Strohn, Lutz (2018), Die Rolle des Aufsichtsrats beim Einsatz von Künstlicher Intelligenz, Zeitschrift für das Gesamte Handels- und Wirtschaftsrecht, 182, S. 371.

Teubner, Gunther (2018), Digitale Rechtssubjekte? Zum privatrechtlichen Status autonomer Softwareagenten, Archiv für die civilistische Praxis, 218 (2–4), S. 155.

Timm, Wolfram (1991), Treupflichten im Aktienrecht, Wertpapier-Mitteilungen Zeitschrift für Wirtschafts- und Bankrecht, 45, S. 481.

Wagner, Jens (2018), Legal Tech und Legal Robots in Unternehmen und den sie beratenden Kanzleien, Betriebs-Berater, 2018 (20), S. 1097.

Weber, Robert/Kiefner, Alexander/Jobst, Stefan (2018), Künstliche Intelligenz und Unternehmensführung, Neue Zeitschrift für Gesellschaftsrecht, 2018 (29), S. 1131.

Wiedemann, Herbert (2009), Treuebindungen und Sachlichkeitsgebot. Ein Systemvergleich, Wertpapier-Mitteilungen Zeitschrift für Wirtschafts- und Bankrecht, 2009 (1), S. 1.

Zetzsche, Dirk (2019), Corporate Technologies – Zur Digitalisierung im Aktienrecht, Die Aktiengesellschaft, 2019 (1-02), S. 1.

ders. (2020), Pflichten von Asset Managern und Asset Ownern gem. §§ 134a ff. AktG. Die Aktiengesellschaft, 17, S. 637.

V. CSR-Berichterstattung: Was Kann die Wissenschaft beitragen?

Bedeutung empirischer Forschung für die CSR-Berichterstattung

Benedikt Downar, Jürgen Ernstberger

I. Einführung

Im Jahr 2020 wurden in der Europäischen Union (EU) mehr als 45 Milliarden Euro in börsengehandelte Fonds investiert, die sich auf Corporate Social Responsibility (CSR)- bzw. Environmental, Social, and Governance (ESG)-Aspekte[1] konzentrieren, was einer Verdoppelung gegenüber 2019 entspricht.[2] Trotz der globalen Dynamik für nachhaltige Finanzen klagen Anleger*innen weltweit aber weiterhin über einen Mangel an entscheidungsrelevanten CSR-Informationen. In einer Umfrage unter Anleger*innen weltweit ist die große Mehrheit der Befragten der Meinung, „dass die derzeitigen quantitativen und qualitativen Angaben […] uninformativ und ungenau sind".[3] Dies ist insoweit wenig überraschend, als die CSR-Berichterstattung in vielen Ländern nicht oder nur rudimentär reguliert und somit die Vergleichbarkeit und Verlässlichkeit der verfügbaren Informationen begrenzt ist.[4]

Eine (umfassendere) Regulierung der Nachhaltigkeitsberichterstattung erscheint daher ein offensichtlicher Lösungsansatz. Ein erster, wesentlicher Meilenstein hierzu war die Richtlinie zur nichtfinanziellen Berichterstattung (NFRD) der Europäischen Union von 2014, für die die Europäische Kommission im April 2021 einen Änderungsvorschlag veröffentlichte, welcher Ende 2022 vom EU-Parlament angenommen wurde.[5]

Die Regulierung der Nachhaltigkeitsberichterstattung ist komplexer als die Regulierung der traditionellen, finanziellen Berichterstattung. Gründe hierfür sind die (oftmals) fehlende monetäre oder quantitative Bewertbarkeit (z.B. Performance in sozialen Bereichen), der breitere Adressatenkreis mit unterschiedlichen Interessen (z.B. Anteilseigner*innen vs. Kund*innen), der unklare Umfang von CSR-Aktivitäten (z.B. Einbeziehung von Spenden), die unklare Abgrenzung der Berichterstattungseinheit (z.B. Konzern oder auch weitere Teile der Wertschöpfungskette), fehlende Expertise der Standardsetzer[6] und der Enforcement-Instanzen und fehlende Erfahrungswerte zur Beurteilung der kurz- und langfristigen Implikationen einer regulierten Nachhaltigkeitsberichterstattung. Letztendlich geht es bei der Regulierung der Nachhaltigkeitsberichterstattung nicht nur um die Sicherstellung einer effizienten Ressourcenallokation und um eine mögliche Verbesserung der Kapitalmarkteffizienz, sondern auch

---

[1] Im Rahmen dieses Beitrages erfolgt keine strenge Differenzierung zwischen den Konzepten bzw. Begriffen *CSR*, *Nachhaltigkeit* und *ESG*. Für eine systematische Abgrenzung verweisen wir auf *Christensen et al.* (2021). Im Rahmen des Beitrages wird zudem ein Schwerpunkt auf die umweltbezogene Berichterstattung von Unternehmen gelegt.

[2] Vgl. *Lyxor* (2021).

[3] *Ilhan et al.* (2020), S. 4.

[4] Vgl. *Christensen et al.* (2021).

[5] Vgl. Europäisches Parlament (2014) und Europäische Kommission (2021).

[6] Vgl. *Hoogervorst* (2019); Europäisches Parlament (2022).

um eine umfassende Informationsbereitstellung zu den Aktivitäten von Unternehmen im CSR-Bereich, zu den Auswirkungen dieser Aktivitäten und zu damit verbundenen unternehmerischen Risiken, z.B. durch den Klimawandel. Adressat*innen sind dabei nicht nur Anteilseigner*innen, sondern auch andere Stakeholder wie Fremdkapitalgeber*innen, Kund*innen, Lieferant*innen und die breite Öffentlichkeit. Der Adressatenkreis ist also größer als bei der rein finanziellen Berichterstattung.[7]

Vor diesem Hintergrund soll in diesem Beitrag ein Überblick über die bisherige empirische Literatur zur CSR-Berichterstattung gegeben und aufgezeigt werden, inwieweit durch empirische Forschung ein Beitrag zur Regulierung der CSR-Berichterstattung geleistet werden kann. Der Beitrag unterscheidet sich von bisherigen Literaturüberblicken[8] dadurch, dass er klar auf die Berichterstattung zu CSR und nicht auf die CSR-Performance fokussiert, dass er archivdatenbasierte Studien in den Mittelpunkt stellt und Forschungslücken aus Sicht der Regulierung benennt.

II. Zusammenhang von empirischer Forschung und Regulierung

Im Sinne von *Leuz* (2018) wird in diesem Beitrag unter evidenzbasierter Regulierung ein Prozess verstanden, der als zentrale Grundlage wissenschaftliche Erkenntnisse, z.B. aus theoriegeleiteten empirischen Studien, nutzt. Eine Regulierung auf Basis dieser Erkenntnisse sollte daher notwendigerweise zu besseren und weniger durch Lobbyismus beeinflussten Regulierungen führen.[9]

Empirische Forschung kann auf zwei Arten zur Regulierung beitragen: (1) *ex ante* durch Forschungsbeiträge zu einer evidenzbasierten Regulierung, wobei hier Erkenntnisse aus den Wirkungen von Regulierung in anderen Settings (z.B. andere Länder, andere Zeitpunkte oder andere Bereiche) auf das fragliche Setting übertragen werden. Im Rahmen der Regulierung kommt dieser Ansatz beispielsweise im Rahmen des *Research Forum* des International Accounting Standards Board (IASB) zum Einsatz. Hier sollen Forschungspapiere Hinweise für die Entwicklung/Ausgestaltung von Standards liefern. (2) *ex post* im Sinne einer Analyse der tatsächlichen Konsequenzen einer Regulierung, zum Aufzeigen des Ausmaßes der beabsichtigten Wirkungen und evtl. auch von unbeabsichtigten Wirkungen. Beispielhaft hierzu sei der *Post Implementation Review* des IASB im Rahmen der Überarbeitung/Überprüfung neuer Standards genannt.[10]

---

[7] Vgl. *Christensen et al.* (2021).

[8] Exemplarisch sei hier der Literaturüberblick von *Christensen et al.* (2021) zu nennen.

[9] Vgl. *Zingales* (2015).

[10] Für weitergehende Ausführungen zum IASB Post Implementation Review verweisen wir auf *Teixeira* (2014) und *Ewert/Wagenhofer* (2012).

In der Vergangenheit der Standardsetzungspraxis war der evidenzbasierte Ansatz nur wenig verbreitet. Dies lag auch mit darin begründet, dass kein umfassender Austausch sowohl von Seiten der Forschung als auch von Seiten der Standardsetzung angestrebt wurde.[11]

III. Aussagemöglichkeiten und -grenzen von empirischen Studien

Im Bereich der CSR-Berichterstattung kann durch empirische Studien ein substanzieller Beitrag zur evidenzbasierten Standardsetzung geleistet werden. Dies setzt allerdings voraus, dass empirische Studien strikte Anforderungen erfüllen. Besonders relevant ist, ob eine empirische Studie tatsächlich Hinweise auf kausale Zusammenhänge liefern kann und inwiefern sich diese Zusammenhänge generalisieren lassen.

1. Korrelation versus Kausalität

In der bisherigen empirischen Forschung wurde gezeigt, dass eine freiwillige CSR-Berichterstattung mit einem höheren Unternehmenswert einhergeht.[12] Andere Studien zeigen positive Wirkungen einer CSR-Berichterstattung, z.B. auf die Qualität von Analystenschätzungen.[13] Die Erkenntnisse aus der Untersuchung einer freiwilligen CSR-Berichterstattung können wichtig sein, um abzuschätzen, welche Unternehmen wohl von einer CSR-Berichterstattung profitieren, da sie aufgrund eines positiven Nutzen-Kosten-Verhältnisses diese freiwillig anwenden. Eine generelle Aussage zur gesamtgesellschaftlichen Wohlfahrtssteigerung durch eine Regulierung lassen sich daraus allerdings nicht ableiten, weil *bestimmte* Unternehmen selbst entschieden haben, *bestimmte* Informationen offenzulegen. Beide Ebenen von Entscheidungen werden also von spezifischen Faktoren beeinflusst. Diese Faktoren könnten beispielsweise die *ex ante* CSR-Performance von Unternehmen sein oder die Qualität des Managements. Beispielsweise weisen Unternehmen mit einer besseren CSR-Performance im Schnitt auch eine umfassendere und tiefergehende Berichterstattung auf, sodass ein positiver Zusammenhang zwischen Berichter-

---

[11] Vgl. *McLaren* (2018).

[12] Vgl. *Plumlee et al.* (2015) und *Matsumura* (2014).

[13] Vgl. *Dhaliwal et al.* (2012) und *Hope et al.* (2016). Für eine ganzheitliche Analyse der empirischen Evidenz zur Nachhaltigkeitsberichterstattung verweisen wir auf *Christensen et al.* (2021). Für einen Überblick zu den Determinanten und Konsequenzen der Qualität der nicht-finanziellen Berichterstattung verweisen wir auch auf *Gao et al.* (2016).

stattung und Unternehmensbewertung auch durch die CSR-Performance getrieben sein kann.[14] Bei der Analyse der *freiwilligen* Nachhaltigkeitsberichterstattung besteht also eine Endogenitätsproblematik. Diese Problematik kann auf Selektionseffekte, eine umgekehrte Kausalität oder nicht beobachtbare Einflussgrößen zurückzuführen sein.[15] Ein positiver Zusammenhang zwischen freiwilliger Berichterstattung und Unternehmensbewertung könnte daher auch so zu erklären sein, dass beispielsweise hoch bewertete Unternehmen mehr Ressourcen zur Verfügung haben, eine umfassende CSR-Berichterstattung zu leisten. Folglich ergibt sich die Notwendigkeit, dass empirische Forschung versucht, Evidenz für mögliche kausale Zusammenhänge im Bereich der CSR-Berichterstattung zu finden und alternative Erklärungsansätze für die Zusammenhänge möglichst auszuschließen.

2. Forschungsansätze zum Aufzeigen kausaler Evidenz

Ein optimaler Forschungsansatz zum Aufzeigen kausaler Evidenz wäre eine randomisierte Vorgabe von Publizitätspflichten für bestimmte Unternehmen innerhalb eines Marktes, verbunden mit einer systematischen Erfassung der entsprechenden Effekte auf die Zielgrößen. In Folgeperioden wäre dann zu beobachten, welche Konsequenzen diese Publizitätspflicht hat. Danach reist man in der Zeit zurück und beobachtet, welche Effekte sich für die gleichen Unternehmen ergeben hätten, wenn man keine Publizitätspflicht vorgeschrieben hätte. Da dies naturgemäß nicht möglich ist, hat sich in der empirischen Forschung ein Ansatz etabliert, der diesem *Best-Case* zumindest nahekommt.

3. Differenz-in-Differenzen-Ansatz

Zentraler methodischer Ansatz der empirischen Forschung ist der Differenz-in-Differenzen (Diff-in-Diff)-Ansatz, dessen Grundprinzip in Abb. 1 dargestellt ist. Hierbei werden eine Untersuchungsgruppe, welche von einer Regulierung betroffen ist, und eine Kontrollgruppe, welche nicht von einer Regulierung betroffen ist, betrachtet. Die Zuordnung zu den Gruppen sollte dabei möglichst zufällig (randomisiert) sein. Dabei sind homogene Gruppen, d.h. eine Analyse von ähnlichen Unternehmen, ähnlich einer klinischen Studie mit Zwillingen, wünschenswert.[16] Die Gruppen werden dann im Zeitablauf hinsichtlich

---

[14] Der Zusammenhang zwischen CSR-Performance und Berichterstattung kann aber auch negativ sein. Wir verweisen auf *Hummel/Schlick* (2016) für eine Diskussion der unterschiedlichen Erklärungsansätze.

[15] Vgl. *Bouten et al.* (2012).

[16] Eine Vergleichbarkeit kann mittels statistischer Zuordnungsverfahren (sogenanntes *Matching*) erreicht werden. Dabei werden Unternehmen aus Untersuchungs- und Kontrollgruppe, hinsichtlich beobachtbarer Merkmale (z.B. Unternehmensgröße und Profitabilität), bestmöglich homogenisiert.

bestimmter Untersuchungsvariablen verglichen. Es wird unterstellt, dass sonstige Umwelteinflüsse, abgesehen von der untersuchten Regulierung, für beide Gruppen identisch sind. Durch diesen Ansatz soll der Effekt eines Ereignisses, z.B. eine CSR-Regulierung, auf die Untersuchungsgruppe (rotes Dreieck) von allgemeinen Zeiteffekten für beide Gruppen (schwarzes Dreieck) differenziert werden.[17]

Ein Beispiel für diesen Ansatz finden sich in der empirischen Forschung zur CSR-Berichterstattung bei *Downar et al.* (2021). Im Rahmen der Studie wird eine Untersuchungsgruppe von Unternehmen in UK, die von einer verpflichtenden Berichterstattung zu Treibhausgasemissionen erfasst wird, mit einer Vergleichsgruppe von Unternehmen in der restlichen EU, die nicht von der Regulierung betroffen war, verglichen.[18]

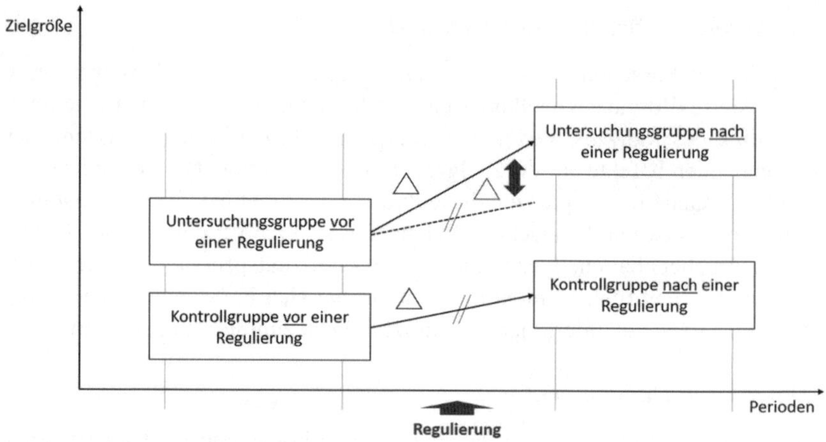

Abb. 1: Schematische Darstellung des Differenz-in-Differenzen (Diff-in-Diff)-Ansatzes (eigene Darstellung).

[17] Für eine ausführliche Darstellung verweisen wir auf *Angrist/Pischke* (2009).

[18] Ein weiterer methodischer Ansatz der in der empirischen Forschung zunehmend an Relevanz gewinnt, ist das *Regression Discontinuity Design* (RDD). Zielsetzung des Ansatzes ist es eine möglichst randomisierte Zusammensetzung von Untersuchungs- und Kontrollgruppe zu erreichen. Hierfür werden i.d.R. bestimmte exogen determinierte Grenzwerte benötigt, z.B. in Form von Größenklassen. Beispiele aus der CSR-Forschung finden sich beispielsweise bei *Flammer* (2015). In der empirischen Forschung zu der verpflichtenden CSR-Berichterstattung wurde dieser Ansatz, soweit uns bekannt ist, noch nicht genutzt.

4. Grenzen der empirischen Forschung

Die Aussagekraft von empirischen Studien ist auch bei Anwendung eines Diff-in-Diff-Ansatzes begrenzt. Ein erstes Problem ist, dass die Anwendung von Berichterstattungspflichten oft nur unvollständig erfolgt. Dies ist gerade im Kontext der Nachhaltigkeitsberichterstattung ein regelmäßiges Problem,[19] da bestimmte CSR-Informationen häufig nicht in Unternehmen verfügbar sind und eine Überprüfung der vollständigen Berichterstattung ebenso nicht erfolgt. Ursächlich hierfür ist, dass CSR-Informationen i.d.R. nicht unter die allgemeine Prüfungspflicht des Abschlussprüfers fallen und ebenso nicht vom Enforcement der Rechnungslegung erfasst werden.[20]

Weiterhin kann die Antizipation einer Regulierung die präzise Messung der tatsächlichen Umstellungseffekte erschweren.[21] Dies ist insoweit relevant, da im Fall von Antizipationseffekten die effektive Wirkung einer neuen Regulierung unter- oder überschätzt werden kann. Hieraus könnten Fehlschlüsse über die Effektivität einer Regulierung resultieren. Ebenso verhält es sich bei einer verzögerten Wirkung, wenn die Effekte einer Regulierung erst nach mehreren Jahren sichtbar werden, beispielsweise, wenn Emissionsreduktionen erst durch aufwändige Filtersysteme reduziert werden, deren Einbau einen längeren Zeitraum in Anspruch nimmt.

Die Wirkungen einer Regulierung können auch überlagert werden, z.B. von Veränderungen im Kapitalmarktumfeld oder anderen Umweltveränderungen (z.B. geänderte Investorenpräferenzen infolge von Umweltkatastrophen oder gesellschaftliches Umdenken). Zudem können Wechselwirkungen zwischen Unternehmen auftreten, wenn beispielsweise eine Regulierung von börsennotierten Unternehmen dazu führt, dass auch nicht-börsennotierte Unternehmen eine CSR-Berichterstattung beginnen (sogenannte Übertragungseffekte).[22]

Des Weiteren sind Effekte oft nur schwer messbar. Gerade im Bereich der Forschung zur CSR-Berichterstattung sind Daten aktuell nur begrenzt systematisch abrufbar, oft nur schlecht vergleichbar und somit nur bedingt für empirische Analysen geeignet.[23]

Letzte und wohl zentralste Schwierigkeit ist die Differenzierung der Berichterstattung über CSR-Themen, den zugrundeliegenden Aktivitäten und den daraus resultierenden Effekten.[24] Diese Differenzierung stellt eine zentrale

---

[19] Vgl. *Kim/Davis* (2016).

[20] Vgl. *Leuz/Wysocki* (2016).

[21] Vgl. *Fiechter et al.* (2020).

[22] Vgl. *Ball* (1980) und *Breuer et al.* (2021).

[23] Vgl. *Leuz* (2018) und *Christensen et al.* (2019).

[24] Vgl. *Christensen et al.* (2021). Im Bereich der freiwilligen CSR-Berichterstattung finden *Axjonow et al.* (2018) Unterschiede in der Relevanz von CSR-Berichterstattung und Performance. Bei den aufgezeigten Effekten handelt es sich allerdings nur um Assoziationen. Eine Übertragung auf eine verpflichtende Berichterstattung ist daher nicht möglich.

Herausforderung der empirischen Forschung dar und kann regelmäßig nur bedingt adressiert werden.

IV. Bisherige Erkenntnisse zu Wirkungen einer verpflichtenden CSR-Berichterstattung

Wenngleich die dargestellten Bedingungen eine Herausforderung für die empirische Forschung darstellen, konnten einige Studien bereits relevante Erkenntnisse zur Relevanz einer verpflichtenden Nachhaltigkeitsberichterstattung aufzeigen. Diese Studien werden nachfolgend skizziert und weitere wesentliche Forschungsfragen in den Bereichen aufgezeigt. Für genaue empirische Spezifikationen wird auf die jeweiligen Studien verwiesen.

1. Wirkungsweise einer verpflichtenden Berichterstattung für Stakeholder

Der nachfolgende Abschnitt soll einen Überblick zu den Auswirkungen von CSR-Berichterstattung auf die Entscheidungen verschiedener Stakeholder geben.

*a) EK-Investor*innen*

Mehrere Studien dokumentieren bereits die Wirkungen der verpflichtenden CSR-Berichterstattung auf die Entscheidungen von Anteilseigner*innen bzw. auf Kapitalmärkte. In Bezug auf Veränderungen des Unternehmenswertes zeigen beispielsweise *Ioannou/Serafeim* (2017), für Unternehmen aus China, Dänemark, Malaysia und Südafrika, dass ein Anstieg der verpflichtenden CSR-Berichterstattung zu einem höheren Unternehmenswert gemessen durch Tobin's q führt.[25]

Ergänzend zeigen *Jouvenot/Krueger* (2021), dass die erstmalige Offenlegung von Angaben zu Treibhausgasen bei britischen Unternehmen zu negativen Kapitalmarktreaktionen führt. Die Effekte fallen dabei stärker negativ aus, je höher die veröffentlichten Treibhausgase sind. Ebenfalls können *Grewal et al.* (2019), im Rahmen einer Assoziationsstudie für die USA zeigen, dass Unterschiede in den Marktreaktionen in Abhängigkeit von den offengelegten Themen bestehen. Ganz konkret werden Marktreaktionen nur für solche Themen nachgewiesen, die aus Sicht der Eigenkapitalgeber*innen auch finanziell wesentlich sind.[26]

---

[25] Tobin's q ist eine Kennzahl aus dem Bereich der Unternehmensbewertung und ist definiert als das Verhältnis von Marktwert eines Unternehmens Substanzwert eines Unternehmens, vgl. *Tobin* (1969).

[26] In Bezug auf die Risikobeurteilung zeigen *Tang/Zhong* (2019), dass eine verpflichtende CSR Berichterstattung zu einem geringeren *Crash-Risk* einer Aktie beiträgt.

Bei einem anderen Forschungsansatz werden die Kapitalmarktreaktionen auf die verschiedenen Stationen im vorgelagerten Regulierungsprozess für eine verpflichtende CSR-Berichterstattung gemessen. Dies ermöglicht es, Einblicke in die Erwartungen der Investor*innen hinsichtlich einer geplanten Regulierung zu gewinnen. Beispielsweise untersuchen *Grewal et al.* (2019) die Schritte im Regulierungsprozess der EU CSR-Richtlinie RL 2014/95/EU. Sie zeigen, dass die einzelnen Stationen im Regulierungsprozess durchschnittlich zu negativen Marktreaktionen für voraussichtlich betroffene Unternehmen geführt haben. Allerdings fallen die Marktreaktionen für bestimmte Unternehmen schwächer (oder sogar positiv) aus, wenn bereits vorab viele Informationen freiwillig veröffentlicht wurden oder die CSR-Performance hoch ist. Im Gegensatz dazu fallen Marktreaktionen stärker negativ aus, wenn Investor*innen hohe politische und proprietäre Kosten erwarten.

Diese Erkenntnisse können ebenfalls von *Hombach/Sellhorn* (2021) bestätigt werden. *Hombach/Sellhorn* (2021) analysieren die Verabschiedung einer Berichterstattungspflicht über Zahlungen an Regierungen durch US-Unternehmen aus der Öl- und Gas-Branche (*Extraction Payment Disclosure Rule)*. Auch hier werden negative Marktreaktionen dokumentiert, die für Unternehmen mit einem hohen Reputationsrisiko besonders stark ausfallen.

Die präsentierten Studien zeigen insgesamt auf, dass Investor*innen eine (voraussichtliche) CSR-Berichterstattungspflicht negativ beurteilen, was auf die erwarteten direkten und indirekten Kosten zurückzuführen ist. Allerdings wird deutlich, dass die Stärke und Wirkungsrichtung dieser Effekte auch abhängig von den Themen der Berichterstattung sind und immer im Kontext des unternehmerischen Umfelds zu betrachten sind.

Ein weiterer Forschungsstrang befasst sich mit den Möglichkeiten zur Eigenkapitalbeschaffung. So befassen sich *Yu/Zheng* (2020) mit den Auswirkungen der CSR-Berichterstattung auf die Attraktivität von Unternehmen aus Investor*innensicht. Unter Verwendung einer Berichterstattungspflicht in China können die Autor*innen nicht nur ein Anstieg der Investitionen nationaler, sondern auch internationaler institutioneller Investoren dokumentieren. In Bezug auf die Kosten der Kapitalbeschaffung liegt der bisherige Forschungsfokus auf der freiwilligen CSR-Berichterstattung. Hervorzuheben ist dabei die Studie von *Bonetti et al.* (2018). Die Autor*innen nutzen die Fukushima Katastrophe 2011 als exogenen Schock zur Analyse der Bedeutung der (freiwilligen) CSR-Berichterstattung für die Höhe der Kapitalkosten. Es wird gezeigt, dass Unternehmen, welche bereits vor der Katastrophe Treibhausgasinformationen veröffentlicht haben, nachfolgend geringere Anstiege der Kapitalkosten hatten als Unternehmen, welche Treibhausgase nicht veröffentlicht haben.[27] Wenngleich

[27] Der Unterschied in der Veränderung beträgt ungefähr 120 Basispunkte.

diese Ergebnisse keine Rückschlüsse auf eine verpflichtende CSR-Berichterstattung erlauben, so liefern sie starke Hinweise, dass CSR-Informationen auch relevant für die Höhe der Kapitalkosten sind.

*b) Fremdkapitalinvestor*innen*

Die bisherige Forschung zu den Wirkungen einer CSR-Berichterstattung auf Fremdkapitalinvestor*innen befasst sich schwerpunktmäßig mit den Wirkungen von CSR-*Aktivitäten* sowie mit den Wirkungen einer freiwilligen CSR-Berichterstattung. Empirische Evidenz zu einer verpflichtenden CSR-Berichterstattung ist begrenzt.[28] *Lu* (2021) zeigt, dass Unternehmen, welche sich im Rahmen der Ausgabe von *Green Bonds* zur regelmäßigen CSR-Berichterstattung verpflichten, von geringeren Fremdkapitalkosten profitieren. Diese Ergebnisse korrespondieren mit den Ergebnissen für Eigenkapitalinvestor*innen und deuten auf eine Relevanz einer verpflichtenden CSR-Berichterstattung auch für Fremdkapitalinvestor*innen bzw. die Fremdkapitalfinanzierung hin.

c) Informationsintermediäre

Informationsintermediäre wie Analyst*innen und Medien im Allgemeinen tragen wesentlich zur Verbreitung und öffentlichen Wahrnehmung von Unternehmensinformationen bei. Da CSR-Informationen für einen breiten Adressatenkreis von Relevanz sind, ist zu vermuten, dass Informationsintermediäre von einer erhöhten Vergleichbarkeit durch eine regulierte CSR-Berichterstattung profitieren könnten.[29] Dieser Zusammenhang wurde in der bisherigen empirischen Forschung allerdings noch nicht vollumfänglich untersucht.

Ein aktuelles Arbeitspapier von *Krueger et al.* (2021) untersucht die Implikationen von CSR-Berichterstattungspflichten in 25 Ländern. Ein wesentliches Ergebnis ist, dass durch eine Berichterstattungspflicht das Informationsumfeld für Finanzanalysten verbessert wird. Dieses Ergebnis wird aus genaueren *Earnings per Share* (EPS)-Prognosen abgeleitet. Ergänzend hierzu zeigen *Christensen et al.* (2017) deskriptiv auf, dass nach verpflichtender Aufnahme von Angaben zur Minen-Sicherheit in US-amerikanischen 8-K Meldungen (ähnlich zu den ad-hoc Meldungen in Österreich und Deutschland), diese Berichte häufiger von Analystenhäusern abgerufen und in den Medien Erwähnung finden.

d) Sonstige Stakeholdergruppen

Ebenso wie in den vorherigen Abschnitten gibt es zwar einige Forschung, die sich mit weiteren Stakeholdergruppen, wie z.B. Arbeitnehmer*innen, befasst. Allerdings liegt auch hier wieder der Fokus auf den Implikationen der CSR-

---

[28] Vgl. *Christensen et al.* (2021).
[29] Vgl. *Christensen et al.* (2021).

Aktivitäten und nicht auf der CSR-Berichterstattung. Diese Studien sollen daher hier nicht näher erläutert werden.

e) Zwischenfazit

Die bisherigen Erkenntnisse aus empirischen Studien zeigen in vielfältiger Form auf, dass eine CSR-Berichterstattungspflicht von Relevanz für verschiedenste Stakeholder ist. Es besteht aber noch intensiver Forschungsbedarf, um die bestehende Evidenz in Breite und Tiefe zu fundieren. Beispielsweise wäre es interessant, ob und wie die CSR-Berichterstattung von Kund*innen, Lieferant*innen oder der allgemeinen Öffentlichkeit wahrgenommen wird. So konnte bereits für den Fall einer freiwilligen CSR-Berichterstattung von *Axjonow et al.* (2018) gezeigt werden, dass CSR-Informationen von nicht-professionellen Investor*innen anders rezipiert werden als von professionellen Investor*innen.

Auch könnten durch die Verwendung neuer und multinationaler Settings zusätzliche Erkenntnisse gewonnen werden. Beispielsweise könnte die Verpflichtung zur Veröffentlichung von Informationen gemäß der *Task Force on Climate-Related Financial Disclosures* (TCFD), welche in einigen Ländern verpflichtend ist bzw. wird, genutzt werden, um die Wirkung identischer Informationen auf Investor*innen in verschiedenen regulatorischen Umfeldern zu analysieren.[30]

2. Reale Effekte der CSR-Berichterstattung

Neben den direkten Effekten auf Rezipienten von Informationen, kann eine Berichterstattungspflicht auch nach innen gerichtete Verhaltensanreize setzen. Hierbei spricht man von sogenannten realen Effekten für Entscheidungen von Manager*innen.[31] Die Wirkung einer Berichterstattungspflicht kann somit über die Reaktionen der Eigen- und Fremdkapitalgeber hinausgehen.[32]

Diese realen Effekte wurden bereits im Kontext einer verpflichtenden CSR-Berichterstattung von mehreren Forscherteams konsistent dokumentiert. So zeigen *Downar et al.* (2021), *Jouvenot/Krueger* (2021), *Tomar* (2021) und *Yang et al.* (2021), dass die Verpflichtung zur Berichterstattung über Treibhausgase einen direkten Einfluss auf Managemententscheidungen zur Begrenzung von Treibhausgasen haben kann. Mit Ausnahme von *Tomar* (2021) und *Yang et al.* (2021) analysieren diese Studien die Einführung einer Berichterstattungspflicht über Treibhausgase für britische Unternehmen im Jahr 2013,

---

[30] Vgl. *Allen & Overy* (2021).

[31] Diese realen Effekte wurden bereits vielfältig im Bereich der finanziellen Berichterstattung nachgewiesen. Exemplarisch sei hier die Studie von *Ernstberger et al.* (2017) zu nennen. Siehe hierzu auch *Leuz/Wysocki* (2016).

[32] Vgl. *Kanodia/Sapra* (2016).

den sogenannten UK Companies Act. Betroffene Unternehmen sind danach u.a. zur Veröffentlichung von direkten (Scope 1) und indirekten (Scope 2) Emissionen verpflichtet. In Abhängigkeit der Modellspezifizierung kann gezeigt werden, dass diese Berichterstattungspflicht zu einer realen Senkung der Treibausgase im Umfang von 8% und 18% führt.

Als Auslöser für die geänderten Entscheidungen des Managements wird die verbesserte Vergleichbarkeit der Emissionen zwischen Unternehmen identifiziert. Dies ermöglicht es Stakeholdern, Unternehmen miteinander zu vergleichen. Unternehmen sind somit nicht mehr in der Lage, ihren ökologischen Fußabdruck zu kaschieren. Aus dieser gewonnenen Vergleichbarkeit zwischen Unternehmen resultiert dann öffentlicher Druck zur Reduktion von Emissionen.[33]

Korrespondierende Ergebnisse wurden auch für andere CSR-Themen nachgewiesen. So zeigen *Chen et al.* (2018), dass eine Berichterstattungspflicht für chinesische Unternehmen zu einer Reduktion von Schwefel-Dioxid-Emissionen und industriellen Abwässern beiträgt. Im Kontext der Berichterstattung über soziale Themen können *Christensen et al.* (2017) zeigen, dass eine Berichterstattungspflicht für Minenbetreiber*innen über Unfälle und Verletzungen im Minenbetrieb Anreize schafft, diese Unfälle zu reduzieren. In Bezug auf die CSR-Performance insgesamt zeigt *Boodoo* (2020), in einer Studie mit Fokus auf Indien, dass eine Pflicht zur Berichterstattung über CSR-Aktivitäten auch zu einer besseren CSR-Performance führt. Interessant dabei ist, dass die Effektstärken für die Umweltperformance schwächer ausfallen als für die soziale Performance eines Unternehmens.

Wenngleich die Ergebnisse der Studien insgesamt in eine ähnliche Richtung deuten, so zeigen die Ergebnisse von *Boodoo* (2020) auf, dass CSR-Themen untereinander nicht gleichbehandelt werden können. Eine Übertragbarkeit der Evidenz ist daher nur begrenzt möglich.

Im Gegensatz zu den zuvor genannten Studien untersuchen *Fiechter et al.* (2020) den Zusammenhang zwischen der EU CSR-Richtlinie[34], welche bestimmte Unternehmen in Europa zu einer CSR-Berichterstattung verpflichtet, und der CSR-Performance der Unternehmen. Wesentlicher Unterschied zu den vorgenannten Studien ist, dass hier der Fokus auf dem Zeitraum zwischen Verabschiedung und Inkrafttreten der Richtlinie liegt, d.h. bevor die Regelungen der Richtlinie angewendet werden müssen. Es wird gezeigt, dass betroffene Unternehmen bereits vor Inkrafttreten der Regulierung ihre CSR-Performance verbessert haben. Die Effekte sind dabei besonders ausgeprägt für Unternehmen, welche stark negative öffentliche Reaktionen zu erwarten hatten.

---

[33] Vgl. *Hombach/Sellhorn* (2019). Diese dargelegte Argumentation wurde bisher primär für Treibhausgase getestet, ist aber prinzipiell für CSR-Berichterstattung allgemein anwendbar. Die Ausübung von öffentlichem Druck kann beispielsweise durch Produktboykotte oder öffentliches Anprangern erfolgen. Vgl. hierzu *Dyck et al.* (2008) und *Dai et al.* (2020).

[34] Siehe Europäisches Parlament (2014).

Insgesamt deutet die bisherige empirische Evidenz darauf hin, dass ein direkter Bezug zwischen der CSR-Berichterstattung und Entscheidungen des Managements in diesen Bereichen besteht. CSR-Berichterstattungspflichten können folglich dazu beitragen den Ausstoß von Treibhausgasen oder die Häufigkeit von Arbeitsunfällen zu verringern. Damit wäre eine Berichterstattungsplicht eine niederschwellige Möglichkeit, die Unternehmen im Sinne einer *Smart Regulation* zu einer Verbesserung der CSR-Performance zu incentivieren. Es ist jedoch fraglich, ob die oben genannten Ergebnisse für andere CSR-Themen äquivalent gelten. Weitere Forschung zu anderen CSR-Themen sowie in anderen regulatorischen Umfeldern ist daher geboten, um die bisherige empirische Evidenz zu stärken. Zudem ist noch unklar, welche Rolle die Qualität bzw. Vergleichbarkeit sowie der Kanal der Berichterstattung spielt. Auch ist bisher nicht untersucht worden, wie lange die Effekte anhalten und ob sich Berichterstattung nur für die Adressierung von „*low hanging fruits*" eignet oder auch für grundlegende und langfristige Verbesserungen der CSR-Performance.

Fraglich ist zudem, welche Ausweichhandlungen Unternehmen vornehmen (z.B. Verlagerung von Emissionen in anderen Länder) und ob eine Verhaltenssteuerung eine intendierte Wirkung von CSR-Berichterstattungspflichten sein sollte. Ausgehend von den aktuellen Grundsätzen internationaler Standardsetzer wie dem IASB ist dies (derzeit) keine intendierte Zielsetzung.[35] Hingegen deuten europäische Bestrebungen bereits darauf hin, dass die positive Beeinflussung des Klimas höher zu gewichten ist.[36]

3. *Abwägung von Kosten und Nutzen der CSR-Berichterstattung*

Wenngleich es offenbar positive Effekte in Bezug auf u.a. die Begrenzung des Klimawandels gibt, so setzt eine Regulierung immer die Abwägung von Nutzen und Kosten voraus. Bei der Beurteilung von Kosten ist zwischen direkten und indirekten Kosten zu unterscheiden.

Direkte Kosten umfassen die Kosten für die Erfassung, die Prüfung sowie für die Verbreitung der Informationen. Indirekte Kosten umfassen insbesondere proprietäre Kosten, das heißt Kosten durch die Verbreitung von Informationen, die von Wettbewerbern (oder anderen Stakeholdern) zum Nachteil des Unternehmens genutzt werden könnten.[37] Zu beiden Bereichen von Kosten existiert bisher noch keine empirische Evidenz. Die Beurteilung der Kosten

---

[35] Vgl. *IFRS Foundation* (2021), SP 1.1.

[36] Vgl. *Bell et al.* (2020).

[37] Vgl. *Verrecchia* (1983) und *Berger/Hann* (2007). Wenngleich noch nicht für CSR-Berichterstattung nachgewiesen, so können detaillierte Berichtspflichten auch langfristig negative Implikationen für die Innovationsleistung von Unternehmen haben, vgl. *Breuer et al.* (2020). Im Gegensatz dazu stehen aber die Ergebnisse von *Gibbons* (2021), dass eine verbesserte nicht-finanzielle Berichterstattung zu erhöhten Ausgaben für Forschung und Entwicklung sowie zu mehr Patenten führt.

einer CSR-Berichterstattung wird besonders durch die schwierige Trennung von CSR-Berichterstattung und den zugrundeliegenden CSR-Aktivitäten erschwert.

In Bezug auf operative Kosten ist die empirische Evidenz gemischt. *Chen et al.* (2018) zeigen für eine Stichprobe chinesischer Unternehmen eine signifikant geringere Profitabilität. *Downar et al.* (2021) hingegen finden im Durchschnitt keine signifikante Veränderung der Bruttomarge als Folge des UK Companies Act. Ebenfalls im Rahmen einer Analyse des UK Companies Act dokumentieren *Jouvenot/Krueger* (2021) hingegen eine geringere operative Performance zumindest für Unternehmen mit hohen Emissionen im Vergleich zu einer Peer Group. In allen drei Fällen sind die Kosteneffekte voraussichtlich aber eher auf etwaige Anpassungsprozesse und weniger auf die Berichterstattung selbst zurückzuführen.

Ein weiterer Kostenaspekt betrifft die Veränderung von Geschäftsmodellen und Marktstrukturen. So zeigt *Rauter* (2020) auf, dass Unternehmen zur Vermeidung von negativen Reputationseffekten bestimmte operative Aktivitäten aufgeben oder Aktivitäten in Länder verschieben, die von Berichterstattungspflichten ausgenommen sind.

Insgesamt deuten die Ergebnisse auf höhere Kosten durch verpflichtende CSR-Berichterstattungspflichten hin. Auf Grund der heterogenen Messung, Berichtspflichten und Stichproben ist aber weitere Evidenz notwendig, um dies zu validieren. Dies gilt insbesondere für eine Messung der tatsächlichen Kosten der Berichterstattung im Gegensatz zu den Kosten der (durch die Berichterstattung ausgelösten zusätzlichen) CSR-Maßnahmen.

4. *Offenlegung und Prüfung der CSR-Berichterstattung*

Nicht nur das Vorhandensein von Berichterstattungspflichten, sondern auch eine präzise Umsetzung der Berichterstattungspflichten ist notwendig, damit eine Regulierung wirkt und die Implikationen einer Regulierung beurteilt werden können. Gerade bei CSR-Themen, die regelmäßig eine qualitative Berichterstattung erfordern, ist dies von besonderer Relevanz. Hierbei spielt oft das sog. *Greenwashing,* also die irreführende Darstellung eines Unternehmens als umweltfreundlich bzw. verantwortungsbewusst eine Rolle.[38] Ansonsten bestehen verstärkte Anreize, eine niedrige CSR-Performance zu kaschieren.[39]

In Bezug auf die Umsetzung von Berichterstattungspflichten wurde im Rahmen dieses Beitrages bisher unterstellt, dass diese auch tatsächlich von Unternehmen umgesetzt werden. Unabhängig davon, ob dies im Rahmen der jeweiligen Studie auch explizit überprüft wurde.

---

[38] Vgl. *Comello et al.* (2021).

[39] Vgl. *Christensen et al.* (2021).

In Bezug auf den bisher mehrfach angesprochenen UK Companies Act kann dies zumindest auch empirisch bestätigt werden. *Hummel/Rötzel* (2019) zeigen, unter Verwendung von Verfahren der Textanalyse, dass Unternehmen die zur Berichterstattung über u.a. Treibhausgasemissionen verpflichtet sind, auch tatsächlich mehr Informationen offenlegen. Korrespondierend zur bisher dargestellten Evidenz können auch hier wieder Unterschiede in der Berichterstattung zwischen Unternehmensgruppen gezeigt werden, die sich auf unterschiedliche Anreize zur Berichterstattung zurückführen lassen.

Im Gegensatz dazu finden *Peters/Romi* (2013), in einer Analyse der Berichterstattung über Umweltsanktionen in den USA, einen negativen Zusammenhang zwischen einer Berichterstattungspflicht und der tatsächlichen Berichterstattung. Wenngleich die Studien nicht direkt vergleichbar sind, so wird deutlich, dass der Zusammenhang zwischen Berichterstattungspflicht und tatsächlicher Berichterstattung nicht immer eindeutig ist.

Ebenso wenige Erkenntnisse bestehen derzeit auch noch zur Relevanz der Qualität der oftmals qualitativen CSR-Berichterstattung. Lediglich die Studien von *Muslu et al.* (2019) und *Du/Yu* (2021) adressieren diesen Bereich und zeigen, dass – im Falle einer freiwilligen CSR-Berichterstattung – der Ton und die Lesbarkeit mit den Analystenschätzungen assoziiert sind und auch ein Prädiktor für die künftige CSR-Performance sein können.

Wesentlicher Faktor, der in bisherigen Studien ebenso noch nicht direkt adressiert wurde, ist, inwieweit CSR-Informationen prüfungspflichtig sind bzw. ob die Einhaltung der Vorschriften zum Beispiel im Rahmen des Enforcements der Rechnungslegung geprüft wird. Dies liegt nicht nur darin begründet, dass es bisher wenige CSR-Berichterstattungspflichten gibt, sondern auch, dass bestehende CSR-Berichterstattungspflichten regelmäßig nicht unter das Enforcement bzw. Prüfungspflichten des Abschlussprüfers/der Abschlussprüferin fallen.[40]

Erste Hinweise in diesem Kontext liefert eine Studie zu CSR-Berichtspflichten in China, Dänemark, Malaysia und Südafrika von *Ioannou/Serafeim* (2017). Die Autoren beobachten einen Anstieg in der Nachfrage nach freiwilligen Prüfungsleistungen als Folge der CSR-Berichterstattungspflicht. Ob durch die freiwillige Prüfung auch eine Verbesserung der Berichterstattung erzielt wird, ist nicht Gegenstand der Untersuchung.

5. *Zusammenspiel von finanzieller und nicht-finanzieller Berichterstattung*

Bisher wurde aufgezeigt, wie sich verpflichtende CSR-Berichterstattung auf verschiedene Stakeholder und die tatsächlichen Entscheidungen des Managements auswirkt. Darüber hinaus wurde aber auch schon nachgewiesen, dass es

[40] Vgl. *Christensen et al.* (2021).

Interdependenzen zwischen der finanziellen und nicht-finanziellen Berichterstattung gibt. Auf Basis einer CSR-Regulierung in China können *Wang et al.* (2018) zeigen, dass eine verpflichtende CSR-Berichterstattung auch zu einer besseren Qualität der finanziellen Berichterstattung beiträgt. Der Mechanismus, durch den dieser Effekt zustande kommt, wird im Rahmen der Studie allerdings nicht weiter herausgearbeitet.

Vor dem Hintergrund einer integrierten Berichterstattung sind Interdependenzen zwischen finanzieller und nicht-finanzieller Berichterstattung von besonderer Relevanz. Weitere Forschung ist daher notwendig, um etwaige Interdependenzen validieren zu können. Damit verbunden stellt sich dann auch die Frage, in welcher Berichtsform eine CSR-Berichterstattung erfolgen sollte (z.B. als Stand-alone Bericht oder als integrierter Teil eines Jahresberichtes). Diese Frage ist in der empirischen Forschung bisher ebenfalls noch offen.

V. Diskussion und Ausblick

Der vorliegende Beitrag zeigt, dass empirische Forschung wichtige Hinweise zur Abschätzung von Nutzen und Kosten von Regulierung im Bereich der CSR-Berichterstattung liefern kann. Bei Wirkungsstudien ist aber ein überzeugendes Forschungsdesign wichtig, welches Indizien für eine kausale Verursachung liefern kann. Bisherige Studien verwenden hierzu regelmäßig einen Differenz-in-Differenzen-Ansatz, bei dem die Wirkungen einer Regulierung durch den Vergleich einer Untersuchungs- und Kontrollgruppe ermittelt wird. Dieser Ansatz hat aber auch inhärente Grenzen. Validere Aussagen ließen sich durch Feldexperimente erzielen, bei denen Regulierer*innen aktiv mit Wissenschaftler*innen beim Design und bei der Implementierung einer Regulierung kooperieren. Hierbei wäre es möglich, randomisiert Unternehmen auszuwählen, die eine neue Regelung anwenden müssen, während andere Unternehmen als Kontrollgruppe fungieren. Dies wurde bereits 2005 in den USA bei der *Regulation SHO* erprobt, um die Wirkungen eines Verbots von Short-selling zu untersuchen.[41]

Die bisherigen Studien zur verpflichtenden CSR-Berichterstattung untersuchen primär, wie sich diese auf Eigenkapitalgeber bzw. den Kapitalmarkt sowie Finanzanalysten auswirkt. Die Ergebnisse zeigen punktuell und für spezifische Regulierungen in einzelnen Ländern, dass sich die Ankündigung zwar meist negativ, die Berichterstattung dann selbst aber überwiegend positiv auswirkt. Positive Effekte stellen sich aber vor allem für Unternehmen ein, die bereits eine hohe CSR-Performance sowie CSR-Berichterstattungsqualität aufweisen. Mit wenigen Ausnahmen fehlt es aber an Studien für eine Vielzahl von

[41] Exemplarisch zur *Regulation SHO* sei auf die Studie von *Grullon et al.* (2015) verwiesen.

Ländern weltweit, an Studien zu unterschiedlichen Ausgestaltungen von CSR-Berichterstattungspflichten und insbesondere an Studien zu den Wirkungen auf Stakeholder wie Lieferant*innen, Arbeitnehmer*innen, Kund*innen oder die Zivilgesellschaft.

Eine wichtige Erkenntnis der bisherigen Studien ist, dass eine verpflichtende Berichterstattung Rückwirkungen auf die berichtenden Unternehmen hat. Die (erzwungene) Transparenz kann somit auch einen Beitrag zur Verbesserung der CSR-Performance haben und damit neben Ge- und Verboten sowie Steuer- und Subventionsanreizen als weitere Säule einer evidenzbasierten smarten Regulierung dienen. Hier sind aber noch weitere Studien notwendig, insbesondere zu den Fragen, unter welchen Voraussetzungen dieser Mechanismus funktioniert, welche Rolle hier die Qualität der Berichterstattung spielt, ob dies für alle Bereiche der CSR gilt und welche (unbeabsichtigten) weiteren Implikationen eine verpflichtende Transparenz hat (z.B. Ausweichreaktionen).

Wenige Erkenntnisse bestehen ebenfalls noch zur Ausgestaltung der Berichterstattung sowie zu deren Qualität. Insbesondere die Bedeutung der Vergleichbarkeit, der Darstellungsweise (Stand-alone-Report vs. Angaben im Geschäftsbericht vs. integrierter Bericht vs. CO_2-Neutralitätsverpflichtungen), der Veröffentlichungskanäle, der Verwendung von Standards, der Quantifizierung von Sachverhalten sowie der Entscheidungen über die Wesentlichkeit bedürfen noch weiterer Forschung. In diesem Zusammenhang sollte auch das Phänomen des Greenwashing näher untersucht und die Wirkungen von Regulierung auf Greenwashing beleuchtet werden. Hier bedarf es innovativer Messkonzepte für Greenwashing, wobei hier beispielsweise Ansätze des Machine Learning zur Anwendung kommen könnten. Weiterhin sollte die Bedeutung des Enforcements der CSR-Berichterstattung durch eine externe Prüfung oder durch entsprechende Enforcement-Instanzen analysiert werden. Bisherige Studien stellen auf eine freiwillige Prüfung ab, sodass die Erkenntnisse schwierig auf eine Regulierung übertragbar sind.

Schließlich wurden in bisherigen Studien fast ausschließlich börsennotierte Unternehmen betrachtet, die Vielzahl von nicht-börsennotierten Unternehmen aber außen vorgelassen. Da kleinere und mittlere Unternehmen (KMU) aber einen Großteil der Unternehmen in der EU ausmachen, ist wichtig, ob die bisherigen Erkenntnisse sich auch auf diese Unternehmen übertragen lassen bzw. Regulierungen auf diese Unternehmen angewendet werden sollten. In diesem Kontext könnte beispielsweise die Erweiterung des Anwendungskreises in der Änderung der CSR-Richtlinie um große nicht-börsennotierte Unternehmen, sowie die jüngste Anpassung der TCFD Berichterstattungspflicht in Großbritannien, welche explizit auch große, nicht-börsennotierte Unternehmen einschließt, genutzt werden.[42]

---

[42] Vgl. *GOV.UK* (2021).

Insgesamt lässt sich konstatieren, dass eine evidenzbasierte Regulierung der CSR-Berichterstattung einen wichtigen Beitrag zur Adressierung von zentralen gesellschaftlichen Problemen wie Klimawandel, Korruption, Kinderarbeit und anderen sozialen Themen leisten kann. Dies setzt aber eine rigorose Anwendung empirischer Methoden und die Zusammenarbeit von Wissenschaft, Standardsetzer*innen und Unternehmen voraus.

Literaturverzeichnis

Allen & Overy (2021), Towards mandatory TCFD. https://www.allenovery.com/en-gb/global/news-and-insights/publications/towards-mandatory-tcfd (abgerufen am 21.9.2022).

Angrist, Joshua David/Pischke, Jörn-Steffen (2009), Mostly harmless econometrics. An empiricist's companion, Princeton University Press, Princeton.

Axjonow, Anastasia/Ernstberger, Jürgen/Pott, Christiane (2018), The Impact of Corporate Social Responsibility Disclosure on Corporate Reputation. A Non-professional Stakeholder Perspective, Journal of Business Ethics, 151, S. 429.

Ball, Ray (1980), Discussion of Accounting for Research and Development Costs: The Impact on Research and Development Expenditures, Journal of Accounting Research, 18, S. 27.

Bell, Natascha/Downar, Benedikt/Ernstberger, Jürgen (2020), Unternehmerische Berichterstattung zur Bekämpfung des Klimanadels – So kann Publizitätsregulierung klimafreundliches Handeln von Unternehmen forcieren, EXPERT Focus, 94 (6–7), S. 410.

Berger, Philip G./Hann, Rebecca N. (2007), Segment Profitability and the Proprietary and Agency Costs of Disclosure, The Accounting Review, 82 (4), S. 869.

Bonetti, Pietro/Cho, Charles H./Michelon, Giovanna (2018), Environmental Disclosure and the Cost of Capital. Evidence from the Fukushima Disaster, Working Paper.

Boodoo, Muhammad Umar (2020), Does Mandatory CSR Reporting Regulation Lead to Improved Corporate Social Performance? Academy of Management Proceedings, 72 (1), S. 17332.

Bouten, Lies/Everaert, Patricia/Roberts, Robin W. (2012), How a Two-Step Approach Discloses Different Determinants of Voluntary Social and Environmental Reporting, Journal of Business Finance & Accounting, 39 (5–6), S. 567.

Breuer, Matthias/Hombach, Katharina/Müller, Maximilian A. (2021), When you talk, I remain silent: Spillover effects of peers' mandatory disclosures on firms' voluntary disclosures, The Accounting Review (im Druck).

ders./Leuz, Christian/Vanhaverbeke, Steven (2020), Reporting Regulation and Corporate Innovation, Working Paper.

Chen, Yi-Chun/Hung, Mingyi/Wang, Yongxiang (2018), The effect of mandatory CSR disclosure on firm profitability and social externalities. Evidence from China, Journal of Accounting and Economics, 65 (1), S. 169.

Christensen, Hans B./Hail, Luzi/Leuz, Christian (2019), Economic Analysis of Widespread Adoption of CSR and Sustainability Reporting Standards, Working Paper.

ders./Hail, Luzi/Leuz, Christian (2021), Mandatory CSR and sustainability reporting: economic analysis and literature review, Review of Accounting Studies, 26, S. 1176.

ders./Floyd, E./Liu, Lisa Y./Maffett, Mark (2017), The real effects of mandated information on social responsibility in financial reports. Evidence from mine-safety records, Journal of Accounting and Economics, 64 (2–3), S. 284.

Comello, Stephen/Reichelstein, Julia/Reichelstein, Stefan (2021), Corporate Carbon Reduction Pledges: An Effective Tool to Mitigate Climate Change, Working Paper.

Dai, Rui/Liang, Hao/Ng, Lilian (2020), Socially responsible corporate customers, Journal of Financial Economics, 142 (2), S. 598-.

Dhaliwal, Dan S./Radhakrishnan, Suresh/Tsang, Albert/Yang, Yong George (2012), Nonfinancial Disclosure and Analyst Forecast Accuracy: International Evidence on Corporate Social Responsibility Disclosure, The Accounting Review, 87 (3), S. 723.

Downar, Benedikt/Ernstberger, Jürgen/Reichelstein, Stefan/Schwenen, Sebastian/Zaklan, Aleksandar (2021), The impact of carbon disclosure mandates on emissions and financial operating performance, Review of Accounting Studies, 26, S. 1137.

Du, Shuili/Yu, Kun (2021), Do Corporate Social Responsibility Reports Convey Value Relevant Information? Evidence from Report Readability and Tone, Journal of Business Ethics, 172 (2), S. 253.

Dyck, Alexander/Volchkova, Natalya/Zingales, Luigi (2008), The Corporate Governance Role of the Media: Evidence from Russia, The Journal of Finance, 63 (3), S. 1093.

Ernstberger, Jürgen/Link, Benedikt/Stich, Michael/Vogler, Oliver (2017), The real effects of mandatory quarterly reporting, The Accounting Review, 92 (5), S. 33.

Europäische Kommission (2021), Vorschlag für eine Richtlinie des Europäischen Parlaments und des Rates zur Änderung der Richtlinien 2013/34/EU, 2004/109/EG und 2006/43/EG und der Verordnung (EU) Nr. 537/2014 hinsichtlich der Nachhaltigkeitsberichterstattung von Unternehmen, https://eur-lex.europa.eu/legal-content/DE/TXT/PDF/?uri=CELEX:52021PC0189&from=EN (abgerufen am 21.9.2022).

Europäisches Parlament (2014), Directive 2014/95/EU amending Directive 2013/34/EU as regards disclosure of non-financial and diversity information by certain large undertakings and groups.

Ewert, Ralf/Wagenhofer, Alfred (2012), Using Academic Research for the Post-Implementation Review of Accounting Standards: A Note, Abacus, 48 (2), S. 278.

Fiechter, Peter/Hitz, Jörg-Markus/Lehmann, Nico (2020), Real Effects of a Widespread CSR Reporting Mandate. Evidence from the European Union's CSR Directive, Working Paper.

Flammer, Caroline (2015), Does Corporate Social Responsibility Lead to Superior Financial Performance? A Regression Discontinuity Approach, Management Science, 61 (11), S. 2549.

Gao, Fang/Dong, Yi/Ni, Chenkai/Fu, Renhui (2016), Determinants and Economic Consequences of Non-financial Disclosure Quality, European Accounting Review, 25 (2), S. 287.

Gibbons, Brian (2021), Environmental and Social Disclosure and Firm-Level Innovation, Working Paper.

GOV.UK (2021), Mandatory climate-related financial disclosures by publicly quoted companies, large private companies and LLPs v. 24.3. 2021.

Grewal, Jody/Riedl, Edward J./Serafeim, George (2019), Market Reaction to Mandatory Nonfinancial Disclosure, Management Science, 65 (7), S. 3061.

Grullon, Gustavo/Michenaud, Sébastien/Weston, James P. (2015), The Real Effects of Short-Selling Constraints, Review of Financial Studies, 28 (6), S. 1737.

Hombach, Katharina/Sellhorn, Thorsten (2019), Shaping corporate actions through targeted transparency regulation. A framework and review of extant evidence, Schmalenbach Business Review, 71 (2), S. 137.

dies./Sellhorn, Thorsten (2021), Firm value effects of targeted disclosure regulation. The role of reputational costs, Working Paper.

Hoogervorst, Hans (2019), Speech: IASB Chair on what sustainability reporting can and cannot achieve, Climate-Related Financial Reporting Conference, Cambridge University.

Hope, Ole-Kristian/Hu, Danqi/Lu, Hai (2016), The benefits of specific risk-factor disclosures, Review of Accounting Studies, 21 (4), S. 1005.

Hummel, Katrin/Rötzel, Peter (2019), Mandating the Sustainability Disclosure in Annual Reports—Evidence from the United Kingdom, Schmalenbach Business Review, 71 (2), S. 205.

dies./Schlick, Christian (2016), The relationship between sustainability performance and sustainability disclosure – Reconciling voluntary disclosure theory and legitimacy theory, Journal of Accounting and Public Policy, 35 (5), S. 455.

IFRS Foundation (2021), Conceptual Framework for Financial Reporting.

Ilhan, Emirhan/Krueger, Philipp/Sautner, Zacharias/Starks, Laura T (2020), Climate Risk Disclosure and Institutional Investors, Working Paper.

Ioannou, Ionnis/Serafeim, George (2017), The consequences of mandatory corporate sustainability reporting, Working Paper.

Jouvenot, Valentin/Krueger, Philipp (2021), Mandatory Corporate Carbon Disclosure: Evidence from a Natural Experiment, Working Paper.

Kanodia, Chandra/Sapra, Haresh (2016), A Real Effects Perspective to Accounting Measurement and Disclosure: Implications and Insights for Future Research, Journal of Accounting Research, 54 (2), S. 623.

Kim, Yong H./Davis, Gerald F. (2016), Challenges for Global Supply Chain Sustainability: Evidence from Conflict Minerals Reports, Academy of Management Journal, 59 (6), S. 1896.

Krueger, Philipp/Sautner, Zacharias/Tang, Dragon Yongjun/Zhong, Rui (2021), The Effects of Mandatory ESG Disclosure around the World, Working Paper.

Leuz, Christian (2018), Evidence-based policymaking: promise, challenges and opportunities for accounting and financial markets research, Accounting and Business Research, 48 (5), S. 582.

ders./Wysocki, Peter D. (2016), The economics of disclosure and financial reporting regulation. Evidence and suggestions for future research, Journal of Accounting Research, 54 (2), S. 525.

Lu, Shirley (2021), The green bonding hypothesis. How do green bonds enhance the credibility of environmental commitments? Working Paper.

Lyxor (2021), Money monitor: 2020 in review, https://www.lyxoretf.co.uk/pdfDocuments/Lyxor%20ETF%20Money%20Monitor2020Reviewfinal-pdfc6ec6dcbb8a75f21347c43dc58b7fd60.pdf (abgerufen am 21.9.2022).

Matsumura, Ella Mae/Prakash, Rachna/Vera-Muñoz, Sandra C. (2014), Firm-value effects of carbon emissions and carbon disclosures, The Accounting Review, 89 (2), S. 695.

McLaren, Melanie (2018), 'Evidence-based policy-making': a practitioner view, Accounting and Business Research, 48 (5), S. 609.

Muslu, Volkan/Mutlu, Sunay/Radhakrishnan, Suresh/Tsang, Albert (2019), Corporate Social Responsibility Report Narratives and Analyst Forecast Accuracy, Journal of Business Ethics, 154 (4), S. 1119.

Peters, Gary F./Romi, Andrea M. (2013), Discretionary compliance with mandatory environmental disclosures: Evidence from SEC filings, Journal of Accounting and Public Policy, 32 (4), S. 213.

Plumlee, Marlene/Brown, Darrell/Hayes, Rachel M./Marshall, R. Scott (2015), Voluntary environmental disclosure quality and firm value: Further evidence, Journal of Accounting and Public Policy, 34 (4), S. 336.

Rauter, Thomas (2020), The Effect of Mandatory Extraction Payment Disclosures on Corporate Payment and Investment Policies Abroad, Journal of Accounting Research, 58 (5), S. 1075.

Richtlinie (EU) 2022/2464 des Europäischen Parlaments und des Rates zur Änderung der Verordnung (EU) Nr. 537/2014 und der Richtlinien 2004/109/EG, 2006/43/EG und 2013/34/EU hinsichtlich der Nachhaltigkeitsberichterstattung von Unternehmen

Tang, Dragon Yongjun/Zhong, Rui (2019), Mandatory sustainability disclosure and stock price crash risk, Working Paper.

Teixeira, Alan (2014), The International Accounting Standards Board and Evidence-Informed Standard-Setting, Accounting in Europe, 11 (1), S. 5.

Tobin, James (1969), A General Equilibrium Approach To Monetary Theory, Journal of Money, Credit and Banking, 1 (1), S. 15.

Tomar, Sobrah (2021), Greenhouse Gas Disclosure and Emissions Benchmarking, Working Paper.

Verrecchia, Robert E. (1983), Discretionary disclosure, Journal of Accounting and Economics, 5, S. 179.

Wang, Xue/Cao, Feng/Ye, Kangtao (2018), Mandatory Corporate Social Responsibility (CSR) Reporting and Financial Reporting Quality: Evidence from a Quasi-Natural Experiment, Journal of Business Ethics, 152 (1), S. 253.

Yang, Lavender/Muller, Nicholas/Liang, Pierre Jinghong (2021), The Real Effects of Mandatory CSR Disclosure on Emissions: Evidence from the Greenhouse Gas Reporting Program, Working Paper.

Yu, Wei/Zheng, Ying (2020), Does CSR reporting matter to foreign institutional investors in China? Journal of International Accounting, Auditing and Taxation, 40, S. 100322.

Zingales, Luigi (2015), Presidential Address: Does Finance Benefit Society? The Journal of Finance, 70 (4), S. 1327.

Nachhaltigkeitsberichterstattung

Was kann die analytische Forschung beitragen?

Georg Schneider

I. Bedeutung der Nachhaltigkeitsberichterstattung und aktuelle Entwicklungen

In den letzten Jahren ist das Thema der Nachhaltigkeit in Europa und weltweit immer stärker in den Fokus des öffentlichen und politischen Diskurses gerückt. Auf europäischer Ebene ist hier etwa der (europäische) Green Deal[1] zu erwähnen. In diesem werden sehr ambitionierte Klimaschutzziele für 2030 und 2050 gesetzt.[2]

Die EU sieht sich dabei als globale Vorreiterin.[3] Neben einer Berücksichtigung von Nachhaltigkeitsaspekten in der Corporate Governance von Unternehmen spielt hier die Berichterstattung von Unternehmen eine wesentliche Rolle, wie aus dem Green Deal hervorgeht:

> „Gleichzeitig werden Unternehmen und Finanzinstitute mit ihren Klima- und Umweltdaten offener umgehen müssen, damit die Anleger umfassend über die Nachhaltigkeit ihrer Investitionen informiert sind. In diesem Zusammenhang wird die Kommission die Richtlinie über die Angabe nichtfinanzieller Informationen überprüfen."[4]

---

[1] Vgl. COM(2019) 640 final vom 11.12.2019.
[2] Vgl. COM(2019) 640 final S. 5.
[3] Vgl. COM(2019) 640 final S. 24.
[4] COM(2019) 640 final S. 20 f.

Die Nachhaltigkeitsberichterstattung in Europa hat sich in den letzten Jahren äußerst dynamisch entwickelt. Die wohl wichtigste Entwicklung auf europäischer Ebene war die sog. CSR-Richtlinie RL/2014/95/EU, die in dem obigen Zitat angesprochen wird.[5] Während die CSR-Richtlinie ein erster wichtiger Schritt in der Nachhaltigkeitsberichterstattung war, gingen die Bestimmungen nicht weit genug und vor allem hat die CSR-Richtlinie RL/2014/95/EU die Berichtspflichten nicht genau genug konkretisiert.

Im letzten Jahr kam es zu einer Vielzahl an Entwicklungen auf europäischer Ebene und international. Hier sollen nur die aus europäischer Sicht wichtigsten beschrieben werden. Die wohl wichtigste Entwicklung ist die Veröffentlichung eines Entwurfs zur Überarbeitung der CSR-Richtlinie.[6] Diese Veröffentlichung erfolgte am 21.4.2021. Die neue Richtlinie bzw. der Entwurf trägt den Namen Corporate Sustainability Reporting Directive (CSRD). Die CSRD führt zu einer wesentlichen Erweiterung der berichtspflichtigen Unternehmen – etwa sind alle großen Kapitalgesellschaften berichtspflichtig und nicht wie bisher Unternehmen von öffentlichem Interesse (PIEs) mit mehr als 500 Mitarbeitern. Auch kapitalmarktorientierte KMUs sind von der erweiterten Berichtspflicht betroffen.[7] Auch sieht die CSRD die verpflichtende Anwendung eines europäischen Standards vor, der schon nächstes Jahr entwickelt sein soll. Bisher bestand die Möglichkeit, aber nicht die Verpflichtung, auf nationale und internationale Rahmenwerke zurückzugreifen. Allgemein sieht die CSRD eine Erweiterung des Umfangs der Berichterstattung vor. Etwa ist in Zukunft auch über Resilienz im Zusammenhang mit dem Geschäftsmodell zu berichten.[8] Schließlich soll es zu einer verpflichtenden Prüfung der berichteten Nachhaltigkeitsinformationen kommen.

Neben der CSRD gibt es auch zahlreiche weitere Entwicklungen. Wie bereits erwähnt, soll es zur Entwicklung eines europäischen Standards für die Nachhaltigkeitsberichterstattung kommen. Die operative Arbeit soll dabei von der EFRAG übernommen werden. In diesem Zusammenhang soll auch die EFRAG neu organisiert werden.[9] Auch auf internationaler Ebene gibt es rege Entwicklungen in Bezug auf die Nachhaltigkeitsberichterstattung. Etwa plant die IFRS-Foundation die Entwicklung internationaler und mit den IFRS abgestimmter Standards.[10]

---

[5] Vgl. ABl. EU vom 15.11.2014 L 330 S. 1.

[6] Vgl. COM(2021) 189 final.

[7] Ein Überblick über die CSRD findet sich in *Schneider/Müllner* (2021b). Hier finden sich auch nähere Einzelheiten zu den erwähnten Bestimmungen.

[8] Siehe hierzu auch *Schneider/Müllner* (2021b).

[9] Vgl. *Schneider/Fabisch* (2021).

[10] Ein Überblick über die aktuellen Entwicklungen findet sich in *Schneider/Müllner* (2021a).

Ziel des Beitrags ist es, überblicksmäßig darzustellen, welchen Beitrag die analytische Forschung im Accounting leisten kann. Dabei sollen unterschiedliche Forschungsansätze (positiv vs. normativ) angesprochen werden und ein Vergleich zu anderen Forschungsmethoden – vor allem der Empirie – gezogen werden. Der Beitrag ist dabei wie folgt aufgebaut. Im folgenden Kapitel wird an die Definition des Begriffs Smart Regulation erinnert. Kapitel III stellt die unterschiedlichen wissenschaftlichen Ansätze im Accounting vor und diskutiert diese kritisch. Insbesondere wird auf die analytische Forschung und deren Vor- und Nachteile bzw. Limitationen eingegangen. Kapitel IV stellt einige bestehende analytische Arbeiten im Zusammenhang mit der Nachhaltigkeitsberichterstattung vor und Kapitel V zieht schließlich ein Fazit.

II. Smart Regulation in der Nachhaltigkeitsberichterstattung

Wie in meinem Beitrag „Verhaltenssteuerung durch Unternehmenspublizität als Beispiel für Smart Regulation" im Tagungsband des letzten Symposiums beschrieben (*Schneider*, 2021), kann eine Definition des Begriffs „Smart Regulation" anhand von drei Fragen erfolgen:

- Warum benötigt man Smart Regulation (Gründe)?
- Wofür entwickelt man Smart Regulation (Zweck)?
- Wie entwickelt man Smart Regulation (Methodik)?

Für Einzelheiten hierzu sei auf den angesprochenen Beitrag verwiesen. Hier soll nur betont werden, dass das Wort „*smart*" bedeutet, dass die Regulierung intelligent sein soll, wobei dies wiederrum bedeutet, dass der Zweck der Regulierung bestmöglich erfüllt wird. Das Wort „*smart*" bedeutet nicht a-priori, dass es sich um eine Regulierung für moderne Technologien handelt. Es gibt aber einen engen Zusammenhang, weil neue Technologien oft eine Regulierung nötig machen (siehe erste Frage – Gründe).

In diesem Beitrag soll v.a. die dritte Frage beleuchtet werden – also welche unterschiedlichen Methodiken angewendet werden können, um eine Smart Regulation für die Nachhaltigkeitsberichterstattung zu entwickeln.

III. Wissenschaftliche Ansätze im Accounting

Grundsätzlich lassen sich Forschungsansätze grob in normative und in positive Ansätze unterteilen. Bei normativen Forschungsansätzen steht die Frage im Vordergrund, wie etwas sein sollte. Etwa kann die Frage gestellt werden, wie ein Rechnungslegungsstandard idealerweise ausgestaltet sein sollte, um einen gewissen Zweck zu erfüllen. Auch die Frage, ob Rechnungslegungsstandard A oder B besser geeignet ist, um einen gewissen Zweck zu erfüllen, ist der normativen Forschungsausrichtung zuzuordnen. Allerdings ist die zweite Fragestellung weniger befriedigend als die erste, weil nicht über alle möglichen Rechnungslegungsstandards optimiert wird, sondern nur über zwei mögliche.

Vom Forschungsansatz zu unterscheiden ist die Forschungsmethodik. Hier stehen im Wesentlichen zwei Möglichkeiten zur Verfügung. Einerseits handelt es sich hier um Forschung, die nicht datenbasiert ist. Aus wissenschaftlicher Sicht ist der wichtigste Vertreter der nicht datenbasierten Forschung die analytische Forschung. In der analytischen Forschung werden Situationen über eine mathematische Modellierung beschrieben und Schlussfolgerungen mittels logischer Argumente ermittelt, die meist auf einem mathematischen Formalismus (etwa der Differentialrechnung und allgemeiner der Analysis) beruhen. Oft basieren die Modelle auf der Spieltheorie. Dies ist vor allem dann der Fall, wenn mehrere Akteure an der modellierten Situation beteiligt sind, was meistens der Fall ist. Mit dem analytischen Forschungsansatz kann man sowohl positive als auch normative Forschungsansätze bearbeiten. Im deutschsprachigen Raum ist noch eine weitere Form der nicht datenbasierten Forschung verbreitet – die (rechtliche) Interpretation des Handelsrechts und der Corporate Governance. Verwirrend könnte in diesem Zusammenhang sein, dass diese rechtliche Interpretation auch mit dem Begriff „normative Forschung“ bezeichnet wird – oft auch in Abgrenzung zu der empirischen und der analytischen Forschung. Der Begriff „normativ“ wird also – abweichend zu der oben gegebenen Definition – für eine Kategorie der Forschungsmethodik verwendet (und nicht des Forschungsansatzes).

Bei der empirischen Forschung gibt es mehrere Richtungen. Die im Accounting am weitesten verbreitete Forschungsrichtung ist das Zurückgreifen auf große Datenbanken (*archival research*), die entweder käuflich erworben sind und/oder selbsterstellt sind (*hand picked data*). Im *archival research* wird der Versuch unternommen, statistische Verfahren geschickt anzuwenden, um Ergebnisse zu erzielen. Im Vergleich zu der analytischen Forschung besteht der Nachteil darin, dass es schwieriger ist, Ursache-Wirkungsbeziehungen herauszuarbeiten. In der analytischen Forschung ist dies möglich, indem man die Modellannahmen variiert und nur eine spezielle Modellannahme zu einem Ergebnis führt. Etwa hat zusätzliche Information im Einpersonenkontext immer einen schwach positiven Wert, während dies im Mehrpersonenkontext nicht der Fall sein muss. Die empirische Forschung (im Speziellen *archival research*) hat auch Vorteile. Es wird mit realen Daten gearbeitet und daher fällt der Hauptkritikpunkt an Modellen – nämlich, dass diese die Welt nicht realistisch abbilden – weg.

Weitere Forschungsrichtungen in der empirischen Forschung sind Experimente und Fragebögen bzw. Interviews. Experimente haben den Vorteil, dass sie das (statistische) Beweisen einer Kausalität ermöglichen. Wie aus Medikamentenstudien bekannt, gibt es (zumindest) eine Vergleichsgruppe, die erst eine Kausalität ermöglicht. Es sei hier angemerkt, dass es auch im *archival research* Methoden gibt, um ein Analogon zu Vergleichsgruppen zu ermöglichen. Diese Methoden sind allerdings kein perfekter Ersatz für Vergleichsgruppen. Experimente haben einen ähnlichen Nachteil wie die analytische Forschung. Die Laborbedingungen sind in der Regel nicht realistisch und es ist nicht einwandfrei möglich, von dem Verhalten von Proband*innen im Experiment auf die Wirklichkeit zu schließen.

Fragebögen bzw. Interviews können hilfreich sein, denn im Gegensatz zu der auf Datenbanken basierenden empirischen Forschung können den agierenden Akteur*innen (etwa berichtspflichtigen Unternehmen oder Wirtschaftsprüfer*innen) direkt Fragen gestellt werden. Allerdings besteht das Problem sehr geringer Rücklaufquoten und es kann nicht sichergestellt werden, dass die Fragebögen wahrheitsgemäß ausgefüllt werden.

Zum Abschluss sollen noch kurz Probleme der derzeitigen Publikationskultur angesprochen werden, die den praktischen Nutzen der Forschung einschränken. So ist die Zeit von der Fertigstellung der Arbeit bis zur Publikation extrem lange und macht in einigen Fällen etliche Jahre aus. Um der Politik beratend zur Seite stehen zu können, müssten gesicherte Ergebnisse viel schneller zur Verfügung stehen. In der analytischen Forschung sind Ergebnisse nur dann (hochkarätig) publizierbar, wenn sie überraschend sind. Dies führt zu der problematischen Situation, dass oft nicht die realistischsten Szenarien untersucht werden, sondern extrem seltene Situationen, die zu abweichenden Ergebnissen führen. Es ist auch nicht garantiert, dass die in der Realität treibenden Kräfte (*first order effects*) berücksichtigt werden. Bei der Standardsetzung in der Nachhaltigkeitsberichterstattung spielen allerdings politische Entscheidungen und Entwicklungen (wie etwa der Brexit) eine entscheidende Rolle. In der empirischen Forschung sind Resultate nur publizierbar, wenn sie signifikante Ergebnisse liefern und auch Replikationsstudien – die etwa in der Praxis eine große Rolle spielen würden – werden ungern gesehen.

Zusammenfassend lässt sich festhalten, dass jede der Forschungsmethoden Vor- und Nachteile hat. Idealerweise wird also eine Forschungsfrage mit unterschiedlichen Methoden bearbeitet. Normative Forschung lässt sich wesentlich einfacher mit analytischer Forschung bewerkstelligen. Auf jeden Fall sollte die empirische Forschung eine solide theoretische Fundierung haben.

IV. Was kann die analytische Forschung beitragen?

Wie bereits erwähnt, liegt die Stärke der analytischen Forschung darin, dass Prognosen mithilfe von Gleichgewichtsanalysen gemacht werden können. Dabei geht es nicht um eine genaue Abbildung der Realität, sondern um das frühzeitige Erkennen überraschender Ergebnisse, die ohne eine genaue analytische

Überlegung nicht zu erwarten gewesen wären. Damit eignet sich die analytische Forschung sehr gut, um die Auswirkung einer Regulierung ex-ante abschätzen zu können. Das Hauptaugenmerk liegt dabei aber weniger auf einer möglichst genauen Prognose, sondern auf dem Identifizieren der involvierten ökonomischen Kräfte.

Derzeit gibt es erst eine kleine Anzahl an Papieren, die sich mit der CSR-Berichterstattung mit Bezug auf das Rechnungswesen beschäftigen. Ein wichtiger Untersuchungsgegenstand ist der Einfluss von CSR-Aspekten auf die Kapitalmärkte. Eine mögliche Modellierung findet sich in *Heinkel, Kraus und Zechner* (2001) sowie *Friedman und Heinle* (2016). Die beiden Papiere gehen von verschiedenen Anlegertypen aus – darunter auch solchen, denen verantwortungsbewusstes Investieren wichtig ist. Das Hauptaugenmerk der Untersuchung ist die Analyse der Auswirkungen der unterschiedlichen Investor*innenentypen auf die Marktwerte der Unternehmen und die im Zusammenhang stehenden Anreize der Unternehmen, in CSR-Aktivitäten zu investieren. Sie zeigen, dass die Berücksichtigung verschiedener Anleger*innentypen aus der Perspektive der Bewertung von Vermögenswerten von Vorteil sein kann.

Lieferketten spielen im Zusammenhang mit der nichtfinanziellen Berichterstattung eine entscheidende Rolle. Um nachhaltig investieren zu können, sind Unternehmen auf das entsprechende Verhalten ihrer Zulieferer angewiesen. Papiere, die das Zusammenspiel von CSR und Lieferketten analysieren, spielen in diesem Zusammenhang eine Rolle. Beispielsweise untersuchen *Arya et al.* (2019) Offenlegungsentscheidungen von hybriden (CSR-)Unternehmen, die sich öffentlich dazu verpflichtet haben, neben dem Gewinn auch das Verbraucherwohl zu berücksichtigen. Ihre Arbeit kann als Ausgangspunkt dienen, um mehr Einblick in die unterschiedlichen Strategien zu gewinnen, die duale Organisationen unter verschiedenen Designs von Lieferantennetzwerken aufweisen.

Eine geeignete Modellierung setzt in vielen Fällen auch die Berücksichtigung von Lobbying in der Standardsetzung voraus. Ansatzpunkte hierfür finden sich etwa in *Bertomeu et al.* (2019). Eine geeignete Modellierung des Zusammenhangs von Informationssystemen und Lieferketten könnte in Anlehnung an *Kopel et al.* (2020) gelingen.

V. Schlussfolgerungen und Zusammenfassung

Die Nachhaltigkeitsberichterstattung befindet sich in einer äußerst dynamischen Phase. Der politische Zweck hinter den sich neu entwickelnden Bestimmungen ist es weniger, entscheidungsrelevante Informationen für den Kapitalmarkt bereitzustellen. Vielmehr soll es zu einer Verhaltensänderung von Unternehmen in Richtung einer nachhaltigeren Wirtschaft kommen. Insofern kommt es zu einem Paradigmenwechsel in der Unternehmensberichterstattung, die sich seit ca. 50 Jahren – ausgehend von den USA – den Kapitalmärkten verschrieben hat. Konzepte wie die Rechenschaftslegung haben eine bestenfalls untergeordnete Rolle gespielt. Bei der Nachhaltigkeitsberichterstattung geht es aber in einem immer stärkeren Maße um Rechenschaft. Dieser Paradigmenwechsel könnte sich auch auf die Finanzberichterstattung auswirken.

Die Forschung im Accounting hat gerade wegen dieser dynamischen Entwicklung eine äußerst fruchtbare Phase vor sich. Probleme und Forschungsfragen können entweder positiv oder normativ gestellt werden. Für die normative Forschung erscheint die analytische Forschung prädestiniert. Sie sollte aber von der empirischen Forschung flankiert werden. Die derzeitige Forschungskultur erschwert es allerdings, gesellschaftlich relevante Ergebnisse zu erzielen. So werden nur vordergründig erstaunliche Ergebnisse publiziert und der Publikationsprozess dauert viel zu lange.

Literaturverzeichnis

Arya, Anil/Mittendorf, Brian/Ramanan, Ram (2019), Beyond profits: The Rise of Dual-Purpose Organizations and Its Consequences for Disclosure, The Accounting Review, 94 (1), S. 25.

Bertomeu, Jeremy/Magee, Robert/Schneider, Georg (2019), Voting over Disclosure Standards, European Accounting Review, 28 (1), S. 45.

Friedman, Henry/Heinle, Mirko (2016), Taste, Information, and Asset Prices: Implications for the Value of CSR, Review of Accounting Studies, 21, S. 740.

Heinkel, Robert/Kraus, Alan/Zechner, Josef (2001), The Effect of Green Investment on Corporate Behavior, The Journal of Financial and Quantitative Analysis, 36, S. 431.

Kopel, Michael/Riegler, Christian/Schneider, Georg (2020), Providing Managerial Accounting Information in the Presence of a Supplier, European Accounting Review, 29 (4), S. 803.

Schneider, Georg (2021), Verhaltenssteuerung durch Unternehmenspublizität als Beispiel für Smart Regulation, in: Leyens, Patrick/ Eisenberger, Iris/ Niemann, Rainer (Hrsg.), Smart Regulation: Vertrag, Unternehmung und Markt, Mohr Siebeck, Tübingen, S. 101.

ders./Fabisch, Daniel (2021), EFRAG als europäischer Standardsetzer in der Nachhaltigkeitsberichterstattung? Eine Diskussion der vorgeschlagenen Neuorganisation von EFRAG, Der Konzern, 10/2021, S. 419.

ders./Müllner, Thomas (2021a), CSR-Berichterstattung in Europa – Quo vadis? Der Konzern, 1/2021, S. 26.

ders./Müllner, Thomas (2021b), Der nächste Schritt der CSR-Berichterstattung in der EU: Entwurf für die neue Corporate Sustainability Reporting Directive (CSRD). Der Konzern 9/2021, S. 265.

Die Wirkung von CSR-Berichterstattung

Möglicherweise eine Fragestellung, die durch Angewandte Sozialpsychologie beantwortet werden kann

Ursula Athenstaedt

Wenn über Themen wie „Corporate Social Responsibility (CSR)“ diskutiert wird, geht es nicht nur um Firmen und Institutionen, sondern vor allem auch um Anleger*innen, Manager*innen, Stakeholder und viele andere Menschen, die mit diesen Themen konfrontiert sind und in irgendeiner Weise damit umgehen müssen. Zu Recht wird da die Frage gestellt, wie bestimmte Maßnahmen auf involvierte Personengruppen (wie auch Arbeitnehmer*innen oder Kund*innen) wirken. Dabei handelt es sich um Fragestellungen, die durchaus im Rahmen psychologischer Forschung betrachtet werden können.

Sozialpsychologie ist insbesondere ein Fach innerhalb der Psychologie, welches sich mit dem Erleben, dem Fühlen und Verhalten von Menschen im Alltag beschäftigt. Es wurde in dieser Disziplin eine Fülle von Theorien entwickelt, die in diesem Sinn Erklärungen bieten.[1] Angewandte Sozialpsychologie ist ein eigener Forschungsbereich, bei dem es um das Verständnis und Lösen von sozialen Problemen geht, wobei zu diesem Zweck sozialpsychologische Methoden und Theorien zur Anwendung kommen.[2] Da soziale Probleme auf menschlichem Verhalten und Denken basieren, können Lösungsansätze mit Hilfe theoretischer Konzepte erarbeitet werden, die imstande sind Erklärungen anzubieten. Dies kann als genereller Ansatz gesehen werden, der sich auf viele Felder ausweiten lässt, die auch nicht unbedingt als „soziale Probleme“ angesehen werden müssen. Es sei noch angefügt, dass Sozialpsychologie als Grundlagenfach eher bemüht ist, Theorien zu entwickeln, die in deduktiver Vorgangsweise auf verschiedene Verhaltensweisen hin validiert werden. Angewandte Sozialpsychologie hingegen geht von der gewünschten Erklärung und eventuell beabsichtigter Manipulation von spezifischen Verhalten aus, indem sie sich in induktiver Vorgangsweise verschiedener sozialpsychologischer Theorien bedient, die als Erklärungsmodelle geeignet erscheinen.

---

[1] Vgl. *Van Lange et al.* (2012).

[2] Vgl. *Steg et al.* (2017).

Es ist daher zunächst wichtig, im Vorfeld klar das zu untersuchende Verhalten zu definieren. So kann als Beispiel Klimaschutz als Ziel einer CSR-Berichterstattung gesehen werden. Firmen, die sich besonders durch hohe Standards auszeichnen und diese auch in ihrer Berichterstattung dokumentieren, sollten infolge von Anleger*innen bevorzugt werden. Eine psychologisch fundierte wissenschaftliche Betrachtung könnte demnach z.B. Investitionsentscheidungen von Anleger*innen untersuchen wollen. Welche sozialpsychologischen Theorien könnten in diesem Zusammenhang geeignet sein? Dies könnte z.B. die Theorie des geplanten Verhaltens von *Icek Ajzen* sein,[3] in der Verhaltensentscheidungen im ersten Schritt über Einstellungen zum Verhalten, über subjektive Normen und über wahrgenommene Verhaltenskontrolle erklärt werden. Diese Variablen führen im zweiten Schritt zum Aufbau von Verhaltensintentionen, die als wesentlicher Prädiktor für tatsächliches Verhalten angesehen werden.

Was bedeuten diese psychologischen Prädiktoren für Verhaltensintentionen? Eine generelle positive oder negative Einstellung zu einem bestimmten Verhalten bildet sich aus verschiedenen Überzeugungen, die Personen über mögliche Ergebnisse vertreten, die als Folge des Verhaltens entstehen können. Manche Überzeugungen sind positiv besetzt (z.B. wenn ich in dieses Unternehmen investiere, leiste ich eine Beitrag zum Umweltschutz), manche negativ (z.B. die Anlage ist relativ risikobehaftet). Die Theorie spricht in diesem Zusammenhang von einem Erwartungs-Wert Modell, das besagt, dass die Summe aller Erwartungen mal deren Bewertung die Gesamtbewertung und damit die Einstellung determinieren. Je positiver die generelle Einstellung ist, desto eher werden Verhaltensintentionen gebildet.

Subjektive Normen ergeben sich aus Überzeugungen darüber, welches Verhalten von wichtigen sozialen Referenzpersonen erwartet wird. Da es verschiedene wesentliche Personen gibt, nimmt die Theorie an, dass die Stärke einer subjektiven Norm einer Person sich auch durch die Summe der einbezogenen Erwartungen mal der jeweiligen Motivation dieser zu entsprechen determiniert ist. So könnte ein*e Anleger*in denken, dass bestimmte Freunde eine Investition für gut halten würden, andere aber diese kritisch sehen würden. Ob man nun die Anlage subjektiv als richtig oder falsch bewertet, hängt von der Gesamtheit der einbezogenen Personen, deren Erwartungen und der eigenen Zustimmung/Ablehnung ab. Man kann bei normativen Überzeugungen zwischen solchen, die von kommunizierten Erwartungen besonders wichtiger Referenzpersonen abgeleitet werden (injunktive Normen) bzw. solchen, die sich über die bloße Beobachtung von Verhalten dieser Referenzpersonen ableiten (deskriptive Normen),[4] unterscheiden. Subjektive Normen sind konzeptuell gese-

---

[3] Vgl. *Ajzen* (2012).
[4] Vgl. *Cialdini et al.* (1991).

hen unabhängig von Verhaltenseinstellungen. Personen können positive Einstellungen zu einem Verhalten haben, aber sozialen Druck dagegen wahrnehmen (oder auch umgekehrt).

Der letzte Aspekt, den die Theorie als wesentlich für den Aufbau von Verhaltensintentionen sieht, ist die wahrgenommene Verhaltenskontrolle. Im Wesentlichen bedeutet das, dass Personen sich darin unterscheiden können, inwieweit sie sich ein Verhalten zutrauen oder nicht. In der Theorie geht es um eine subjektiv wahrgenommene Verhaltenskontrolle (sehr ähnlich dem eventuell bekannten Begriff der subjektiven Selbstwirksamkeitseinschätzung). Davon unterschieden wird auch eine objektive Verhaltenskontrolle, womit gemeint ist, dass manche Verhaltensweisen einer Person gar nicht möglich sind, was natürlich auch zur Folge hat, dass dieses Verhalten nicht ausgeführt wird (jemand ohne finanzielle Mittel kann auch keine anlegen). Zusammenfassend lässt sich sagen, dass laut Theorie des geplanten Verhaltens sich ein*e Anleger*in umso wahrscheinlicher dafür entscheidet in eine Firma zu investieren, für die eine CSR-Berichterstattung vorliegt, je positiver er/sie hinsichtlich dieser Entscheidung eingestellt ist, je mehr sozialer Druck empfunden wird bzw. je mehr er/sie sich dazu in der Lage fühlt.

Angewandte Sozialpsychologie wird auf Basis von relevanten Theorien ein bestimmtes Verhalten durch empirische Studien erklären. Wenn sich in solchen explorativen Studien tatsächlich Korrelate von Verhaltensweisen zeigen, dann können diese auch Basis für gezielte Interventionen sein, durch die eine Verhaltensänderung herbeigeführt werden soll. Die Wirkung von Interventionen wird im Allgemeinen im Rahmen von experimentellen Studien überprüft. Um bei dem Beispiel von Anleger*innen zu bleiben, könnte eventuell ein Ergebnis der explorativen Analyse sein, dass subjektive Normen (also empfundener sozialer Druck) eine wesentliche Rolle spielen für deren Entscheidung in Betriebe mit CSR-Berichterstattung zu investieren. Als mögliche Intervention, könnte man entsprechend Information hinsichtlich anderer Anleger*innen, die bereits solche Investitionen getätigt haben, in den Umlauf bringen.

Abschließend sei gesagt, dass Angewandte Sozialpsychologie in verschiedensten Bereichen wie etwa im weiteren Rechtsbereich (z.B. bei der Untersuchung der Gültigkeit von Zeug*innenaussagen), im Gesundheitsbereich (z.B. bei der Untersuchung von Vorsorgeverhalten) oder im Umweltschutzbereich (z.B. bei der Untersuchung von umweltbewusstem Verhalten) wesentliche Beiträge erstens zum Verständnis von menschlichen Verhalten und zweitens zur Entwicklung von Interventionen leistet.[5] Eigene Forschung untersuchte etwa Kaufentscheidungen[6] bzw. Umgang mit Widerrufsrechten[7] im Bereich des Onlinehandels.

Literaturverzeichnis

Ajzen, Icek (2012), The Theory of Planned Behavior, in: Van Lange, Paul A. M./Kruglanski, Arie W./Higgins, Tory E. (Hrsg.), Handbook of Theories of Social Ssychology, Volume 1, SAGE Publications Ltd, Los Angeles, S. 438.

Cialdini, Robert B./Kallgren, Carl.A./Reno, Raymond R. (1991), A focus theory of normative conduct: A theoretical refinement and reevaluation of the role of norms in human behavior, in: Zanna Mark P. (Hrsg.), Advances in Experimental Social Psychology, Volume 24, Academic Press, San Diego, S. 201.

Dinslaken, Isabelle/Vogrincic-Haselbacher, Claudia/Lurger, Brigitta/Caks, Florian/Corcoran, Katja/Krueger, Joachim I./Athenstaedt, Ursula, Consumer decisions in the mobile phone market: Can decision aids improve decision quality? (Zur Veröffentlichung eingereicht).

O'Doherty, Kieran/Hodgetts, Darrin (2019), The Sage Handbook of Applied Social Psychology, Sage Publications, Thousand Oaks.

Ranftl, Simone/ Lurger, Brigitta/Brohmer, Hilmar/Athenstaedt, Ursula (2022), The consumer option model for withdrawal rights in the EU: Analysis of an alternative design, American Journal of Trade and Policy, 9, S. 23.

Steg, Linda/Keizer, Kees/Buunk, Abraham P./Rothengatter, Talib (2017), Applied Social Psychology. Understanding and Managing Social Problems, 2. Aufl., Cambridge University Press, Cambridge.

Van Lange, Paul A. M./Kruglanski, Arie W./Higgins, Tory E. (2012), Handbook of Theories of Social Psychology, Volume 1 und Volume 2, Sage Publications, Los Angeles.

Vogrincic-Haselbacher, Claudia/Dinslaken, Isabelle/Lurger, Brigitta/Anslinger, Julian/Caks, Florian/Florack, Arnd/Krueger, Joachim I./Athenstaedt, Ursula (2021), Too much and not too little: Information processing for a good purchase decision, Frontiers in Psychology, 12, S. 1.

---

[5] Vgl. *O'Doherty/Darrin Hodgetts* (2019).

[6] Vgl. *Vogrincic-Haselbacher et al.* (2021), *Dinslaken et al* (zur Veröffentlichung eingereicht).

[7] Vgl. *Ranftl et al* (2022).

CSR-Berichterstattung

Was kann die Rechtswissenschaft beitragen?

Johannes Zollner

I. Einleitung

Zu den Aufgaben der Rechtswissenschaft gehört unter anderem die Analyse und die kritische Auseinandersetzung mit dem bestehenden regulatorischen Rahmen. Defizite des regulatorischen Umfelds gilt es publik zu machen, Lösungsvorschläge zu entwickeln und somit einen wertvollen Beitrag für die Rechtsfortbildung zu leisten. Im Rahmen des profilbildenden Bereichs „Smart Regulation" soll die Rechtswissenschaft daher das Hauptaugenmerk auch darauf legen, ob die bestehenden Regelungen „smart" und somit intelligent sind. Es geht also darum – im Sinn der Definition von *Schneider* – zu hinterfragen, ob eine Regelung so ausgestaltet ist, dass sie ihren Zweck bestmöglich erfüllen kann.[1]

Ein ganz wesentliches Kriterium dafür, ob eine Regelung smart ist und ihren Zweck überhaupt erfüllt, ist deren Wirksamkeit bzw Effektivität.[2] Effektiv ist

[1] *Schneider* in: Leyens/Eisenberger/Niemann, Smart Regulation 101 (104).
[2] *Niemann* in: Leyens/Eisenberger/Niemann, Smart Regulation 3 (10).

eine gesetzliche Regelung dann, wenn ausreichend Anreize gesetzt sind, dass die Regelung befolgt wird, und aufgrund ihrer Befolgung die Ziele des Gesetzgebers erreicht werden.[3] Auf das Sanktionsregime der der *lex lata* angehörenden Regelungen betreffend die CSR-Berichterstattung soll sich der nachfolgende Beitrag konzentrieren.

II. Nichtfinanzielle Berichterstattung: Gesetzliche Grundlagen im Überblick

Das UGB sieht in § 243b unter bestimmten Voraussetzungen eine Verpflichtung zur Abgabe einer nichtfinanziellen Erklärung vor.[4] Die Bestimmung wurde aus Anlass der Umsetzung der Richtlinie 2014/95/EU (NFI-Richtlinie) mit dem Nachhaltigkeits- und Diversitätsverbesserungsgesetz (NaDiVeG, BGBl. I 2017/20) neu in das UGB eingefügt und war erstmals für Geschäftsjahre anzuwenden, die nach dem 31. 12. 2016 begonnen haben. Ziel der NFI-Richtlinie ist es, *„durch die nähere Präzisierung der bereits nach geltendem Recht offenzulegenden nichtfinanziellen Informationen deren Relevanz, Konsistenz und Vergleichbarkeit zu erhöhen"*.[5] Dies soll das Ansehen der Unternehmen bei Verbrauchern und Investoren erhöhen, sowie die Einschätzung der Marktsituation erleichtern.[6] Die Regelung hat somit auch eine politisch-regulatorische Funktion, weil negative Auswirkungen des Unternehmens auf die Gesellschaft vermieden werden sollen und es somit um eine „weiche" Verhaltenssteuerung jenseits der Rechtsverletzung geht.[7]

Von der Berichtspflicht nach § 243b UGB erfasst sind nur große Kapitalgesellschaften[8], die Unternehmen von öffentlichem Interesse[9] sind und im Jahresdurchschnitt mehr als 500 Arbeitnehmer beschäftigen (Abs. 1). Diesen berichtspflichtigen Unternehmen kommt ein Wahlrecht zu, die nichtfinanzielle Erklärung entweder als Teil des Lageberichts oder als gesonderten nichtfinanziellen Bericht zu erstellen (Abs. 6). Die nichtfinanzielle Erklärung hat dabei Angaben mindestens zu Umwelt-, Sozial- und Arbeitnehmerbelangen, zur Achtung der Menschenrechte und zur Bekämpfung von Korruption und Bestechung zu machen; die Berichtserstattung kann sich dabei auf jene Angaben

---

[3] *Rottleuthner/Rottleuthner-Lutter* in: Wagner, Kraft Gesetz 13 (13 f).

[4] § 267a UGB stellt die entsprechende Parallelregelung für den Konzernabschluss dar.

[5] ErläutRV 1355 BlgNR 25. GP 1.

[6] ErläutRV 1355 BlgNR 25. GP Vorblatt.

[7] *Spießhofer*, NZG 2014, 1281 (1281); *Gruber*, ZFR 2015, 103 (104); siehe auch *Nowotny/Ziskovsky* in: Straube/Ratka/Rauter, UGB II/RLG[3] § 243b Rz. 5 a.E. (Stand 1.12.2021, rdb.at).

[8] I.S.d. § 221 Abs. 3 UGB.

[9] I.S.d. § 189a Z. 1 UGB.

begrenzen, die für das Verständnis des Geschäftsverlaufs, des Geschäftsergebnisses, der Lage der Gesellschaft sowie der Auswirkungen ihrer Tätigkeit erforderlich sind (Abs. 2).[10]

Adressat der Pflicht zur Erstellung eines CSR-Berichts ist die Gesellschaft. Innerhalb des gesellschaftsrechtlichen Kompetenzgefüges ist das gesetzliche Vertretungsorgan, dh der Vorstand der AG oder die Geschäftsführer der GmbH, zu dessen Aufstellung verpflichtet. [11] Die betrifft sowohl die Erstellung eines gesonderten nichtfinanziellen Berichts[12] als auch die Erstellung einer nichtfinanziellen Erklärung als Teil des Lageberichts[13]. Die Verantwortung für die Aufstellung ist eine des Gesamtorgans, was eine Ressortverteilung allerdings nicht ausschließt.[14]

III. Anreize zur Einhaltung der CSR-Berichterstattungspflicht

1. Überblick und Systematisierung

Während die Regelungen über Erstellung und Inhalt des CSR-Berichts relativ detailliert ausfallen, sind die Vorgaben hinsichtlich der Sanktionen bei Verstößen gegen diese Pflicht eher bescheiden. Aus dem Blickwinkel einer „smarten Regelung" stellt sich somit die Frage, wie die Einhaltung dieser Pflicht überwacht wird und vor allem ob ausreichende Anreize zur Befolgung derselben bestehen.

Die *lex lata* sieht verschiedene Instrumente vor, die der Absicherung der Einhaltung der Vorschriften über die CSR-Berichterstattung dienen. Diese „Absicherungsinstrumente" fallen unterschiedlich aus; sie lassen sich in einer systematischen Betrachtung nach verschiedenen Aspekten unterteilen, und zwar nach ihrer Art, aber auch nach ihren dogmatischen Grundlagen. Es können beispielsweise interne und externe Absicherungsmechanismen unterschieden werden: So wird etwa im Rahmen der allgemeinen Überwachung des zur Aufstellung des CSR-Berichts verpflichteten Organs durch andere Gesellschaftsorgane auch die Einhaltung der Pflicht zur nichtfinanziellen Berichterstattung kontrolliert; diese und ähnliche Instrumente, die eine Überwachung innerhalb des zur Berichterstattung verpflichteten Rechtsträgers sicherstellen, können als *interne Instrumente* bezeichnet werden. Im Gegensatz dazu beschreiben *externe Mechanismen* all jene Anreize, die „von außen" auf die zur

---

[10] *Nowotny/Ziskovsky* in: Straube/Ratka/Rauter, UGB II/RLG³ § 243b Rz. 17 (Stand 1.12.2021, rdb.at).

[11] *Nowotny/Ziskovsky* in: Straube/Ratka/Rauter, UGB II/RLG³ § 243b Rz. 12 (Stand 1.12.2021, rdb.at).

[12] § 243b Abs. 6 UGB.

[13] Dieser ist gem § 222 Abs. 1 UGB von den gesetzlichen Vertretern aufzustellen.

[14] *J. Reich-Rohrwig/Zimmermann* in: Artmann/Karollus, AktG II⁶ § 82 Rz. 12.

Berichterstattung verpflichteten Gesellschaft einwirken: Dabei ist etwa an Behörden und Gerichte zu denken, die die Einhaltung dieser Bestimmungen überwachen. Aber auch Vertragspartner des zur Berichterstattung verpflichteten Rechtsträgers sowie dessen Mitbewerber oder Anleger desselben können etwaige Verstöße gegen die Vorschriften über die CSR-Berichterstattung sanktionieren; auch diese und ähnliche Mechanismen lassen sich in die Kategorie *externe Instrumente* einreihen.

Auch hinsichtlich der Zielrichtung lassen sich die verschiedenen Absicherungsmechanismen unterteilen: Manche zielen – wie im Folgenden noch zu zeigen sein wird – „bloß“ darauf, dass überhaupt ein CSR-Bericht erstellt wird; die inhaltliche Richtigkeit desselben bleibt bei diesen Instrumenten außen vor. Umgekehrt sind andere Instrumente darauf ausgerichtet, die inhaltlich Richtigkeit und Vollständigkeit des CSR-Berichts zu gewährleisten.

2. Interne Absicherungsmechanismen

a) Überwachung im Rahmen der Abschlussprüfung

Gemäß § 269 Abs. 3 Satz 2 UGB ist im Rahmen der Abschlussprüfung auch zu prüfen, ob eine nach § 243b UGB oder § 267a UGB erforderliche nichtfinanzielle Erklärung oder ein solcher Bericht aufgestellt worden ist. Damit scheint sich das Gesetz auf eine Art „Existenzprüfung“[15] der nichtfinanziellen Berichterstattung zu beschränken; eine inhaltliche Prüfung durch den Abschlussprüfer ist somit aus dieser Bestimmung nicht abzuleiten.[16] Fehlt der nichtfinanzielle Bericht oder die nichtfinanzielle Erklärung, ist dieser Umstand zwingend in den Bericht des Abschlussprüfers aufzunehmen.[17] Auch wenn die nichtfinanzielle Erklärung Bestandteil des Lageberichts ist,[18] zählt diese nicht zum unmittelbaren Prüfungsgegenstand desselben, weshalb auch in dieser Konstellation keine materielle Prüfung der nichtfinanziellen Erklärung durch

---

[15] So *Hirschböck/Völkl/Gedlicka* in: Straube/Ratka/Rauter, UGB II/RLG³ § 269 Rz. 51 (Stand 1.3.2019, rdb.at).

[16] *Fröhlich* in: Hirschler, Bilanzrecht I² § 269 UGB Rz. 25; *Hirschböck/Völkl/Gedlicka* in: Straube/Ratka/Rauter, UGB II/RLG³ § 269 Rz. 51 (Stand 1.3.2019, rdb.at); *Newertal/Riedl/Winkler-Janovsky* in: Straube/Ratka/Rauter, UGB II/RLG³ § 243b Rz. 31 (Stand 1.12.2018, rdb.at).

[17] § 279 Abs. 1 UGB; *Hirschböck/Völkl/Gedlicka* in: Straube/Ratka/Rauter, UGB II/RLG³ § 269 Rz. 51 (Stand 1.3.2019, rdb.at).

[18] Gem § 243b Abs. 6 UGB kommt der berichtspflichtigen Gesellschaft ein Wahlrecht zu, die nichtfinanzielle Erklärung entweder als Teil des Lageberichts oder als gesonderten nichtfinanziellen Bericht zu erstellen.

den Abschlussprüfer stattfindet.[19] Der Abschlussprüfer ist aber dazu verpflichtet, die nichtfinanzielle Erklärung als sonstige Information i.S.d. ISA 720[20] zu würdigen.[21]

Fraglich erscheint in diesem Zusammenhang allerdings, wann der Abschlussprüfer überhaupt bestätigen kann und darf, dass eine nichtfinanzielle Erklärung vorliegt bzw. existiert und somit aufgestellt wurde. Mit guten Gründen wird vertreten, dass der Abschlussprüfer für die Frage des Vorliegens (Existenzprüfung, „Ob-Prüfung") der nichtfinanziellen Erklärung – wie dies auch für den Corporate-Governance-Bericht vertreten wird –[22] zu prüfen hat, ob die vom Gesetz geforderten Mindestangeben[23] vorliegen und ob offensichtliche Unstimmigkeiten mit den sonstigen Wahrnehmungen des Abschlussprüfers bestehen.[24] Deshalb darf der Abschlussprüfung die Aufstellung einer nichtfinanziellen Erklärung bzw. eines nichtfinanziellen Berichts etwa dann nicht bestätigen, wenn dieser ein Schriftstück vorgelegt bekommt, das zwar eine entsprechende Überschrift trägt (bspw. „CSR-Bericht"), von den nach § 243b UGB geforderten Mindestangaben aber inhaltlich völlig abweicht.[25] Eine inhaltliche (materielle) Prüfung des CSR-Berichts ist damit aber gerade nicht gefordert.

Die nähere Betrachtung der der nichtfinanziellen Berichterstattung zugrunde liegenden europarechtlichen Regelungsvorbilder und vor allem der dazu ergangene einschlägige Erwägungsgrund zeigen, dass eine „bloße" Exis-

---

[19] So wird in § 269 Abs. 1 UGB ausdrücklich zwischen der Prüfung des (sonstigen) Lageberichts (Satz 1) und der Prüfung der nichtfinanziellen Erklärung (Satz 2) differenziert (*Hirschböck/Völkl/Gedlicka* in: Straube/Ratka/Rauter, UGB II/RLG³ § 269 Rz. 52 [Stand 1.3.2019, rdb.at]); siehe auch KFS/PG 10 Rz. 34.

[20] International Standard on Auditing (ISA) 720 (Revised) §§ 14 f (*Reading and Considering the Other Information*).

[21] KFS/PG 10 Rz. 34; *Hirschböck/Völkl/Gedlicka* in: Straube/Ratka/Rauter, UGB II/RLG³ § 269 Rz. 52 (Stand 1.3.2019, rdb.at).

[22] *Leitner-Hanetseder/Maschek* in: Jabornegg/Artmann, UGB II² § 269 Rz. 10; *Milla/Müller* in: Zib/Dellinger, UGB III/2 § 269 Rz. 16.

[23] Ebenfalls für eine Prüfung der nichtfinanziellen Erklärung, ob alle wesentlichen Inhalte vorhanden sind: *Fröhlich* in: Hirschler, Bilanzrecht I² § 269 UGB Rz. 25.

[24] *Hirschböck/Völkl/Gedlicka* in: Straube/Ratka/Rauter, UGB II/RLG³ § 269 Rz. 53 (Stand 1.3.2019, rdb.at); *Newertal/Riedl/Winkler-Janovsky* in: Straube/Ratka/Rauter, UGB II/RLG³ § 243b Rz. 31 (Stand 1.12.2018, rdb.at); siehe auch *Nowotny/Ziskovsky* in: Straube/Ratka/Rauter, UGB II/RLG³ § 243b Rz. 14 (Stand 1.12.2021, rdb.at).

[25] *Nowotny/Ziskovsky* in: Straube/Ratka/Rauter, UGB II/RLG³ § 243b Rz. 14 (Stand 1.12.2021, rdb.at); *Milla/Müller* in: Zib/Dellinger, UGB III/2 § 243b Rz. 36, § 269 Rz. 16 zur Existenzprüfung eines Corporate Governance-Berichts.

tenzprüfung und keine inhaltliche Prüfung der Berichterstattung durch den Abschlussprüfer beabsichtigt war.[26] Aus der Umsetzung durch den österreichischen Gesetzgeber ist nicht ersichtlich, dass der österreichische Gesetzgeber in dieser Hinsicht strengere Vorgaben machen wollte; weder der Wortlaut der österreichischen Regelung noch der in den Gesetzesmaterialen zum Ausdruck gebrachte Regelungswille des nationalen Gesetzgebers deutet auf eine bewusste über die europarechtlichen Vorgaben hinausgehende Regelung hin. Es liegt somit kein Gold Plating vor.

b) Überwachung durch den Aufsichtsrat

Die nichtfinanzielle Erklärung als Teil des Lageberichts ist dem Aufsichtsrat in den ersten fünf Monaten des Geschäftsjahres vorzulegen (§ 222 Abs. 1 UGB, § 96 Abs. 1 AktG). Dies gilt nach dem ausdrücklichen Regelungs-wortlaut des § 243b Abs. 6 UGB auch für den gesondert erstellten Bericht.[27]

Schon der Wortlaut von § 96 Abs. 1 Satz 2 AktG spricht eindeutig dafür, dass der Aufsichtsrat einer AG diese Unterlagen, somit auch einen allfälligen gesonderten nichtfinanziellen Bericht, innerhalb von zwei Monaten zu prüfen, sich darüber gegenüber dem Vorstand zu erklären und einen entsprechenden Bericht an die Hauptversammlung zu erstatten hat.[28] Auch der Aufsichtsrat einer GmbH hat gem. § 30k Abs. 1 GmbHG sowohl den Lagebericht als auch gegebenenfalls den gesonderten nichtfinanziellen Bericht zu prüfen und der Generalversammlung darüber zu berichten.[29] Damit umfasst die Prüfpflicht des Aufsichtsrats sowohl die im Lagebericht enthaltene nichtfinanzielle Erklärung als auch eine gegebenenfalls als gesonderten Bericht verfasste nichtfinanzielle Erklärung. Die Pflicht zur Prüfung einer als gesonderten Bericht verfassten nichtfinanziellen Erklärung durch den Aufsichtsrat wird in § 243b Abs. 6 UGB nochmals ausdrücklich betont.

Während somit das „Ob" der Prüfung des CSR-Berichts durch den Aufsichtsrat hinreichend klar in den diversen gesetzlichen Regelungen angeordnet wird, bleibt das Ausmaß bzw die Intensität der Prüfung durch den Aufsichtsrat offen; dies betriff sowohl eine als gesonderten Bericht verfasste nichtfinanzielle Erklärung als auch die im Lagebericht enthaltene nichtfinanzielle Erklä-

---

[26] ErwGr. 16 der RL 2014/95/EU; siehe auch *Nowotny/Ziskovsky* in: Straube/Ratka/Rauter, UGB II/RLG³ § 243b Rz. 14 (Stand 1.12.2021, rdb.at).

[27] Auch die Vorlagepflicht des Vorstandes in § 96 Abs. 1 AktG wurde diesbezüglich ergänzt, obwohl § 243b Abs. 6 UGB ohnedies vorsehen würde, dass der nichtfinanzielle Bericht dem Aufsichtsrat vorzulegen ist (ErläutRV 1355 BlgNR 25. GP 6). Für die GmbH ergibt sich die Vorlagepflicht (lediglich) aus § 222 Abs. 1 respektive § 243b Abs. 6 UGB.

[28] *Eckert/Schopper* in: Artmann/Karollus, AktG II⁶ § 96 Rz. 8 i.V.m. 12; *Kalss/Gruber* in: Doralt/Nowotny/Kalss, AktG³ § 96 Rz. 24.

[29] *Rauter* in: Straube/Ratka/Rauter, WK GmbHG § 30k Rz. 6/1 (Stand 1.9.2021, rdb.at).

rung. Beschränkt sich die Prüfung durch den Aufsichtsrat wie beim Abschlussprüfer bloß auf das Vorhandensein eines entsprechenden Berichts („bloße Existenzprüfung")[30] oder muss der Aufsichtsrat auch eine inhaltliche (materielle) Prüfung vornehmen? Ganz allgemein wird für die Prüfung der Unterlagen durch den Aufsichtsrat im Rahmen von § 96 Abs. 1 AktG bzw § 30k GmbHG vertreten, dass dieser die Ordnung- und Gesetzmäßigkeit der vorgelegten Unterlagen sowie die Zweckmäßigkeit und Wirtschaftlichkeit der Geschäftsführung des Vorstands zu prüfen hat; dabei hat der Aufsichtsrat auch die inhaltliche Richtigkeit der Unterlagen zu prüfen.[31] Der Aufsichtsrat darf sich aber bei seiner Prüfung grundsätzlich auf die Rechtmäßigkeit und Richtigkeit der Ergebnisse des Abschlussprüfers verlassen und braucht nur mehr eine Plausibilitätsprüfung vorzunehmen.[32]

Bevor man diese allgemeinen, für die Prüfung des Jahresabschlusses und des Lageberichts durch den Aufsichtsrat entwickelten Überlegungen auf die Prüfung der nichtfinanziellen Erklärung überträgt, muss man sich die Besonderheiten der nichtfinanziellen Erklärung in Erinnerung rufen: Zumindest nach den Buchstaben des Gesetzes ist die Prüfung der nichtfinanziellen Erklärung durch den Abschlussprüfer auf eine Existenzprüfung reduziert; der Abschlussprüfer prüft nur, ob eine solche Erklärung vorliegt. Für die Prüfung durch den Aufsichtsrat bedeutet diese im Vergleich zum Jahresabschluss bloß beschränkte Prüfung durch den Abschlussprüfer, dass er im Rahmen seiner Prüfung sich nicht auf eine vorangehende umfassende und inhaltliche Prüfung durch den Abschlussprüfer verlassen kann. Insofern lässt sich eine Parallele zur Prüfung eines nicht durch einen Abschlussprüfer geprüften Jahresabschlusses und Lageberichts durch den Aufsichtsrat feststellen; in dieser Konstellation wird eine eigenständige, inhaltliche Prüfung des Jahresabschlusses und Lageberichts durch den Aufsichtsrat befürwortet.[33] Weiters wird eine eigenständige Prüfung durch den Aufsichtsrat bejaht, wenn dieser Unterlagen i.S.d. § 96 Abs. 1 AktG bzw. § 30k GmbHG zu prüfen hat, die nicht Gegenstand einer

---

[30] Siehe dazu oben Abschnitt III. 2. a).

[31] Für die AG *Eckert/Schopper* in: Artmann/Karollus, AktG II[6] § 96 Rz. 12; *Kalss/Gruber* in: Doralt/Nowotny/Kalss, AktG[3] § 96 Rz. 35; für die GmbH *Rauter* in Straube/Ratka/Rauter, WK GmbHG § 30k Rz. 10 (Stand 1.9.2021, rdb.at).

[32] Keine Pflicht zur Doppelprüfung: OGH 22.5.2003, 8 Ob 262/02s; *Eckert/Schopper* in: Artmann/Karollus, AktG II[6] § 96 Rz. 13; *Rauter* in: Straube/Ratka/Rauter, WK GmbHG § 30k Rz. 11 (Stand 1.9.2021, rdb.at).

[33] *Rauter* in: Straube/Ratka/Rauter, WK GmbHG § 30k R.z 13 (Stand 1.9.2021, rdb.at); *A. Foglar-Deinhardstein* in: H. Foglar-Deinhardstein/Aburumieh/Hoffenscher-Summer, GmbHG § 30k Rz. 12.

(inhaltlichen) Abschlussprüfung sind.[34] Anerkennt man diese Parallelwertungen, spricht dies für eine eigenständige, inhaltliche Prüfung der nichtfinanziellen Erklärung durch den Aufsichtsrat, wenn und weil sich der Abschlussprüfer auf eine bloße Existenzprüfung beschränkt.[35] Zu bedenken ist jedoch, dass eine solche Prüfung der nichtfinanziellen Berichterstattung durch den Aufsichtsrat sehr aufwendig ausfällt. Im GmbH-Recht lässt die Literatur in diesem Fall eine Prüfung (des Jahresabschlusses und des Lageberichts) anhand von Stichproben ausreichen, wobei auch die Beiziehung eines sachverständigen Prüfers möglich ist und gegebenenfalls sogar geboten sein kann.[36]

Neben der (inhaltlichen) Prüfung des CSR-Berichts treffen den Aufsichtsrat auch laufende Prüfpflichten des Handelns des Vorstands (§ 95 Abs. 1 AktG, § 30j Abs. 1 GmbHG). So hat der Aufsichtsrat sicherzustellen, dass ein angemessenes Nachhaltigkeitsmanagement eingerichtet ist und damit zumindest den gesetzlichen Anforderungen des § 243b UGB entsprochen werden kann.[37] Vorstandsmitglieder einer AG können, respektive müssen, vom Aufsichtsrat abberufen werden, wenn ein wichtiger Grund wie eine grobe Pflichtverletzung vorliegt. Auch obliegt die Geltendmachung des Haftungsanspruchs gegenüber den Vorstandsmitgliedern grundsätzlich dem Aufsichtsrat. Beides kann auch bei Nichteinhaltung der Erfüllung der gesetzlichen Vorschriften durch den Vorstand zur Anwendung gelangen.

c) Zwischenfazit

Gesellschaftsrechtliche und unternehmensrechtliche Regelungen sehen – wie gezeigt – eine Einhaltung der Vorschriften über die nichtfinanzielle Berichterstattung durch den Aufsichtsrat bzw. den Abschlussprüfer vor. Die Anforderungen, denen eine solche interne Überprüfung genügen muss, fallen allerdings nicht besonders hoch aus. Die Überprüfung des Abschlussprüfers beschränken sich auf den Umstand, ob es einen solchen Bericht bzw. eine solche Erklärung überhaupt gibt. Der Umfang der Prüfung durch den Aufsichtsrat ist nicht klar geregelt. *De lege ferenda* wäre somit eine Klarstellung des Prüfungsauftrags, und zwar sowohl für die Prüfung durch den Abschlussprüfer als auch für die Prüfung durch den Aufsichtsrat, wünschenswert.

---

[34] So für den Corporate Governance-Bericht und den Bericht über Zahlungen an staatliche Stellen *Eckert/Schopper* in: Artmann/Karollus, AktG II[6] § 96 Rz. 13; *Rauter* in: Straube/Ratka/Rauter, WK GmbHG § 30k Rz. 13 a.E. (Stand 1.9.2021, rdb.at).

[35] Ebenfalls für eine inhaltliche Prüfung durch den Aufsichtsrat *Nowotny/Ziskovsky* in: Straube/Ratka/Rauter, UGB II/RLG[3] § 243b Rz. 14 (Stand 1.12.2021, rdb.at); *Newertal/Riedl/Winkler-Janovsky* in: Straube/Ratka/Rauter, UGB II/RLG[3] § 243b Rz. 36 (Stand 1.12.2018, rdb.at); für Deutschland *Böcking/Althoff*, Der Konzern 2017, 246 (250 f.).

[36] *Rauter* in: Straube/Ratka/Rauter, WK GmbHG § 30k Rz. 13 m.w.N. (Stand 1.9.2021, rdb.at); *A. Foglar-Deinhardstein* in: H. Foglar-Deinhardstein/Aburumieh/Hoffenscher-Summer, GmbHG § 30k Rz. 12.

[37] Siehe nur *Frey/Baumüller*, Aufsichtsrataktuell 2017 H 1, 7 (14).

3. Externe Mechanismen

Die gesetzlichen Vertreter von Kapitalgesellschaften sind gem § 277 Abs. 1 UGB verpflichtet, den Jahresabschluss, den Lagebericht und den gegebenenfalls erstellten gesonderten nichtfinanziellen Bericht beim Firmenbuchgericht einzureichen.

Die Einhaltung dieser Pflichten ist mit Zwangsstrafen bedroht. So sind bei unterlassener Einreichung bzw. Offenlegung des Lageberichts (und der nichtfinanziellem Erklärung als Teil desselben) sowie des gesonderten nichtfinanziellen Berichts gem. § 283 UBG Zwangsstrafe von € 700 bis € 3600 vorgesehen.[38] Diese können sowohl gegenüber der Gesellschaft (Abs. 7 *leg. cit.*) als auch gegenüber den Organmitgliedern verhängt werden; auch eine wiederholte Bestrafung ist möglich, wobei sich die Höhe der weiteren Zwangsstrafen bei Organen großer Gesellschaften auf das sechsfache erhöht. Zwangsstrafen nach § 258 AktG sind – zumindest nach Ansicht mancher – nicht vorgesehen.[39]

Ob die in § 163a Abs. 1 Z. 1 StGB unter Strafe gestellte Bilanzfälschung auch vorsätzlich inhaltlich unrichtige CSR-Berichte erfasst, ist fraglich. Denn der Wortlaut von § 163a Abs. 1 StGB erfasst nur die falsche oder unvollständige Darstellung von die „*Vermögens-, Finanz- oder Ertragslage des Verbandes betreffende oder für die Beurteilung der künftigen Entwicklung der Vermögens-, Finanz- oder Ertragslage bedeutsame wesentlichen Informationen*“. Ob die in dem CSR-Bericht enthaltenen Informationen als die „*Vermögens-, Finanz- oder Ertragslage des Verbandes betreffende oder für die Beurteilung der künftigen Entwicklung der Vermögens-, Finanz- oder Ertragslage bedeutsame wesentlichen Informationen*“ zu qualifizieren sind und somit ein vorsätzlich unrichtiger CSR-Bericht strafrechtlich abgesichert ist, ist somit zweifelhaft; dies wird wohl nur in besonders gelagerten Einzelfällen der Fall sein.[40]

Hingegen bietet das Wettbewerbsrecht Möglichkeiten, unrichtige Angaben im CSR-Bericht oder die unterlassene Offenlegung eines solchen zu sanktionieren: So können Mitbewerber die CSR-pflichtige Gesellschaft, wenn diese entgegen der Vorgaben des § 243b UGB entweder überhaupt keine nichtfinanzielle Erklärung offengelegt oder diese schuldhaft unrichtig verfasst hat, auf

---

[38] *Nowotny/Ziskovsky* in: Straube/Ratka/Rauter, UGB II/RLG³ § 243b Rz. 32 (Stand 1.12.2021, rdb.at).

[39] *Nowotny/Ziskovsky* in: Straube/Ratka/Rauter, UGB II/RLG³ § 243b Rz. 32 a.E. (Stand 1.12.2021, rdb.at).

[40] Dafür *Baumüller*, GesRZ 2017, 243 (244 f.); *Nowotny/Ziskovsky* in: Straube/Ratka/Rauter, UGB II/RLG³ § 243b Rz. 11 (Stand 1.12.2021, rdb.at); dagegen *Thurnher/Meusburger-Hammerer*, GesRZ 2017, 167 (171 f.); *J. Reich-Rohrwig* in: Artmann/Karollus, AktG II⁶ § 70 Rz. 221.

Unterlassung sowie auf Schadenersatz wegen einer unlauteren Geschäftspraktik gem. § 1 Abs. 1 Z 1 UWG – Untergruppe Rechtsbruch – in Anspruch nehmen.[41]

Zumindest in besonderen Konstellationen sind auch auf die kapitalmarktrechtliche Prospekthaftung (§ 22 KMG) gestützte Schadenersatzansprüche von Anlegern des Emittenten vorstellbar; dies setzt freilich voraus, dass die materiellen Bestandteile eines CSR-Berichts Eingang in den Prospekt gefunden haben und sich diese als nachträglich unrichtig herausgestellt haben.

Abschließend soll noch kurz auf die Frage eingegangen werden, ob auch von den Vertragspartnern eines CSR-berichtspflichtigen Unternehmens (externe) Anreize zur ordnungsgemäßen Erfüllung der CSR-Berichtspflicht ausgehen können. Können also Kunden oder Lieferanten jener Gesellschaft, deren Vorstand bzw. Geschäftsführer entgegen der gesetzlichen Verpflichtung keine oder keine inhaltlich adäquate nichtfinanzielle Berichterstattung abgegeben hat, Ansprüche gegenüber dem Unternehmen wegen der Verletzung dieser Pflicht geltend machen? Das Damoklesschwert solcher möglichen Ersatzansprüche würde auf die berichtspflichtige Gesellschaft dahingehend steuernd einwirken, dass sich diese um die Einhaltung der CSR-Berichtspflichten deutlich mehr bemüht. Grundlagen solcher Ansprüche können entweder in den vertraglichen Beziehungen mit dem Unternehmen oder aus der Deliktshaftung gefunden werden. Ein deliktischer Schadenersatzanspruch könnte insbesondere dann bestehen, wenn die Vorschriften betreffend die CSR-Berichterstattung als Schutzgesetz zugunsten der Vertragspartner der Gesellschaft (zulasten der Gesellschaft) zu qualifizieren wären. Systematisch ist – wie bereits zuvor gezeigt – die CSR-Berichterstattung in die Jahresabschluss- und Lageberichterstellung und vor allem in deren Offenlegung eingebettet. Schon für den Jahresabschluss und Lagebericht ist die Annahme eines Schutzgesetzcharakters der einschlägigen Vorschriften umstritten;[42] die Annahme eines Schutzgesetzes wird vor allem mit dem Argument abgelehnt, dass Jahresabschluss und Lagebericht primär der Information der Gesellschaft und nur mittelbar der Information der Öffentlichkeit und somit nicht dem Individualschutz dienen.[43] Auch wenn eine abschließende Diskussion dieser Frage im Rahmen dieses Beitrags nicht erfolgen kann, spricht die „Nähe“ zum Jahresabschluss und Lagebericht – zumindest auf den ersten Blick – gegen die Annahme eines Schutzgesetzes zugunsten der Vertragspartner des CSR-Berichtspflichtigen Unternehmens.

---

[41] So zur gänzlichen Unterlassung der Offenlegung nach § 277 UGB OGH 24.3.2009, 4 Ob 229/08t; OGH 24.6.2014, 4 Ob 95/14w; zur Offenlegung inhaltlich unrichtiger Bilanzen als Verstoß gegen § 277 UGB *Frauenberger* in: Wiebe/Kodek, UWG² § 1 Rz. 981 a.E. (Stand 1.1.2021, rdb.at).

[42] Gegen einen Schutzgesetzcharakter etwa *J. Reich-Rohrwig/Zimmermann* in: Artmann/Karollus, AktG II⁶ § 82 Rz. 52; *Nowotny* in: Doralt/Nowotny/Kalss, AktG³ § 82 Rz. 5; für einen Schutzgesetzcharakter *Kalss* in: MünchKomm AktG⁵ § 91 Rz. 100.

[43] *J. Reich-Rohrwig/Zimmermann* in: Artmann/Karollus, AktG II⁶ § 82 Rz. 52.

Ansprüche der Vertragspartner des CSR-berichtspflichtigen Unternehmens *ex contractu* setzen das Verletzen vertraglicher Pflichten voraus. Mit anderen Worten kann eine nicht ordnungsgemäße CSR-Berichterstattung durch Vertragspartner der Gesellschaft nur dann aufgegriffen werden, wenn die Pflicht zur CSR-Berichterstattung bzw der Inhalt desselben Eingang in den Vertrag gefunden hat. Ob dies aber der Fall ist, muss für den jeweiligen Einzelfall konkret durch Auslegung des Vertrags beurteilt werden. Haben bestimmte Aspekte des Inhalts des CSR-Berichts Eingang in den Vertrag gefunden und wurden so berechtigte Erwartungen des Vertragspartners an die Eigenschaft oder Herstellungsart eines Produkts erweckt, kann das schuldhafte Nichterfüllen dieser Erwartungen Schadenersatzansprüche nach sich ziehen, sofern dem Vertragspartner dadurch ein Schaden entstanden ist; ein mögliches Beispiel kann etwa der Kauf eines Produktes sein, das nach Maßgabe des Inhalts der vertraglichen Beziehungen entsprechend den Vorgaben der CSR-Berichterstattung produziert wird und deswegen teurer als vergleichbare Produkte ist. Gerade in diesen und ähnlichen Konstellationen können auch Gewährleistungsansprüche in Betracht kommen, wenn und soweit Eigenschaften des Produkts betroffen sind. Je nach Einzelfall kann auch eine Irrtumsanfechtung in Betracht zu ziehen sein.

IV. Fazit und Ausblick

Lässt sich nun das Regelungswerk über die CSR-Berichterstattung als intelligent und somit als smart (i.S. von Smart Regulation) bezeichnen? Sind die Regelungen somit wirksam und effektiv, weil genügend Anreize für die verpflichtete Gesellschaft (bzw. deren Organe) bestehen, diese einzuhalten?

Während die Pflicht zur CSR-Berichterstattung und der Inhalt desselben relativ ausführlich geregelt werden, fallen die Regelung hinsichtlich möglicher Sanktionen bei Nichtbefolgung dieser Vorschriften recht bescheiden aus. Hier wird vielmehr größtenteils auf bestehende Mechanismen vertraut. So wird die gesellschaftsinterne Überwachung der Einhaltung dieser Vorschriften in das altbewährte gesellschaftsrechtliche System von *checks and balances* eingebettet: Die Pflicht zur Erstellung der nichtfinanziellen Erklärung wird beim Vorstand bzw Geschäftsführer der berichtspflichtigen Gesellschaft angesiedelt; die Einhaltung derselben soll durch andere Organe überwacht werden. Die Überwachung durch den Abschlussprüfer fällt hinsichtlich der Prüfungsintensität recht bescheiden aus, da sich der Abschlussprüfer nach überwiegender Ansicht auf eine bloße Existenzprüfung beschränken kann. Neben dem Abschlussprüfer ist auch der Aufsichtsrat in die Prüfung des CSR-Berichts eingebunden. Dieser muss zwar im Unterschied zum Abschlussprüfer nicht nur das „Ob“ der Erstellung der nichtfinanziellen Erklärung prüfen, sondern auch eine inhaltliche Prüfung durchführen; hinsichtlich der Intensität derselben bestehen jedoch Unsicherheiten.

Damit ist die Pflicht zur Erstellung eines CSR-Berichts dem Grunde nach durch die internen Überwachungsmechanismen gut abgesichert, die inhaltliche Ausgestaltung bzw. die inhaltliche Richtigkeit der CSR-Berichterstattung könnte allerdings besser überwacht werden. In dieser Hinsicht kann das bestehende Regelungsregime noch smarter ausgestaltet werden.

Die gesetzlich vorgesehenen Verwaltungsstrafen als externe Mechanismen stellen – auch wenn diese wiederholt verhängt werden können – alleine keine wirksamen Instrumente dar. Denn diese sichern nur die Offenlegung bzw. Einreichung des CSR-Berichts ab, eine inhaltliche Kontrolle wird durch diese aber nicht gewährleistet.

Die möglichen Anreize, die durch Mitbewerber ausgehen können, scheinen zwar auf einen ersten Blick durchaus effektiv zu sein; häufig werden aber den Mitbewerbern die notwendigen Informationen über die inhaltliche Richtigkeit der CSR-Berichte fehlen, sodass dieses Instrument regelmäßig leerlaufen wird.

Am 5.1.2023 ist die Corporate Sustainability Reporting Directive (CSRD)[44] in Kraft getreten, welche die NFI-Richtlinie ablöst. Die neue Richtlinie weitet den Adressatenkreis der betroffenen Unternehmen deutlich aus und bringt eine Erweiterung sowie Konkretisierung der Berichtsinhalte. Der Abschlussprüfer ist nunmehr verpflichtet, eine Bestätigung der Nachhaltigkeitsberichterstattung durchzuführen, wobei die inhaltliche Prüfung zunächst mit begrenzter und frühestens ab 2028 mit hinreichender Prüfungssicherheit erfolgt. Durch die künftig verpflichtende Aufnahme des Nachhaltigkeitsberichts in den Lagebericht ist der Prüfungsausschuss zwingend einzubeziehen, dessen Pflichten durch die Richtlinie in Hinblick auf die Überwachung und Prüfung der Nachhaltigkeitsberichterstattung konkretisiert und erweitert werden. Damit wird vor allem die interne Überwachung der Einhaltung der Vorschriften über die nichtfinanzielle Berichterstattung deutlich gestärkt.

[44] Richtlinie (EU) 2022/2464 des Europäischen Parlaments und des Rates vom 14. Dezember 2022 zur Änderung der Verordnung (EU) Nr. 537/2014 und der Richtlinien 2004/109/EG, 2006/43/EG und 2013/34/EU hinsichtlich der Nachhaltigkeitsberichterstattung von Unternehmen, ABl L 2022/322, 15.

Literaturverzeichnis

Artmann, Eveline/Karollus, Martin (Hrsg.), Kommentar zum Aktiengesetz, Band II, 6. Aufl. (2018), Manz Verlag, Wien.

Baumüller, Josef (2017), Nichtfinanzielle Berichterstattung und Bilanzstrafrecht, GesRZ, S. 243.

Böcking, Hans-Joachim/Althoff, Carolin (2017), Paradigmenwechsel in der (Konzern-)Lageberichterstattung über nicht-monetäre Erfolgsfaktoren, Der Konzern, S. 246.

Doralt, Peter/Nowotny, Christian/Kalss, Susanne (Hrsg.), Aktiengesetz, 3. Aufl. (2021), Linde Verlag, Wien.

Foglar-Deinhardstein, Heinrich/Aburumieh, Nora/Hoffenscher-Summer, Alexandra (Hrsg.), GmbHG (2017), Verlag Österreich, Wien.

Frey, Brigitte/Baumüller, Josef (2017), Nachhaltigkeitsberichterstattung rückt in die Verantwortung von Vorstand und Aufsichtsrat, Aufsichtsrat Aktuell H 1, 7.

Goette, Wulf/Habersack, Mathias/Kalss, Susanne (Hrsg.), Münchener Kommentar zum Aktiengesetz, Band II, 5. Aufl. (2019), C.H. Beck, München.

Gruber, Michael (2015), Die CSR-Reporting-Richtlinie, ZFR, S. 103.

Hirschler, Klaus (Hrsg.), Bilanzrecht, Band I, 2. Aufl. (2019), Linde Verlag, Wien.

Jabornegg, Peter/Artmann, Eveline (Hrsg.), Kommentar zum UGB, Band II, 2. Aufl. (2017), Verlag Österreich, Wien.

Niemann, Rainer (2021), Der Profilbildende Bereich Smart Regulation – Entwurf eines Mission Statements, in: Leyens, Patrick C./Eisenberger, Iris/Niemann, Rainer (Hrsg.), Smart Regulation – Vertrag, Unternehmung und Markt, Mohr Siebeck, Tübingen, S. 3.

Rottleuthner, Hubert/Rottleuthner-Lutter, Margret (2010), Effektivität von Recht – Der Beitrag der Rechtssoziologie, in: Wagner, Gerhard (Hrsg.), Kraft Gesetz – Beiträge zur rechtssoziologischen Effektivitätsforschung, VS Verlag für Sozialwissenschaften, Wiesbaden, S. 13.

Schneider, Georg (2021), Verhaltenssteuerung durch Unternehmenspublizität als Beispiel für Smart Regulation, in: Leyens, Patrick C./Eisenberger, Iris/Niemann, Rainer (Hrsg.), Smart Regulation – Vertrag, Unternehmung und Markt, Mohr Siebeck, Tübingen, S. 101.

Spießhofer, Birgit (2014), Die neue europäische Richtlinie über die Offenlegung nichtfinanzieller Informationen – Paradigmenwechsel oder Papiertiger? NZG, S. 1281.

Straube, Manfred/Ratka, Thomas/Rauter, Roman Alexander (Hrsg.), Wiener Kommentar zum GmbH-Gesetz (laufende Aktualisierung), Manz Verlag, Wien.

ders./Ratka, Thomas/Rauter, Roman Alexander (Hrsg.), Wiener Kommentar zum Unternehmensgesetzbuch (laufende Aktualisierung), Manz Verlag, Wien.

Thurnher, Viktor/Meusburger-Hammerer, Gabriele (2017), Soziale Verantwortung der Unternehmen durch Bilanzrecht? GesRZ, S. 167.

Wiebe, Andreas/Kodek, Georg E. (Hrsg.), Kommentar zum UWG, 2. Aufl. (laufende Aktualisierung), Manz Verlag, Wien.

Zib, Christian/Dellinger, Markus (Hrsg.), UGB Großkommentar, Band III/2 (2015), Lexis-Nexis Verlag, Wien.

Autorenverzeichnis

ATHENSTAEDT, URSULA, ao. Univ.-Prof.[in] Dr.[in]
Ursula Athenstaedt arbeitet im Arbeitsbereich Sozialpsychologie am Institut für Psychologie der Karl-Franzens-Universität. Sie leitet gemeinsam mit Univ.-Prof.[in] Brigitta Lurger ein Forschungsteam „Consumer Law and Psychology", in dem das Verhalten und Erleben von Konsumenten und Konsumentinnen unter Bezugnahme von Konsumentenschutzaspekten untersucht wird. Dieses Team ist Teil des Profilbildenden Bereiches Smart Regulation. Ihre weiteren Forschungsschwerpunkte beziehen sich auf die Untersuchung von engen Beziehungen und der Wirkung von Geschlechterstereotypen

DEGELSEGGER-MÁRQUEZ, ALEXANDER, Dr.
Alexander Degelsegger-Márquez leitet seit Juli 2022 gemeinsam mit Claudia Habl die Abteilung Internationales, Policy, Evaluation und Digitalisierung der Gesundheit Österreich GmbH (GÖG). Er ist seit März 2019 an der GÖG und verantwortete die Stabstelle "Digitale Gesundheit und Innovation". Davor war er 10 Jahre in der außeruniversitären Forschung und Politikberatung tätig. Zuletzt leitete er ein Horizon 2020 Forschungsprojekt zum Thema Wissenschaftsdiplomatie sowie den Bereich "Forschungspolitik und Entwicklung" am Zentrum für Soziale Innovation. Seine Arbeitsschwerpunkte liegen in der digitalen Gesundheit, Wissenschafts- und Innovationsforschung, Innovationspolitik, Gesundheitspolitik, internationalen Gesundheitssystemen, Wissenschaftsdiplomatie, Evaluation sowie data science.

DOWNAR, BENEDIKT, PD. Dr. habil.
Benedikt Downar ist Vertretungsprofessor im Schwerpunkt Finanzen, Rechnungswesen und Steuern an der wirtschaftswissenschaftlichen Fakultät der Georg-August-Universität Göttingen. Seine Habilitationsschrift verfasste er über Empirical Studies in Accounting and Auditing Research.

EHRKE-RABEL, TINA, Univ.-Prof.[in] Dr.[in]
Tina Ehrke-Rabel ist Professorin und Leiterin des Instituts für Finanzrecht der Karl-Franzens-Universität Graz. Ihre Forschungsschwerpunkte liegen in der Digitalisierung und Besteuerung, dem österreichischen und europäischen Umsatzsteuerrecht, dem Abgabenverfahrensrecht sowie verfassungsrechtlichen Fragen der Besteuerung.

ERNSTBERGER, JÜRGEN, Prof. Dr.
Jürgen Ernstberger ist Professor für Financial Accounting an der Technischen Universität München. Er forscht in den Bereichen Externe Rechnungslegung, Wirtschaftsprüfung, Corporate Social Responsibility und Corporate Governance. Er beschäftigt sich mit den Wirkungen von Rechnungslegung auf Unternehmensentscheidungen, aktuellen Entwicklungen in der Wirtschaftsprüfung und der Analyse der Berichterstattung im Bereich der Nachhaltigkeit und Corporate Social Responsibility.

HABIMANA, KATHARINA, Mag.[a]
Katharina Habimana ist Mitglied des Teams des WHO Collaborating Centre for Pharmaceutical Pricing and Reimbursement Policies und trägt zur Beratung des Zentrums sowie zu nationalen, EU- und internationalen Projekten zu pharmazeutischen Preisen und Erstattungen bei. Bis Ende 2020 war sie Mitarbeiterin der Gesundheit Österreich GmbH (GÖG).

HENKING, TANJA, Prof.[in] Dr.[in]
Tanja Henking ist Professorin für Gesundheits- und Medizinrecht und Strafrecht sowie Leiterin des Instituts für Angewandte Sozialwissenschaften (IFAS) der Hochschule für angewandte Wissenschaften Würzburg-Schweinfurt.

LENZ, HANSRUDI, Prof. Dr.
Hansrudi Lenz ist emeritierter Professor für Wirtschaftsprüfungs- und Beratungswesen an der Julius-Maximilians-Universität Würzburg. Seine Forschungsschwerpunkte sind Externe Rechnungslegung, Wirtschaftsprüfung sowie Wissenschaftstheorie und Ethik in den Wirtschaftswissenschaften.

MÖSLEIN, FLORIAN, Prof. Dr., LL.M. (London)
Florian Möslein ist Professor für Bürgerliches Recht, Deutsches und Europäisches Wirtschaftsrecht am Institut für Handels- und Wirtschaftsrecht und am Institut für das Recht der Digitalisierung (IRDi) der Philipps-Universität Marburg. Seine Lehr- und Forschungstätigkeit erstreckt sich auf das Kapitalgesellschafts- und Kapitalmarktrecht, Bankrecht, Schuldvertragsrecht, Europarecht, Rechtstheorie und Rechtsvergleichung. Inhaltlich kreist seine Forschung vor allem um drei Themenkreise: Erstens Innovation und Digitalisierung, zweitens soziale Verantwortung, insbesondere von Unternehmen, und drittens die methodischen Fragen der Regelsetzung als Instrument, um die jeweils resultierenden Probleme mit Mitteln des Rechts zu lösen.

Niemann, Rainer, Univ.-Prof. Dr.
Rainer Niemann ist Leiter des Instituts für Unternehmensrechnung und Steuerlehre, stellvertretender Sprecher des Profilbildenden Bereichs Smart Regulation und Vorsitzender des Senats der Universität Graz. Er ist Mitherausgeber der Zeitschrift Schmalenbach Journal of Business Research (bis 2020 Zeitschrift für betriebswirtschaftliche Forschung und Schmalenbach Business Review), Gründungsmitglied des Arbeitskreises Quantitative Steuerlehre (arqus) sowie Research Fellow von CESifo. In Forschung und Lehre beschäftigt er sich mit internationaler Besteuerung sowie Anreiz- und Entscheidungswirkungen der Besteuerung.

Ostermann, Herwig, ao. Univ.-Prof. Dr.
Herwig Ostermann ist Geschäftsführer der Gesundheit Österreich GmbH (GÖG) und Mitglied der Taskforce Gesamtstaatliche COVID-Krisenkoordination (GECKO). Zuvor leitete er seit September 2013 die Abteilung für Gesundheitsökonomie an der Gesundheit Österreich GmbH / Geschäftsbereich ÖBIG. Er hält eine Teilzeitprofessur für Health Policy and Administration am Department für Public Health und Health Technology Assessment an der UMIT. Seine Arbeitsschwerpunkte liegen in der Gesundheitssystemforschung, Entscheidungsunterstützung, Gesundheitspolitik sowie in internationalen Gesundheitssystemen.

Polzer, Anna, MSc
Anna Polzer ist Doktorandin am Institut für Operations und Information Systems der Karl-Franzens-Universität Graz. Ihr Forschungsschwerpunkt liegt im Bereich der Künstlichen Intelligenz und deren Einsatz und Auswirkungen auf Wirtschaft und Gesellschaft.

Robertson, Viktoria H.S.E., Univ.-Prof.^{in} Dr.^{in}, MJur (Oxon)
Viktoria H.S.E. Robertson ist Professorin für Internationales Kartellrecht an der Universität Graz, wo sie auch Mitherausgeberin der Graz Law Working Paper Series ist. Außerdem ist sie Professorin an der Wirtschaftsuniversität Wien, wo sie die Forschungsgruppe für Wettbewerbsrecht und Digitalisierung leitet. Sie ist Mitglied des European Law Institute und der Academic Society for Competition Law. Ihr aktueller Forschungsschwerpunkt liegt in der Anwendung des Wettbewerbsrechts in digitalen Marktumgebungen.

Schmidhuber, Martina, Univ.-Prof.^{in} Dr.^{in}
Martina Schmidhuber ist Professorin für Health Care Ethics an der Karl-Franzens-Universität Graz. Ihre Forschungsschwerpunkte liegen in ethischen Fragen zu Demenz, Ethik und Alter(n), Young Carers, Menschenrechte in der Medizin sowie Ethik der Reproduktionsmedizin.

SCHNEIDER, GEORG, Univ.-Prof. Dr. Dr.
Georg Schneider ist Leiter des Instituts für Unternehmensrechnung und Reporting an der Universität Graz. Zusätzlich forscht er am Center for Accounting Research und im Rahmen des Profilbildenden Bereichs Smart Regulation an der Universität Graz. Zu seinen derzeitigen Forschungsschwerpunkten zählen Nichtfinanzielle Berichterstattung und Corporate Social Responsibility Reporting, Internationale Rechnungslegungsstandards und Standardsetzung und die Digitalisierung in der Rechnungslegung und Wirtschaftsprüfung.

SCHOLZ, SEBASTIAN, Ass.-Prof. Dr.
Sebastian Scholz ist Inhaber der Tenure Track-Professur für Technologie- und Innovationsrecht an der Universität Graz. Seine Forschungsinteressen liegen im Technologie- und Innovationsrecht, im öffentlichen Wirtschaftsrecht sowie im Zusammenspiel von EU-Recht und staatlichem Recht. Aktuell befasst sich Sebastian Scholz in seiner Forschung schwerpunktmäßig mit Künstlicher Intelligenz und Robotik in der Medizin, dem Einsatz disruptiver Technologien in der öffentlichen Verwaltung, Fragen des öffentlichen Digitalwirtschaftsrechts sowie Soft Law der staatlichen und europäischen Verwaltung.

THALMANN, STEFAN, Univ.-Prof. Dr.
Stefan Thalmann ist Professor für Business Analytics and Data Science an der Sozial- und Wirtschaftswissenschaftlichen Fakultät der Universität Graz und Leiter des Business Analytics and Data Science Center. Er erforscht den Einsatz von datenbasierten Technologien in der Wirtschaft und deren Auswirkungen auf die Gesellschaft. Im Rahmen von Smart Regulation ist er insbesondere mit technischen und betriebswirtschaftlichen Fragestellungen in datenbasierten Kollaborationen in Supply-Chains und dem Einsatz von künstlicher Intelligenz befasst.

WENDLAND, MATTHIAS, Univ.-Prof. Dr., LL.M. (Harvard)
Matthias Wendland ist Professor am Institut für Unternehmensrecht und Internationales Wirtschaftsrecht der Universität Graz. Seine Forschungsschwerpunkte erstrecken sich auf das Wirtschaftsrecht sowie Rechtsfragen der Digitalisierung. Im Profilbereich Smart Regulation befasst er sich insbesondere mit Fragestellungen der Regulierung Künstlicher Intelligenz, algorithmischer Entscheidungsunterstützung in der Unternehmensführung sowie den unternehmensrechtlichen Implikationen der digitalen Transformation. Er leitet das interdisziplinäre Forschungsprojekt GreenTechLab und ist in Kooperation mit der TU Graz, dem Business Analytics and Data Science-Center (BANDAS-Center) und der SGS Group an der Entwicklung eines 360°-Zertifizierungsverfahrens für Technologien Künstlicher Intelligenz beteiligt.

WITT, ANNE C., Prof.[in], PhD, LL.M. (Virginia)
Anne C. Witt ist Professorin für Rechtswissenschaften des EDHEC Augmented Law Institute. Sie erwarb ihr erstes juristisches Staatsexamen an der Universität Freiburg, einen LL.M. an der University of Virginia (Fulbright-Stipendiatin) und einen PhD der University of Kent. Sie ist als Rechtsanwältin in Deutschland zugelassen. Vor ihrer Tätigkeit an dem EDHEC Augmented Law Institute arbeitete sie für die Universität Leicester und war Gastwissenschaftlerin am European University Institute (2015) und Emile Noël Research Fellow an der NYU Law School (2019). Ihre Hauptinteressen in Forschung und Lehre liegen im Bereich des Wettbewerbsrechts und der digital economy.

ZOLLNER, JOHANNES, Univ.-Prof. Dr.
Johannes Zollner ist Professor und Leiter des Instituts für Unternehmensrecht und Internationales Wirtschaftsrecht der Karl-Franzens-Universität Graz sowie Sprecher des Profilbereichs Smart Regulation. Seine Forschungsschwerpunkte im Profilbereich erstrecken sich insbesondere auf neue Technologien und Unternehmensrecht sowie Smart Contracting.

Stichwortverzeichnis